고백록

고백록

장 자크 루소 지음 / 박순만 옮김

집문당

역자 **박순만**

서울대학교 불문과 졸업
고려대학교, 한양대학교, 서울대학교 강사 역임, 문교부 편수관 역임
역서: 파스칼 『명상록』, 몽테뉴 『수상록』 등

고백록

1971년 5월 10일 1판 1쇄
1982년 1월 10일 2판 1쇄
1991년 1월 10일 3판 1쇄
1994년 3월 1일 4판 1쇄
2000년 4월 1일 5판 1쇄
2006년 7월 5일 6판 1쇄
2017년 4월 10일 7판 1쇄
2022년 4월 20일 7판 2쇄

지은이 | 장 자크 루소
옮긴이 | 박순만
발행인 | 임동규
발행처 | **(주)집문당**
등록 | 1971. 3. 23. 제2012-000069호
주소 | 03134 서울시 종로구 돈화문로 82, 5층
전화 | +82-1811-7567
이메일 | sale@jipmoon.com
홈페이지 | www.jipmoon.com

ISBN 978-89-303-1758-0 03160

가격 12,000원

(주)집문당 이순신돋움체B (저작권자 아산시, 무료글꼴)

차 례

제 1 부

1712~1728(출생~16세)

내가 지금 하려고 계획하는 일은 이제까지 그 예가 없었던 일이며, 또 앞으로도 아마 이런 일을 모방하는 사람은 없을 것이다. 나는 지금 한 인간을 벌거숭이 그대로 세상 사람들 앞에 내보일 생각이다. 그리고 이 인간은 다른 사람이 아닌 바로 나 자신인 것이다.

나 이외에 아무도 없다. 나는 내 자신의 마음을 알고, 인간이란 것도 알고 있다. 나는 지금까지 내 자신과 같은 사람은 본 일이 없으며 나 같은 인간은 결코 없으리라고 생각한다. 나는 다른 사람들보다 훌륭한 인간은 아니지만, 적어도 보통 사람들과는 다르다. 대자연이 나라는 인간을 만들 때 사용한 주형을 깨뜨려 버린 것이 잘한 일인지 잘못한 일인지는, 이 책을 다 읽지 않고서는 판단할 수 없을 것이다.

최후 심판의 나팔이여, 언제든지 울릴 테면 울려라. 나는 이 한 권의 책을 손에 들고 심판자인 신 앞에 나아가 소리 높여 이렇게 외치리라.

── 나는 이렇게 행동하였고, 이렇게 생각했으며, 이렇게 살아왔

노라. 잘한 일이거나 잘못한 일이거나 숨김없이 모두를 말하였노라. 잘못한 일이라 하여 조금도 빼지 않았으며, 잘한 일이라 하여 추호도 보태지 않았노라. 혹시 부질없는 수식을 늘어놓은 데가 있다면, 그것은 다만 기억이 모자라서 생긴 틈을 메우기 위해서였노라. 진실이라고 생각되는 것을 진실한 것으로 삼은 일은 있지마는, 거짓을 참으로 삼은 일은 결코 없노라. 때로는 비열하고 천박한 인간으로서, 그러나 때로는 선량하고 너그럽고 숭고한 인간으로서, 사실 그대로를 폭로하였노라. 당신 자신이 보시는 바와 같이 나는 내 가슴을 펼쳐 보였노라. 신이여! 내 주위에 모든 동포들을 불러 모으소서. 그리하여 그들로 하여금 내 이 고백에 귀를 기울이게 하시고, 그들로 하여금 내 이 비열함을 통탄하게 하시고, 그들로 하여금 내 이 처참함에 얼굴을 붉히게 하시라. 그리고 모든 사람에게 차례대로 한 사람 한 사람 당신 앞에 무릎을 꿇고 똑같이 성심껏 흉금을 털어놓게 하소서. 그리하여 단 한 사람이라도 감히 당신께 “나는 저 사람보다 선량하였노라”라고 말하게 하소서.

나는 1712년 제네바에서 평민 이자크 루소와 그의 아내인 슈잔느 베르나르 사이에서 태어났다. 변변치도 않은 재산을 열다섯이나 되는 형제가 분배하였기 때문에 아버지의 몫은 얼마 되지 않아, 그는 시계공으로 겨우 살림을 부지해 갔다. 시계 기술공으로서는 꽤 유능했던 모양이다. 어머니는 베르나르 목사의 딸로 아버지보다는 부유한 편이었으며, 아름답고 정숙하였다. 아버지가 그녀를 얻기까지에는 상당한 수고가 있었다. 두 사람의 애정은 거의 그들이 태어나면서 싹트기 시작하여 8, 9세 때에는 벌써 저녁마다 트레이유 강변을 산보하고 있었다.

열 살이 되자 그들은 서로 떨어지면 서운해 하였다. 성격이 서로 비슷하고 일치하는 점이, 습관에 의하여 생긴 애정을 더욱 굳세게 결합시켜 놓았다. 천성이 다정다감하게 태어나 그들은 서로가 같은 기질을 상대방에게서 발견할 때만을 기다리고 있었다. 차라리 그보다는 그러한 때가 두 사람을 기다리고 있었다고 하는 편이 옳을지도 모른다. 그리하여 그들은 서로가 받아들이고 싶은 상대방의 마음에 자기의 마음을 먼저 바친 것이다. 그러나 그들의 열정을 막으려고 했던 운명은 그들 사랑의 불꽃에 부채질을 할 뿐이었다. 젊은이는 이루어지지 않는 사랑의 괴로움으로 인해 몸이 여위어 갔다.

그녀는 자기를 잊도록 남자에게 여행을 권유했다. 그는 여행을 떠났다. 그러나 잊기는커녕 전보다도 더욱 사랑에 달아 돌아왔다. 애인도 또한 전이나 다름없는 애인이었다. 이렇게 되고 보니 한 생명 다하도록 사랑하는 도리밖에 없게 되었다. 두 사람은 이러한 사랑을 맹세하였다. 하늘도 이 사랑의 맹세에 축복을 내렸던 것이다.

나의 외삼촌인 가브리엘 베르나르는 고모를 무척 사랑하고 있었다. 고모는 자기 오빠가 그의 누이와 결혼한다는 조건 아래 그들이 결혼할 것을 동의했다. 사랑은 모든 문제를 해결해 주었다. 이리하여 같은 날 두 쌍의 결혼식은 거행되었던 것이다.

이와 같이 하여 외삼촌은 나의 고모부가 되었으며 따라서 그의 아이들은 이중으로 나의 외사촌도 되고 나의 고종사촌도 되게 되었다. 한 해가 채 지나기도 전에 두 집에서는 각각 어린이가 태어났다. 그러나 곧 그들은 서로 헤어지지 않으면 안 될 사정이 생겼다.

외삼촌 베르나르는 기사였다. 그는 당시 외젠느 공의 지배 아래에 있던 제국과 헝가리에 초빙되어 벨그라드 포위작전에서 혁혁한 공훈을 세웠다. 아버지는 나의 형을 낳은 뒤 콘스탄티노플로 떠났다. 터키 궁전의 시계공으로 초빙되었던 것이다. 어머니는 용모가 아름다울 뿐 아니라 뛰어난 지혜와 재능을 지니고 있었기 때문에, 아버지가 없는 동안 많은 남자들이 그녀를 사모하고 있었다.

그중에서도 가장 어머니를 열렬하게 사랑한 것은 프랑스 공사였던 드 라 클로주르 씨였다. 그 후 30년이 지난 뒤에 그가 나에게 어머니에 대한 이야기를 할 때 몹시 슬퍼하던 것으로 보아, 어머니에 대한 그의 사랑이 얼마나 열렬하였던가를 짐작할 수 있었다. 어머니가 이러한 유혹을 물리칠 수 있었던 것은 정숙 이상의 것을 지니고 있었기 때문이다 —— 그녀는 진정으로 아버지를 사랑하고 있었던 것이다. 어머니는 아버지의 귀국을 재촉했다. 아버지는 이 성화에 만사를 제쳐놓고 돌아왔다. 그러나 이 귀국의 슬픈 결과가 나였다. 열 달 만에 허약하고 병적인 내가 태어난 것이다. 어머니의 목숨과 맞바꾼 나의 탄생은 바로 나의 최초의 불행이었던 것이다.

나는 아버지가 그런대로 이 슬픔을 견뎌냈는지는 잘 모르지만, 그러나 끝내 마음을 달래지 못했던 것만은 알고 있다. 그는 내가 그에게서 어머니를 빼앗았다는 사실을 잊을 수는 없었겠지만, 그는 나에게서 어머니의 모습을 되찾으려는 것 같았다. 그가 나를 껴안을 때마다 내쉬는 그의 한숨과 경련을 일으키는 포옹에서, 애무 속에 젖어 있는 쓰라린 아쉬움을 느낄 수 있었다. 그가 나에게,

"장 자크야, 우리 엄마 이야기나 할까?"

이렇게 말하면 나는 그에게,

"그래요, 아버지. 그럼 우린 또 울 거야."

하는 것이었다. 이 한 마디에 벌써 그의 눈에는 눈물이 글썽했다. 이윽고 그는 목메인 소리로,

"아! 엄마를 돌려다오. 나를 위로해 다오. 엄마가 내 마음에 안겨주고 간 이 공허를 메워다오. 네가 나 혼자만의 아들이라면 이토록 사랑을 할 수 있겠니?"

어머니를 잃은 지 40년 뒤에 아버지는 후처의 팔에 안겨 돌아갔지만, 입으로는 전처의 이름을 되뇌었고, 가슴 속에는 그녀의 모습이 살아 있었다.

이러한 사람들이 내 생애를 마련해 주었다. 하늘이 그들에게 준 소질 가운데서 나에게 영향을 끼친 유일한 것은 흔들리기 쉬운 다감한 감정뿐이다. 이것이 그들에겐 행복의 원천이었겠지만, 내게 있어선 한평생 불행의 근원이었던 것이다.

나는 태어났을 때부터 몸이 너무 약하여 도저히 살 것 같지 않았다. 타고난 병[요폐증]은 나이와 더불어 자라갔다. 이제는 어쩌다 편안할 때도 있지만, 이 증세는 그때마다 다른 방법으로 더 심한 아픔을 겪게 하였다.

사랑스럽고 현숙한 고모 한 분이 정성껏 나를 간호해 준 덕분으로 내 목숨은 살아나게 되었다. 내가 이 글을 쓰고 있는 지금도 그 고모는 살아 있다. 나이도 이미 80, 나이가 그녀보다 젊긴 하지만 술에 곯은 남편의 뒷바라지를 해 가며 살고 있다. 그리운 고모여, 나는 당신이 내 생명을 구해 준 것을 원망하지는 않는다. 다만 내 생애의 어

린 시절, 당신이 베풀어 준 그 정성 어린 간호에 대한 은혜를 당신이 말년에 이르기까지 갚지 못하고 있음을 유감스럽게 생각할 따름이다. 유모인 자클린느도 아직 살아 원기 왕성하다. 내가 세상에 태어났을 때 이 눈을 뜨게 해 준 그 손이거니, 내가 이 세상을 떠날 때에도 이 눈을 감겨 줄 수 있으리라.

나는 생각하기에 앞서 먼저 느꼈다. 그것은 인간에게 공통된 운명인 것이다. 나는 그것을 남달리 경험했다. 나는 대여섯 살까지 무엇을 하였는지 기억이 나지 않는다. 어떻게 하여 책 읽는 것을 배웠는지도 모르겠다. 다만 내가 처음 읽은 책과 거기서 받은 영향만은 기억하고 있다. 그 무렵부터 나는 줄곧 내 자신이라는 것을 생각하게 되었다.

어머니는 몇 권의 소설책을 남기고 갔다. 아버지와 나는 저녁을 먹은 뒤에 그것들을 읽기 시작하였다. 처음에는 그저 재미있는 것으로, 읽기 공부로 시작한 것이었다. 그러나 차츰 흥미가 나서 둘이서 돌려가며 쉴 새 없이 읽다 보면, 밤을 꼬박 새우는 일도 가끔 있었다. 한 권을 읽기 시작하면 끝까지 읽지 않고는 도저히 중간에서 그칠 수가 없었다. 가끔 먼동이 훤하게 트고 제비가 조잘대는 소리가 들려오면, 아버지도 그제야 겸연쩍게 말하는 것이었다.

"자, 그만 자자. 난 너보다도 더 어린애로구나."

이렇게 위험한 방법으로 얼마 가지 않아 독서력과 해석에 놀랄 만큼 숙달하였을 뿐 아니라, 나이에 어울리지 않게 욕정에 대해서도 일찍 눈을 떴다. 비록 실제 사물에 대한 관념은 아직 형성되어 있지 못했지만, 그러나 이미 감정의 세계로는 들어가 있었던 것이다. 어떠한 사물도 이해하지는 못하였지만, 모든 것을 느끼고는 있었다. 연달아 받아들인 이 불확실한 감동들은 내가 아직 가지고 있지 못한 이성을 손상시키는 일은 없었지만, 그러나 어쨌든 그로 인하여 내 이성은 아주 특수한 것으로 형성되어, 인생에 대한 아주 기괴한 관념을 나에게 가져다주었다. 이러한 개념은 경험이나 반성으로도 끝내 고쳐지지는 못했다.

소설은 1719년 여름까지 계속하여 읽었다. 그 해 겨울부터는 다른 일을 시작하였다. 어머니의 장서도 이제 바닥이 드러났기 때문에 외할아버지로부터 전해진 책으로 옮겼던 것이다. 다행히도 그 가운데는 좋은 책들이 있었다. 목사인 동시에 학자며 —— 학자라면 그 당시 사람들로부터 많은 존경을 받고 있었다 —— 그 위에 취미 있고 재치가 있는 어른이 수집한 것이니 좋은 책이 있었던 것도 당연한 일이었다. 르 슈외르의 『교회와 제국역사』, 보쉬에의 『세계사 논설』, 플루타크의 『영웅전』, 나니의 『베니스의 역사』, 오비디우스의 『변신』, 라 브뤼에르의 작품, 퐁트넬의 『우주의 다양성에 관한 대화』, 『죽은 자의 대화』와, 몰리에르의 몇 권의 책들을 아버지의 공방으로 옮겨 놓았다. 그리고 매일 아버지가 일하고 있는 옆에서 나는 이 책들을 읽었다. 나는 이 독서에서 그때의 내 나이로서는 다시없는 흥미를 느꼈다. 특히 플루타크의 영웅전은 나의 애독서가 되었다. 몇 번이고 되풀이하여 읽어 나가는 흥미는 나의 소설병을 얼마큼 덜어주었다.

그리고 얼마 안 가서 아게실라오스나 브루투스나 아리스티데스가 오론다트나 아르타멘느나 쥬바보다 좋아졌다. 이런 재미있는 독서와, 그리고 이 독서에 관하여 아버지와 주고받는 대화로 말미암아, 자유를 사랑하는 공화주의적인 정신과 굴할 줄 모르는 오만한 나의 성격이 차츰 형성되어 갔다. 그러나 이러한 정신과 성격은 그것을 발휘할 수 없는 처지에 놓여 있는 나를 한평생 괴롭혀 왔다.

언제나 로마나 아테네에 정신이 팔려 말하자면 이 나라의 위인들과 함께 지내면서, 몸은 공화정부의 시민으로, 또 애국심이 강한 아버지의 아들로 태어난 나는 그 책을 모범으로 삼아 정열에 불타고 있었다. 나는 내 자신을 그리스 사람이나 로마 사람인 것처럼 여기고 있었다. 내가 읽은 전기에 나오는 주인공의 위치에 내가 놓여 있었다. 내가 감동된 인내와 용기를 이야기할 때면, 내 눈은 빛났고 내 목소리는 힘에 차 있었다. 어느 날 내가 식탁에서 스케볼라(로마의 용사-역주)의 이야기를 하였을 때, 나는 그의 용감한 동작을 흉내 내기 위하여 한 팔을 불쑥 화로 위로 내밀어, 그 자리에 있던 사람들을 깜짝 놀라게 한 일도 있었다.

나에게는 일곱 살 위인 형이 있었다. 형은 아버지의 일을 배우고 있었다. 내가 아버지로부터 지나친 사랑을 받는 바람에 형은 자연히 좀 소홀함을 느꼈다. 이것은 확실히 좋지 않았다. 이러한 등한함은 그의 교육상에도 나타났다. 즉, 그는 아직 나이도 차기 전에 방탕아의 흉내를 내기 시작했던 것이다. 다른 스승에게도 보내 보았지만 그는 그 집에서도 나와 버렸다. 나는 그를 본 일이 별로 없다. 그의 얼굴을 기억하지 못할 정도이다. 그러나 나는 진심으로 그를 사랑하지 않을 수 없었다. 그도 또한 부랑자치고는 한껏 나를 사랑해 주었다.

언젠가 한 번 아버지가 몹시 화가 나서 그에게 벌을 주던 일이 기억난다. 나는 아버지와 형 사이로 뛰어들어 형을 꼭 껴안아 주었다. 이리하여 나는 내 몸으로 형을 감싸서 그가 맞을 매를 대신 맞았다. 내가 이렇게 완강히 버티었으므로 아버지도 할 수 없이 매를 놓았다. 내가 우는 소리에 누그러진 것인지 또는 나를 그 이상 괴롭히지 않으려고 해서였는지, 아버지는 그를 용서하고 말았다. 이런 일이 있은 후로 형은 더욱 나빠져서 결국 집을 나가 영영 어디론지 사라져 버렸다. 얼마 후 그가 독일에 가 있다는 말이 들리긴 하였지만, 편지가 온 일은 한 번도 없었다. 그리고는 그의 소식은 통 없었다. 이리하여 나는 외아들이 된 셈이다.

이 불쌍한 젊은이는 이와 같이 아무렇게나 양육되었지만, 그의 동생의 경우는 그렇지 않았다. 비록 왕후의 자제라 할지라도, 내가 어린 시절에 주위 사람들에게서 받은 것처럼 알뜰한 보호와 사랑을 받을 수는 없었을 것이다. 더욱이 희한한 일은, 그렇게 귀염둥이의 대우를 받으면서도 응석받이 취급이 되지 않은 점이다. 단 한 번도 나를 다른 아이들과 함께 혼자 거리로 뛰어나가게 내버려 둔 일이 없었다. 그의 그 환상적인 기질은 억압되지도 않았고, 또 만족시켜 주지도 않았다. 이러한 나의 환상적인 기질을 사람들은 내 성격의 탓이라고 보고 있었지만, 이것은 오로지 교육의 결과였던 것이다.

나는 내 나이대의 결점을 가지고 있었다. 나는 말이 많았고, 욕심이 많았고, 그 위에 거짓말까지 하였다. 과일이나 과자나 음식 같은 것을 곧잘 훔쳐 먹었다. 그러나 다른 사람을 괴롭히거나, 상하게 하거나, 책임을 남에게 씌우거나, 가엾은 짐승을 괴롭히는 일들은 전혀 없었다. 그런데, 지금도 잊혀지지 않는 것은, 언젠가 이웃에 살던

클로 부인이 설교를 들으러 간 동안에 그 집 냄비에 오줌을 눈 일이다. 이 일을 생각하면 지금도 웃음이 저절로 나온다. 왜냐하면, 그녀는 아주 선량한 사람이었지만, 아마도 세상에서 클로 부인만큼 잔소리가 많은 노파는 없을 것이다. 그래서 아마 그녀를 골려 주었던 모양이다. 어린 시절에 내가 저지른 나쁜 일들을 고백한다면 대체로 이런 것들이다.

눈 앞에 보이는 것이 온순한 사람들의 본보기일 뿐만 아니라 주위에는 모두 선량한 사람들이고 보니, 난들 어찌 나쁘게 될 수 있겠는가. 아버지나, 고모나, 유모나, 친척, 친구들이나 이웃 사람들이나, 한 마디로 말하자면 내 주위의 모든 사람들이, 나는 비록 그들에게 복종하지 않았지만 그들은 나를 진정으로 사랑해 주었으며 나도 그들을 사랑하였다.

아버지와 함께 책을 읽을 때나, 유모의 손에 이끌려 산보라도 나갈 때 이외에는, 나는 항상 고모와 함께 있었으며, 그녀의 곁에 앉기도 하고 서 있기도 하며, 그녀가 수놓는 것을 보거나, 노래 부르는 것을 들으며 만족하고 있었다. 그 명랑하고 부드럽고 상쾌한 고모의 모습은 당시 나에게 어찌나 강한 인상을 주었던지, 지금도 그 모습이 눈에 선하며, 또한 다정하던 그 목소리가 귀에 들리는 듯하다. 고모가 그때 입고 있던 옷이나 머리의 치장도 눈에 역력하지만, 그 당시 유행에 따라 까만 머리를 양쪽 관자놀이에서 애교머리로 만들었던 그 모습도 잊혀지지 않는다.

음악에 대한 나의 취미라기보다 정열을 갖게 된 것도 고모의 덕이라고 생각된다. 그녀는 그때 많은 노래의 가사와 곡조를 알고 있었다. 나지막한 고운 목소리로 노래를 부르곤 하였다. 이 사랑스런 소녀의 노래 소리는 그녀나 주위에서 듣는 사람의 마음에서 우울한 기분을 가시게 하였다. 고모의 노래는 그 매력이 대단하였다. 아직도 몇 곡의 노래는 내 기억에 남아 있을 뿐 아니라, 어린 시절에 이미 까마득하게 잊어버렸던 것들도 나이를 먹어감에 따라 말할 수 없는 그리움으로 되살아나곤 한다. 근심과 고생에 시달린 노쇠한 이 몸이 떨리는 목소리로 가끔 그때의 노래들을 흥얼거리다 어린애처럼 눈물을 흘리고는 스스로 놀라는 줄을 누가 알리오.

그 가운데서도 다음 노래는 그 곡조를 완전히 기억하고 있다. 그러나 아무리 애써 봐도 그 운만이 어렴풋이 머리에 떠오를 뿐, 가사의 후반이 도무지 생각나지 않는다. 그 첫머리와 내가 기억해 낼 수 있는 뒷부분은 다음과 같은 것이다.

티르시스여, 나는 감히
당신의 그 피리소리를
느릅나무 그늘에서 들을 수 없소.
우리 마을엔 벌써
소문이 퍼졌다오.
················
········양치는 이와
········언약을 하면
········어려워라
장미꽃 그늘에는 가시 있는 법.

이 노래의 회상이 어찌하여 이렇게도 내 마음을 기쁘게 해 주는 것일까. 왜 그런지 그 까닭은 알 수 없지만, 나는 눈물 때문에 이 노래를 끝까지 부르지 못한다. 나는 몇 번이나 파리로 편지를 보내서 혹시 이 노래의 가사를 아는 사람이 있으면 잊어버린 부분을 가르쳐 달랄까 생각하였다. 그러나 만일 내 고모 이외의 다른 사람도 이 노래를 불렀다는 사실을 알게 되면, 이 노래를 회상할 때 얻을 수 있는 나의 즐거움도 그 절반은 사라지리라고 생각한다.

이것이 내 인생 최초의 감정이었다. 이와 같이 하여 거만하면서도 유순한 내 마음과, 연약하면서도 굴하지 않는 내 성격이 형성되고 나타나기 시작하였다.

이러한 내 교육의 진행은 한 가지 사건으로 말미암아 중단되었다. 그 결과는 그 뒤 나의 전 생애에 영향을 끼치게 되었다. 아버지는 시 의원과 연고 관계가 있는 프랑스의 대위 고티에라는 사람과 싸움을 한 일이 있었다. 그런데 그 사람은 무례하고 비겁한 사나이로서 복수를 하려고 아버지가 시내에서 칼을 뽑았다는 구실로 고발을 하였다. 형무소로 끌려간 아버지는 법률상 원고와 함께 수감되어야 한다고 주장하였다. 그러나 이것이 관철되지 못하였다. 여기에서 아버지는 명예와 자유를 잃기보다는 차라리 제네바를 떠나 타향에서 여생을 보내기로 결심하였다.

나는 제네바에서 성을 쌓는 공사에 종사하고 있던 외숙 베르나르의 보호를 받게 되었다. 그에게는, 맏딸은 죽었지만 나와 동갑인 아들이 있었다. 우리 두 소년은 봇세에 있는 목사 랑베르시에 집에 기숙하게 되었다. 여기에서 우리는 라틴어와 함께 정식 교육에 필요하다는 것들을 이것저것 배웠다.

이 마을에서 2년을 지내는 동안, 나의 그 로마풍의 거친 기질은 많이 부드러워져서 어린이의 상태로 되돌아갔다. 아무것도 지키는 것이 없었던 제네바에서는 즐겨 공부도 하고 독서도 하였었다. 그것이 유일한 즐거움이었다. 그러나 공부하기를 강요하는 봇세에서는 오히려 놀고만 싶어졌다. 시골의 생활은 참 신기하여서 나는 그 즐거움에 지칠 줄을 몰랐다. 이곳에서 지낸 행복한 추억은 그 뒤 항상 동경의 세계로서 내 마음을 사로잡았고, 드디어는 훗날 다시 나를 이곳으로 이끌기까지 하였다. 랑베르시에 씨는 매우 이해심이 많은 분으로, 우리들의 교육을 등한시하지도 않았으며, 그렇다고 또 힘에 겨운 일을 시키지도 않았다. 그의 교육 방법이 나쁘지 않았던 증거로는, 원래 속박이라는 것을 몹시 싫어하는 나로서도, 그 당시의 생활을 회상할 때 결코 불쾌하지 않았다는 점이다.

봇세에서 나의 생활은 더할 나위 없이 나에게 어울렸었다. 만약에 좀 더 이 생활이 계속되었더라면 나의 성격은 완전히 고정될 수 있었을 것이다. 그 생활의 토대가 되어 있는 것은 온순하고 다정다감하고 평화로운 감정이었다. 나는 어떤 사람이든지 나 정도의 허영심은 가지고 있다고 생각한다. 나는 감격하는 순간에는 고상한 감정도 품어 보지만, 곧 무기력한 상태로 되돌아오고 만다. 나의 가장 큰 소원은 내가 접촉하는 모든 사람들에게 사랑을 받고 싶은 것이다.

나는 얌전하였고 외사촌도 얌전하였다. 그뿐 아니라 우리 두 사람을 지도하는 사람들도 점잖았다. 이곳에서 만 2년을 지내는 동안, 나는 난폭한 감정의 목격자도 희생자도 된 일이 없었다. 모든 것들은 내가 타고난 성품을 그대로 키워 주었다.

나는 다른 사람들이 나나 모든 사물에 대하여 만족하는 것을 보는 것만큼 기쁜 일은 없었다. 내가 교회에서 교리문답을 외우는 것에 막혔을 때면, 랑베르시에 양의 불안과 고통스러워하는 표정을 보는 것이 무엇보다도 괴로웠다. 여러 사람 앞에서 수치를 당하는 것보다도 오히려 이것만이 마음 아팠다. 하기야 여러 사람들 앞에서 부끄러움을 당한다는 것도 어지간히 괴로운 일이긴 하지만 칭찬 받을 때 기분은 그렇지도 않은데, 수치를 당할 때는 여간 민감하게 느껴지지 않기 때문이다. 그러나 나는 랑베르시에 양이 꾸중을 하면 어쩌나 하는 걱정보다도, 그녀가 근심하면 어쩌나 하는 두려움이 앞섰다.

그녀도 필요할 때에는 그의 오빠만큼이나 엄하였다. 그러나 대부분의 경우 그 엄격은 정당했으므로, 괴롭기는 하였지만 반항심은 생기지 않았다. 나는 차라리 벌을 받는 편이 낫지 다른 사람의 기분을 상하게 하기는 싫었으므로 불만의 표시는 벌을 받는 편보다 두려웠다.

랑베르시에 양은 어머니와 같은 인자한 사랑으로써 우리를 대하였으니만큼, 우리가 잘못을 저질렀을 때에도 가끔 자식에게 하듯이 벌을 주었다.

어느 날 나는 부엌에 달린 방에서 공부를 하고 있었다. 식모가 랑베르시에 양의 빗을 말리려고 난로 위에 걸쳐 놓았다. 식모가 그것을 가지러 와 보니 빗살 한 개가 빠져 있었다. 누구의 소행일까? 나 이외에는 아무도 그곳에 없었다. 모두가 나에게 까닭을 물어 왔다. 나는 그 빗을 만진 일도 없다고 딱 잡아떼었다. 그러자 랑베르시에 남매는 둘이서 나를 달래고 타이르고 위협까지 하였다. 나는 끝까지 버티었다. 내가 전에 없이 이렇게 완강하게 나갔지만, 내가 한 짓이 뻔하므로, 모든 사람들의 이런 확신은 나의 일체의 변명을 억누르고 말았다. 사태는 심각해졌다. 그럴 만하게 되었다. 그 장난, 그 뻔뻔스런 거짓말, 그 고집은 한결 같이 처벌 대상이 된다고 인정되었다. 그런데, 이번에 나에게 벌을 주는 것은 랑베르시에 양이 아니었다. 외삼촌 베르나르가 편지를 받고 온 것이었다.

이때 외사촌도 나 못지않은 잘못을 저질러 둘이는 함께 벌을 받게 되었다. 심한 벌이었다. 그들이 악 자체에서 치료법을 찾아내서 타락한 내 마음을 고치려고 하였다면, 그 이상 더 좋은 수법은 없었을 것이다. 그런데, 그들은 오래도록 나를 건드리지 않고 내 버려두는 것이었다.

그들은 나에게 자백을 강요하였지만 끝내 자백하지 않았다. 몇 번이나 되풀이하여 아주 가혹한 고비를 겪었으나, 나는 눈 하나 깜짝하지 않았다. 죽기밖에 더하랴. 나는 이런 각오까지 하였다. 모진 폭력도 악마 같은 어린애의 고집 —— 모두들 나의 고집을 악마 같다고 하였으니까 —— 에는 지고 말았다. 결국 나는 이 가혹한 시련에서 기진맥진하였지만, 그러나 승리를 거두고 풀려나온 셈이었다.

이 사건이 있은 지도 어언 50년 가까이 되었다. 그리고 이제는 이런 사건으로 또다시 벌을 받을 염려는 없었다. 지금 나는 하느님 앞에서 나는 죄가 없었다는 것, 빗을 부러뜨리지도 않았거니와 그것을 만지지도 않았다는 것, 난로 가까이 가지도 않았고 그런 생각조차 한 일이 없다는 것을 공언한다. 어째서 빗이 부러졌느냐고 나에게는 묻지 않는 것이 좋다. 나는 그것을 모른다. 그것을 생각할 수도 없다. 내가 분명히 알고 있는 것은 다만 나는 무죄였다는 것뿐이다.

그때 나는 아직 이성이 충분히 발달하지 못하였기 때문에, 외관상으로 얼마나 죄를 지은 것처럼 보였는지를 느낄 수도 없었고, 또 남과 입장을 바꾸어 볼 수도 없었다. 그저 자신의 입장만을 생각했었다. 자신이 저지르지도 않은 죄에 대한 무서운 형벌이 가혹하다는 것만을 느끼고 있었다. 육체의 고통이 심하였으련만 그렇게 느끼지 못했다. 오직 반감과 분노와 절망을 느꼈을 뿐이었다. 외사촌도 거의 나와 비슷한 잘못을 저질렀다. 불의의 과실이었지만 고의적인 행위라 하여 벌을 받았었기 때문에, 나와 함께 흥분했다. 우리 두 사람은 한 침대 속에서 몸이 떨리는 감정의 폭발로 서로 부둥켜안았다. 우리들은 말이 나오지 않았다. 어린 두 가슴이 다소 진정되어 각자의 분노를 털어놓을 수 있게 되었을 때, 두 소년은 자리에서 일어나 몇 번이고 소리쳐 이렇게 외쳤다.

"악마! 악마! 악마!"

나는 이 글을 쓰는 지금에도 심장의 고동이 뛰는 것을 느낀다. 그때 그 일은 내가 천만 년을 산다 할지라도 결코 잊혀지지 않으리라. 이 폭행과 부정에 대한 최초의 감정은, 이와 관련된 모든 관념이 나의 최초의 격정을 불러일으킬 만큼 마음 속 깊이 새겨져 있다. 그리고 이 감정은 원래는 나에게만 관련된 것이었지만, 어찌나 강렬하였던지 개인적인 이해관계를 떠나, 모든 부정을 보거나 들을 때마다 그것이 누구에게 대한 것이거나, 또는 어디서 행하여진 것이거나 간에, 마치 내 자신이 그 피해자이기나 한 것처럼 분개한다.

무자비한 폭군의 잔악한 처사나, 간사한 승려들의 간계와 음모를 읽을 때마다, 비록 이 몸이 백 번을 죽는 한이 있더라도, 그런 놈들은 찔러 죽이고만 싶다. 닭이나 소, 개 따위 짐승이라 할지라도, 제가 힘이 세다고 약한 짐승을 못 살게 구는 것을 보면, 쫓아 버리거나 돌이라도 던지느라고 진땀도 여러 번 흘렸다. 이와 같은 격하기 쉬운 감정은 내가 타고난 천성인지도 모른다. 그러나 내가 겪었던 최초의 폭행에 대한 지울 수 없는 추억은 너무 오래도록, 그리고 너무나 깊이 내 천성과 결부되어 이러한 충동이 그토록 강해졌는지도 모른다.

내 어린 시절의 명랑하던 생활은 여기에서 막을 내렸다. 이후로 나는 순결한 행복을 누리지 못하였다. 행복하던 어린 시절의 추억은 여기에서 정지되었다고 지금도 생각한다. 우리는 그 뒤 몇 달 동안은 봇세에서 지냈다. 그러나 그 생활은 마치 향락을 잃은 뒤에 아담과 이브가 에덴 동산에 머물러 있던 것과 흡사하였다. 겉으로 보기에는 그전과 조금도 다를 것이 없는 생활 같았지마는, 실제로는 전연 딴판이었다. 애착과 존경과 친근함과 믿음이 우리를 스승에게 매어 두지 못하였다. 우리는 스승을 이미 우리의 마음을 읽어 주는 신처럼 생각할 수는 없게 되었다. 우리들은 나쁜 짓을 하고도 그전처럼 부끄러워할 줄을 몰랐고, 꾸중 듣는 것을 두려워하게 되었다.

남의 눈을 속이고, 불평을 말하고, 거짓말을 하기 시작하였다. 이즈음 우리들이 한 나쁜 짓들은 우리들의 순진함을 썩게 하고 우리의 놀이를 추하게 만들었다. 전원마저도 우리의 눈에는 마음에 스며드는 아늑하고 순박한 매력을 잃고 거칠고 쓸쓸하게만 보였다. 마치 전원의 아름다움을 베일로 씌워 놓은 것만 같았다. 우리들은 작은 들을 꾸미거나 꽃을 심고 풀을 뽑던 일도 집어치웠다. 이제는 흙을 헤치고서, 뿌렸던 씨의 새싹이 움트는 것을 보고는 환성을 지르던 일도 하지 않게 되었다. 우리들은 그만큼 생활에 싫증이 났다. 랑베르시에 남매도 우리에게 싫증이 났다. 외삼촌이 우리를 데리러 왔다. 랑베르시에 남매와는 여기서 헤어졌지만, 조금도 섭섭한 생각이라곤 없었다.

봇세를 떠난 이후 근 30년 동안, 나는 유쾌한 감정으로 그곳을 회상해 본 적은 한 번도 없다. 그러나 장년기를 지나 노년에 접어들면서는, 다른 모든 추억은 사라져 가는데도, 이 추억만은 새로이 되살아나 날이 갈수록 생생해지고 그리워진다. 이는 아마도 내 생애가 차차 시들어 가는 것을 느끼고, 내 인생의 시초를 다시 붙잡으려고 애쓰는 탓인지도 모르겠다.

그 당시의 일이라면 아무리 사소한 일일지라도 내 마음을 즐겁게 해 준다. 시간이거나, 장소이거나, 또는 사람에 관한 일이거나, 그때의 일들은 모두가 생각난다. 방 안에서 일을 하고 있는 하인이나 식모며, 창문을 넘어 날아들던 제비며, 내가 일과를 공부하고 있을 때 내 손등에 날아와 앉던 한 마리의 파리까지도 그 모든 것들이 지금도 눈에 선하다. 우리가 쓰고 있던 방 안의 모든 것도 눈앞에 보이는 것 같다. 오른편에는 랑베르시에 씨의 서재가 있고, 역대 교황들을 그린 판화와 청우계와 큼지막한 달력이 걸려 있었다. 정원 뒤쪽에서 뻗어 나와 창으로 그 그림자를 드리우고, 때로는 방 안까지 기어드는 딸기 덩굴들이 눈에 보인다.

독자 여러분이 이런 일들까지 모두 알아 둘 필요는 없을 줄 안다. 그렇지만 나로서는 이런 것들을 말할 필요가 있다. 이 일들을 회상할 때마다 가슴이 뛰는 듯한 기쁨을 나는 느낀다. 이 시절의 여러 가지 작은 사건들을 여러분에게 이야기한다 하여 무엇이 나쁘랴. 그중에서 대여섯 가지만 이야기해 보자. 에라, 그러면 독자들이여, 타협을 하자. 나는 이 중 다섯 가지를 감해 드리고 한 가지만 이야기하여도 좋다. 그 대신 여러분들은 내가 그것을 오래 즐길 수 있도록 자세히 이야기하는 것을 양해하기 바란다.

여러분을 만족시키기 위해서라면, 랑베르시에 양이 가엾게도 목장에서 아래로 곤두박질을 하여, 때마침 지나가던 사르디니아 왕 앞에서 엉덩이를 드러내 보인 일화를 취할 수도 있을 것이다. 그러나 나로서는 테라스의 호두나무 이야기가 더 재미있다. 그것은 랑베르시에 양이 곤두박질을 했을 때는 나는 구경꾼에 불과하였지만, 이 호두나무 이야기에서는 내 자신이 배우였기 때문이다. 그리고 앞의 이야기가 사건 그 자체로는 비록 희극적이었지만, 내가 어머니처럼 사랑한, 아니 그 이상으로 존경한 여인이기에, 손에 땀을 쥐게 한 그 재난을 한낱 웃음거리로 만들 생각은 없다.

테라스의 호두나무 사건 이야기에 호기심을 갖고 있는 독자 여러분, 부디 이 엄청난 비극을 듣고 부들부들 떨지는 마시라.

안뜰 문 앞을 향해 왼쪽에 테라스가 있었다. 오후가 되면 으레 모두 여기에 나와 앉곤 하였다. 그런데, 해가 너무 비쳐 그늘이 없는 것이 한 가지 흠이었다. 그리하여 여기에 그늘을 지우기 위하여 랑베르시에 씨는 호두나무 하나를 심도록 했다. 이 나무를 심는 의식이 엄숙하게 거행되었다. 두 기숙생은 교부가 되었다. 그리고 흙으로 구덩이를 메우는 동안 우리들은 축가를 부르면서 각각 한 손으로는 나무를 떠받쳤다. 물을 주기 위하여 뿌리 둘레에 고랑을 팠다. 날마다 여기에 물을 주는 것을 열심히 보고 있던 외사촌과 나는 구멍을 파고 깃대를 세우는 장난보다는 테라스에 나무를 심는 편이 훨씬 멋있다는 극히 자연스러운 생각이 떠올랐다. 그리고 이 명예를 누구와도 나누지 말고 우리끼리만 독점하려고 결심하였다.

그리하여 우리들은 어린 버드나무 가지 하나를 꺾어서, 늠름한 호두나무에서 2, 3미터 떨어진 곳에 심었다. 물론 우리가 심은 나무 둘레에도 고랑 파는 것을 잊지 않았다. 그런데, 곤란한 것은 여기에 물을 주는 일이었다. 물은 상당히 멀기도 하려니와 물을 긷는 일은 우리에게 허락되어 있지도 않았다. 그러나 물은 꼭 필요했다. 어떻게 하면 물을 줄 수 있을까 하고 2, 3일을 두고 우리들은 온갖 궁리를 다했다. 우리들의 꾀가 훌륭히 성공하여 어린 가지에서는 새싹이 뾰죽뾰죽 돋아 나왔다. 우리들은 성급하게 그것이 얼마나 자랐나 하고 쉴 새 없이 재 보았다.

아직 한 자도 채 되지 않았지만, 머지않아 우리에게 시원한 그늘을 던져 주려니 하고 기대하였다.

우리들은 이 나무에만 온정신이 팔려서 공부나 다른 일에는 도무지 마음이 없었다. 어른들의 감독은 더욱 심해 갔다. 물이 말라 버릴 때가 되었다. 우리들의 나무가 시들어 죽을 것을 생각하니 가슴이 탔다. 드디어 필요라는 발명의 어머니가 나무와 우리에게 구사일생의 한 가지 생각을 일으키게 하였다. 그것은 즉, 땅 밑으로 도랑을 파서 호두나무의 물의 일부를 우리들의 나무로 끌어들이자는 것이었다. 그러나 이 시험은 꽤 열심히 했었지만 성공하지 못하였다. 경사가 지지 않았기 때문에 물이 흐르지 않았다. 흙이 무너져 도랑을 메웠고, 도랑 어귀는 쓰레기로 막혀 엉망이 되었다.

그러나 우리들은 실망하지 않았다. 꾸준한 노력은 모든 난관을 극복한다. 우리는 경사를 만들기 위하여 우리의 도랑을 깊게 팠다. 널빤지를 좁게 쪼개서 삼각형의 수도를 만들었다. 수도 어귀에는 창살 모양으로 나무 조각을 꽂아 쓰레기나 흙덩이들이 막히지 않도록 하였다. 그 위를 살짝 흙으로 덮고 다져 두었다. 이 공사가 완성되던 날 이윽고 물 대는 시간이 닥쳐올 것을 희망과 공포가 뒤얽힌 초조한 마음으로 기다리고 있었다. 몇 백 년을 기다린 것처럼 생각된 뒤, 드디어 그때는 오고야 만 것이다. 랑베르시에 씨는 언제나처럼 나와서 이 일을 거들었다. 우리들은 버드나무가 안 보이도록 가리고 섰다. 다행히도 그는 돌아서고 있었다.

첫 번째 한 통의 물을 호두나무에 붓자마자, 그 물은 곧 버드나무 쪽으로 흘러가는 것이 보였다. 이것을 보자 우리들은 그만 환성을 지르고 말았다. 그 소리를 듣자 랑베르시에 씨는 웬일인가 하여 두리번거렸다. 아뿔싸! 이를 어쩐담! 그는 호두나무 둘레의 흙이 좋아서 마음껏 물을 빨아들이는 모양을 기분이 좋아서 바라보고 있던 참이었는데, 그 물이 양쪽으로 갈라져 들어가는 것을 보자, 이번에는 그가 놀라 외쳤다. 당장에 도끼를 가져오게 하더니 픽 찍어 널빤지 두서너 장을 공중으로 던졌다. 그리고는

"수도다! 수도다!"

하고 연신 고함을 지르며 마구 찍어 댔다. 픽 픽 찍을 때마다 우리들의 가슴도 철렁철렁하였다. 순식간에 널빤지와 도랑과 버드나무 이런 것들이 모조리 파헤쳐지고 부서졌다. 우리는 이 무서운 처분이

내려지는 동안 “수도야! 수도야!” 하고 되풀이하는 그의 고함 이외에는 아무 소리도 듣지 못했다. 우리들의 모든 희망을 송두리째 뽑아 버리면서 그는 연신 이렇게 외쳤다.

“수도야! 수도야!”

여러분은 이 사건이 필경 어린 토목 기사들에게 두려운 결과를 초래하였으리라고 생각할지 모르지만, 그것은 잘못된 추측이다. 이것으로 일은 무사히 끝났으니까 말이다. 랑베르시에 씨는 한 마디도 꾸짖지 않았으며, 우리에게 불쾌한 얼굴도 하지 않았고, 아무 말도 없었다. 뿐만 아니라 조금 뒤에는 누이와 함께 큰 소리로 웃어 가며 이야기하는 것이 들려 왔다. 그의 웃음소리는 꽤 멀리까지 들려오고 있었다.

이 호두나무 사건에 얽힌 기억은 그대로 보존되어 항상 머리에 떠올랐으므로, 1754년에 제네바에 갔을 때, 무엇보다도 가장 중요하였던 계획의 하나는 봇세를 찾아가서 어릴 때 놀던 기념비를 보기도 하고, 특히 그때 이미 30년이나 연륜이 자랐을 호두나무를 보는 일이었다. 나는 늘 세상의 번거로운 일로 인하여 이 희망을 달성할 기회를 얻지 못하였다. 앞으로도 이런 기회는 좀처럼 올 것 같지 않다. 그러나 이 희망은 결코 사라지지 않으리라. 만약 언제이고 꿈에서 그리던 그곳에 가게 되어, 내가 그리워하던 호두나무가 싱싱하게 살아 있는 것을 보게 된다면, 틀림없이 나는 눈물로 그 나무에 물을 줄 것이다.

제네바로 돌아온 뒤 나는 내 장래가 결정될 것을 기다리며 외삼촌댁에서 2, 3년을 지냈다. 외숙은 외사촌을 장차 기사로 만들 생각으로 제도도 조금씩 배우게 하고 유클리드(그리스의 수학자-역자)의 기하학도 가르쳤다. 나도 그와 함께 배웠다. 흥미가 있었다. 특히 제도가 재미있었다. 그런데, 나에 대해서는 시계 기술자로 만드느냐, 변호사로 하느냐, 그렇지 않으면 목사로 만드느냐가 문제였다. 나는 목사가 제일 좋았다. 설교를 하는 것은 참 훌륭한 일이라고 생각되었기 때문이다. 그러나 어머니에게서 물려받은 약간의 재산이나마 형과 나누어야 했으므로, 이 얼마 안 되는 수입으로는 도저히 학비가 부족하였다. 아직 직업 선택을 서두를 나이도 아니고 하여 외숙댁에서는 거의 하는 것 없이 지냈지만, 꽤 비싼 하숙비는 꼬박꼬박 치르고 있었다.

외숙도 아버지처럼 놀기를 좋아하였으며, 우리들에 관한 일은 귀찮게 여기고 잘 돌봐 주지 않았다. 외숙모는 철저한 신자여서 우리들에게 교육을 시키기보다는 찬송가나 부르는 것을 좋아하는 편이었다. 우리들은 거의 방임 상태였다. 그러나 자유를 남용하지는 않았다. 잠시도 떨어질 줄 몰랐던 우리들은 서로에 대하여 만족하고 있었으므로, 같은 또래의 부랑아들과는 함께 놀 생각조차 하지 않았다. 한가한 사람이 빠지기 쉬운 방종에도 물들지 않았다. 한가한 사람이라는 것부터가 당치도 않은 말이다. 왜냐하면 내 일생을 통하여 이때처럼 바쁜 시절도 없었으니까.

그리고 다행한 일은 이때 서로가 열중하던 오락은 모두가 가내 오락이었으므로 거리로 나가고 싶은 생각은 아예 나지도 않았다. 우리들은 새장 · 피리 · 연 · 북 · 집 · 딱총 · 쇠뇌 따위를 만들었다. 할아버지 흉내를 내어 시계를 만든답시고 인자한 할아버지의 연장을 망가

뜨렸다. 특히 우리들이 좋아하던 장난은 종이 위에 마구 쓰고 마구 그리고, 화구를 망가뜨려가며 마구 색칠하는 것이었다.

우리 두 사람은 언제나 붙어 다니기 때문에 사람들의 주위를 끌었다. 외사촌의 지나치게 큰 키와 나의 작은 키가 대조적인 조화를 이루어 더욱 주목을 끌었다.

그의 가늘고 기다란 체구와 시든 사과 같은 작은 얼굴, 흐늘거리는 태도, 휘청거리는 걸음걸이는 아이들의 조롱거리가 되었다. 아이들은 그 지방 사투리로 그에게 "바르나 브레난다"(바보라는 뜻-역주)라는 별명을 붙여 주었다. 밖에 나가면 사방에서 아이들이 "바르나 브레난다"라고 놀려댔다. 그는 이것을 예사로 견뎌냈다. 나는 화가 나서 그들에게 대들었다. 그것은 거리의 부랑아들이 바라는 바였다. 나는 싸움에 졌다. 가엾은 외사촌은 열심히 내 편을 들었다. 그러나 원래 약해 빠진 그는 주먹 한 대에 나가 떨어졌다. 이것을 본 나는 더욱 화가 나서 마구 날뛰었다. 그 통에 호되게 맞은 것은 나였지만, 실상 그들이 건드려 주고 싶은 것은 "바르나 브레난다"였다. 좌우간 내가 마구 나댄 것이 더욱 사태를 악화시켜, 우리들은 그들이 학교에 가 있는 동안 이외에는 그들에게 놀림을 받고 욕을 당할 것이 두려워 밖에 나가지를 못하였다.

나도 이제는 약자를 보호하는 의협의 기사가 된 셈이었다. 정식으로 기사가 되기 위하여는 귀부인 한 사람만 있으면 된다. 나는 그런 귀부인이 두 사람 있었다. 나는 니용으로 자주 아버지를 만나러 갔었다. 니용은 보 지방에 있는 작은 도시로 아버지는 그곳에 자리 잡고 있었다. 아버지는 신망이 좋았기 때문에 아들인 나까지도 그 덕을 보았다. 아버지에게서 잠깐 머물러 있는 동안에도 여러 사람의 귀여움을 받았다.

그중에서도 불송 부인이란 분이 특히 나를 귀여워 해 주었다. 게다가 그 부인의 딸도 나를 자기의 애인으로 삼아 주었다. 열한 살 먹은 소년과 스물두 살 된 처녀와의 사랑이고 보면, 그 관계도 알 만한 일이었다. 그러나 마음 들뜬 이런 아가씨들이란 모두가 조그만 인형을 앞에 내 놓고 큰 놈은 뒤에 숨겨 두거나, 그렇지 않으면 이런 인형과 사람의 마음을 끌 만한 놀이를 하여 큰 놈을 유혹하기가 일쑤였다. 그녀와 내가 어울리지 않는 것을 전연 몰랐던 나는 그녀의 사랑을 진짜인 줄만 알았다. 나는 온 마음이라기보다 온정신을 그녀에게 바쳤다. 그도 그럴 것이 내가 미칠 정도로 그녀를 사랑하고, 내 정열이나 흥분이나 격정이 아무리 요절포복할 만한 연극을 하였더라도, 이 모두가 정신적인 사랑에 불과하였기 때문이었다.

나는 전혀 다른 두 종류의 진실한 사랑이 있다고 생각한다. 이 사랑은 두 가지가 다 친밀한 우정과는 다르고, 또 둘 사이에도 서로 비슷한 점이 없다. 나의 전생애는 이와 같이 다른 두 사랑으로 갈라져 있다. 뿐만 아니라 이 두 가지를 동시에 경험한 일조차 있었다.

예를 들면, 이때 나는 어떤 남자라도 불송 양에게 가까이 접촉하지 못하도록 악착같이 공개적으로 그녀를 독점하고 있었으며, 한편 어린 고통 양과도 비록 길지 않은 기간이긴 하였지만 상당히 열렬한 밀회를 가졌다. 고통이 나에게 취하는 태도는 마치 학교의 선생과 같았다. 그저 그뿐이었다. 그러나 그것이 사실상 나에게는 모든 것이어서, 이 이상 다시 없는 행복으로 생각되었다. 이때 이미 나는 비밀의 가치를 알고 있었으므로, 비록 그것을 어린애로서 이용한 데 불과하였지만, 이것은 불송 양이 다른 연애 관계를 나에게 숨기려고 한 농락에 대한 복수였다. 그러나 유감스럽게도 나의 이 비밀은 폭로되었다. 그것은 내 탓이 아니라 나의 어린 학교 선생이 비밀을 잘 지켜 주지 않은 때문이었다. 우리는 곧 헤어졌다. 얼마 뒤에 내가 제네바에 돌아와 쿠당스 거리를 지나려니까 계집애들이 나지막한 소리로,

“고통과 루소는 그렇고 그렇대요!”

하며, 나를 놀려대는 소리가 들렸다.

이 어린 고통 양은 참으로 이상한 소녀였다. 예쁘지도 않은 편인데도 잊혀지지 않는 얼굴이었다. 늙은 나이에 어울리지도 않게 지금도 가끔 그녀의 얼굴이 떠오른다. 그녀의 키와 태도와, 특히 눈은 그 나이에 어울리지 않았다. 그녀는 행동에 어울리는 야무진 모습을 지니고 있었다. 이러한 태도가 그녀의 첫인상을 이루었던 것이다. 그녀의 제일 이상한 성격은 대담성과 소심증이 뒤섞인 점이었다. 자기 자신은 마구 행동을 하면서도 나에게는 그렇게 하지 못하게 하였다. 그녀는 나를 마치 어린애처럼 취급하였다. 그러고 보면 그녀는 이미 어린애가 아니었기 때문이었든지, 그렇지 않으면 그와는 반대로, 자신이 빠져든 위험조차도 장난으로 밖에 생각하지 않을 만큼 아직 철부지 어린애였기 때문이었을 것이다.

좌우간 나는 이 두 여인에게 각각 열중하고 있었다. 그리하여 그 중 한 편을 만나고 있으면 다른 편은 전연 생각조차 나지 않았다. 그리고 내가 두 여인에게서 받는 느낌도 비슷한 점이 전혀 없었다. 나

는 불송 양과는 평생을 떨어지지 말고 함께 지냈으면 하는 생각도 하였다. 그리하여 그녀가 옆에만 있으면 마음은 평온해지고 격정은 가라앉았다. 나는 여러 사람 앞에서도 터놓고 그녀를 사랑했다. 그녀의 그 익살이나 애교나 질투하는 모습마저도 마음에 들었고, 나를 매혹시켰다. 어른 같은 경쟁자들이 그녀에게서 냉대를 받고 있는 듯한 그 옆에서 특별대우를 받고 있는 내 자신이 자랑스럽게 느껴졌다. 나는 괴로웠지만 그것이 행복하였다.

칭찬과 격려와 그녀가 던져 주는 미소가 나의 가슴을 타오르게 하였다. 여러 사람 앞에서 그녀를 열렬히 사랑하였다. 이런 때 만일 단둘 뿐이었다면 위축되고 냉담해지고 따분하였으리라. 사실 나는 알뜰히도 그녀를 사랑하였다. 그녀가 병이 나면 내 마음이 아팠다. 그녀의 건강을 회복시키기 위해서라면 내 자신의 건강은 버려도 좋을 것 같았다. 신체의 건강과 질병이 어떻게 다른가를 나는 경험을 통하여 알았다. 떨어져 있으면 나는 그녀가 그리워 허전하였다. 함께 있으면 그녀의 애무는 내 마음을 차분히 감싸 주었다. 그러나 욕정이 일어난 일은 한 번도 없다. 그저 친근하게 지내는 것뿐이었다. 나의 공상은 그녀가 허락하는 것만으로도 만족하였다. 그러나 그녀가 다른 남자에게도 나와 같이 대하는 것을 보면 견딜 수가 없었다. 나는 결국 누이처럼 그녀를 사랑하였지만 애인처럼 질투를 한 것이다.

이런 점에서는 고통 양도 다를 것이 없었다. 그녀가 나에게 대해 주었던 것과 같은 태도를, 만일에 다른 남자에게도 취하였다는 상상만이라도 하였다면, 나는 터키 사람이나 미치광이나 표범처럼 나대며 그녀를 질투하였으리라. 왜냐하면 그녀가 나에게 베푼 그나마의 은혜도 내가 무릎을 꿇고서 애원하다시피 하여 얻은 것이었으니까. 불송 양과 만날 때는 뛸 듯이 기쁘기만 하였지 불안한 마음은 조금도 없었다. 그러나 고통 양은 보기만 하여도 정신이 아찔하고 눈앞이 캄캄하였다. 불송 양과는 거리감은 있었지만 허물없는 사이였다. 이와는 반대로 고통 양과는 살뜰한 친근미는 있으면서도 언제나 마음이 불안하였다.

이때 내가 고통 양과 오래 교제를 계속하였더라면, 아마 나는 살아남지 못하였을 것이다. 가슴의 고동이 숨통을 틀어막고야 말았을 것이다. 그들의 기분을 상하게 하지 않으려고 내가 노력한 점으로는 두 여인이 마찬가지였다. 그러나 한 여인에게는 더욱 친절하였고, 다른 여인에게는 더욱 온순하였다. 어떤 일이 있더라도 나는 불송 양의 기분만은 상하게 하고 싶지 않았다. 그리고 만약 고통 양이 나에게 불 속으로 뛰어들라고 명령하였다면, 나는 아마 서슴지 않고 그 명령에 복종하였을 것이다.

고통 양과의 사랑이, 아니 밀회가 오래 계속되지 않았던 것은 그녀로 보나 나를 위해서나 참 다행한 일이었다. 불송 양과의 관계는 그다지 위험성은 없었지만 더 오래 계속되었더라면 역시 비극으로 끝났을 것이다. 이런 사건의 결말은 으레 좀 신파조가 되게 마련이다. 불송 양과의 사랑은 별로 열렬한 편은 아니었지만, 더욱 깊었었는지 모르겠다. 우리들은 헤어질 때마다 눈물을 흘리지 않은 적이 없었다. 그녀와 헤어진 뒤 나는 얼마나 허전하고 쓸쓸했는지 모른다. 나는 자나 깨나 그녀만을 생각했다. 그녀에 대한 나의 그리움은 진실한 것이었고 애절한 것이었다. 그러나 따지고 보면, 이 애절한 그리움도 그녀에 대한 것만이 전부가 아니라, 분명하지는 않지만 그녀를 중심으로 하여 즐기던 일도 적잖은 부분을 차지하고 있었다.

고독의 슬픔을 달래기 위하여 두 사람은 서로 무쇠라도 녹일 것 같은 열렬한 편지를 주고받았다. 드디어 나는 그녀가 견디다 못 해 제네바까지 나를 만나러 오는 영광을 갖게 되었다. 나는 당장에 머리가 돌 것만 같았다. 그녀가 와서 이틀을 머무르는 동안 나는 미친 사람처럼 취해버렸다. 그녀가 떠난 뒤, 나는 그녀의 뒤를 쫓아가 물에라도 빠져버리고 싶은 심정이었다. 울부짖는 나의 소리는 오래오래 허공에 메아리쳤다. 한 주일이 지난 뒤, 그녀는 나에게 캔디와 장갑을 보내왔다. 이때 그녀가 결혼하였다는 사실을 듣지 않았던들, 그리고, 지난번 나를 찾아왔을 때 시집갈 옷들을 사러 왔었다는 사실을 몰랐던들, 나는 이 선물들을 얼마나 기쁘게 받았으랴.

나는 얼마나 격분하였는지 모른다. 다시는 그 하잘것없는 계집을 만나 주지 않겠다고 나는 굳게 결심을 했다. 이것이 그녀에게 줄 수 있는 가장 가혹한 벌이라고 생각하였으니까. 하지만 그녀는 죽지 않았다. 그로부터 20년이 지난 뒤, 내가 아버지를 찾아가 함께 호수에서 놀 때, 우리 배에서 멀지 않은 보트에 탄 여인이 누구냐고 물었더니, 아버지는 웃으면서 이렇게 말하는 것이었다.

"저 여자 말이냐? 생각이 날 만도 할 텐데. 저 여자는 너의 옛 애인이었고, 지금은 크리스탱 부인, 그러니까 바로 불송 양이지."

까마득하게 망각의 세계로 사라져 갔던 이름을 듣는 순간, 나는 몸이 떨렸다. 그러나 나는 일부러 뱃머리를 돌렸다. 복수를 하기에는 좋은 기회였지만, 나의 그 맹세를 깨뜨리고 이제 40이나 된 여인과 20년 전의 싸움을 되풀이한다는 것이 소용없는 일이라고 생각되었기 때문에.

나는 나의 방향이 결정될 때까지, 소년시절의 귀중한 시간을 이렇게 헛되이 보냈다. 오랜 시일을 두고 생각하고 검토한 끝에, 사람들은 나에게 전혀 맞지 않는 직업을 선택해 주었다. 그리하여 시의 공증인 마스롱 씨 집에 기숙하면서, 거기서 베르나르 씨가 말하듯이 구두쇠라는 별명이 붙은 공증인의 유익한 직업을 배우게 되었다.

나는 이 별명이 싫었다. 비열한 수단으로 거액의 돈을 번다는 것은 내 고고한 성격에 맞지 않았다. 하는 일이 귀찮고 견뎌내기 어려울 것만 같았다. 더구나 시간 엄수와 심한 속박에는 정말 뻗어버릴 지경이었다. 사무실에 들어설 때 느껴지는 일종의 공포는 날이 갈수록 더해만 갔다. 한편 마스롱 씨는 마스롱 씨대로 내가 몹시 탐탁하지 않았던 모양이다. 그는 나를 멸시하고 느림뱅이니 바보니 하며 잔소리가 심했다. 마침내 나는 무능하다 하여 부끄럽게도 그 집에서 쫓겨났다. 마스롱 씨 서기들의 말을 빌린다면, 나는 서류 뭉치를 들고 다니는 일 이외에는 아무짝에도 쓸모가 없는 놈이라고 인정되었던 것이다.

나의 재능은 이것으로 바닥이 드러나, 다음에는 조각 견습공으로 들어가게 되었다. 공증인에게서 받은 멸시에 용기를 잃었던 나는 여기서는 아무 불평 없이 복종하였다. 스승인 뒤코망 씨는 야비하고 우악스러운 청년이었다. 그는 순식간에 내 어린 시절의 명랑하던 순진함을 뭉개 버리고, 귀엽고 활발하던 내 성격을 무디게 만들어, 나를 진짜 견습공으로 전락시키고 말았다.

그동안 배웠던 라틴어며, 고전이며, 역사 따위도 깡그리 잊어버리고 말았다. 로마 사람들이 일찍이 이 세상에 살았었다는 사실까지도 생각나지 않을 정도로 바보가 되었다. 내가 아버지를 만나러 갔을 때, 그는 이미 나에게서 그의 우상을 조금도 찾아볼 수 없게 되었다. 나는 귀부인들 앞에서도 이미 그들의 호감을 끌 만 한 장 자크가 아니었다. 랑베르시에 남매도 이제는 나를 그들의 제자라고 생각하지는 않을 것이고, 나도 부끄러워 그들을 영 만나지 않았다. 저속한 장난이 내 순진하던 오락을 대신하였다. 그처럼 훌륭한 교육을 받았었는데도, 쉽사리 타락할 경향이 내게는 있었던 모양이다. 급전직하격으로 나는 타락하고 말았던 것이다.

일 그 자체는 싫지 않았다. 제도는 더구나 재미있었고, 끌로 파는 일도 흥미가 있었다. 그리고 시계 딱지를 파는 기술은 그렇게 어려운 것이 아니었으므로 완전히 습득할 가망도 있었다. 스승의 폭행과 지나친 속박이 일을 싫증나게 하였다. 그렇지만 않았더라면 나는 훌륭히 그 목적을 달성하였을 것이라고 생각한다.

나는 스승의 눈을 피하여 내가 하고 싶은 일을 해 보았다. 마음에 드는 일을 하는 것은 즐거웠다. 나와 친구들에게 달아 줄 기사의 훈장을 새겼다. 이 비밀작업은 그만 스승에게 들켜 매를 맞았다. 그런데 이 훈장에는 공화국의 훈장이 새겨져 있었는데, 이것을 보고 화폐를 위조하려 했다고 트집 잡아 마구 때렸다. 돈을 만들 생각은 물론 없었다. 정말이지 나는 그때 가짜 돈이 무엇인지도 모르고 있었다.

스승의 포악은 내가 즐겨서 할 수 있는 일을 싫증나게 만들었고, 내가 싫어하던 거짓말과 게으름과 도둑질 같은 악덕에 물들게 만들었다. 자식으로서 부모에게 의지하는 것과, 직공으로서 주인에게 예속되는 것과의 차이점을, 이때 내가 겪었던 변화를 회상하는 것만큼 분명히 나에게 가르쳐 주는 것은 없다. 원래 수줍고 소심한 나는 철면피와는 거리가 멀다. 그런데, 내가 지닐 수 있었던 적당한 자유는, 차차로 구속을 받아오다가, 이제는 완전히 없어지고 말았다. 나는 아버지 집에서는 대담하였고, 랑베르시에 씨 집에서는 자유로웠고, 외삼촌 집에서는 조심스러웠고, 이 집에 와서는 벌벌 떨게 되었다. 그리고 그 뒤로 나는 타락자가 되고 말았다.

나는 지금까지 손위 사람들과 완전히 평등한 생활을 해 왔던 것이다. 어떤 오락이거나 내가 참여하지 못하는 것이 없었고, 내 몫이 없는 음식이 없었으며, 하고 싶은 말을 못 하는 부자유를 모르고 살아왔다. 그러던 것이 이 집에 와서는 어떻게 되었는가. 섣불리 입을 열 수 없었고, 식사는 삼분의 일을 먹기도 전에 상에서 일어나야 했으므로 용무가 끝나면 곧 방을 나가야 했고, 항상 일에만 얽매어 남들이 즐겁게 놀 때도 나만이 참견할 수가 없었다. 스승이나 직공들의 자유스러운 모습을 보면 내 구속은 더 가중되는 것 같았고, 자신이 있는 화제에도 말참견을 못하고 벙어리가 되어야만 했다. 한 말로 말해서 이 세상에서 나만이 돌려난 느낌이어서, 보는 것마다 부럽지 않은 것이 없었다.

안일한 마음, 쾌활한 행동, 영리한 재담, 이 모든 것은 사라지고 말았다. 이 재담 덕분에 지금까지 나는 몇 번이나 잘못이 있어도 벌을 면할 수가 있었던가. 지금도 생각하면 웃음이 절로 터지는 사건이 있었다. 아버지와 함께 살던 시절의 어느 날 밤, 장난이 심했던 탓으로 저녁밥을 굶고 자야 하는 벌을 받은 적이 있다. 처량하게도 빵 한 조각을 들고 부엌을 지나려니, 꼬챙이에 꿰인 불고기 냄새가 코를 찔렀다. 모두들 난롯가에 앉아 있었다. 지나가면서 한 사람 한 사람 인사를 해야만 했다. 차례로 인사를 하고 나서, 슬쩍 곁눈질로 냄새가 코를 찌르는 불고기를 보았다. 이번에는 불고기에 허리를 굽히며,

"불고기야, 너도 잘 자."

하고 서글픈 어조로 인사를 하였다.

이 순진한 농담이 몹시 귀엽게 보였던지, 그 자리에서 저녁을 먹도록 허락해 주었다. 이 스승 집에서도 이런 재담이 있었다면 그러한 요행수가 있었을지도 모른다. 그러나 스승 집에서는 그러한 재치가 영 머리에 떠오르지를 않았다. 하기야 그런 재치가 머리에 떠올랐다 할지라도 입 밖에 낼 용기가 없었을 것이다.

이렇게 하여, 나는 남몰래 물건을 탐내게 되어, 남의 눈을 속이고, 가면을 쓰고, 거짓말을 하고 마침내는 도둑질까지 하게 되었다. 훔친다는 일은 지금까지 생각해 보기조차 못하였던 것인데, 그 뒤로는 완전히 고칠 수도 없는 버릇이 되고 말았다.

아이들이 맨 처음 악에 물드는 것은, 대체로 좋은 감정을 나쁘게 인도하기 때문이다. 스승 집에 있는 동안, 그렇게 끊임없는 궁핍과 유혹을 느끼면서도, 1년 이상이나 훔칠 생각은 해 보질 않았었다. 배가 고픈 때에도 음식물조차 몰래 먹을 생각은 없었다, 내가 맨 처음 물건을 훔친 것은 다른 사람을 위해서였다. 그러나 이것이 시초가 되어 좋게 해석할 수 없는 도둑질로까지 번져 가게 되었던 것이다.

스승 집에는 베라라는 직공이 있었다. 그의 집은 이웃에 있었고, 그 집에서는 꽤 거리가 떨어진 곳에 자기네 밭이 있었고, 거기에는 아름다운 아스파라거스가 자라고 있었다. 돈이 없는 베라는 어머니 몰래 이 아스파라거스를 훔쳐내어 팔아서 맛있는 음식을 사 먹으려는 생각을 하고 있었다. 그러나 자기 자신이 이런 모험을 하기는 싫었고, 또 몸도 그리 민첩한 편이 아닌 그는 나에게 그 일을 실행하도록 시켰다.

처음에는 이것저것 친절한 말로 내 환심을 사 놓고는, 갑자기 생각이 떠오른 것처럼 나에게 권했다. 나는 못 하겠다고 거절하였다. 그는 억지를 썼다. 달콤한 말로 살살 꾀는 데는 그대로 뿌리칠 수가 없어 결국 내가 지고 말았다. 매일 아침 나는 좋은 아스파라거스를 훔쳐 가지고, 그것을 몰라르 할멈 집으로 가져갔다. 이 노파는 벌써 내가 훔쳐 온 것임을 눈치 채고 이것을 싸게 사려들었다. “이거 훔쳐 온 건데 뭘” 하는 말에는 가슴이 떨려, 값은 주는 대로 받아다가 베라에게 주었다. 이 돈은 곧 아침 식사로 둔갑을 하는 것이다. 나는 이 군것질의 비용을 마련해 주고, 그 음식을 맛있게 먹는 것은 베라와 그의 친구였다. 그들이 먹다 남은 것으로 나는 만족해야 했고, 그들이 마시는 포도주에는 손도 대지 못했다.

이러한 도둑질이 4, 5일 계속되는 동안에, 나는 도둑의 도둑질을 하겠다든가, 베라에게서 구전을 받겠다든가 하는 생각은 염두에도 없었다. 나는 그저 충실하게 도둑질만 했다. 그것을 시킨 사람을 만족시켜 주는 것이 나의 유일한 목적이었다. 그러나 만일 내가 들키게 된다면, 심한 매와 모욕과 학대를 어떻게 면할 것인가. 더구나 저

비열한 인간이 자신의 죄를 부인한다면, 그는 어엿한 직공이고 나는 견습공에 불과하니, 그의 변명은 믿어질 것이고 나는 남에게 죄를 뒤집어씌우려 했다는 이유로 이중의 처벌을 받게 될 것이다. 죄 있는 강자가 죄 없는 약자를 짓밟고, 자기는 죄를 면하는 일은 으레 있게 마련인 것이다.

이렇게 하여 나는 도둑질하는 일이 생각한 것처럼 그렇게 무섭지 않은 것임을 깨닫게 되었다. 얼마 안 가서 나는 내 경험을 잘 활용하였기 때문에, 내 손이 미치는 범위 안에서는, 내가 탐내는 것이면 무엇이나 남아나는 것이 없었다. 스승 집에서 내가 받는 식사 대접은 과히 악식은 아니었다. 음식을 절제하기가 괴롭다는 것도 주인이 잘 먹는 것을 보았을 때만 일어나는 감정이었다. 좋은 음식이 나왔을 때, 침이 넘어가는 어린아이들을 상머리에서 그대로 물러나게 하는 습관은 그들을 좀도둑이나 인정 사납게 만드는 데 충분하다고 나는 생각한다. 오래지 않아 나는 좀도둑과 탐식가가 되어 버렸다. 평소에 무사히 훔쳐 먹었을 때는 기분이 좋았지만, 어쩌다 들켰을 때는 혼이 났다.

나는 먹기를 좋아했다. 감각적이긴 하지만 탐식을 하진 않았다. 여러 가지 기호가 많아서 생각이 미처 거기에 미칠 틈이 없었다. 나는 마음이 한가하여야만 입에 정신이 쏠렸다. 그러나 마음이 한가할 때란 거의 없었으므로 좋은 음식을 생각할 여유도 별로 없었다. 그리하여 나는 먹는 것을 훔치는 데만 그치지 않고, 차차 탐이 나는 물건이면 무엇이든지 손을 뻗치게 되었다. 그러면서도 내가 진짜 절도범이 되지 않은 까닭은 돈에 그다지 마음이 끌리지 않았기 때문이었다.

공장 안에는 자물쇠로 채워 두고 주인만이 사용하는 별실이 하나 있었다. 나는 슬그머니 그 별실의 문을 여닫는 방법을 발견하였다. 거기서 나는 고급 연장이며, 잘된 도면이나 지형, 그 밖에 나에게 손을 대지도 못하게 하던 것들 가운데서 내가 탐나는 것이면 무엇이든지 집어냈다. 따지고 보면 이런 도둑질은 순수한 것이었다. 왜 그러냐 하면 이 모두가 주인의 일을 위하여 훔쳐낸 것이었으니까.

오로지 나는 이런 물건들이 내 손아귀에 들어왔다는 기쁨만으로서 만족하였다. 그의 제작물들과 함께 나는 그의 재주까지도 훔쳐낸 기분이었다. 그리고 상자 속에는 금 · 은의 부스러기와 자질구레한 보석들 상패며 화폐 따위가 들어 있었다. 그때 내 주머니에는 4, 5쑤의 돈이 있어야 고작이었다. 하지만 나는 이런 것들에는 손을 대기는커녕 눈여겨보는 일조차 한 번도 없었다. 이런 것들을 바라다보면, 즐거움보다도 두려움을 느꼈다. 내가 돈이나 값진 물건 훔치기를 두려워한 것은 틀림없이 교육의 결과였다고 생각한다. 그런 것에는 치욕 · 감옥 · 형벌 · 교수대 등의 관념이 잠재되어 있어서, 유혹을 받게 되면 나는 소름이 먼저 끼쳤다. 그리고 나의 소행에 대해서는 장난으로밖에는 생각되지 않았다. 또 사실상 장난에 불과 하였다. 기껏해야 이런 일로는 꾸중이나 매 한 대면 해결될 것이며, 나도 처음부터 그런 각오쯤은 하고 있었던 것이다.

나는 돈을 세상 사람들이 생각하고 있는 것처럼 그렇게 귀중한 것이라고 생각하지 않는다. 뿐만 아니라 그다지 편리한 것이라고도 생각하지 않는다. 돈 그 자체로는 아무 쓸모가 없다. 변화시키지 않으면 가치가 없는 것이다. 물건을 사야 하고, 흥정을 해야 하며, 때로는 속기도 하고 비싸게 물건 값을 치러야 하며, 푸대접도 받아야 한다. 좋은 물건이라고 비싸게 사고 보면 나쁜 물건이다. 값을 더 주고 싱싱한 계란을 사다 보면 곯은 알이다. 신선한 과일을 사다 보면 익지 않았고, 젊은 계집도 사고 보면 낡아빠졌다. 좋은 술을 마시고 싶지만 믿고 살 데가 없다. 술집에서 비싸게 사지만 독이 들어 있다. 마음에 드는 물건을 구하려면 얼마나 성가시고 수고가 되는지. 같이 갈 친구와 단골을 만들어야 하고, 구전을 준다, 편지를 쓴다, 가고, 오고, 기다리고, 이런 수선을 떨어야 하지만, 으레 나중에 보면 또 속게 마련인 것이다. 돈 때문에 얼마나 고생을 해야 하는 것인가. 좋은 술을 마실 때는 좋지만, 이런 고생들은 도무지 견딜 수 없다.

견습공 시절에나 그 뒤에도, 나는 얼마나 여러 차례 맛있는 것을 사려고 나가 쏘다녔는지 모른다. 과자점에 들어가려는데 카운터에 앉은 여자가 웃고 있다. 어쩐지 이 군것질 좋아하는 소년을 비웃는 것만 같이 생각되었다. 과일 가게 앞을 지나려면 먹음직스러운 배에 눈길이 간다. 그 향기에 이끌려 간다. 청년 몇이 옆에서 나를 쳐다본다. 안면 있는 남자가 가게 앞에서 서성거리고 있다. 저쪽에서 젊은 여자가 이쪽으로 오고 있다. 우리집 식모가 아닐까? 나는 근시였기 때문에 이러한 착각을 수없이 일으켰다. 지나가는 사람들은 모두 아는 사람처럼 생각되었다. 어디를 가나 방해가 생겨나는 걸음을 주춤거렸다. 수줍어지면 질수록 먹고 싶은 생각은 더욱 간절했다. 주머니 속에는 이 욕망을 채워줄 만 한 돈이 있건만, 허둥지둥 애만 태우다 바보처럼 그대로 돌아오고 말았다.

내가 직접 쓰거나 그렇지 않으면 누구를 시켜서 쓰거나 간에, 내가 돈을 쓸 때 겪어야 했던 당황과 수치와, 혐오와, 불편과, 불쾌 같은 것들을 일일이 늘어놓는다면 멋도 흥미도 없는 이야기가 될 것이다. 이 자서전을 읽어 나감에 따라 독자 여러분이 내 성격을 더 이해하게 된다면, 이런 이야기들은 내가 누누이 설명하지 않더라도 확실히 이해하게 될 것이다.

내가 견습공으로 있는 동안 위인의 숭고함으로부터 방탕아의 비열한 행동에 이르기까지, 내가 겪어온 온갖 일들을 빠짐없이 이야기하려면 끝이 없을 것이다. 그러나 나는 경우에 따라 나쁜 일을 저지르기는 하였지만, 그 죄악에 완전히 물들지는 않았었다. 동료들과 어울리는 일도 시시해졌다. 지나치게 가혹한 압박은 일에 대한 싫증을 일으켜 무엇이나 재미있는 것이 없었다.

이리하여 오랫동안 까마득하게 잊고 있었던 독서에 대한 취미가 되살아났다. 그러나 나의 이 독서는 일의 능률을 저하시켜, 새로운 또 하나의 죄를 지었고, 새로운 형벌을 받게 되었다. 금지에 대한 반작용으로 나의 취미는 욕망을 거쳐 정열로 번져갔다. 나는 라 트리뷰 부인이 경영하는 유명한 대본서점에서 많은 책을 빌어다 읽었다. 좋은 책 나쁜 책도 가릴 겨를도 없이 나는 마구 탐독하였다. 일 하면서도 읽고, 심부름 가면서도 읽고, 변소 안에서도 읽었다. 몇 시간이고 정신없이 읽노라면 다른 일은 도무지 할 수가 없었다. 이것을 본 주인은 마구 때리고 책을 빼앗아 갔다. 몇 권의 책이 찢기고 불에 타고 창밖으로 날아갔는지 모른다. 여러 권의 책들이 망가진 채로 라 트리뷰 서점으로 되돌아갔다. 거기에 지불할 돈이 모자랄 때는 셔츠며, 넥타이며, 옷가지들을 맡겼다. 일요일마다 받는 3쑤의 급료도 꼬박꼬박 그리로 갔다.

이렇게 되면 여러분은 나에게 돈이 필요하게 되었다고 말할는지도 모른다. 물론 그렇다. 그러나 그것은 독서가 모든 다른 활동을 나에게서 빼앗은 뒤의 일이다. 독서라는 새로운 흥미에 빠진 나는 다른 일은 아무것도 하지 않았다. 이제는 도둑질도 그만두었다. 여기에도 내 성격상의 한 특성이 있다. 어떤 생활의 습관이 한창 진행되고 있을 때에도 사소한 일이 나를 이 습관에서 사로잡아 변화시켜 마침내는 이에 열중하게 한다. 그렇게 되면 나는 모든 다른 일은 잊어버리고 만다. 나는 오로지 당면한 새 목적에만 몰두하고 만다.

내 가슴은 주머니 속에 있는 새 책을 읽고 싶은 생각으로 마구 설렌다. 혼자 있게 되면 곧 책을 꺼냈다. 이제는 주인의 별실을 뒤져볼 생각 같은 건 깨끗이 사라졌다. 아마 이때 돈이 더 많이 필요했었다 할지라도 도둑질을 하지는 않았으리라. 당면한 일에 열중했던 나로서는 앞으로의 필요를 위하여 돈을 마련할 생각을 할 여유가 없었다. 라 트리뷰 부인은 외상으로 책을 빌려 주었고, 또 대본료도 얼마 되지 않았다. 책만 주머니에 들어 있으면 세상의 아무것도 생각이 없었다. 내가 받는 급료는 들어오는 족족 서점으로 넘어갔다. 요금이 밀려 독촉을 받으면, 내 물건에만 손을 댔다. 미리 훔쳐 두자는 여유도 없었고, 독촉을 받아도 도둑질은 유혹이 되지 못했다.

이렇게 해서 1년이 채 되기도 전에 나는 빈약한 라 트리뷰 서점의 책을 모두 읽어 버렸다. 그런 뒤로는 할 일이 없어서 지루한 세월을 보냈다. 나의 그 부랑아 같던 나쁜 버릇들은 독서에 의해서 고쳐졌다. 닥치는 대로 마구 읽기는 하였지만, 내 처지가 준 감정보다 그래도 독서는 한결 고상한 감정으로 내 마음을 돌이켜 주었다. 주변에 있는 모든 것들이 싫어지고, 나의 마음을 끌 만한 것이란 하나도 없었다.

이렇게 지내는 동안 나는 열여섯 살이 되었다. 그동안 나는 어떤 것에 대해서나 내 자신에 대해서도 불안하고 불만스러웠다. 분수에 맞는 취미도 없고 나이에 알맞는 즐거움도 없었고, 목표도 없는 욕망에 불타올라, 슬픔도 없이 눈물을 흘렸고, 까닭도 없이 한숨을 쉬며, 마음 붙일 곳이 없어 나의 환상만을 어루만지고 있었다.

일요일 날 설교가 끝나면 친구들은 놀러 나가자고 부르러 왔다. 될 수만 있으면 그들과 떨어져 있고 싶었다. 그러면서도 한 번 그들과 어울리게만 되면, 나는 누구보다도 열렬하여 앞장을 섰다. 움직여 놓기도 어려웠고, 또 말리기도 어려운 것이 내 특성이었다.

교외로 산보라도 나가는 때면, 누가 주의시켜 주지 않으면, 돌아올 생각도 잊고 나는 한없이 앞장을 서서 갔다. 그래서 나는 두 번이나 돌아오지 못한 일이 있었다. 내가 돌아오기 전에 성문이 닫혔던 것이다. 이튿날 아침, 독자 여러분이 상상하는 대로, 나는 상당한 벌을 받았다. 그런 일이 또 있을 경우엔 가혹한 형벌이 예고되었기 때문에, 다시는 그런 모험을 않겠다고 굳게 결심을 했다. 그러나 그 두렵던 세 번째가 닥쳐오고야 말았다. 나는 늦지 않으려고 주의를 하고 있었다. 그러나 미뉴톨리라는 수문장은 언제나 다른 수문장들보다 30분 가량 일찍 문을 닫는 버릇이 있었다. 그리하여 내 결심과 주의는 깨져버리고 만 것이다. 두 친구와 함께 돌아오는 길이었다. 5리쯤 떨어진 곳까지 왔을 때 신호의 나팔소리가 들려 왔다. 북소리가 울렸다. 우리들은 기를 쓰고 뛰었다. 숨은 턱에 차고 땀은 비 오듯 하였다. 심장은 금세 터질 것만 같았다. 아득히 초소에 서 있는 파수병이 보였다. 나는 달리며 숨찬 소리로 외쳤다. 그러나 이미 때는 늦었다. 불과 20보 밖에서 적교가 올라가는 것을 보았다. 벗어날 길 없는 불행의 징조와도 같은 그 몸서리나는 나팔소리가 울려 퍼지는 하늘을 바라보며 나는 몸을 부르르 떨었다.

나는 분함을 참지 못하여 비탈길에 쓰러져 땅을 깨물었다. 친구들은 이 불행을 쓰게 웃으며 곧 각오를 하였다. 이윽고 나도 각오를 했지만, 그들과는 좀 달랐다. 나는 그 자리에서 다시는 주인집에 돌아가지 않으리라 맹세를 했다. 이튿날 아침 성문이 열리자, 친구들은 돌아가고 나는 그들에게 영원한 하직을 고하였다. 이때 나는 그들에게 내 외사촌 베르나르에게 나의 결심을 전달하고, 그가 한 번 더 나를 만나 줄 수 있는 장소를 몰래 알려줄 것을 부탁하였다.

내가 견습공으로 들어간 뒤로는 그와도 자주 만나지 못하였다. 그래도 처음 얼마 동안에는 일요일이면 서로 만나곤 하였다. 그러나 차차로 각기 다른 습관이 붙게 되어 점점 만나는 기회가 적어졌다. 이 변화에는 그의 어머니 영향이 컸다고 생각된다. 그는 버젓한 도련님이었고, 보잘것없는 견습공인 나는 생 제르베(제네바의 서민층이 거주하는 지역-역주)의 천한 소년에 불과했다. 출생은 같았지만, 우리는 벌써 평등하지는 않았다. 나에게 접근한다는 것은 곧 그의 명예를 떨어뜨리는 것이 되었다. 그렇지만 우리의 관계는 아주 끊어지지는 않았다. 그는 원래 선량한 소년이어서 때때로 그의 어머니의 교훈보다도 자기 양심에 따르곤 하였다.

나의 결심을 전해 듣고 그는 부랴부랴 달려왔다. 그는 내 결심을 번복시키려 하지도 않았고, 그렇다고 찬동하지도 않았으며, 다만 여비가 없을 것을 짐작하고 얼마간 송별금을 주어 내 탈출을 묵인하려고 온 것이었다. 그가 준 것 중에는 칼이 한 자루 있었다. 이 칼이 내 마음에 들어 토리노까지는 가지고 갔으나, 거기서 불가피한 사정으로 팔아버리고 말았다. 이때 나의 심정은 흔히 말하듯이 애를 끊는 듯하였다. 이 위기에 처해 있을 때 그가 취한 태도를 뒤에 곰곰이 생각하여 보니 그의 아버지나 어머니의 지시에 따른 것임에 틀림없는 것 같다. 왜 그러냐 하면, 그 자신의 심정으로서는 나를 만류했거나 그렇지 않으면 나를 따라가려고 했을 것인데, 그런 기색이 전혀 없었으니 말이다. 그는 내 계획을 만류하기는커녕 권하였고, 내 결심을 보고도 눈물도 별로 없이 가버리고 말았다. 그 이후로 우리는 편지 연락도 없었고 만나 보지도 못했다. 정말 섭섭한 일이다. 그는 정말 선량한 소년이었다. 우리는 서로 다정히 지냈어야 할 처지였는데.

피할 길 없는 운명에 몸을 맡기기 전에, 만일 내가 더 훌륭한 스승의 제자로 들어갔었다면, 내 운명은 어떻게 되었을까 —— 잠깐 이것을 생각해 보고 싶다. 기술자, 특히 제네바의 조각사처럼 평온하고 미미한 기술자만큼 내 기질에 맞고, 나를 행복하게 해 줄 만한 직업은 없었던 것이다. 안락한 생활은 유지되지만 큰 부자를 바랄 수 없는 이 직업은 일평생 나의 야망을 한정시켜 주었을 것이며, 또 적당한 취미를 살릴 수 있는 여유를 주어, 그 영역에서 외람되게 벗어날 수 있는 수단을 제공하는 일이 없이, 이에 만족하며 살 수 있었으리라. 나의 상상력은 풍부하여, 어떤 신분이든 미화시킬만큼 강력하였으므로, 실제로 내가 어떤 신분에 처해 있다는 것은 별로 문제가 아니었다. 내가 선 위치에서 신기루가 그렇게 멀 수는 없었다. 그렇기 때문에 근심과 걱정이 가장 적고, 정신적인 자유가 가장 많은 극히 단순한 직업이 나에게는 가장 적합하였다. 그리고 그것이 바로 내 것이었다.

나는 나의 종교, 나의 조국, 나의 가정과 나의 친구들의 품에 안기어, 취미에 맞는 일과 마음에 맞는 사교에 맞추어, 내 성격의 요구에 따라 평화스럽고 행복한 생애를 보냈을 것이다. 나는 독실한 신자며, 착한 시민이며, 어진 아버지며, 선량한 친구며, 착실한 직업인이어서, 모든 점에서 선량한 인간이 되었을 것이다. 내 신분을 사랑하고, 또 그것을 존중하였으리라. 그리하여 단순하고 소박한, 그러나 평등하고 즐거운 생애를 보낸 뒤, 내 가족들의 품 안에서 평화스럽게 죽어 갔을 것이다. 마침내는 망각의 세계로 사라지겠지만, 그러나 적어도 사람들의 기억에 남아 있는 동안은 그리워하며 애도하여 주리라.

그러나 나는 그렇지 못하고……. 어떠한 모습을 여러분에게 보여 줄 것인가. 아! 내 인생의 비참한 꼴을 미리 바라보지는 말자. 나는 이 비통한 주제를 가지고 독자 여러분을 지나치게 괴롭힐지도 모르겠다.

제 2 부

1728~1731(16세~19세)

두려움 때문에 도망할 궁리를 했을 때는 처량하였지만, 일단 그것을 실행에 옮기자 시원한 생각이 들었다. 아직 나이도 어린 몸으로, 정든 고향과 친척을 버리고, 먹고 살아갈 만한 직업을 배우기도 전에 견습공마저 그만두고, 타개할 아무런 수단도 모르면서 무서운 불행 속으로 뛰어들어, 약하고 어린 나이에 온갖 타락과 절망의 유혹에 시달리고, 힘에 겨운 가혹한 멍에를 걸머지고서, 재난과 과실과 함정과 속박과 죽음을 찾아 이역만리로 떠나가는 것이다. 이것이 내가 하려는 일이었고, 또 내가 겪어야만 할 앞길이었다.

하지만 나는 얼마나 엉뚱한 미래를 꿈꾸고 있었던가. 내가 얻었다고 생각한 독립이 나를 지배한 유일한 감정이었다. 자주와 자유를 얻은 나는 무엇이나 안 될 일이 없을 것 같았고, 하려고만 하면 모두가 다 이루어질 것만 같았다. 뛰어오르기만 하면 하늘 높이 훨훨 날을 수 있을 것만 같았다.

나는 상쾌한 기분으로 넓고 넓은 세상에 발을 들여놓았다. 내 재능으로 그것을 채울 작정이었다. 한 걸음 한 걸음 발길을 옮길 때마다, 나는 향연과 재보와 요행과, 그리고 나에게 봉사하려는 친구와, 나를 기쁘게 하려는 애인을 만날 것만 같았다. 내가 한번 나타나기만 하면 온 세상이라도 차지할 수 있을 것만 같았다. 하지만 온 세상이 아니라도 좋았다. 그렇게 많이는 필요치도 않았다. 그저 한 즐거운 사회가 있으면 나는 만족하였다. 나는 겸허한 마음으로, 비록 좁긴 하지만 내가 인기를 모을 수 있는 이 사회에 머물리라. 고을 하나면 만족하리라. 그 영주 내외분의 사랑을 받고, 그 따님의 애인이며, 그 형제의 친구이며, 그 이웃의 보호자가 되기만 하면 그것으로 나는 만족할 것이다. 그 이상은 필요치도 않았다.

이처럼 겸손한 미래를 꿈꾸며 며칠 동안을 도시의 주변을 방황하며, 아는 농가에서 묵고 있었다. 이 집 사람들은 도시 사람들보다 한결 친절한 대접을 내게 베풀어 주었다. 보수를 초월한 친절로써 그들은 나를 환영하고 재워 주고 식사 대접을 하였다. 이것은 자선을 베풀려는 행위라고는 볼 수 없었다. 왜 그러냐 하면, 그들은 나에게 조금도 거만한 태도를 보이지는 않았으니까 말이다.

이리저리 떠돌아다니던 끝에, 나는 제네바에서 20리쯤 떨어져 있는 사부와의 영토인 콩피뇽까지 갔다. 이곳 신부는 퐁베르라는 분이었다. 공화국 역사에 유명한 이 이름은 나에게 깊은 인상을 주었다. 스푼의 기사(사부와의 적인 제네바 사람들을 스푼으로 먹겠다고 장담한 데서 온 말-역주)의 후예가 어떤 사람인가를 보고 싶었다.

나는 퐁베르 씨를 만나러 갔다. 그는 나를 친절히 맞아 주었고, 제네바의 종교가 이단임과 성모교의 권위에 관한 이야기를 하고, 식사 대접까지 해 주었다. 이러한 토론의 결말에 대해서 나는 어떻게 답변을 해야 할지 몰랐다. 그리고 이렇게 대접을 잘 해 주는 신부들은 적어도 우리 고향의 목사만큼은 선량한 사람일 것이라고 생각하였다. 퐁베르 씨는 신사이긴 했지만 아는 것은 확실하게 내가 더 많았다. 그러나 나는 훌륭한 신학자이기에는 너무나 좋은 손님이었다. 그리고 맛있어 보이는 프랑스 포도주가 나에게 항변을 못 하게 하였으므로, 나는 이렇게 고마운 주인의 말문을 막아 꼼짝도 못 하게 한다는 것이 민망스러웠다. 그래서 나는 양보하였다. 적어도 그의 면전에서는 반박하지 않았다.

내가 취한 태도를 보고, 나를 위선자라고 생각할 사람이 있을지 모르지만, 그것은 잘못이다. 나는 다만 예의를 지켰을 뿐이다. 아첨이라기보다 차라리 겸손이었다. 이것은 반드시 악덕은 아니다. 오히려 미덕인 경우가 많다. 젊은이들에게 있어서는 더욱 그렇다. 호의로 대하여 주는 사람에게는 고맙게 여겨진다. 그에게 양보하는 것은 그를 속이는 것이 아니다. 그를 슬프지 않게 하려함이요, 선을 악으로 갚지 않기 위해서이다.

퐁베르 씨가 나를 환영하고, 친절히 대접하고, 나를 설득시키려 한 것은 무엇 때문일까? 모두가 나를 위해서이다. 내 어린 가슴이 그렇게 느꼈다. 나는 이 선량한 신부에게 감사와 존경을 금치 못했다. 나는 나의 우월을 느끼면서도, 그가 베푼 환대에 대한 보수로서, 그를 압도할 생각은 없었다. 이런 행위에 위선적인 동기는 없었다. 나는 개종할 생각은 조금도 없었다. 이런 생각이 들기는커녕 두려움이 먼저 앞섰다. 이 두려움이 두고두고 이런 생각을 내 마음에서 물리쳤는지도 모른다. 좌우간 나는 나를 사랑해 주는 사람의 마음을 이런 생각으로 말미암아 상하게 해 주고 싶지 않았을 뿐이다. 나는 그 호의를 받아들이고, 나의 경계하는 마음을 푼 것같이 하여 그로 하여금 성공의 희망을 갖도록 했던 것이다. 이런 점에서 나의 과실은, 정숙한 여인이 때로는 그들의 목적을 달성하기 위하여, 아무것도 허락하지도 약속하지도 않았으면서도, 자신들이 생각하고 있는 것 이상으로 남자들이 희망을 갖도록 하는 그런 교태와 비슷한 것이었다.

이성과 동정과 질서에 대한 사랑이라면, 나의 이 어리석은 생각에 찬성을 하기는 고사하고, 나를 집으로 돌아가게 하여, 내가 빠져 들어가고 있는 파멸에서 나를 구출했어야 할 것이다. 정말로 덕이 있는 사람이라면 누구나 그렇게 했을 것이다. 적어도 그렇게 하려고 노력은 했을 것이다. 그러나 퐁베르 씨는 선량한 사람이긴 하였지만, 유덕한 사람은 못 되었다. 성상이나 예배하고 묵주기도나 드리는 일밖에는 아무것도 모르는 맹목적인 신앙가였다. 그저 제네바의 목사들에 대하여 악선전을 일삼는 것이 신앙을 위한 최선의 일인 줄밖에 모르는 전도사에 불과했다. 나를 집으로 돌려보내기는커녕, 내가 돌아가지 않으려는 마음을 이용하는 것이었다. 그는 다만 이단에서 벗어나 정교에 귀의한 한 신자를 본 것이다. 내가 미사에만 나간다면, 정직한 사람이 되건 부랑아가 되건 그의 알 바가 아니었다. 퐁베르 씨는 나에게 이렇게 말하였다.

"하느님이 너를 부르신다. 안시로 가 보라. 그리로 가면 어질고 인정 많은 부인을 만날 것이다. 그 분은 임금님의 도움을 받아, 자신이 벗어난 죄로부터 다른 사람의 죄를 구원하고 있는 분이다."

최근에 개종한 바랑 부인을 두고 하는 말이었다. 사실은 이 부인이 사르디니아 왕으로부터 2천 프랑의 연금을 받았는데, 믿음을 팔러 오는 영세민들에게 분배하라고, 신부들이 강요하고 있는 터였다. 나는 이 어질고 인정 많다는 여인에게 도움을 받는다는 것이 굴욕처럼 느껴졌다. 필요한 것을 받는다는 것은 고맙지만 동냥을 받는 것은 싫었다. 그리고 독실한 신자라는 것이 별로 탐탁하지 않았다. 하지만 퐁베르 씨의 권유도 권유였지만, 눈앞에 닥쳐올 궁핍과, 그 보다도 여행을 하고 싶은 생각에서 억지로 결심을 하고 안시를 향하여 떠났다.

하루면 넉넉히 갈 수 있는 데를 천천히 걸어서 사흘이 걸렸다. 길옆에 별장이 보이면, 거기에는 좋은 일이 나를 기다리고 있을 것만 같아 꼭 들러 보았다. 나는 수줍었기 때문에 집 안으로 들어갈 수도 문을 두드릴 수도 없었으므로, 눈에 잘 뜨이도록 창 밑에서 노래를 불렀다. 친구들에게서 배운 재미있는 노래를 멋지게 숨이 차도록 불렀는데도, 천만에 그 고운 목소리와 멋진 가사에 반해서 나타날 줄 알았던 아낙네나 처녀는 그림자도 없었다.

드디어 나는 안시에 도착했다. 그리고 바랑 부인을 만났다. 나의 성격은 이 시절에 결정되었다. 이 시기를 가볍게 넘길 수는 없는 일이다. 내 나이 이때 열여섯이 되고 있었다. 미소년이라고까지야 못하겠지만, 자그마한 몸집에 균형이 잡혀 있었다. 예쁜 발, 날씬한 종아리, 늠름한 몸매, 활기 있는 용모, 귀여운 입, 까만 눈썹과 머리, 자그마한 눈이 움푹 들어가 피 끓는 정열을 이글이글 불태우고 있었다. 유감스럽게도 나는 이런 자신을 전혀 모르고 있었다. 자신의 모습을 생각해 본 적이 없었다. 여기 생각이 미친 것은 이미 아무 소용도 없이 된 때였다. 그리고 나이 탓인지 수줍은데다가 다른 사람의 감정을 상할까 두려워하는 조심성이 있었다. 그 위에 꽤 세련된 재치는 있었지만, 세상 물정에 어두웠기 때문에 사교상의 예법은 전혀 몰랐다. 지식은 오히려 이런 결점을 보충해 주기는커녕, 이런 결점을 자각하게 하여 더욱 나를 수줍게 만들었다.

그러므로, 나는 초면의 실수가 두려워서 좋은 방법을 궁리해 보았다. 연설체로 한 통의 아름다운 편지를 썼다. 이 글 속에는 책에서 읽은 아름다운 구절과 견습공의 용어들을 섞어서 바랑 부인의 마음에 들도록 내 문장 실력을 있는 대로 발휘해 보았다. 나는 이 편지에다 퐁베르 씨의 편지를 동봉하여 가지고, 마음을 졸이며 만나러 갔다. 바랑 부인은 교회에 가느라고 막 나갔다는 것이다. 그날은 1728년 부활제 전 일요일 날이었다. 나는 그녀를 뒤쫓아 갔다. 그녀를 보고 가까이 가서 말을 걸었다. 그 장소가 지금도 생각난다. 그 뒤 나는 몇 번이나 눈물로 그 장소를 적시고, 키스로 그 장소를 뒤덮었는지 모른다. 나는 이 즐거운 장소에 황금의 난간을 두를 수는 없을까! 온 세상 사람들의 예배를 이곳으로 모을 수는 없을까! 구세의 기념비에 경의를 드리고 싶은 사람은 누구나 여기에 가까이 와서 무릎을 꿇어야 할 것이다.

그곳은 그녀의 집 뒤의 통로였다. 이 길 오른편으로는 시냇물이 집과 정원 사이를 흐르고 있고, 왼편으로는 담이 있는데 그 문을 나가면 성 프란시스코 교회로 통하게 되어 있었다. 막 그 문을 들어서려고 하던 바랑 부인이 내 소리를 듣고 돌아다보았다. 그 순간 나는 얼마나 놀랐던가! 나는 잔뜩 찌푸린 얼굴의 경건한 할머니를 연상하고 있었던 것이다. 퐁베르 씨에게서 선량한 부인이란 말을 들은 나로서는 그렇게 밖에는 상상되지 않았다.

그런데, 내 눈 앞에 나타난 부인은 애교가 넘치는 얼굴, 인정에 넘치는 푸른 눈, 눈부신 얼굴빛, 황홀한 목덜미를 지닌 젊은 여인이었다. 이 개종한 젊은 부인의 재빠른 눈길 앞에서는 무엇 하나 벗어날 수 없을 것같이 여겨졌다. 나는 단번에 그녀의 포로가 되고 말았다. 이런 전도사가 설교하는 종교라면, 틀림없이 사람을 천당으로 인도할 수 있으리라 생각되었다. 내가 떨리는 손으로 편지를 내밀자 그녀는 미소를 지으며 받았다. 그녀는 봉투를 열었다. 퐁베르 씨의 편지를 슬쩍 보고 나서, 내 편지로 시선을 옮기더니 끝까지 다 읽어 내려갔다. 만일 하인이 와서 그녀에게 예배 시간을 알리지 않았던들, 그녀는 다시 한 번 읽었을 것이다.

"저런! 딱해라. 어린 나이에 객지에서 고생을 하며 방황을 하다니, 정말 가엾군!"

그녀의 말에 나는 몸이 떨렸다. 내 대답도 기다리지 않고 그녀는 이렇게 말했다.

"우리집에 가서 기다려요. 조반도 달라고 해서 먹고. 미사가 끝나면 와서 얘기할 테니."

루이스 엘레오노르 드 바랑은 보 주의 브베 시에 있는 오래 된 귀족 라 투울 드 필 집안의 딸이었다. 그녀는 로잔의 드 빌 라르뎅 가문의 큰 집, 루와 집안의 바랑 씨와 아주 어려서 결혼했다. 아이를 하나도 낳지 못하였던 이 결혼 생활이 별로 행복하지도 못하였고, 가정적인 번민 때문에, 바랑 부인은 때마침 빅토르 아메데 왕이 에비앙에 와 있는 기회를 타서, 호수를 건너와 왕에게 몸을 의탁하였다.

이와 같이 하여 그녀도 나와 아주 비슷한 경거망동으로써, 남편과 가정과 고향을 버리고 항상 눈물로 세월을 보내고 있었다. 스스로 열렬한 가톨릭 신자임을 자랑으로 삼고 있는 왕은 그녀를 자기 보호하에 두고 2천 프랑의 연금을 지급하였다. 돈을 많이 안 쓰는 왕으로서는 많은 액수였다. 그런데 세상 사람들은 왕이 그녀에게 야심이 있어 그런다고 생각하고 있었다. 이것을 안 왕은 친위대 1분대로 그녀를 호위하여 안시로 옮기게 하였다. 여기서 그녀는 제네바의 명예주교 미셸 가브리엘 드 베르네의 지도하에 비지타시옹 수도원에서 천주교도가 될 것을 선서하였다.

내가 그곳에 갔을 때는 그녀가 여기 온 지 6년이 되었었다. 그때 그녀의 나이는 이 세기시작과 같은 스물여덟 살이었다. 그녀는 용모 그 자체보다도 인상이 좋기 때문에 변할 줄 모르는 아름다움을 지니고 있었다. 그래서 그녀는 젊었을 때의 그 고운 빛을 아직도 간직하고 있었다. 상냥하면서도 우아한 모습, 온화한 눈매, 천사 같은 미소, 내 입 같은 입, 아무렇게나 틀어 올렸건만 보기 드물게 아름다운 잿빛 머리, 키는 작은 편이지만 보기 싫지 않을 만큼 퍼져 있다. 그리고 그 머리, 그 가슴, 그 손, 그 팔만큼 아름다운 사람을 보지 못하였다.

그녀는 여러 잡탕의 교육을 받았다. 나처럼 태어나면서 어머니를 잃고, 그때그때 기회에 따라 무질서한 교육을 받았다. 가정교사한테도 얼마 배웠고, 아버지나 학교 선생에게도 얼마를 배웠고, 애인에게서도 적잖이 배웠다. 그러나 이와 같이 서로 다른 교육들은 피차에 방해가 되었다. 그리고 이 계획성이 없는 교육은 그녀가 타고난 풍부한 정신력의 발전을 방해하고 말았다. 그렇기 때문에 그녀는 철학이나 과학의 기초적인 원리를 체득하고 있으면서도, 아직까지도 그 아버지가 가지고 있던 구식 의술이나 연금술에 대한 취미를 버리지 못하고 있어서, 선약, 옥도정기, 진통제나 연금 약을 조제하고 있었으며, 그 비법을 아는 것을 자랑으로 삼고 있었다. 돌팔이 협잡꾼들은 그녀의 이런 약점을 이용하여, 그녀를 짓궂게 따라다니며 귀찮게 굴어 그녀가 타고난 뛰어난 기지와 재능과 매력을 화덕과 약품 속에서 모조리 망치게 해 놓고 말았던 것이다.

비록 간악한 사기꾼들이 그녀의 잘못 받은 교육을 악용하여, 그녀의 이성의 빛을 흐려 놓으려고 하였지만, 그녀의 뛰어난 감정은 이런 시련을 극복하여 언제나 빛을 잃지 않았다. 다정스럽고 부드러운 그 성격, 불행한 사람에 대한 동정심, 끝없는 호의, 솔직하고 쾌활한 그 성격은 변함이 없었다.

심령의 교감을 부정하는 사람이 있다면 그 설명을 들어 보고 싶다. 바랑 부인을 처음 보았을 때, 그녀의 첫 한 마디를 들었을 때, 그녀가 쳐다보는 그 순간에, 나는 강한 애착심을 느꼈을 뿐 아니라, 한 번도 배반한 일이 없는 듯한 그런 신뢰감마저 일으킨 것은 무엇 때문인가? 내가 그녀에게 대한 감정이 진실한 연애였다고 가정해 보자 ── 우리 두 사람의 이야기를 계속 읽어 나갈 분들에겐 적어도 수상하다고 생각되리라. 그렇다면 처음부터 연애와는 거리가 먼 평온 · 안정 · 쾌활 · 안심과 같은 감정이 수반되었음은 무슨 까닭인가? 우아하고 정숙하고 눈부신 듯한 여인, 내가 일찍이 가까이 한 일이 없는 지체 높은 귀부인, 내 운명을 어느 정도 좌우할 수 있는 그런 부인을 처음 만났을 때, 마치 그녀의 마음에 들 것을 미리 알고 있었던 것처럼, 어찌하여 나는 그처럼 허물없이 유유한 기분이 될 수 있었던 것일까? 조금도 당황하거나 수줍어하거나 구속감을 느끼지 않았던 것은 어찌된 일인가?

원래 수줍고 덤벙대고 세상일에 철이 없는 내가, 어떻게 첫날 첫 순간부터, 마치 10년이나 아는 사이인 것처럼, 침착한 태도, 부드러운 말, 자연스러운 말씨로 그녀를 대할 수 있었는지 모른다. 사람은 욕망 없이는 사랑을 못 한다. 나도 욕망은 가지고 있었으니까. 그러나, 질투와 불안 없이 사랑을 할 수 있을까? 사람은 적어도 자신이 상대에게서 사랑을 받고 있는지 아닌지를 확인하고 싶어 하는 것이 아닐까. 그런데 나는 한 번도 그것을 그녀에게서 알아보려고 하지 않았다. 마치 자신이 자신에게 자신을 사랑하고 있는가를 물어보지 않는 것처럼. 그녀도 또한 나에게 대하여 마찬가지였다. 이 사랑스러운 여인에 대한 나의 감정 속에는 확실히 좀 이상한 것이 있었다. 여러분이 예상할 수 없는 이상한 수수께끼들은 앞으로 읽어 나감에 따라 풀리게 될 것이다.

나를 어떻게 하는 것이 좋은가가 문제였다. 그래서 그녀는 천천히 얘기하려고 나와 함께 식사를 하였다. 생전 처음으로 식욕이 없는 식사를 하였다. 식모도 내 나이에 그처럼 식사를 못 하는 사람은 처음 본다고 말했다. 이 말은 부인에게 나에 대한 기분을 상하게 하지는 않았지만, 우리와 함께 식사를 하던 한 시골 뚱뚱보를 뜨끔하게 하였다. 그는 그 자리에서 6인분의 식사를 거뜬히 해치운 것이었다.

나는 너무 황홀해져서 식사할 생각의 여유가 없었다. 내 마음은 식사가 아니라 새로운 감정을 먹고 있었다. 이 감정은 온몸에 벅차올라 아무것도 생각할 여유를 나에게 주지 않았다.

바랑 부인은 나의 처지를 자세히 물어보았다. 그것을 이야기하는 동안, 나는 견습공 시절에 잃었던 모든 정열을 도로 찾았다. 이 부인은 나에게 감동될수록 내 앞길을 걱정해 주었다. 그녀의 인자한 동정심은 안색이나 눈길이나 태도에 역력히 나타나 있었다. 그녀는 나에게 제네바에 돌아가라는 권고는 차마 하지 못하였다. 그녀의 입장에서 본다면, 이러한 권고는 천주교에 대한 배신 죄가 되었던 것이다.

그녀는 자신의 행동이 얼마나 감시를 받고 있으며, 자신의 말이 얼마나 비판의 대상이 되고 있는지 잘 알고 있었다. 그녀는 나를 근심하고 있을 아버지를 많이 걱정하였다. 이로 미루어 보아, 내가 만일 아버지에게로 돌아간다면 몹시 기뻐하였을 것은 분명하였다. 그녀는 자신의 말이 전연 상반되는 결과를 가져온다는 것을 모르고 있었다. 그녀가 나에게 웅변적으로 설득을 시키려면 그럴수록, 그녀의 말이 내 가슴에 젖어들면 들수록, 나는 더욱 그녀와 헤어질 결심을 할 수가 없었다. 내가 제네바로 돌아간다는 것은, 전에 취했던 탈출의 계획을 되풀이하지 않는 한 그녀와 나 사이에 거의 뛰어 넘을 수 없는 장벽을 쌓는 결과밖에 되지 않을 것이다. 그럴 바에야 차라리 이대로 있는 편이 낫겠다고 생각하였다. 그래서 그것을 고집하였다. 바랑 부인은 자신의 노력이 헛되다는 것을 알고, 자신을 위태롭게 할 정도로까지 그녀의 의견을 주장하지는 않았다. 그녀는 동정 어린 눈으로 나를 바라보며 이렇게 말하였다.

"이 가엾은 친구야, 할 수 없지. 그럼 하느님이 부르시는 곳으로 가야지. 그렇지만 자라면 반드시 내 생각이 날 거야."

이 예언이 그렇게도 가혹하게 실현될 줄은 그녀도 미처 생각하지는 못하였을 것이다.

우리 몫까지 먹어 치운 그 시골뜨기는 턱을 좀 치켜들더니, 그의 의견을 제안했다. 그는 이 의견을 하늘에서 얻은 것처럼 말했지만, 결과적으로는 차라리 그 반대쪽에서 얻은 의견이었다. 그 의견이란 이런 것이었다. 토리노에 있는 세례 지원자 교육을 위하여 세운 수용소에 들어가서, 그의 말대로 하면, 승속을 겸한 생활을 하다가 교회로 가면, 인자한 분들의 동정에 따라 내게 적합한 자리를 구할 수 있다는 것이었다. 이어서 그 사나이는 이렇게 말하는 것이었다.

"여비가 문젠데…… 바랑 부인께서 주교님께 이런 신성한 사업을 신청하신다면, 그것쯤은 희사하실 줄 믿습니다. 그리고 남작 부인도 자선하길 좋아하는 분이어서……."

그러고는 접시 위로 몸을 굽히면서

"틀림없이 얼마쯤은 은혜를 베푸실 겁니다."

이러한 동정이 내게는 모두 괴로웠다. 나는 가슴이 꽉 막혀 아무 말도 나오지 않았다. 바랑 부인은 이 안을 제안자만큼 열렬히 받아들이지는 않았다. 그녀는 다만 누구든지 자기 분수에 맞게 희사를 해야 된다는 것과 주교에게 말해 보겠다고만 대답하였다. 그런데 그 악마 같은 녀석은 부인이 자기 생각대로 얘기할는지가 미덥지 않기도 하고, 아울러 이 일에서 이득을 보려고, 자선가들에게 앞질러 다니며 지껄여 놓았다. 그렇기 때문에, 내 여행을 탐탁잖게 여기는 바랑 부인이 주교를 찾아가 이 이야기를 꺼냈을 때는 이미 모든 일이 결정된 뒤였기 때문에 주교는 즉석에서 내 여비로 결정된 돈을 내주었다. 일이 이쯤 되고 보니, 그녀는 나를 굳이 만류할 수도 없었다. 더구나 그녀와 같은 나이의 여자가 나같이 젊은 남자를 자기가 데리고 있겠다는 말을 할 수도 없기 때문이었다.

이같이 나의 여행이 내 편의를 봐주던 사람에 의하여 결정된 것이기 때문에, 나는 그 결정에 따르는 수밖에 없었다. 그래서 나는 별로 반대도 없이 이 결정에 순종하였다. 토리노는 제네바보다는 멀지만 수도이므로, 다른 정부를 두고 다른 종교를 믿는 다른 어떤 도시보다도 안시와는 더욱 밀접한 관계가 있을 것으로 생각되었다. 더구나 나는 바랑 부인의 지시에 따라 떠나가는 것이므로, 역시 부인의 지시에 따라 사는 것이며, 이것은 그저 부인의 곁에서 사는 것보다 한결 나은 일이라고 생각되었다. 결국 긴 여행이란 생각이, 일찍이 고개를 들기 시작한 내 방랑벽에 부채질을 하였다. 내 나이에 산을 넘고 넘어 알프스의 산마루에 서서, 내 친구들을 내려다본다는 것은 멋진 일이라고 생각되었다. 방랑은 제네바 사람들에게는 억제할 수 없는 유혹이다. 그래서 나는 동의한 것이다. 그 시골뜨기도 아내와 함께 이틀 후에 떠나기로 되어 있고 나는 이들에게 위탁되어 동행하도록 되어 있었다. 바랑 부인이 보태준 돈도 그들에게 위탁되었다. 그밖에 부인은 남몰래 얼마의 돈을 나에게 주고, 아울러 자세한 당부까지 해 주었다. 그리하여 우리 일행은 부활제 전 수요일에 출발하였던 것이다.

내가 안시를 떠난 다음 날, 아버지는 그의 친구 리발 씨와 함께 나를 찾아 여기까지 왔었다. 그들은 바랑 부인과 함께 나의 운명을 탄식하는 것으로 만족하였다. 그들은 말을 타고 있었고, 나는 걸어갔으므로 나를 따라오려고만 하였으면 쉬운 일이었으련만…….

이 같은 일은 외삼촌 베르나르에게도 있었다. 외삼촌은 콩피뇽까지 왔다가, 내가 안시에 있다는 말을 듣고 그대로 제네바로 돌아가 버렸다. 결국 나의 친척들은 내 운명의 별과 공모하고서 나를 기다리고 있던 운명에게 넘겨 준 셈이다. 형도 이와 같이 돌보기를 소홀히 했기 때문에 잃어버린 채, 행방조차 알 길이 없게 된 것이다.

아버지는 정직할 뿐만 아니라, 참으로 성실한 사람이었다. 또한 그는 위대한 덕성을 이루어 주는 강건한 정신의 소유자이기도 하였다. 그 위에 아버지로서도 그는 훌륭하였다. 특히 나에게는 더욱 그러하였다. 그는 나를 몹시 사랑하여 주었지만, 자신의 쾌락도 사랑하고 있었다. 그리고 그 밖의 여러 가지 사정으로 말미암아, 나와 떨어져 있는 뒤로는, 차차 나에 대한 애정이 식어갔다. 그는 니용에서 재혼을 하였다.

나는 예상하였던 것보다 즐겁게 여행을 하였다. 그 시골뜨기도 보기와는 달리 그렇게 무뚝뚝하지는 않았다. 희끗희끗한 머리를 편발로 땋아 늘인 이 중년의 사나이는 군인 같은 모습에, 목소리도 크고, 쾌활하고, 걸음도 잘 걷고, 또 먹기도 잘하였다. 그리고 직업이란 직업은 다 가져 보았지만 어느 하나도 성공한 것은 없는 사나이였다. 아마 그는 안시에다 무슨 공장을 차릴 모양이었다. 바랑 부인이 이에 찬성하였으므로, 여비를 넉넉히 받아가지고, 당국의 허가를 얻기 위하여 토리노로 가는 길이었다.

그의 아내인 사브랑 부인은 꽤 선량한 여자였다. 그녀는 밤보다 낮에 더 조용했다. 나는 밤마다 그들과 같은 방에서 잤기 때문에 가끔 그녀의 잠 못 자는 소동 때문에 잠을 깨곤 하였다. 만일 내가 그 불면증의 원인을 알았더라면, 더욱 잠을 자지 못하였을 것이다. 그러나 나는 그것을 조금도 눈치채지 못하였다. 이 점에 대해서만은 나는 아주 어리석어, 훗날 자연적으로 알게 될 때까지 기다리는 도리밖에 없었다.

나는 이 독실한 신자인 체하는 안내자와 쾌활한 부인과 함께 유쾌한 여행을 계속하였다. 그동안 아무 사고도 없었고, 몸이나 마음이 이렇게 만족스러운 경험을 한 일은 지금까지 없었다. 나이 젊고, 건강하고, 마음 편하고, 남의 의심 없이 믿고 살 수 있었던 나로서는, 비록 짧긴 하였지만, 이때야말로 일생 중에 가장 귀중한 시기였다. 말하자면, 부풀어 오르는 생의 충만감은 우리의 존재를 감각에 의하여 확대시키고, 생존의 매력에 의하여 모든 자연을 우리 눈앞에 미화시키는 그런 시기였다. 나의 즐거운 불안은 목적이 있어 그 전처럼 동요하지 않았고, 공상도 가라앉게 되었다. 나는 내 자신을 마치 바랑 부인의 아들이나, 제자나, 친구나, 또는 거의 애인인 것처럼 생각하였다. 그녀가 들려주던 친절한 말, 그 애교, 애정 어린 관심, 사랑을 일깨워 준 그 정성어린 눈, 이 모든 것이 길가는 도중에도 내 공상을 키우고, 나를 달콤한 꿈속에 잠기게 하였다. 닥쳐올 운명에 대한 어떠한 공포와 불안도 나의 이 달콤한 꿈을 허물지는 못하였다.

나의 전 생애를 통하여 보아도, 이 7, 8일 동안의 여행만큼 아무 걱정도 고생도 없었던 때는 기억이 없다. 사브랑 부인과 걸음을 맞추어 간다는 것은 마치 긴 산책과도 같은 것이었으니까. 생각하면, 이때 이 여행에 관계된 일들, 특히 그 산길을 걸어서 가던 것이 지금도 그리워진다. 내가 도보로 여행을 즐겁게 한 것은 젊은 시절뿐이었다. 그 뒤로는 사건과 볼 일과 짐 때문에 신사인 체하고 마차에 타야만 했다. 그렇게 되면, 걱정과 귀찮은 일과 속박이 나와 함께 마차에 오르는 것이었다. 그렇게 유쾌하고 즐겁기만 하던 여행이, 이제는 목적지에 빨리 도착하고 싶은 생각밖에는 없다.

여기서 이야기를 더 계속하기 전에, 지금까지 그리고 앞으로 이야기할, 별로 흥미도 없는 사소한 일들에 대하여 독자 여러분들에게 이를 밝히고 양해를 구하지 않으면 안 되겠다. 여러분 앞에서 내 자신을 속속들이 털어놓으려는 이 고백에서, 무엇이나 애매한 데가 있다거나 숨기는 일이 있어서는 안 되겠다. 나는 끝까지 여러분 앞에서 있지 않으면 안 된다. 여러분은 내 마음의 순간적인 변화까지, 내 생활의 구석구석까지 추궁하지 않으면 안 된다. 한 순간이라도 시선을 내게서 떼어서도 안 된다. 내 이야기 가운데서 아무리 작은 틈이라도 발견하고, "그동안 그는 무엇을 하고 있었나?" 또는 "역시 그는 숨기는 데가 있어"라고 비난하는 일이 있어서는 안 되겠다. 나는 나의 이 고백으로써, 여러분이 악평할 수 있는 여지를 충분히 주고 있다. 내가 침묵을 지킴으로써 그 이상의 악평의 여지를 만들어서는 안 되겠다.

바랑 부인에게서 몰래 받은 용돈도 다 떨어졌다. 나는 무의식중에 이것을 입 밖으로 내고 말았다. 두 안내자는 나의 이런 경솔을 이용하지 않을 리 없었다. 사브랑 부인은 내게 있는 것은 무엇이고 다 낚

아낼 생각이었다. 그녀는 바랑 부인이 내 칼에 달라고 준 은으로 만든 리본까지 떼어 갔다. 나는 무엇보다도 그것이 아까웠다. 내가 더 버티지 않았더라면 그 칼마저 그들의 손으로 넘어갔으리라. 그동안 그들은 내 여비는 충실히 지불해 주었다. 그 대신 나에게는 아무것도 남은 것이 없었다. 토리노에 도착했을 때는, 옷 한 벌, 셔츠 하나 없었다. 앞으로의 내 행운은 오로지 내 자신의 힘으로 개척하는 도리밖에 없었다.

가지고 온 소개장을 내놓자, 나는 곧 세례 지원자 수용소로 안내되었다. 여기서 나는 내 생활을 해결할 종교 교육을 받은 것이다. 들어갈 때 본 육중한 쇠창살문은, 내가 들어서자 이중으로 굳게 닫혔다. 나의 새 생활의 이 첫출발은 유쾌하기보다는 차라리 위압에 눌리는 우울 그것이었다. 다음 순간 다른 큰 방으로 안내되었다. 거기에는 저만치 안쪽에 십자가가 서 있는 나무로 만든 제단이 있고, 그 둘레는 닳아서 반질반질한 의자가 너덧 개 있을 뿐이었다. 그리고 이 회의실에는 너덧 명의 내 교우가 될 불량자들이 있었다. 그들은 하느님의 아들이 되려는 지원자라기보다는 차라리 악마의 부하처럼 보였다. 또 다른 철문이 열렸다. 이 철문은 마당으로 향한 큰 발코니를 둘로 나누고 있었다. 이 문으로 우리의 여자 교우들이 들어왔다. 그들도 나처럼 세례에 의해서가 아니라, 개종의 선서에 의해서 부활하려고 하는 것이다. 그녀들은 이제까지 교회를 더럽힌 매춘부거나 천한 갈보들이었다.

신입생을 환영하는 작은 집회가 있었다. 우리는 짤막한 훈계를 들었다. 나에게는 하느님의 은총에 보답하라는 것이었고, 다른 사람에게는 나를 위하여 기도하라는 것, 그리고 내 모범이 되도록 하라는 것이었다. 이 모임이 끝나고 처녀들이 돌아갔을 때, 나는 천천히 내가 처해 있는 주위를 생각해 보고 놀랐다.

이튿날 아침 일찍, 우리들은 또다시 회의실에서 설교를 들었다. 나는 이때 비로소 내가 걸어갈 길과 내가 지나온 경로를 반성해 보았다.

전에도 이야기하였고 또 앞으로 되풀이하겠지만 날이 갈수록 더욱 깊이 깨닫는 한 가지 사실은, 일찍이 올바르고 건전한 교육을 받은 소년이 있다면, 그것은 바로 나 자신이라는 점이다. 가풍이 남다른 가정에서 태어난 나는 어른들로부터 점잖은 교훈과 도덕의 모범만을 배웠다. 아버지는 놀기는 좋아하였지만, 성실하고 종교심이 두터웠다. 밖에서는 군자로 통하고 안에서는 착실한 신자인 그는 자기의 절실한 감정을 일찍부터 나에게 심어 주었다. 현숙한 세 숙모 중 위로 두 분은 독실한 신자였다. 그리고 덕과 재주와 상식이 있던 셋째 숙모는, 겉으로 나타내지는 않았지만, 신앙심은 다른 숙모들보다도 더욱 강했다.

이렇게 좋은 가정에서 나는 랑베르시에 씨 댁으로 옮겨갔던 것이다. 그는 교회에 관계하고 설교를 일삼는 사람이었지만, 신앙심이 두텁고 말과 행실이 일치하는 사람이었다. 그는 그의 누이와 더불어 친절하고 올바른 교훈으로써 내 마음 속에 싹튼 신앙심을 잘 보호하고 길러 주었다. 베르나르 외숙모 댁에서는, 신앙이 생활처럼 되어 있었기 때문에, 다소 지루하기까지 하였다. 견습공 시절에는 사상이 변한 것은 아니었지만, 신앙에 관해서는 거의 생각조차 하지 않았다. 나는 내 자신을 타락시킬 만한 친구를 만나지 못했었다. 나는 장난꾸러기는 되었을망정 방탕아는 되지 않았다. 그래서 나는 내 또래의 소년만큼은 신앙심을 갖고 있었다. 솔직히 말해서 나는 그 이상이었다고 할 수 있을 것이다.

누구나 그렇게 생각하겠지만, 어린이에게 있어서나 어른이거나, 종교를 믿는다는 것은, 날 때부터의 종교를 따르게 마련인 것 같다. 신앙의 내용을 뺄 수는 있어도 보탤 수는 좀체로 없다. 교리적인 신앙은 교육의 결과이다. 나를 조상의 종교에 매어 놓은 일반적인 원칙은 그만두더라도 나는 천주교에 대하여 내 고향 특유의 반감을 가지고 있었다. 사람들은 천주교를 우상 숭배라 하였고, 신부들은 몹시 음흉한 자라고들 하였다. 이런 감정이 몸에 깊이 배어 있었기 때문에, 처음에는 성당 안을 들여다보거나, 법복을 두른 주교를 만나거나, 행렬의 종소리를 듣기만 하여도 소름이 끼치도록 무섭고 떨렸던 것이다.

이제 와서 물러설래야 물러설 수도 없었다. 나는 내가 한 약속과 그로부터 오는 필연적인 결과를 몸서리나는 공포의 눈으로 보았다. 내 주위에 있는 미래의 새 신도들은 도저히 모범을 보여 나를 격려하기에는 적합하지 않았다. 그리고 내가 시작하려는 신성한 행동은, 사실 불량자의 행동에 불과하다는 것을 느끼지 않을 수 없었다. 어떤 종교가 진정한 종교이건, 좌우간 나는 내 종교를 팔려고 하는 것이다. 그리고 비록 더 좋은 종교를 선택하였다 할지라도, 이는 성령을 속이고 남들의 멸시를 초래하는 짓이다. 어린 마음이지만 나는 이렇게 느꼈다.

생각하면 생각할수록 내 자신이 미워지기만 하였다. 그리고 이렇게 된 운명이 마치 자신의 탓이 아닌 것처럼 한숨만 쉬었다. 가끔 나는 이런 생각이 강렬해지면, 문이 열려 있기만 하면 꼭 도망을 가리라고 생각하기도 하였다. 그러나 그것은 도저히 바랄 수도 없는 일이고, 이런 결심도 확고하게 가져 보지는 못하였다.

나는 천주교도가 되려는 완전한 결심은 하지 않았다. 그리고 그 시기가 아직은 먼 것으로 생각되었기 때문에, 천천히 그 생각을 익히도록 하였다. 또 그렇게 하는 동안 의외의 사건이라도 일어나 나를 궁지에서 구출해 줄 것도 상상해 보았다. 시간을 끌기 위해서, 나는 할 수 있는 대로 최선의 방어를 하려고 결심하였다.

나는 가끔 나를 지도하는 전도사들을 골려 주던 생각을 하고 그들을 아주 꼼짝도 못 하게 만든다는 것은 쉬운 일이라고 생각하였다. 그리하여 나는 이 계획에 열중하였다. 그들이 나를 설복할 때, 나는 그들을 설복하려고 하였던 것이다. 어리석게도 나는 그들을 설복하기만 하면, 그들을 신교 편으로 개종시킬 수 있다고 믿었던 것이다. 그래서 그들은 나라는 존재가 지식으로나 의지로나 그들이 예상했던 것처럼 그렇게 만만치 않음을 알게 되었다.

대체로 신교도들의 교육이 천주교도보다 잘되어 있었다. 그것은 신교의 교리는 토론 중심이었지만, 천주교의 교리는 맹목적인 순종을 요하기 때문이었다. 천주교도들은 주어진 결론을 채택하지 않으면 안 되었지만, 신교도들은 스스로 결론 내리는 것을 배우지 않으면 안 되었다. 그들도 이런 사실을 모르는 바는 아니었지만, 내 신분으로 보나 내 나이로 보나, 내가 감히 경험을 쌓은 어른들을 궁지로 몰아넣을 줄은 꿈에도 모르고 있었던 것이다. 그 뿐만 아니라, 그들은 내가 아직 첫 성찬식도 하지 않았고, 또 그에 대한 교육도 받지 않았다는 것은 알고 있었지만, 그 대신 내가 랑베르시에 씨 댁에서 종교 교육을 제대로 받았다는 사실과 『교회와 제국의 역사』라는 책으로부터 그들에게 대단히 이롭지 못한 재료를 터득하고 있다는 사실은 전연 모르고 있었다. 이 책은 내가 아버지 밑에 있을 때 거의 외우다시피 읽던 것이었는데, 그 뒤 대체로 잊어버리고 있었지만, 토론이 격화됨에 따라 차차 기억하게 되었던 것이다.

키는 자그마했지만 위엄이 있는 한 늙은 신부가 우리를 모아 놓고 토론회를 열었다. 이 토론회는 다른 교우들에게는 토론이라기보다는 차라리 교리문답이었다. 신부는 그들의 반대 의견을 풀어 주기보다는 그들을 가르쳐 주기에 바빴다. 내 경우는 그렇지 않았다. 차례가 돌아오자 나는 그를 궁지로 몰아넣었다. 질문할 만한 것은 모조리 캐고 따졌다. 이리하여 토론회는 오래 걸렸고 다른 참석자들을 지루하게 하였다. 늙은 신부는 말을 늘어놓더니 흥분하여 어쩔 줄을 몰랐다. 그러다가 마지막엔 자기는 프랑스 말을 잘 모른다고 하면서, 간신히 이 고비에서 벗어나는 것이었다.

다음 날, 내 터무니없는 반대가 다른 교우들에게 좋지 못한 영향을 준다고 하여, 나만 따로 다른 방에 있게 하고, 다른 신부가 담당하게 되었다. 이 신부는 긴 구절을 그대로 인용할 줄 안다고 하여 학자인 체하는 젊은 사나이였다. 그러나 나는 그 거만한 태도에 쉬 굴복하지는 않았다. 결국 나는 내가 할 일을 하는 것이라는 생각에서, 똑똑히 답변을 하고, 최선을 다하여 사정없이 그를 공박하였다. 그는 성 아우구스티누스나 성 그레고리오나, 그 밖의 다른 신부들의 이론으로써 나를 능히 누를 수 있다고 믿고 있었다. 그러나 나도 자기 못지않게 그들의 이론을 술술 끌어대는 것을 보고, 그는 깜짝 놀랐다. 물론 내가 그들의 책을 모두 읽어서가 아니었다. 이 신부도 아마 그랬을 것이다. 교회사를 발췌해 놓은 르 슈외르의 책을 읽었던 것이다. 그가 한 구절을 인용하면, 나는 그 구절에 대해서는 다투지 않고, 곧 같은 신부의 다른 구절을 인용하여 그를 공박하였던 것이다. 이것이 그를 몹시 괴롭혔다.

그러나 결국은 다음의 두 가지 이유로 내가 지고 말았다. 그 첫째 이유는 그가 강자였기 때문이다. 나는 소위 그의 동정에 좌우되는 존재임을 알고 있었다. 더구나 그 키 작은 늙은 신부는 나의 지식이나 인물에 동정하지 않으리라는 것은 뻔한 일이었다. 그리하여 비록 내 나이는 어렸지만, 이 신부를 그 이상 궁지로 몰아넣는다는 것은 결과적으로 나에게 이롭지 못하다고 판단하였던 것이다. 또 한 가지 이유는 이 신부는 교육을 더 받았고 나는 그렇지 못했던 것이다. 그리하여 그는 내가 따를 수 없는 논법을 써서 갑자기 불의의 공박에 몰리면 토론 범위 밖의 일이라고 발뺌하고 이튿날까지 연기했던 것이다. 어떤 때는 내가 인용하는 구절들이 모두 거짓말이라고 우기며 상대하지 않기도 하였다. 그리고 그 책을 가져다 지적하라고 공갈을 하기도 하였다. 그는 그렇게 하여도 자신에게는 별로 위험이 없다는 것을 알고 있었다. 그리고 또 그는 내가 좀 아는 것이 있다 하더라도 실제로 책을 척척 다룰 수는 없다는 것과, 라틴어의 지식이 빈약해서 그 큰 책에서 분명히 그 속에 있는 줄 알면서도, 어느 한 구절을 지적할 수는 없다는 사실도 잘 알고 있었던 것이다.

그리하여, 나는 그가 신교 목사들이 불성실하다고 비난하였지만, 그도 역시 그런 불성실을 범하고 있다고 생각하였다. 그리고 또 나는 그가 피하기 어려운 질문을 받았을 때, 때로는 인용 구절을 꾸며 대지나 않았을까 하고 의심하였던 것이다.

내 스승들의 생각에 따른다면, 나는 마침내 충분히 교육을 받고 완전히 그들에게 교화된 뒤에 정식으로 개종의 선처를 하기 위하여 성 요한 중앙 성당으로 가서 세례 절차를 밟았다. 이 의식은 실제로 세례를 받지는 않지만, 세례와 비슷한 것이어서, 신교도는 기독교 신자가 아니라는 것을 믿게 하는 데 도움이 되었다. 나는 관례에 따라 회색 바탕에 흰 단을 두른 옷을 입었다. 내 앞뒤에서 두 사나이가 구리쟁반을 들고서 열쇠로 그것을 두들겼다. 그러면 사람들은 자기의 신앙을 위하여 그리고 개종자에 대한 호의로 희사금을 그 속에 던졌다. 말하자면 그 의식은 대중에게는 더 한층 신앙심을 주고, 나에게는 더 한층 굴욕을 느끼게 하기 위하여, 천주교의 허식을 하나도 생략하지 않았던 것이다. 다만 흰 옷만은 필요한 것이었는데 내게는 유태인이라는 명예가 없었기 때문에 주어지지 않았다.

이것으로 다 끝난 것은 아니었다. 나는 다시 심문소로 가서 이단의 죄를 용서받고, 마치 앙리 4세가 자기의 대사를 뒤따라야 했던 것과 같은 의식(앙리 4세가 1593년 신교를 버리고 천주교로 개종한 의식-역주)으로 성당의 품 안에 안기지 않으면 안 되는 것이었다. 심문을 받은 신부의 풍채나 태도는, 내가 처음 이 집에 들어올 때 느꼈던 몸서리나는 공포를 덜어 주기에는 적당치 못하였다. 그는 내 신앙과 환경과 가족관계를 이것저것 묻고 나서, 불쑥 우리 어머니가 지옥으로 가지는 않았느냐고 하였다. 불끈 솟아오르는 나의 분노는 그만 두려움 때문에 가라앉고 말았다. 나는 다만, 그렇지 않기를 바란다는 말과, 하느님이 어머니의 최후를 비춰 주셨을 것이라는 대답을 하였다. 신부는 아무 말도 하지는 않았지만, 그 찌푸린 얼굴은 결코 내 말에 동의한 증거로 보이지는 않았다.

모든 절차가 다 끝나고, 드디어 내가 바라던 지위를 얻게 된다고 생각하고 있을 때, 동정금으로 거둔 20프랑 남짓한 돈을 주며 이제 나가라고 하였다. 그들은 나에게 착실한 신자가 될 것과 언제까지나 은총을 잊지 말도록 하라는 훈계를 한 다음, 내 앞날의 행운을 빌어 주고서 문을 닫았다. 그리고 모두들 자취를 감추었다.

이리하여 내가 꿈꾸던 큰 희망은 순식간에 사라져 버리고 말았다. 그리고 지금까지 그렇게 고생하여 온 결과로 남은 것은, 자신이 변절자라는 것과 속았다는 추억밖에는 없었다. 눈부신 행복을 꿈꾸던 내가, 비참한 현실로 굴러 떨어진 자신을 보았을 때, 내 마음에는 얼마나 급격한 변화가 일어났을까는 충분히 짐작할 수 있으리라. 이 모든 불행이 자신이 저지른 잘못이라고 생각되었을 때, 이 잘못에 대한 후회가 심해지면 심해질수록, 그만큼 더 깊은 절망 속으로 빠져 들어갔으리라고, 여러분은 생각하리라.

그러나 사실은 그렇지가 않았다. 나는 난생 처음으로 두 달 이상이나 감금되어 있었다. 내가 맛본 최초의 감정은 자유를 회복한 기쁨이었다. 오랫동안 노예 상태를 벗어나, 다시금 자기 자신의 지배자가 되어, 내 뜻대로 행동할 수 있는 나는, 돈 많고, 훌륭한 인물이 많은 대도시 한복판에 서 있는 자신을 발견하였다. 이윽고 내 재능과 가치가 인정만 된다면 행운은 얻어놓은 거나 마찬가지로 생각되었다. 더구나 나는 그때까지 기다릴 여유도 있고, 주머니에 들어 있는 20프랑은 다 쓸 수 없는 큰 재산처럼 느껴졌다. 그리고 이 돈은 누구의 지배도 받지 않고 내 마음대로 쓸 수 있는 돈인 것이다. 나는 이때처럼 자신을 부자라고 생각한 일은 없었다. 실망과 슬픔에 잠기는 고사하고 나는 다만 희망을 바꾸었을 뿐이었다. 내 자존심은 그것으로 인하여 아무것도 잃어버린 것은 없었다. 내가 이렇게 자신과 안심을 가진 일도 없었다. 나는 이미 행운이 성취된 것으로 느껴졌다. 그리고 그 행운을 내 혼자의 힘으로 이룬 것 같아서 여간 대견스럽지 않았다.

나는 우선 시내를 돌아다니며 호기심을 만족시켰다. 그것은 내 자신의 자유를 확인해 본 것에 불과하였다. 군인들이 보초 서는 곳을 가 보았다. 군악이 꽤 마음에 들었다. 나는 행렬을 따라다녔다. 신부들의 찬송가 합창도 재미있었다. 나는 왕궁을 구경하러 갔다. 조심조심 가까이 갔다. 그리고 다른 사람들이 들어가기에 나도 따라 들어갔다. 나를 말리는 사람은 아무도 없었다. 아마 그것은 내가 끼고 있던 작은 보따리 덕분이었는지도 모른다. 좌우간 나는 왕궁 안에 들어갔다는 것만으로도 자랑스러웠다. 마치 나는 그 안에 사는 사람이나 된 것처럼 느꼈다. 하도 쏘다녔더니 나는 지쳤다. 배도 고팠고 덥기도 하였다. 그래서 이번에는 우유 가게를 들어갔다. 즁까와 크림과, 그리고 내가 제일 좋아하는 피에몽 고급 빵 두 개를 불과 5, 6쑤를 주고 사서 어느 때보다도 맛있는 식사를 하였다.

나는 숙소를 찾아야 했다. 피에몽 말을 꽤 잘할 줄 알게 되었으므로 숙소를 찾는 데 그리 힘들지는 않았다. 그리고 내 취미보다도 지갑 사정에 따라 적당한 여인숙을 결정해야 하는 분별쯤은 나도 있었다. 포 거리에 어떤 군인의 부인이 일자리 없는 사람을 위하여 하룻밤 1쑤우를 받고 재워 준다는 이야기를 들었다. 나는 이 집에서 허름한 침대에 자리를 잡았다. 이 부인은 나이도 젊고 결혼한 지도 얼마 안 되었지만, 그 이전에 벌써 아이들이 대여섯 명이나 있었다.

부인과 아이들과 나는 한 방에서 함께 자야 했다. 내가 있는 동안 죽 그랬다. 무던한 여자였다. 그녀는 마부처럼 상말로 욕지거리를 하고, 언제나 너절한 옷차림에 흐트러진 머리를 하고는 있었지만, 인정이 있고 친절한 여자로, 내게는 상냥스럽게 호의를 많이 베풀어 주었다. 나는 자유와 호기심의 즐거움 속에서 며칠을 지냈다. 나는 시가지 안팎을 두루 돌며, 신기한 것은 모조리 찾아가 보았다.

나이 어린 나에게는 처음 와 보는 수도의 풍경은 보는 것마다 진기하게 느껴졌다. 특히 나는 아침마다 왕궁에 들어가 왕의 미사의 행렬에 참례했다. 임금님과 그의 고관들과 함께 같은 성당 안에 들어가 있다는 사실이 정말 기뻤다. 내 속에서 싹트기 시작한 음악에 쏠리는 취미가, 화려한 궁전의 장관보다도, 매일같이 내 발길을 이리로 이끌었다. 궁전의 장관은 변화가 없어서 보면 볼수록 별로 흥미가 끌리지 않았다. 사르디니아 왕은 그 당시 유럽에서 제일 가는 악단을 가지고 있었다. 소미스, 데자르뎅, 레 베쥬지 등 당당한 음악가들이 잇달아 이곳에서 빛을 내고 있었다. 보잘 것 없는 악기라 할지라도 음률이 틀리지만 않으면 그 자리에서 매혹되어 버리는 한 소녀에게는 분에 넘치는 일이었다. 그리고 나는 눈이 부신 궁전의 장관에 대해서는 그저 감탄할 뿐 별로 부러운 생각은 없었다. 나는 오로지 그 눈부신 궁전의 장관 속에서 내가 존경할 만하고 서로가 로맨스를 맺을 만한 젊은 공주를 찾는 일만이 중요한 것이었다.

사실 내 로맨스는 이루어질 뻔했다. 비록 무대는 한결 화려하지 못하였지만, 이 로맨스가 이루어지기만 했더라면 몇 천 배나 더 큰 기쁨을 발견하였을 것이다.

꽤 절약했지만, 어느 사이에 지갑은 가벼워졌다. 그러나 이 절약이란 것이 사실은 조심을 해서가 아니라, 타고난 취미 덕분이었던 것이다.

이 취미는 오늘에 이르기까지 어떠한 사치스러운 식사나 습관에서도 변하지 않았다. 소박한 시골 음식보다 더 맛있는 요리는 없다고 생각했다. 이것은 지금에도 마찬가지지만, 유제품 · 달걀 · 채소 · 치즈 · 검은 빵 · 싸구려 포도주 정도면 내게는 진수성찬이다. 요리장이나 보이들이 내게 붙어 다니며 성가시게 굴지 않더라도, 내 왕성한 식욕은 이들보다 낫다. 사실 그때 내가 6, 7쑤를 주고서 먹은 음식이, 뒤에 6, 7프랑이나 주고 먹은 음식보다 한결 더 좋았다. 결국 나는 사치할 생각이 나지 않아서 절약되었다. 그러나 절약이라는 말은 적용될 수가 없다. 이때 나는 하고 싶은 대로 감각적인 향락을 한껏 하였으니까 말이다. 배 · 즁까와 · 치즈 · 버터와 몽프라의 걸쭉한 포도주 서너 잔이 나를 가장 행복한 미식가가 될 수 있게 하였던 것이다.

이렇게 절약을 하였는데도 20프랑의 돈은 쓰잘 것이 없었다. 날이 갈수록 걱정이 더해 갔다. 아직 철없는 나이였지만, 앞으로 닥쳐올 불안이 두려움으로 바뀌었다. 모든 공상이 꺼져 버린 뒤 남은 생각은 밥벌이할 궁리뿐이었다. 그것마저 쉽게 해결될 것 같지 않았다. 그 전 직업도 생각해 보았다. 그러나 그것도 중간에서 집어치웠기 때문에 남에게 고용될 수 있을 만큼 숙련되지는 않았었다. 뿐만 아니라 그런 일자리마저 이 토리노에는 많지가 않았다. 그리하여 나는 좋은 일이 생길 때까지 이 가게 저 가게로 돌아다니며, 아주 헐값으로, 접시 따위에 이름의 첫 글자나 문장을 새기는 일을 해 보려는 생각을 해냈다. 그러나 이것도 뜻대로 되지 않았다. 가는 곳마다 거절을 당하였다. 어쩌다 일이 걸려도 밥값도 제대로 되지 않았다.

그러던 어느 날 아침, 콘드라 노바 거리를 지나려니까 카운터 유리창 너머로 젊은 부인이 보였다. 첫눈에 애교가 있어 보이고 마음이 끌리기에, 여자들 앞에서는 쥐구멍을 찾는 나였지만, 서슴없이 들어가 일자리를 구해 보았다. 그녀는 나를 내쫓지 않고, 앉아서 내 사정을 이야기하게 하였다. 내 말을 듣고 난 그녀는 나에게 동정을 하며 용기를 북돋워 주고는, 선량한 신자들이 나를 버리지 않을 것이라고 말하는 것이었다. 그리고 그녀는 나에게 필요한 연장을 근처 철물 가게로 가지러 보내 놓고, 부엌으로 가서 내 조반을 차려다 주는 것이었다. 이 시초부터가 좋은 징조로 생각되었다. 이어서 내 기대에 어긋나지 않았다. 그녀는 내가 해 보인 일이 만족스러운 눈치였다. 나는 적이 마음이 놓여 떠들어댔더니, 이것이 더욱이 그녀의 마음에 들었던 모양이다. 그녀의 친절한 대접, 다정스러운 목소리, 애교어린 태도에 나는 안도의 한숨이 나갔다. 나는 이젠 됐다고 생각하였다. 생각했던 것보다도 더 잘되어 갔다.

그녀는 갈색 머리를 한 아주 감각적인 여자였다. 더구나 그 예쁜 얼굴에 어리는 상냥한 모습은 사람의 마음을 사로잡았다. 그녀의 이름은 바질 부인이었다. 그녀보다 나이가 한 살 위인 남편은 의처증이 있어서, 자기가 여행하는 동안 점원에게 감시를 하게 하였다. 이 점원은 매력이 없는 무뚝뚝한 사내였다. 그래도 그는 자존심은 있었다. 대개 그 자존심은 불쾌감으로 나타났다. 이런 감정은 주로 나를 향해서 터지는 것이었다. 그렇지만 나는 그가 부는 피리를 좋아했다. 그는 피리를 잘 불었다. 그런데 이 신판 아이기스토스(그리스 신화에 나오는 아가멤논 왕의 사촌으로, 왕이 원정가고 없는 동안 왕비와 불의의 관계를 맺음-역주)는 내가 부인 방에 들어가는 것을 보기만 하면 투덜거렸다.

그는 나를 멸시하고 있었다. 그 대가로 그는 부인에게 멸시를 당했다. 부인은 그를 괴롭히기 위하여 그가 보는 앞에서 일부러 나를 귀여워해 주는 것이었다. 그녀의 이런 복수가 내게 즐겁지 않은 것은 아니었지만, 부인과 단 둘이 있을 때 그랬다면 얼마나 즐거웠으랴. 그러나 그녀는 그렇게 깊이 들어가지는 않았다. 내가 너무 어리다고 생각되었는지, 그녀가 먼저 대담해질 자신이 없었는지, 그렇지 않으면 얌전을 빼려고 그랬는지는 모르지만, 그녀는 몹시 신중한 태도였다. 그녀의 이런 태도가 불쾌하지는 않았지만, 어쩐지 서먹서먹했다. 나는 그녀에게서 바랑 부인을 대할 때와 같은 그런 진실하고 다정한 존경심을 느낄 수가 없었다. 그러나 오히려 두려움과 친밀감을 느끼고 있었다. 어쩔 줄 몰라 몸만 떨렸다. 똑바로 그녀를 쳐다볼 수도 없었고, 그녀 앞에서는 숨도 막힐 것만 같았다. 그러면서도 그녀 옆을 떠나기는 죽기보다도 싫었다.

어느 날 그녀가 점원의 잡담이 귀찮아져서 자기 방으로 들어가 버렸을 때 뒷방에 있던 나는 얼른 하던 일을 끝마치고서 그녀의 뒤를 따라 들어갔다.

방문은 반쯤 열려 있었다. 나는 살그머니 들어갔다. 그녀는 창문 옆에서 방문을 등지고 앉아서 수를 놓고 있었기 때문에 내가 들어가는 것을 보지 못하였다. 밖에서 지나가는 마차 소리 때문에 내 발짝 소리도 듣지 못하였다. 언제나 옷을 단정하게 입고 있는 그녀였지만, 이 날은 더욱 그러하여 교태가 넘치고 있었다. 우아한 자세, 약간 숙인 고개로 하여 드러난 하얀 목덜미, 매끈하게 빗어 올린 머리엔 꽃이 한 송이 꽂혀 있었다. 나는 눈앞이 아찔해졌다. 흥분하여 두 팔을 그녀를 향하여 뻗치면서, 나는 방문턱에 그만 무릎을 꿇었다. 그래도 그녀는 보지도 듣지도 못하리라 생각하고 안심하였다. 그런데 그만 난로 위에 걸린 거울이 나를 배반하고 말 줄이야. 나의 어린 광태가 그녀에게 어떤 영향을 주었는지는 알 수가 없다. 그녀는 돌아보지도 않고 말도 없이, 그저 고개를 약간 옆으로 돌리고 손가락으로 그녀 발밑에 있는 돗자리를 가리킬 뿐이었다. 내가 몸을 부르르 떤 것과 외마디 소리를 지른 것과, 그 돗자리로 뛰어든 것은 거의 동시의 일이었다.

이런 상태에서, 나는 말 한 마디 못하고, 눈을 들어 그녀를 한 번 쳐다보지도 못하고, 이렇게 거북한 자세를 음직이지도 못하였고, 그녀의 무릎에 조금 기대기 위하여 손조차 한 번 대보지 못했다는 사실은 믿기 어려운 일이다. 나는 침묵을 지키고 있었으나 마음은 평온하지 못했다. 흥분과 기쁨과 감사와, 무엇인지도 알 수 없는 열렬한 욕구가 명확하게 나타나고 있었다. 그러나 그 욕구는 상대방의 기분을 상할까 두려워 억제되었다. 나의 젊은 마음은 이 두려움으로 인하여 안정될 수가 없었다.

그녀도 역시 나보다 더 태연하거나 대담해 보이지는 않았다. 그녀는 얼떨결에 나를 끌어들이고는 경솔하게 손가락질한 것을 후회하는지, 나를 껴안지도 물리치지도 않았다. 하던 일에서 눈을 떼지도 않고, 발아래 있는 나를 본 체도 하지 않았다. 그러나 철이 없던 나로서도, 그녀가 나와 비슷한 괴로움과 또 욕구와 그리고 수치심에 싸여 있음을 판단할 수가 있었다. 그녀는 이 수치심을 이겨낼 만한 용기는 없었다. 대여섯 살이나 더 먹은 그녀 쪽에서 먼저 대담해야 할 것으로 생각되었다. 그런데 그녀는 나에게도 어떤 용기를 가질 틈을 주지 않는 것으로 보면, 내가 어떤 수작을 거는 것을 달갑잖게 여기고 있음에 틀림없다고 생각하였다. 나의 이 판단은 지금 생각해 보아도 정확하였던 것 같다. 그리고 그녀는 나 같은 풋내기에게 격려해 줄 뿐 아니라 가르쳐 주는 것이 필요하다는 사실을 모를 여자는 아니었다.

만일 이 자리에 훼방꾼이 들어오지 않았더라면, 심각한 이 침묵의 장면이 어떻게 끝났을는지, 그리고 또 나는 그 우스꽝스럽고도 황홀한 상태에서 언제까지나 죽은 듯이 있어야 했을지 짐작이 안 간다. 내가 한창 흥분해 있을 때, 옆에 있는 부엌에서 문 열리는 소리가 들렸다. 그녀는 깜짝 놀라 떨리는 목소리로 나에게 속삭이듯 이렇게 말했다.

“자 일어나요, 로지나가 와요.”

나는 허둥지둥 일어나며, 그녀가 내미는 손을 꽉 잡고 뜨거운 키스를 두 번이나 했다. 두 번째 키스에서 나는 그 아름다운 그녀의 손이 나의 입술을 지그시 눌러오는 것을 느꼈다. 나는 일찍이 이렇게 황홀한 순간을 가져본 일이 없었다. 그러나 한 번 잃어버린 기회는 두 번 다시 오지는 않았다. 그리고 우리들의 젊은 사랑도 이것으로 끝나고 말았다.

사랑스러운 이 여인의 모습이 아직까지 내 마음속 깊이 정다운 모습으로 자리 잡고 있음은 그 때문인지도 모른다. 내가 세상 여자들을 알게 되면 알게 될수록 그녀의 모습은 점점 선명해져 갔다. 만일에 그때 그녀가 경험이 있는 여자였다면, 한 소년을 부추기기 위하여 다른 방법을 썼을 것이다. 그러나 그녀의 마음은 연약했는지는 모르지만 순결했었다. 그래서 그녀는 애정이 이끄는 대로 끌려갔을 것이다. 모르면 몰라도 아마 이것이 그녀의 최초의 부정이었을 것이다. 그리고 나는 내 자신의 수치를 억제하기보다도 그녀의 수치를 덜어주려고 더 애를 썼던 것이다.

그런 정도는 아니었다 할지라도, 나는 그녀에게 무어라 말할 수 없는 즐거움을 맛보았다. 비록 내가 여자를 정복한 쾌락이라 할지라도, 그녀의 발치에서 감히 그 치맛자락 하나 건드리지 못하였던 그 순간의 가치에는 미치지 못하는 것이었다. 우리가 사랑하는 순결한 여인에게서 받는 기쁨만한 쾌락은 없는 것이다. 그런 여자 앞에서는 모든 것이 애정 아닌 것이 없다. 순간적인 손가락질, 가볍게 내 입술을 누르던 손, 고작해야 이것이 내가 그녀에게서 받은 애정의 전부였지만, 나로선 그 일을 생각만 해도 황홀해진다.

그 뒤 이틀 동안을 두고 나는 두 번째 밀회를 노렸지만, 그런 기회는 오지 않았다. 그녀에게는 그럴 생각이 없는 것 같았다. 그녀가 나를 대하는 태도가 냉정해졌다고는 할 수 없지만, 그 전보다 조심하는 것 같았다. 그리고 그녀가 내 시선을 피하는 것은, 그녀의 시선을 자신이 능히 가눌 수 없는 두려움 때문이었다고 생각된다. 점원 놈은 더욱 성질을 부렸다. 여자라면 사족을 못 쓴다고 빈정거렸다. 나는 큰 잘못이라도 저지를까봐 두려워졌다. 그리고 부인과 나 사이에 내통이라도 하고 있는 것으로 생각했기 때문에, 나는 내 마음을 눈치 채지 않도록 하기 위해 더욱 애를 썼다. 조심할수록 기회는 여간해서 오지 않았다. 그리하여 이 안전한 기회는 영영 얻을 수가 없었다.

부인은 나에게 좋은 자리를 소개해 주마고 몇 차례나 말했다. 현명하게도 나와 떨어져 있어야 할 때가 왔음을 깨달았던 것이다. 두 사람의 말없는 이별이 목요일에 있었다. 일요일에는 만찬이 베풀어졌다. 풍채 좋은 도미니크 파의 신부도 한 사람 와 있었다. 그녀는 나를 소개하였다. 그는 나를 몹시 정답게 대하고 축복까지 해 주었다. 그리고 내 얼굴을 두어 차례 어루만져 주며, 선량한 사람이 되라는 당부와 아울러 자기를 찾아와 천천히 이야기하자고 말하였다.

손님들의 수에 비하여 식탁이 좁았다. 그리하여 점원과 나는 작은 식탁을 하나 더 놓고 즐겁게 마주 앉았다. 나는 좋은 대접을 받았다. 여러 가지 음식이 나왔지만, 그것은 점원을 위한 것은 아니었다. 여기까지는 일이 잘 진행되었다. 부인들은 몹시 쾌활했고 남자들은 점잖았다. 바질 부인도 애교를 떨어가며 접대를 하였다.

만찬이 한창 진행되고 있을 때, 문 앞에서 별안간 마차 멈추는 소리가 들렸다. 누군가가 들어왔다. 바질 씨였다. 금단추가 달린 빨간 웃옷을 입고 들어서던 그의 모습은 지금도 눈에 선하다. 그리고 나는 그때부터 그 누런 금빛이 싫어졌던 것이다. 바질 씨는 키가 후리후리하고 풍채가 좋은 미남자였다. 그는 소란을 떨며 들어왔다. 부인은 그의 목을 껴안고 두 손을 어루만지며 반가워했다. 그러나 그는 별로 반응이 없었다. 그는 사람들에게 인사를 하였다. 음식상이 새로 나왔다. 그가 음식을 먹어 가며 막 여행담을 꺼내려다가 나를 보자, 저 소년은 누구냐고 언짢은 표정으로 물었다. 부인이 사실대로 대답하자, 그는 또 나를 집에 재우느냐고 물었다. 누군가가 아니라고 말했다.

"뭐가 아냐? 낮에 여기 있다면 밤에도 여기서 잘 게 아냐?"

그의 말은 거칠었다. 옆에 있던 신부가 말을 가로챘다. 그는 부인을 진심으로 변명하고, 나까지도 몇 마디 칭찬해 주었다. 그리고 아무 일도 없는 것이니, 부인의 선량한 마음씨를 나무라지 말고 잘 협조해야 한다고 덧붙여 말했다. 신부 앞이라 반은 억제했지마는 역시 주인의 말은 퉁명스러웠다. 짐작건대 주인은 이미 내 소문을 알고 있었으며, 점원 녀석이 고자질을 했었음에 틀림이 없다.

손님들이 자리에서 일어나자, 점원 녀석이 의기양양하게 와서, 주인의 명령이라고 하면서, 나에게 당장 이 집을 나갈 것과 다시는 이 집에 발을 들여놓지 말라고 말하였다. 나는 슬그머니 그 집을 나왔다. 마음이 슬펐다. 사랑스러운 여인과 헤어져서라기보다, 난폭한 남편의 시달림을 받을 부인을 생각하니 마음이 아팠다.

이렇게 하여 내 최초의 연애사건은 끝이 났다. 부인의 얼굴이라도 한 번 보고 싶은 애타는 마음을 달랠 길 없어, 그 집 앞을 오락가락 몇 차례나 하였지만, 그녀는 그림자도 볼 수가 없고, 주인과 망을 보는 점원 녀석만 눈에 띌 뿐이었다. 점원 녀석이 나를 보자, 가게에서 자를 가지고 나와 호의 이상의 의미심장한 손짓을 했다. 그처럼 경계를 하는 데서 나는 그만 기가 꺾여 다시는 가지 않기로 했다. 나는 부인이 소개해 준 신부나 만나보고 싶었지만 이름을 몰랐다. 그래도 혹시 만날까 하여 그가 있다는 수도원 주위를 여러 차례 돌아보았지만 허사였다.

이 사건이 있은 지 얼마 후, 앞에서도 말한 친절한 하숙집 아주머니가 나 있을 자리가 마련될 듯 하다는 말과 어떤 귀부인이 나를 한 번 만나보고 싶어 한다는 말을 전해 주었다. 이 말을 듣자, 나는 언제나처럼 대단한 사랑의 모험이라도 시작한 것처럼 느꼈다. 그러나 이번 모험은 그렇게 화려한 것은 못 되었다. 하인을 따라가 귀부인에게 인사를 하였다. 부인은 내게 이것저것 물어보더니 마음에 든 모양이었다. 그래서 곧 그 귀부인의 시중을 들게 되었다. 그러나 하인의 자격으로서 고용된 것이다. 나도 다른 하인들과 똑같은 복장을 입었다. 다만 어깨에 견장만은 달지 않도록 했기 때문에 다른 하인들과 구분될 뿐이었다. 이 견장 없는 복장은 마치 거리의 장사꾼의 옷차림 그것이었다. 이것이 내 빛나던 청운의 꿈을 송두리째 앗아간 의외의 종착역이었던 것이다.

나를 고용한 베르셀리 백작부인은 자식이 없는 과부였다. 죽은 그녀의 남편은 피에몽 사람이었다. 나는 부인을 사부와 사람인 줄로 알았다. 피에몽 사람으로서는 프랑스 말을 너무 잘하였고 발음도 깨끗하였기 때문이었다. 중년이 된 이 부인은 고상한 용모에 교양이 있었고, 프랑스 문학을 좋아하였고, 그 방면에 조예도 깊었다. 글을 많이 썼지만 모두 프랑스어로만 썼다. 부인은 가슴의 종기로 몹시 괴로워했으며, 자기 손으로 글을 쓸 수가 없었기 때문에, 그녀가 입으로 부르는 것을 필기하는 것이 내가 할 일이었고, 또 싫은 일도 아니었다.

베르셀리 부인은 교양이 풍부할 뿐 아니라 고상하고 강한 정신력을 지니고 있었다. 나는 부인의 임종까지 보았지만, 그녀는 병이나 죽음에 대하여 조금의 약점을 보이지도 않았고, 자제하느라고 애쓰는 빛도 없었고, 여자의 본분을 잃지도 않았다. 그녀의 이런 강인한 성격은 때로는 냉정하기도 하였다. 자신에게 대해서처럼 다른 사람에게 대해서도 무신경한 것처럼 쌀쌀하였다. 그녀를 모시고 지내는 석 달 동안, 나도 그녀의 무관심을 여러 번 경험했다. 앞길이 유망한 청년을 데리고 있으면, 될 수 있는 대로 그에게 관심을 기울이고, 자기가 죽은 뒤에라도 그 청년에게 도움을 주고 구원해 줄 염려를 하는 것이 당연할 것이다. 그러나 부인은 내가 별로 기대할 수 없는 인간으로 생각되었던 까닭인지, 또는 주변에 있는 사람들이 나에게 관심을 갖지 못하도록 한 때문인지, 나를 위해서는 아무 것도 해 준 일이 없었다.

그러나 부인이 나를 알고 싶어 하는 관심을 가지고 있었음은 알고 있다. 그녀는 가끔 내게 질문도 했다. 그래서 바랑 부인에게 보내는 편지를 그녀에게 보여주거나, 내 감정을 말하면 그녀는 좋아했다. 그러나 그녀가 자기 감정은 나타내지 않고, 내 감정만을 알려고 한 것은 확실히 잘못이었다. 나는 다른 사람도 나와 같은 감정이 있다고 느껴지기만 하면 기꺼이 흉금을 터놓고 싶었다. 그러나 내 대답에 대하여 아무런 찬성이나 반대의 의견을 보여 주지 않는 질문은 조금도 내 흉금을 털어놓게 하지 못한다. 베르셀리 부인은 애정이나 호의를 표시하는 말을 나에게 한 일이 한 번도 없다. 그녀가 쌀쌀한 질문만을 했기 때문에 나는 솔직하게 터놓고 답변할 수가 없었다. 내 답변이 너무 소극적이었으므로, 그녀는 내 말이 졸렬하게 느껴져서 싫증이 났었는지도 모르겠다. 나중에는 용무에 대한 일 이외에는 말을 하지도 않았다. 부인은 나를 사실 그대로 보지 않고, 그녀의 선입견대로 판단해 버렸다. 결국 나를 한낱 하인으로 보았으니, 그 이상으로는 보이지 않았던 것이다.

베르셀리 부인은 자식이 없었으므로 라 록끄 백작이라는 조카를 상속인으로 세웠다. 그는 부인의 비위를 어지간히 맞추는 사람이었다. 부인의 임종이 가까워짐을 아는 고급하인들도 부인의 환심을 사려고 열심이었다. 그리하여 주위에는 부인을 돌보는 사람들이 많았으므로, 그녀는 도저히 내 생각 같은 것은 할 여지도 없었을 것이다. 살림 처리는 로렌치라는 분이 맡았었는데, 이런 면에는 아주 능숙한 솜씨를 지니고 있었다. 이들은 다같이 나를 부인 앞에서 멀리하려 하였다.

부인은 편지 쓰기를 좋아했었다. 이것이 그녀에게는 위안거리였다. 그들은 이것을 탐탁지 않게 생각했다. 편지를 쓰면 피로해진다는 이유로 의사를 시켜 중단케 하였다. 그들은 부인의 시중을 들기에는 내 힘이 부족하다는 구실로 내 대신 두 일꾼 같은 사나이를 부인 곁에 있게 했다. 내가 부인 방에 들어가지 않은 일주일 동안에, 그들은 부인을 달래서 유서를 작성하였다. 그리고 나서 나는 다시 종전처럼 부인 방에 출입할 수 있게 되었다. 나는 누구보다도 정성껏 시중을 들었다. 이 불쌍한 부인의 고통이 내 마음을 아프게 했던 것이다. 그녀가 고통을 참고 견디는 모습은 참으로 존경할 만한 것이었다. 그리하여 나는 부인 옆에서, 부인이나 다른 사람이 모르는 뜨거운 눈물을 흘렸던 것이다.

우리는 결국 부인을 잃었다. 나는 그녀가 숨을 거두는 것을 보았다. 그녀의 일생은 교양 있는 여인의 일생이었으며, 그녀의 죽음은 철학자의 그것이었다. 임종이 가까워지자, 부인은 조금도 꾸밈없는 명랑한 표정을 하고 있었다. 그것은 마지막 비애를 이성으로써 억제하는 것임에 틀림없었다. 부인이 침대에 누운 것은 마지막 이틀 뿐이며, 이 동안에도 그녀는 아무렇지도 않은 듯이 사람들과 말을 주고받았다. 드디어는 말도 할 수 없게 되고 죽음에 직면하게 되었을 때, "뽕" 하고 방귀가 나왔다. 그러자 그녀는 돌아누우면서, "그렇지! 이게 나오는 동안은 죽지 않아."

이것이 그녀가 마지막으로 남기고 간 말이었다.

부인은 하급 하인들에게는 1년 치의 급료를 물려주었다. 그러나 나는 고용인 명부에 적혀 있지 않았기 때문에 아무것도 받지 못하였다.

베르셀리 부인댁에 내가 머물러 있던 동안의 이야기를 이것으로 모두 끝낼 수만 있다면 오죽 좋으랴! 비록 겉으로 볼 때에는 동일한 상태였지만, 사실은 내가 이 집에 들어갔을 때 똑같은 상태로 나온 것은 아니었다. 나는 죄악에 대한 추억과 감당할 수 없는 뉘우침과 무거운 짐을 지고 나왔던 것이다. 이 뉘우침 때문에 40년이나 지난 오늘에도 내 뼈저린 양심의 가책은 변함이 없고, 괴로운 심정은 사라지기는커녕 해가 갈수록 더해만 갔다. 대단찮은 한 소년의 잘못이 이렇게 무서운 결과를 가져오리라고 누가 상상했으랴! 내 마음이 위로받을 길이 없는 것은 그 결과 때문이다. 나는 사랑스러운 한 소녀를 필시 치욕과 불행 속으로 떨어지게 했던 것이다.

대체로 한 집안이 몰락할 때면, 분란이 일어나거나 세간을 분실하는 불상사가 따르게 마련인 것이다. 그러나 하인들의 충실과 로렌치 부부의 빈틈없는 주의로 말미암아 무사히 끝났다, 그런데, 단 한 가지 퐁탈 양의 흰 빛과 장미 빛의 리본이 하나 없어졌다. 다른 여러 가지 더 좋은 물건들도 많았지마는, 나에게는 이 리본만이 탐이 났다. 그리하여 나는 이것을 슬쩍 훔쳤던 것이다. 그러나 잘 감춰 두지 않았기 때문에 곧 탄로 나고 말았다. 그들은 그것을 어디서 훔쳤느냐고 나에게 심문을 하였다. 나는 우물우물하다가 얼떨결에 얼굴을 붉히며 마리옹이 준 것이라고 대답하고 말았다.

마리옹이란 소녀는 베르셀리 부인의 식모로 모리엔느 태생이었다. 마리옹은 아름다울 뿐 아니라 산속에서나 볼 수 있는 싱싱한 살결을 지니고 있었다. 그뿐 아니라 그녀는 착하고 영리하고 성실한 소녀였다. 그러므로 내가 이 소녀의 이름을 말하자 모두들 깜짝 놀랐다. 그러나 이 집에서는 나도 그녀 못지않게 신용이 있었으므로, 둘 중의 누구의 소행인가를 밝히지 않을 수 없게 되었다. 마리옹이 여러 사람 앞에 불려 왔다. 록끄 백작도 그 자리에 있었다. 리본이 그녀 앞에 놓여졌다. 대담하게도 나는 그녀의 소행이 틀림없다고 무고했다. 그녀는 당황하여 말을 못 하였다. 그리고 비록 악마라 할지라도 꼼짝 못 할 그런 날카로운 시선을 나에게 던졌다. 그러나 내 잔악한 마음은 굽힐 줄 몰랐다. 드디어 그녀는 무거운 입을 열어 아니라고 완강히 부인하였다. 그리고 나에게 부드러운 어조로, 다시 한 번 잘 생각하여 죄 없는 결백한 소녀를 욕보이지 말라고 타일렀다. 그러나 나는 악마 같은 뻔뻔한 주장을 고집하였다. 가엾은 소녀는 그만 울음을 터뜨리고 말았다. 그리고 이렇게 말하였다.

"아, 루소! 나는 당신을 선량한 사람으로 알아 왔는데, 나를 이렇게 못된 사람으로 만들어야 하오? 그러나 나는 당신 흉내는 내지 않겠어요."

다만 이 말 뿐이었다. 그녀는 끝끝내 솔직하게 부인하였지만 내게 더하여 헐뜯는 말은 조금도 하는 일이 없었다. 나의 완강한 태도에 비하여 그녀의 온순한 태도는 그녀를 불리하게 하였다. 한편은 이처럼 악마같이 대담하고 다른 한편은 이렇게 천사처럼 순진하다고는 상상조차 하지 못하였을 것이다. 분명한 판단을 내린 것은 아니지만, 그들의 억측은 나를 유리하게 보았다. 이렇게 바쁠 때, 이 사건의 진상을 이 이상 파고들 겨를이 그들에게는 없었다. 그리하여 두 사람이 함께 해고되었다. 이때 록끄 백작은 죄 있는 자의 양심은 죄 없는 자를 위하여 복수할 것이라고 말하였다. 그의 이 예언은 들어맞았다. 이 예언은 하루라도 나에게 나타나지 않는 날이 없었다.

내 무고로 희생된 소녀가 그 후 어떻게 되었는지 나는 모른다. 그러나 그녀가 그 뒤 쉽사리 좋은 일자리를 구했으리라고는 생각되지 않는다. 그녀는 어쨌든 명예롭지 못한 비난을 두고두고 받아왔을 것이다. 비록 하찮은 것이었지만, 도둑질은 역시 도둑질이다. 그러나 그보다도 이것이 그녀가 타락하는 동기나 되지 않았을까 걱정이다. 거짓말과 고집은 그녀에게 큰 누명을 덮어 씌워서 희망을 모조리 빼앗았기 때문이다. 그녀의 빈곤이 나로 말미암아 빠지게 된 그녀의 최대의 불행으로 추측만 되지는 않는다. 결백을 상처받은 절망 때문에 젊은 그녀가 더이상 불행하게 되었을지 어찌 알랴! 그녀를 불행하게 만들었다는 후회만으로도 이렇게 견딜 수 없거늘, 그녀를 나보다도 더 악한 사람을 만들었다는 생각은 어떠하랴.

이 쓰라린 추억은 자주 나를 괴롭혔다. 잠 못 이루는 밤이면, 마치 어제 저지른 일처럼 이 가엾은 소녀가 나에게로 죄를 따지러 오는 모습이 보일 정도로 마음을 어지럽게 하였다. 그러나 나는 아직까지 친한 친구에게 이 죄를 고백하여 마음의 짐을 덜 수가 없었다. 심지어는 바랑 부인에게까지도 그러했다. 오늘에 이르기까지 이 무거운 짐은 조금도 가벼워지지 않은 채 내 양심에 달려 있다. 그리하여 이 무거운 짐을 다소라도 덜어 괴로움에서 벗어나려는 욕망이 이 『고백록』을 쓰고자 하는 결심에 크게 작용하였다고 말할 수도 있다.

나는 앞의 이야기에서 사실 그대로를 말하였다. 여러분은 여기서 내가 내 죄를 과장하여 말했다고는 생각하지 않으리라. 그러나 만일 당시의 내 마음의 변화를 설명하지 않는다면, 이 책의 목적을 관철하지 못하게 될 것이다. 사실은 그때 나에게 어떤 악의가 있었던 것은 아니다. 뿐만 아니라 그 불쌍한 소녀를 무고했을 때, 그녀에 대한 나의 애정이 그 무고의 원인이었다는 것은 이상하겠지만 사실이다. 이 소녀가 내 마음에 떠올랐다. 이 떠오른 최초의 것에 나는 죄를 씌웠다. 결국 내가 해 주려고 생각했던 것을 그녀 자신이 하였다고 우겨댔던 것이다. 리본을 그녀에게 주고 싶었기 때문에, 나는 그녀가 주었다고 말했던 것이다. 그러나 그녀가 불려 나오는 것을 보았을 때, 내 마음은 갈기갈기 찢어지는 것 같았다. 그렇지만 여러 사람 앞이라는 사실이 내 뉘우침의 고개를 눌렀다.

이렇게 되고 보니 내게 두려운 것은 처벌이 아니라 수치였다. 나는 죽기보다도 이것을 두려워했던 것이다. 내가 죄를 시인하고, 그 앞에서 도둑놈 · 거짓말쟁이 · 무고자라고 선고되는 치욕에 대한 공포 이외에는 아무것도 눈에 보이지 않았다. 이때 만일 나에게 마음의 여유를 주었다면, 나는 틀림없이 모든 사실을 고백하였을 것이다. 록끄 씨가 슬그머니 불러서,

"이 가엾은 소녀를 망쳐 놓지 말아라. 네가 그랬거든 솔직히 말하여라."

이렇게만 말해 주었다면, 나는 그 자리에서 그의 발아래 무릎을 꿇었을 것이다. 분명히 그랬을 것이다. 그러나 사람들은 내게 용기를 주었어야 할 경우에, 오히려 위협만을 주었다. 나이도 물론 참작되어야 할 조건이다. 그래서 나는 겨우 어린티를 벗었다. 사실 아직도 어린애였다. 어릴 때 잘못은 어른의 잘못보다 더 무서운 것이다. 그러나 마음이 약한 데 그 원인이 있다면, 그 죄도 한결 가볍다. 내 잘못도 결국 이런 것이었다. 그렇기 때문에 이 추억도 그것이 나를 더욱 괴롭히는 것은 과실 그 자체가 아니라, 거기에서 빚어진 결과

인 것이다. 그리고 나는 이 한 번 저지른 죄가 끼쳐 준 무서운 인상으로 인하여, 반평생 동안 죄가 될 만한 행위로부터 보호될 수 있었음은 다행한 일이다. 그리고 내가 거짓말을 증오하게 된 것도 이때의 거짓말을 크게 뉘우치는 데서 온 것이다.

만일 이것이 내가 바라는 것처럼 배상될 수 있는 죄라면, 나의 반생을 괴롭힐 여러 불행과 곤경에서도 성실과 명예를 유지해 온 40년 동안의 생활에 의하여 배상되지 않으면 안 된다. 가엾은 마리옹에게는 많은 복수자들이 세상에 있기 때문에 비록 내가 그녀에게 입힌 상처가 크다 할지라도, 내 자신이 그 죄를 짊어진 채로 저 세상에까지 가야 한다고는 생각지 않았다. 이 사건에 대하여 하고 싶었던 말은 이제 다 끝냈다. 이 이야기는 두 번 다시 되풀이하고 싶지는 않다.

제 3 부

1728~1732(16세~20세)

베르셀리 부인댁에 들어갈 때와 거의 같은 모양으로 그 집을 나온 나는, 전의 여인숙 집으로 돌아갔다. 여기에서 5, 6주일 묵고 있는 동안 건강과 젊음과 무료 때문에 답답할 때가 많았다. 불안해지고, 멍청해지고, 깊은 생각에 잠기게 되었다. 울기도 하고 탄식도 하였다. 분명하게 떠오르지도 않았지만, 그러나 나에게 부족하게 느껴지는 어떤 행복을 동경하고 있었다. 이런 상태는 말이나 글로 표현하기도 어렵고, 또 상상하기도 어려운 일이다. 왜 그러냐 하면 대부분의 사람들은 괴로우면서도 동시에 즐거운 삶의 충실을 미리 막아버리기 때문이다. 이 인생의 충실은 희망에 도취되는 가운데 그 향락의 예감을 우리에게 주는 것이다.

나의 끓는 피는 끊임없이 소녀와 부인들로 내 머리를 채우고 있었다. 그러나 나는 이 여자란 실지로 무엇에 쓰는 것인지를 몰랐기 때문에, 나는 여전히 내 공상대로 이상야릇하게 그들을 상상의 재료로만 사용하고 있었다. 이러한 상상은 내 관능의 활동을 불쾌하게 자극하였다. 그러나 다행히도 이 상상은 나를 불쾌한 활동으로부터 벗어나는 길을 가르쳐 주지 않았다. 만일 고통 양과 같은 소녀와 단 15분만이라도 함께 있을 수 있다면 나의 전 생애를 바쳐도 좋다고 생각하였지만, 이제는 벌써 어린 시절의 장난에만 열중할 수는 없었던 것이다. 양심의 가책에 따르는 수치감이 해가 갈수록 뚜렷해 갔다. 이것은 타고난 내 수줍음을 더욱 굳혀 놓았다. 그리하여 나는 그때나 그 이후로도 여자에게 끌려들어가지 않는 한 먼저 수작을 걸 수가 없었다.

나는 욕망을 채울 길이 없어 차츰 흥분하게 되자 이상한 방법으로 그 욕망을 자극하였다. 컴컴한 골목길이나 구석진 곳을 찾아가서, 여자와 함께 있을 때 취하고 싶은 그런 자세를 멀리서 그녀들에게 보이게 하였다. 바보 같은 짓이었다. 여자들 앞에서 그것을 자랑하고 즐기던 어리석음은 무어라 설명할 길조차 없다. 그런데, 이 어리석은 행동은 좀 우습기도 하고 좀 불쾌하기도 한 결말을 가져 왔다.

어느 날 나는 마당 안쪽에 우물이 있는 곳에 갔다. 거기에는 이웃집 처녀들이 자주 물 길러 왔었다. 마당 뒤쪽 언덕에는 몇 개의 동굴이 있기에 나는 그 속으로 들어가 보았다. 동굴은 길고 캄캄하였으므로, 사람의 눈을 피해서 숨기에 적당하다고 생각하였다. 그래서 나는 이것을 믿고, 물 길러 온 처녀들에게 유혹이라기보다는 그 우스운 광경을 보여 주었다. 영리한 처녀들은 못 본 체하였다. 그러나 어떤 소녀들은 킬킬거렸다. 또 어떤 계집애들은 모욕을 당했다고 떠들기도 했다.

나는 동굴 속으로 도망을 쳤다. 사람들이 뒤쫓아 왔다. 뜻밖에도 남자 소리가 들려 좀 불안하였다. 길 잃을 위험을 무릅쓰고 안으로 안으로 깊이 들어갔다. 발자국 소리와 사람들의 떠드는 소리와 사나이의 소리가 자꾸만 따라왔다. 나는 몸이 떨렸다. 더 안으로 들어갔다. 벽에 탁 부닥뜨렸다. 이제는 더 나아갈 길이 없으니 운명을 기다리는 수밖에 없었다. 이윽고 나는 사나이에게 붙잡혔다. 그 사나이는 긴 수염에 큰 모자를 쓰고, 긴 칼을 차고 있었다. 뒤따라 빗자루를 든 4, 5명의 노파들이 쫓아 들어왔다. 그 가운데는 내 일을 고해바친 말괄량이도 끼어 있었다. 그녀는 내 얼굴을 보러 온 모양이었다.

칼을 찬 사나이가 내 팔을 움켜잡자, 그는 나보고 무엇을 했느냐고 물었다. 얼른 대답이 나오지 않았다. 나는 정신을 가다듬었다. 그리하여 이 위급한 처지를 당하여, 온갖 힘을 짜낸 소설 같은 변명을 하였다. 즉 나는 내 나이와 처지를 동정해 달라고 애원하는 어조로, "나는 외국 귀족의 아들인데 정신 이상에 걸렸다. 그래서 사람들이 나를 감금하려 하기 때문에 집에서 도망을 쳤다. 내 일을 세상에 알린다면 나는 더 미칠 것이지만, 이대로 용서해 준다면 훗날 반드시 그 은혜를 갚겠다"라고 말했다. 예상과는 달리 내 변명은 효과를 거두었다. 우락부락한 그 사나이는 내 말에 감동되어, 간단히 몇 마디 나무라고, 순순히 나를 용서해 주었다. 나는 그 자리를 떠날 때 그 말괄량이와 노파들의 태도로 보아, 그처럼 무섭게 생각되던 사나이가 내게는 한결 도움이 되었다고 생각했다. 만일 그녀들뿐이었다면 나는 이렇게 쉽게 그 자리를 벗어나지는 못하였을 것이다. 그녀들은 연신 투덜거렸지만 내게는 아무렇지도 않았다. 그 남자만 나를 내버려 둔다면, 혈기 있고 날쌘 내가 몽둥이로 여자들을 물리치고 도망가는 것쯤은 문제가 아니었기 때문이었다.

그 뒤 어느 날 밤, 나는 이웃에 있는 젊은 신부와 거리를 지나다가, 그 칼 찬 사나이를 만났다. 그는 나를 알아보고 조롱하듯 내 말을 흉내냈다.

"귀공자요, 나는 귀공자야. 그리고 겁쟁이요. 전하께서는 부디 다시는 여기 오시지 마시기를."

그는 그 이상 아무 말도 하지 않았다. 나는 고개를 숙이고 그를 피했지만, 속으로는 그의 아량에 감사하였다. 알기로는 노파들이 이 사나이의 고지식함을 조롱한 모양이었다. 좌우간 그는 피에몽 사람이었지만 선량한 사람이었다. 나는 그를 생각할 때마다 언제나 고맙게 생각하였다. 이 사건은 내가 걱정하던 만큼의 결과를 가져오지 않았고, 그 뒤 두고두고 나에게 조심성을 길러 주었다.

베르셀리 부인 집에 있는 동안 나는 몇 사람을 사귀어 알게 되었다. 도움이 될 것 같아 교제를 계속했다. 그 가운데서도 특히 멜라레드 백작집의 가정교사, 갬이라는 사부와의 신부를 자주 방문하였다. 그는 아직 젊고 교제는 그렇게 넓지는 않았지만, 교양 있고 성실하고 총명하여, 내가 알고 있던 인격자 중의 한 사람이었다. 내가 기대하였던 도움은 그에게서 받지 못하였다. 그에게는 내 일자리를 구해 줄 만한 힘은 없었다. 그 대신 나는 그에게서 내 일생에 도움을 준 귀중한 재산을 발견했다. 즉 그것은 참다운 도덕적 교훈과 건전한 이성의 관념이었다. 내 취미와 사상을 이어온 경로를 보면, 언제나 지나치게 높거나, 지나치게 낮았다. 귀족이 아니면 종, 영웅 아니면 부랑자였다. 갬 신부는 내가 있을 위치에 나를 안정시키고, 나에게 용서도 실망도 주지 않고, 나 자신을 내가 알도록 애썼다. 그는 나의 성격과 재능을 칭찬해 주었지만, 거기서 장애물도 생겨서 그것 자체를 이용하는 데 방해가 될 것이라고 덧붙였다. 그렇기 때문에 이것들은 나를 행복의 계단 위로 끌어올리기보다는, 행복 없이 살아갈 수 있는 밑천이 될 것이라고 말했다. 그는 지금까지 내가 잘못 인식하고 있던 인생의 참다운 모습을 나에게 보여 주었다. 그리고 그는 현명한 사람은 역경에서 행복을 추구하고 그 행복에 도달할 수 있는 풍세를 잘 이용한다고 하였다. 또 지혜 없이는 진정한 행복도 없다는 것, 그리고 지혜가 모든 경우에 필요한 이유도 가르쳐 주었다.

그가 나에게 일러 준 이야기 가운데서 잊혀지지 않는 말이 한 가지 있다. 그것은 만일 각자가 모든 다른 사람들의 마음을 알 수 있다면, 향상을 바라는 사람보다는 하향을 원하는 사람이 더 많아지리라는 것이다. 이 고찰은 정말 옳고 과장이 없는 것이었다. 그래서 그의 이 말은 나에게 내 분수에 만족하게 하여 평생 도움이 되었다. 그리고 지나치게 높이 뛰어오르는 것은 떨어지는 원인이 된다는 것, 사소한 의무를 꾸준히 이행한다는 것은 영웅적인 행위에 못지않은 노력을 필요로 할 뿐만이 아니라, 그것이 오히려 명예와 행복을 얻는 길이라는 것, 그리고 어쩌다가 한 번 세상 사람들을 깜짝 놀라게 하는 것보다 꾸준히 사람들의 존경을 받는 것이 더 가치 있는 일이라는 것을 나에게 이해시켜 주었다.

어느 날 전혀 뜻밖에 록끄 백작에게서 나를 데리러 사람이 왔다. 그동안 나는 그를 찾아가도 아무 말도 할 수 없는 처지였기 때문에 마음이 내키지 않아 가지 않고 있던 참이었다. 그는 이미 나를 잊고 있을 것이다. 기억한다 할지라도 불쾌한 인상이 아직도 남아 있으리라고 생각하고 있었다. 나의 이런 판단은 착각이었다. 그는 내가 그의 백모에게 성실하게 하는 것을 수없이 보았던 것이다. 그는 나를 반갑게 맞아 주었다, 그리고 그는 내 일자리를 구해 보았다는 것과 곧 가게 될 것이라는 것, 내 앞길이 열렸으니 나머지 일은 내가 하기에 달렸다는 것, 내가 갈 집은 세도와 명망이 높은 집이니, 앞길을 개척하는 데 보호자가 필요 없다는 것, 그리고 처음에는 하인 취급을 받지만 성정과 품행이 인정만 되면 그대로 두지는 않을 것이라는 것 등을 내게 말하였다. 내가 처음으로 얻은 희망은 이 마지막 말로 산산조각이 났다.

"뭐라구! 그래 만날 남의 종이란 말야."

나는 화가 치밀어 속으로 이렇게 중얼거렸으나, 자신이 생겨 이런 생각을 지워버렸다.

그는 나를 구봉 백작댁으로 데리고 갔다. 구봉 백작은 여왕의 기사로서 이름 있는 솔라르 집안의 큰 어른이었다. 이 존경할 노백작의 위풍을 대하니, 그 정중한 대접에 더욱 감동되었다. 그는 내 신상에 관하여 진지하게 물었고, 나는 그에게 솔직하게 대답하였다. 그는 록끄 백작에게 내 얼굴이 명랑하고 영리해 보이기는 하지만, 재주만으로는 부족하니 다른 점도 좀 두고 알아보아야겠다고 말했다. 그리고 나에게로 얼굴을 돌리고 이렇게 말했다.

"세상 모든 일이 처음엔 어려운 법이다. 하지만 네가 할 일은 그렇게 힘 드는 일은 아니야. 조심해서 집안사람들 마음에 들도록 해라. 당분간 네가 해야 할 일은 이것뿐이다. 그 밖의 일은 걱정 말아라,

내가 돌봐 줄 테니까."

구봉 백작은 곧 며느리 브레유 후작 부인과 둘째 아들 구봉 신부에게 나를 각각 데리고 가서 소개하여 주었다. 이 첫 출발은 좋은 징조처럼 느껴졌다. 하인 하나 쓰는 것이라면 이렇게까지 복잡한 절차는 밟지 않으리라고 생각되었던 것이다. 과연 나는 하인 취급은 받지 않았다. 나는 식사도 지배인과 같이 하였으며, 하인복을 입지 않아도 되었다. 파브리아 백작이란 경솔한 젊은이가 나를 마차 뒤에 태우려고 했을 때, 그의 할아버지인 노백작이 나에게 마차 뒤에 타면 못쓴다고 하였고, 종처럼 누구를 모시고 다니지도 못하게 하였다. 집 안에선 식탁의 일을 하였지만, 그것도 내가 마음대로 한 짓이었다. 누구에게 따로 매여 있지도 않았다. 몇 장의 편지를 받아쓰는 일과 파브리아 백작이 시키는 그림 새기는 일 이외에는 대개가 자유시간이었다. 이 익숙하지 못한 편안함이 내게는 오히려 위험한 일이었으며, 또 정당한 길도 아니었다. 왜냐하면 지나친 무료는 악습에 물들게 하기 때문이다.

그러나 다행히도 그런 일은 없었다. 갬 신부의 교훈이 내 가슴 속에 새겨져 있었다. 나는 그 뒤로도 가끔 그의 이야기를 듣기 위하여 집을 살짝 빠져 나가곤 하였다. 내 행동에 대한 그의 충고는 도리에 딱딱 들어맞는 것이었다. 나는 처음부터 근면과 주의의 열심으로써 근무하였기 때문에 모든 집안사람들을 기쁘게 하였다. 갬 신부는 나의 이런 태도를 가리켜, 처음부터 지나치게 열성을 부리는 것은 삼가야 한다. 지나친 열성은 쉬 식게 된다. 이것은 사람들의 눈에 띄게 나타난다고 현명한 충고를 해 주었다.

“네 최초의 근무 태도는 너에게 기대하는 척도가 된다. 차차로 힘을 내도록, 그러나 그 힘이 줄지 않도록 주의하라.”

나의 능력은 약간 인정되었을 뿐, 타고난 이상으로 평가되지 않았으므로, 구봉 백작의 말은 있었지만 나의 재능을 이용하려는 생각은 별로 없는 것 같았다. 여러 가지 사건이 일어나 나 같은 존재는 거의 잊혀지고 있었다. 구봉 백작의 장남인 브레유 후작은 당시 비엔나 대사로 있었다. 궁전에 변고가 일어나, 그 영향이 이 집까지 미쳤기 때문에 몇 주일 동안은 집안이 야단법석이었다. 그러므로 나까지 돌봐 줄 겨를이 없었다. 그래도 나는 늘 성실하게 일을 보았다. 그런데 한 가지 사건이 나를 이롭게도 하고 해롭게도 하였다. 외부 일에 정신을 팔지 않게 된 것은 이로웠지만, 내 의무를 다소 소홀하게 된 점은 이롭지 못하였다. 브레유 양은 나와 비슷한 나이로 날씬하고 꽤 아름다운 소녀였다. 살결은 희고 머리는 검었으나 금발머리의 여자만큼이나 유순한 얼굴을 지니고 있었다. 이 아름다움에 내 마음은 사로잡히고 말았다. 젊은 여자에게 어울리는 예복은 한결 그녀의 아름다움을 돋보이게 하고, 가슴과 두 어깨를 드러낸 상복은 그녀의 모습을 더욱 빛내 주었다.

하인의 신분으로 그런 것에 한눈을 판다는 것은 물론 당치도 않은 일일 것이다. 하지만 나는 눈여겨보지 않을 수가 없었다. 하기야 나뿐만이 아니었다. 지배인과 하인들도 가끔 식탁에서 야비한 말로 그런 이야기를 하였다. 나는 그런 말을 들으면 견딜 수가 없었다. 그러나 나는 사랑을 할 정도로 그렇게 들떠 있지는 않았다. 내 신분을 잊지 않았고, 욕망도 되도록 억제하였다. 나는 그저 그녀의 얼굴을 보는 것만으로 즐거웠고, 재치와 교양과 성의가 서려 있는 그녀의 말을 듣는 것으로 만족하였다. 나의 욕망은 그녀의 시중을 드는 것에 한정되었고, 내 권한 밖으로 벗어나지는 않았다.

식사 때가 되면 그 권리를 이용할 기회만을 노렸다. 그녀의 시녀가 잠깐이라도 의자를 떠나기만 하면 나는 곧 그녀의 뒤에 가서 섰다. 그렇지 않으면 나는 그녀의 맞은편에 서 있었다. 그녀의 눈치를 살펴 그녀가 무엇을 바라는지를 알려고 하였다. 그리고 접시 바꿀 때를 기다리고 있었다. 그녀가 무엇을 나에게 시킨다면, 그녀가 살짝 돌아만 본다면, 그리고 그녀가 한 마디 말을 건네준다면, 내가 무엇인들 사양하였으랴. 그러나 허사였다. 그녀는 내가 거기에 있다는 것조차 관심이 없었다. 그런데 식사 때면 가끔 나에게 말을 거는 그녀의 오빠가 어느 날 별로 달갑잖은 말을 걸어오기에, 내가 민첩하게 재치 있는 답변을 하자, 그녀는 내 말에 마음이 끌려 시선을 나에게 돌렸다. 비록 짧은 순간이었지만, 그녀의 시선은 내 가슴을 마구 뛰게 하였다.

그 이튿날 두 번째 기회가 왔다. 나는 그것을 놓치지 않았다. 그날은 큰 연회가 베풀어졌다. 머리에 모자를 쓰고 허리에 칼을 찬 지배인을 처음 보고 깜짝 놀랐다. 이 자리에서 우연히 이야기가 이 집 가훈에 이르게 되었다. 그것은 문장과 벽포에 적혀 있는 다음과 같은 구절이었다.

Tel fiert qui ne tue pas.

대체로 피에몽 사람들은 프랑스어에 능통하지 못하였기 때문에 어떤 사람이 이 격언에서 철자가 하나 틀린 것을 발견하고, fiert의 t자는 필요 없는 것이라고 지적하였다. 나이든 구봉 백작이 이에 답변하려다가 시선을 내게로 돌렸다. 내가 감히 말을 못 하고 웃고 있는 것을 보자 그는 나에게 말해 보라고 했다. 그래서 나는 t는 필요 없는 글자라고는 생각지 않는다. Fiert는 원래 옛 프랑스어인데 fier(거만한) 또는 menacant(위협하는)의 뜻을 지닌 라틴어에서 온 것이 아니라, frapper(때리다) 또는 blesser(상처내다)의 뜻을 가진 라틴어의 동사 Ferit에서 온 것이다. 따라서 이 격언은 Tel menace(위협할 뿐)의 뜻이 아니라, Tel frappe quei ne tue pass(때릴 뿐 죽이지 않는다)의 뜻인 것 같다고 말했다.

모두들 나를 바라보고, 또 서로 얼굴을 바라볼 뿐, 한 마디도 말을 못 하고 있었다. 이렇게 놀라운 일은 처음이었다. 그보다도 내가 기뻤던 것은 브레유 양의 얼굴에 만족하는 기색이 뚜렷이 보였던 일이다. 그렇게 새침한 이 처녀가 적어도 처음에 못지않은 두 번째의 시선을 나에게 던져 주었던 것이다. 그러고서 시선을 그녀의 할아버지에게 옮겨 마치 나에게 줄 찬사를 재촉하는 것 같았다. 과연 노백작이 아주 만족한 표정으로 내 말을 칭찬하니 일동은 다 함께 이에 동의했다. 극히 짧은 순간의 일이었지만 나는 유쾌하였다.

이것은 모든 것을 본래의 질서대로 제자리에 앉히고 그동안 짓밟혀온 운명의 학대에 복수하는 좋은 기회의 하나였다. 잠시 후 브레유 양은 시선을 다시 나에게로 돌리고, 마실 것을 좀 달라고 하였다. 물론 나는 그녀를 기다리게 하지는 않았다. 그녀 가까이 가자 내 몸은 와들와들 떨렸다. 그래서 너무 많이 담은 컵의 물이 그녀의 음식 그릇에 튀고, 심지어는 그녀의 옷까지 튀었다. 그녀의 오빠는 눈치도 모르고 나에게 왜 그리 떠느냐고 물었다. 나는 더욱 진정할 수가 없었다. 그러자 브레유 양의 얼굴이 귀밑까지 빨개졌다.

이 이야기는 이것뿐이다. 바질 부인과의 경우처럼 언제나 내 연애의 결말은 행복하지 못하였다. 브레유 부인의 응접실에 가 보았지만 허사였다. 나는 그녀의 시선을 끌 수가 없었다. 그녀는 나가고 들어올 때도 나를 본 체도 하지 않았다. 나로서는 감히 그녀를 쳐다볼 수도 없었다. 나는 또 바보짓을 하였다. 어느 날 그녀가 지나가다 장갑 한 짝을 떨어뜨렸다. 달려가서 그 장갑에 키스라도 퍼붓고 싶었지만 몸을 꼼짝도 못 하고 있었다. 그러는 동안에 목이라도 졸라주고 싶을 만큼 얄미운 하인 녀석이 그만 그 장갑을 집어가고 말았다.

나는 또한 브레유 부인의 마음에 들지 못하였기 때문에 풀이 죽고 말았다. 그녀는 나에게 아무것도 시키지 않을 뿐 아니라, 시종을 들려고 하여도 물리쳤다. 내가 그녀의 응접실에 있는 것을 두 번째로 보자, 그녀는 쌀쌀하게 아무것도 하는 것이 없느냐고 물었다. 나는 그리운 이 응접실을 물러나지 않을 수가 없었다. 처음에는 마음이 괴로웠지만, 여러 가지 일에 정신이 팔려 지내는 동안에 곧 잊어버리게 되었다.

브레유 부인의 멸시는 있었지만, 그녀의 시아버지의 호의로 나는 위로를 받게 되었다. 노백작은 나를 인정해 주었던 것이다. 연회가 있던 날 밤, 그는 반시간 동안 나와 이야기를 하였다. 그는 매우 만족스럽게 생각하였고 나도 몹시 기뻤다. 그는 나를 귀여워해 주는 구봉 신부에게 따르라고 말했다. 그렇게 하면 사람들의 눈에 띄는 결점을 보충할 수 있다고 하였다. 그 이튿날 아침 나는 신부댁으로 달려갔다. 그는 나를 하인으로 대접하지 않고 난롯가에 앉게 하였다. 상냥하게 여러 가지를 내게 물어본 그는, 내 교육이 이것저것 닥치는 대로 건드렸을 뿐, 하나도 정리가 되어 있지 않음을 알았다. 특히 내 라틴어 실력이 형편없는 것을 보고 가르쳐 주겠다고 하였다. 매일 아침 그에게로 가서 배우기로 하고, 그 다음 날부터 곧 시작했다. 나는 이 집의 하인이자 제자가 되었다. 낮은 신분인 내가 왕자의 스승인 훌륭한 선생에게 교육을 받게 된 것이었다.

모든 일이 잘 진행되어 갔다. 나는 여러 사람들로부터 존경을 받았다. 여러 가지 시련은 끝났다. 나는 이 집에서 가장 유망한 청년으로 지목되고 있었다. 아직 정당한 지위는 얻지 못했지만, 오래지 않아 그렇게 될 사람으로 인정되었다. 그러나 나의 지위는 사람들에 의해서 선정되는 것은 아니었다. 나는 전혀 다른 길을 통하여 거기에 도달하지 않으면 안 되었다.

토리노에는 나와 같은 개종자가 많았지만, 나는 그들이 싫어서 아무도 만나고 싶지 않았다. 그러나 개종자 아닌 다른 제네바 사람들 몇을 만났다. 그 가운데는 입삐뚤이라는 별명이 붙은 뮤싸르라는 초상화가가 있었는데, 나의 먼 친척이었다. 어느 날 그는 바클이라는 내 견습공 시절의 친구였던 제네바 사람을 데리고 나를 찾아 왔다. 이 바클은 재미있고 유쾌한 소년이었다.

그는 나이에 어울리는 익살로 더욱 쾌활해 보였다. 나는 대번에 그에게 호감이 갔다. 그와 헤어지기 싫을 정도로 나는 그에게 반했던 것이다. 그는 머지않아 제네바로 돌아갈 계획이었다. 이것은 내 마음에 큰 타격을 주었다. 나는 그가 떠날 때까지 만이라도 그의 곁을 떠나지 않으려고 애썼다. 아니 그가 내 곁을 떠나지 않았다. 드디어 이 집 사람들은 그의 출입을 금지하였다. 나는 그만 바클 이외의 것은 생각할 힘을 잃고 말았다.

구봉 신부도 노백작도 찾아가지 않았다. 집에 붙어 있지 않을 정도로 몸이 달아 있었다. 꾸중을 들어도 예사였다. 드디어 나를 내보내겠다고 위협하였다. 이 위협이 파멸의 씨가 되었던 것이다. 그것은 바클과 함께 여행을 해도 된다는 생각이 떠올랐기 때문이었다. 이렇게 되니 이제는 다른 즐거움이나 장래나 행복도 모두 마음에 없고, 다만 이 여행만을 생각하게 되었다. 그것은 말할 수 없이 행복하게 여겨졌다. 그 위에 이 여행이 끝나는 곳에는 아득하지만 바랑 부인의 모습이 보일 것 같았다. 제네바에 돌아갈 생각은 꿈에도 하지 않고 있으니까. 산과 들과 숲과 시냇물과 촌락들이 끝없이 새로운 매력을 가지고 눈앞에 전개되는 것이었다. 이와 같이 즐거운 여행은 내 생활의 전부와 바꾸어도 조금도 아까울 것이 없을 것 같았다.

이런 꿈같은 생각에 사로잡혀 드디어 나는 그 집에서 쫓겨날 행동까지 하고 말았다. 어느 날 밤 밖에서 돌아오자, 지배인이 백작으로부터의 해고 명령을 나에게 전달해 주었다. 그리고 파브리아 백작한테서 내일 아침 떠나기 전에 한 번 더 이야기하러 오라는 전갈이 있었다.

파브리아 백작은 젊고 경솔하였지만, 이번만은 가장 도리에 맞고 친절하게 말을 하였다. 그는 내가 모든 것을 버리고 어리석은 행동을 시작하려는 모습을 환히 설명하고, 지금부터라도 나를 유혹한 그 나쁨 놈을 만나지만 않는다면 자기가 잘 조정해 주겠다고 말하는 것이었다.

이 말이 그 자신의 생각이 아니었음을 잘 알 수 있었기 때문에, 내 정신이 아니었던 나로서도, 노백작의 선량한 마음씨가 고맙게 느껴졌다. 그러나 여행에 대한 매력의 뿌리가 너무 깊었기 때문에, 어떠한 것도 이 매력을 없앨 수는 없었다. 나는 완전히 돌아 있었다. 나는 마음을 굳게 먹고 냉정하고 거만한 태도로 이렇게 말했다.

"일단 해고된 이상 나는 떠나야겠소. 내 앞날에 어떠한 일이 닥쳐올지라도, 나는 한 집에서 두 번 쫓겨나고 싶지는 않소."

화가 난 그는 마구 욕설을 퍼붓고, 내 어깨를 잡고 방 밖으로 밀어내더니 문을 쾅 하고 닫는 것이었다. 나는 마치 개선장군이나 되는 것처럼 의기양양하게 그 집에서 나왔다. 또다시 말다툼이라도 하는 것이 싫어서, 구봉 신부에게 그 호의에 감사하러 가지도 않는 비열을 저지르고 그대로 떠났던 것이다.

그 당시 내 망상이 어느 정도였는가를 알려면, 내 마음이 사소한 일에도 얼마나 들뜨기 쉬웠는가를 알아야 할 것이다. 그리고 한 번 마음이 끌리면 얼마나 깊이 빠져들어 갔는가를 알아야 할 것이다. 아무리 괴상하고 유치한 계획이라 할지라도, 한 번 생각에 사로잡혀 공상하게 되면 그 계획을 실현하려는 데 정신을 팔았던 것이다. 나이가 열아홉 살이나 되어 가지고, 그래 유리병 한 개에다 생활의 기초를 세울 수 있다고 생각할 사람이 있겠는가? 자, 그러면 그 이야기를 들어 보시라.

내가 떠나기 몇 주일 전에, 구봉 신부로부터 조그마하고 예쁜 헤론의 분수기(공기의 압축작용으로 물이 치솟게 된 기구. 알렉산드리아 과학자 헤론이 발명한 것-역주)를 받고 좋아했다. 영리한 바클과 나는 이 분수기를 가지고 장난을 하면서 우리들의 여행 이야기를 하고 있는 동안에, 어쩌면 이 분수기가 여행에 도움이 되어 우리들의 여행을 연장시킬 수 있다고 생각하게 되었다. 이 세상에 헤론의 분수기만큼 신기한 것이 있을까? 하는 생각이 우리들의 행운을 꿈꾸게 하였다. 시골 사람들을 이 분수기 주위로 불러 모을 생각이었다. 그러면 틀림없이 맛있는 음식이 쏟아져 나올 것이다. 식량이란 그들에게는 거저 생기는 것이니, 우리들에게 잘 대접하는 것쯤은 문제가 아니라고 우리는 생각하였다. 우리는 허파로 내쉬는 숨과 분수기의 물만 있으면, 피에몽이나 사부와나 프랑스나 세계 어디에서나 공짜로 얻어먹을 수 있다고 생각되었다. 그리하여 우리들은 끝없는 여행 계획을 세우고 코스를 우선 북쪽으로 잡았다. 어디로 가겠다는 목적보다도, 우선 알프스를 넘는다는 즐거움 때문에 그렇게 방향을 잡았던 것이다.

완전한 방랑생활을 하기 위하여, 보호자와 스승과 공부와 희망과, 그리고 거의 확실한 행복의 기대마저 헌 신짝처럼 버리고, 떠나기에 앞서 세운 계획은 바로 이런 것이었다. 나는 수도와 작별하고 궁정과 야심과 허영과 연애와 미인과, 그리고 지금껏 내가 기대를 걸고 모험을 한 모든 것과 이별을 하였다. 나의 길동무는 분수기와 친구 바클 뿐. 주머니는 가벼웠지만 가슴은 한껏 부풀어 있었다.

이 당돌한 여행은 예상했던 대로 즐거웠지만, 반드시 계획대로 들어맞지는 않았다. 왜냐하면 우리의 분수기는 음식점 여주인이나 식모들을 기쁘게 해 주기는 했지만, 나올 때는 역시 돈을 치러야 했기 때문이다. 그러나 원래 이 자본에서 이익을 보려는 생각은 별로 없었기 때문에, 돈이 있는 동안은 그렇게 걱정되지는 않았다. 그런데, 뜻밖의 사고로 이 수고도 할 필요가 없게 되었다. 브라망 근처에서 분수기가 부서지고 말았던 것이다. 참 잘되었다. 둘은 서로 말은 하지 않고 있었지만, 귀찮게 생각하고 있던 참이었으니까. 이 사고로 우리는 한결 더 유쾌했다. 우리들은 분수기에서 생기는 수입으로 새로 해 입을 수 있을 줄만 믿고서, 옷이나 구두가 떨어져 가는 것도 모르고 있었던 망상을 생각하고 한바탕 웃었다. 우리는 출발할 때와 같은 즐거운 기분으로 여행을 계속했다. 그러나 주머니가 점점 가벼워졌기 때문에 하는 수 없이 목적지로 발길을 빨리 하였다.

샹베리까지 와서야 나는 생각에 잠기게 되었다. 그러나 그것은 저지른 잘못에 대한 후회 때문은 아니었다. 지난 일에 대하여 나처럼 빨리 단념하는 사람도 없을 것이다. 다만 바랑 부인이 나를 어떻게 대해 줄까 하는 걱정 때문이었다. 그녀의 집을 마치 우리집처럼 생각하고 있었던 것이다. 구봉 백작 댁에 들어간 일은 편지로 알렸었다. 그녀는 내 처지를 알고 있었다. 그녀는 나에게 축하를 보내 주었고, 그 집 사람들의 따뜻한 호의에 대하여 보답하라는 교훈도 주었었다. 그녀는 내 행복이 약속되어 있었던 것으로 확신하고 있었다. 그런데, 나를 본다면 그녀는 무어라 할까. 설마 내쫓지는 않으려니 하였지만, 그녀가 걱정할 것이 염려되었다. 이것은 나에게 있어서는 자신의 불행보다도 더 괴로운 일이었다. 나는 침묵으로 모든 것을 참고, 최선을 다하여 그녀를 달래리라 각오하였다. 내게는 이 넓은 세상에 오로지 그녀 하나밖에는 없었다. 그녀의 기분을 상하게 하고서는 살아갈 수 없을 것 같았다.

무엇보다도 걱정이 되는 것은 내 친구였다. 친구까지 그녀에게 짐을 지울 생각은 없었고, 그렇다고 친구를 냉정하게 떼어 버릴 수도 없는 일이었다. 마지막 날 드디어 나는 헤어질 생각으로 그를 쌀쌀하게 대해 주었다. 그는 내 눈치를 알아챘다. 덤벙꾼이긴 하지만 바보는 아니었다. 내 태도에 낙담할 줄 알았는데 그렇지가 않았다. 안시에 도착하자 그는 나에게

"너는 네 집에 다 왔구나."

라고 말하더니, 나를 껴안고 작별을 하고는 그대로 돌아서서 가 버리는 것이었다. 그 뒤로 그의 소식은 통 모른다. 그와의 교제와 우정은 6주일에 불과하였지만, 그 결과는 내가 살아 있는 한 계속될 것이다.

바랑 부인집이 가까워지자, 내 가슴은 두근거리고 다리는 후들후들 떨렸다. 안개가 낀 것처럼 눈은 보이지 않고, 아무 소리도 들리지 않고, 누가 누구인지 알아볼 수도 없었다. 숨을 돌리고 마음을 가다듬기 위하여 몇 번이나 발길을 멈추었는지도 모른다. 내 정신이 이처럼 혼란함은 혹 내가 그녀의 도움을 받지 못할지도 모른다는 두려움 때문이었을까? 내 나이에 굶주림에 대한 불안이 이렇게까지 두려움으로 나타났던 것인가? 아니다. 절대로 그런 것은 아니었다. 나는 정말 자신을 가지고 확언할 수 있다. 나는 일생 동안 이익 되는 일에 웃고 가난에 울어 본 일이 없다. 나는 파란 많은 평생 동안 몸

둘 곳이 별로 없었고, 먹을 빵도 변변치 않았지만, 언제나 부귀와 빈천을 동일하게 알고 살아왔다. 일생 동안 나만큼 한숨과 눈물이 많았던 사람도 별로 없으리라. 그러나 나는 가난 때문에 또는 이에 대한 불안 때문에 눈물을 흘린 적은 한 번도 없었다.

내가 바랑 부인 앞에 나타나자마자, 그녀의 태도가 나를 안심케 하였다. 그녀의 첫마디 말에 내 가슴은 뛰었다. 나는 그녀의 발치로 뛰어 들어 그녀의 손에 기쁨의 키스를 하였다. 그녀가 내 사건의 소식을 벌써 들었는지는 모르지만, 별반 놀라는 기색도 보이지 않았고 걱정하는 빛도 없었다.

"가엾어라."

그녀는 다정하게 말하는 것이었다.

"그래 돌아왔구나! 어린 나이에 그런 여행은 무리라고 생각해 왔었어. 하지만 아무 일 없이 이렇게 돌아와 주었으니 정말 다행한 일이다."

그리고 그녀는 그동안 내가 겪은 일들을 이야기하게 하였다. 나는 사실 그대로 그러나 길지 않게, 숨김없이 말했다.

그런데 내 잠자리가 문제였다. 부인이 하녀와 의논을 했다. 그들이 의논하는 동안 나는 숨도 나오지 않을 지경이었다. 나를 이 집에서 자도록 했다는 말을 들었을 때, 나는 내 마음을 누를 수 없을 만큼 기뻤다. 내 작은 짐이 내가 쓸 방으로 옮겨지는 것을 바라보는 느낌은, 마치 생프뢰가 자기 마차를 볼마르 부인집 차고에 넣는 것을 보는 그러한 기분이었다(루소의 소설 『신 엘로이즈』의 주인공들로 서로 사랑하는 사이임-역주). 더구나 이 호의가 일시적인 것이 아님을 알고 나는 더욱 기뻤다. 내가 다른 일에 정신이 팔려 있는 줄 알고, 부인은 이렇게 지껄이는 것을 들었다.

"남들은 어떻게 생각할지 몰라. 그러나 하느님의 뜻으로 그가 내게로 온 것이니까, 이제는 나도 그대로 버려두지는 않을 작정이야."

그리하여 결국 나는 부인 집에서 살게 되었다. 이 집은 오래 되기는 하였지만 꽤 넓었다. 그녀의 별실로 아름답게 꾸민 방이 하나 있었는데 이 방이 내 숙소가 되었다. 이 방은 우리가 처음 만난 통로로 향하고 있어, 시내와 정원 저쪽으로는 전원의 풍경이 내려다 보였다. 이 아름다운 경치는 젊은 입주자의 마음을 끌었다. 봇세 시절 이후 처음으로 나는 창문을 통하여 푸른 것을 대하는 것이었다. 그동안 내가 벽에 막혀 창밖으로 바라볼 수 있었던 것은 지붕과 회색 거리뿐이었다. 그런데 이 새로운 전망은 나에게 얼마나 유쾌하고 즐거운 것인가. 정다운 마음을 지닌 부인이 나를 위해 일부러 마련해 놓은 것처럼 느껴졌다. 나는 평화스럽고 행복스럽게도 그녀의 곁에 있게 된 것이었다. 나는 꽃과 숲 사이에 있는 그녀를 보았다. 그녀의 모습과 봄의 매력이 어울려 하나로 보였다. 지금까지 억눌렸던 내 가슴은 여기서 쫙 펴졌고, 내 한숨은 이 화원에서 상쾌한 호흡으로 바뀌었다.

바랑 부인 집에는 내가 토리노에서 본 그런 호화로움은 없었다. 그러나 오히려 허식 없는 청초함과 조촐함과 순박함으로 가득 차 있었다. 그녀에게는 은 그릇도 별로 없었고 자기 그릇은 하나도 없었다. 부엌에는 사냥한 고기 하나 없었고, 지하실에는 외국산 포도주 한 병 없었다. 그러나 누구에게라도 대접할 만큼의 준비는 되어 있었다. 질그릇 찻종으로 고급 커피를 대접하였다. 오는 사람은 누구나 식사도 함께 하였다. 노동자거나 심부름꾼이거나 지나가는 나그네라 할지라도 음식을 먹지 않고 가는 사람은 없었다.

첫날부터 우리 두 사람 사이에는 친밀한 관계가 이루어졌다. 이 관계는 그녀의 일생 동안 한결같이 유지되었다. "아기"라는 것이 내 이름이었고, 나는 그녀를 "엄마"라고 불렀다. 이후로도 우리는 계속 "엄마"와 "아기"로 통하였다. 이 이름에는 두 사람의 어조, 행동의 결박성, 그리고 특히 마음의 교류가 잘 나타나 있다고 하겠다. 내게 있어서 그녀는 정다운 어머니로서, 언제나 자신보다도 내 행복을 위하여 마음을 쓰는 것이었다. 그녀에 대한 내 애착심에 설사 육감적인 면이 있었다 할지라도, 오히려 그 애착을 고상하게 만들었을 뿐이었다. 애무를 즐기는 젊고 아름다운 어머니를 가졌다는 커다란 기쁨에 나는 도취되고 말았던 것이다.

이 정다운 엄마가 내 곁에 있지 않을 때면, 내가 그녀를 그리워하여 여러 가지 저지른 어리석은 행동을 일일이 적는다면 끝이 없을 것이다. 나는 그녀가 누워 있던 침대에 얼마나 많이 키스를 하였던가! 커튼과 방안에 있는 모든 세간들, 그리고 그녀의 아름다운 손이 닿았던 것이면 무엇에나 또 얼마나 키스를 많이 하였던가! 심지어는 그녀가 걸어 다닌 발자국 있는 마룻바닥에 엎드려 나는 얼마나 키스를 하였던가! 때로는 그녀가 보는 앞에서도 가장 열렬한 애정의 표시를 당돌하게 감행하였었다. 어느 날 그녀와 식사를 할 때, 그녀가 고기 한 점을 입에 넣는 순간, 나는 거기 머리카락이 붙었다고 소리쳤다. 왈칵 그녀가 접시에 토해 놓자, 나는 그것을 얼른 집어 삼켰다.

나는 한껏 즐거운 나날을 보냈다. 그리하여, 하는 일이 마음에 들지는 않았지만 그런대로 해낼 수 있었다. 그녀가 설계한 것을 완성시키고, 서류를 정서하고, 처방을 복사하였다. 약초를 고르고, 약을 빻고, 증류기를 다루는 일을 하였다. 이런 일을 하는 동안에도 나그네와 거지와 여러 방문객이 밀어닥쳤다. 군인, 약제사, 신부, 수도사, 이런 사람들은 한꺼번에 대하지 않으면 안 되었다. 나는 혀를 차고 불평을 말하거나 그들에게 욕설을 퍼부었다. 그러나 언제나 명랑한 부인은 내가 성내는 꼴을 보면 배를 잡고 웃었다. 나도 웃음이 나는 것을 억지로 참고서 화를 더 내면, 그녀는 그것이 더욱 우스워서 재미있어 했다. 내가 이렇게 잠시 투덜대는 것이 유쾌해서였다. 내가 불평을 하고 있을 때 또 다른 손님이 들어오면, 그녀는 일부러 손님을 오래 붙들고 나를 흘금흘금 쳐다보는 것이었다. 이럴 때면 나는 그 손님의 따귀라도 갈겨 주고 싶었다. 체면 때문에 억지로 참고 그녀를 흘겨보면 그녀는 그만 웃음보를 터뜨리고 마는 것이었다. 나도 이런 장면이 속으로 기쁘기는 하였다.

이런 일은 그 자체는 재미가 없었지만, 내 즐거운 생활의 일부라는 의미에서 역시 내게는 재미있었다. 내 주변에서 일어나는 모든 일이나 나에게 시키는 일들은 비록 내 취미에는 맞지 않았지만 내 기분을 나쁘게 하지는 않았다. 내가 이때 만일 의학이 싫어서 장난을 치지만 않았더라면, 나는 틀림없이 의학을 좋아하게 되었을 것이다. 그녀는 가끔 나에게 싫어하는 약을 핥게 하였다. 나는 이것이 싫어서 아무리 도망을 치고 항거를 하여도 소용이 없었다. 손을 내젓고 오만상을 찌푸리고 이를 악물었다가도, 그녀의 아름다운 손이 가까이 오면, 나는 입을 벌리고 그녀의 손가락의 약을 빨지 않을 수가 없었다. 단출한 식구가 방 안에서 웃음을 터뜨리고 소란을 피우는 것을 들으면, 사람들은 아마 장난을 하고 노는 줄이나 알았지, 여기서 마취제나 보약을 조제한다고 생각하지는 않았을 것이다.

그러나 나는 이런 장난만으로 시간을 보낸 것은 아니었다. 내가 쓰는 방에는 몇 권의 책이 있었다. 『스펙테이터』(영국에서 발간된 잡지-역주), 푸펜도르프(독일의 정치 이론가-역주), 생떼브르몽(프랑스의 극작가, 평론가-역주), 『라 앙리아드』 등이었다. 이젠 독서열이 전처럼 왕성하지는 않았지만, 심심한 여가를 보내느라고 이것들을 조금씩 읽었다. 특히 『스펙테이터』는 재미도 있었고 유익하기도 하였다. 가끔 나는 읽은 책에 대하여 엄마와 이야기를 하였다. 그리고 때로는 그녀 옆에서 읽기도 하였다. 이것은 나에게 즐거운 일이었다. 나는 잘 읽도록 노력하였기 때문에 이것이 또한 나에게 유익하였다.

엄마는 언젠가 궁정을 지나는 길에 한 번 보았을 뿐이었지만, 궁정안의 사정을 충분히 알 수 있었다. 그녀는 그 뒤에도 그 방면의 교제를 유지해 왔다. 그리고 그녀의 행동과 빚 때문에 일어나는 질투와 불평에도 불구하고 연금은 잃지 않고 있었다. 그녀에게는 사회적 경험과 이 경험을 잘 이용할 줄 아는 재능이 있었다. 이런 경험은 그녀의 인기 있는 화제였다. 또 이런 이야기는 공상적이었던 나에게는 필요한 교훈이었다. 우리는 함께 라 브뤼에르(성격론-역주)를 읽었다. 엄마는 라 로슈푸코(잠언집-역주)보다 이것을 더 좋아하였다. 라 로슈푸코는 인간을 있는 그대로 보기를 싫어하는 청년 시절에 읽으면 침울하고 비관적이다. 엄마는 도덕을 말할 때 가끔 옆길로 잘 들어갔다. 그러나 나는 이따금 그녀의 입이나 손에 키스를 하여 참을성 있게 들었으므로 그녀의 장황한 설교도 지루하지 않았다.

이렇게 달콤한 생활은 어쩐지 오래 계속될 것 같지 않았다. 그런 예감이 들었다. 이런 불안이 생활의 향락을 방해하였다. 엄마는 농담을 하는 동안에도 나를 연구하고 관찰하고 시험하여, 내 앞날을 위하여, 오히려 하지 않는 것이 좋을 여러 계획을 세우곤 하였다. 다행한 일은 엄마가 내 성격이나 취미나 약간의 재능을 아는 것만으로는 모자랐다. 이것들을 잘 이용할 기회를 만들거나 발견하지 않으면 안 되었다. 그리고 이것은 하루 이틀에 될 수 있는 일이 아니었다.

그러나 어느덧 나의 행복스런 생활에도 종지부를 찍게 되었다. 엄마의 친척인 오본느라는 사람이 찾아왔다. 그는 재주가 있고 엄마처럼 계획이 많고 실수가 없는 일종의 투기꾼였다. 그는 최근 복표 계획안을 고안하여 플뢰리 추기경에게 제출하였으나 승인을 얻지 못하였었다. 그런데 마침 이것이 궁정에서 채택되어 실시하게 되었다. 그는 안시에 얼마 머무는 동안에, 주장관 부인을 사랑하게 되었다. 이 부인은 애교가 있고 사랑스러운 분으로 엄마 집에 오는 사람 중에서 내가 제일 좋아하는 부인이었다. 나는 오본느 씨와 인사를 하였고, 엄마는 내 이야기를 그에게 하였다, 그는 나를 테스트하여 어느 방면에 적합한가를 알아보려고 하였다. 그리하여 쓸모가 있으면 적당한 자리를 구해 보겠다고 하였다.

바랑 부인은 그 뒤 2, 3일 아침을 계속하여 적당한 구실을 붙여 나를 그에게 가도록 했다. 오본느 씨는 친근하게 대하여 내게 이것저것 이야기를 시켰다. 우리는 허물없는 대화를 나누었다. 그는 나를 관찰하는 기색도 없었고 잘난 체하지도 않았다. 그는 마치 내가 마음에라도 들어 기탄없이 이야기하고 싶어 하는 것 같았다. 나도 기분이 좋아 그의 말에 끌려들어갔다.

그가 테스트한 결과는 이렇다.

"나의 외관이나 인상으로 보면 비범한 것 같지만, 그러나 실은 아주 무능하지는 않다. 그러나 재주도 별로 없고, 시각과 교양이 거의 없는 소년이다. 한 마디로 말하자면 모든 점에서 아주 보잘 것 없는 소년이다. 장차 마을의 신부라도 된다면 최고의 영광일 것이다."

그는 바랑 부인에게 이렇게 말하였다. 사실 나는 이런 판단을 받은 것이 한두 번이 아니었다.

이렇게 하여 내 재능과 내게 적합한 지위는 결정되었다. 남은 문제는 내가 어떻게 하여 이 천직을 획득하느냐 하는 것뿐이었다. 곤란한 것은 내가 신부가 될 만큼 신학을 공부하지 않았다는 것과 라틴어를 습득하지 못한 점이다. 그리하여 바랑 부인은 나를 얼마 동안 신학교에 보내 교육을 받게 할 생각으로, 이 일을 교장과 상의했다. 교장은 그로라는 분으로 사람이 좋고, 반 애꾸에 머리가 희끗희끗하고 키가 작은 라자리스트 파의 전도사였다. 그는 내가 아는 라자리스트 회원 중에서 가장 재치가 있고, 조금도 잘난 체 하지 않는 학자라 해도 과언은 아닐 것이다. 그는 가끔 엄마를 찾아 왔다. 엄마는 그를 따뜻하게 대접했고, 장난까지 하였다. 어떤 때는 엄마가 그에게 코르셋 끈을 졸라매게도 하였다. 그러면 그는 또 여기에 기꺼이 응했다. 그러는 동안 엄마는 이일저일을 하면서 쉴 새 없이 방안을 이리저리 돌아다니는 것이었다.

"제발 부인, 좀 가만히 계십시오."

교장은 끈에 끌려 그녀의 뒤를 좇아다니며, 이렇게 투덜거리는 것이었다. 이것은 마치 만화라도 그리고 싶은 재미있는 광경이었다.

그로 교장은 엄마의 청을 승낙하였다. 그는 월사금이 많지 않았기 때문에 내 교육을 맡아 준 것이다. 이제 사교의 승낙이 필요했었지만, 사교는 이를 승낙할 뿐만 아니라 내 하숙비도 주겠다고 약속했다. 그리고 또 그는 나중에 시험을 치러서 소기의 성적이 인정될 때까지는 속인의 복장으로 다녀도 좋다고 허락해 주었다.

이 얼마나 큰 변화인가! 나는 순종하지 않을 수 없었다. 마치 형장에 끌려가는 기분으로 신학교에 갔다. 사랑스런 부인 집에 있던 나에게는 신학교는 너무나 음산한 곳이었다. 나는 엄마에게 부탁하여 빌려온 책 한 권만을 가지고 갔다. 이 책은 나에게 큰 위안이 되었다. 여러분에게는 무슨 책인지 짐작이 되지 않으리라. 그것은 음악책이었다. 그녀는 수련을 쌓은 재능 가운데서 음악만은 잊어버리지 않고 있었다. 엄마는 목소리가 고와서 노래도 잘 불렀고, 클라브생도 좀 켤 줄 알았다, 그녀는 나에게 정성껏 음악도 가르쳐 주었는데, 나는 찬송가도 제대로 부르지 못하였으므로 기초부터 시작하지 않으면 안 되었다. 부인에게서 띄엄띄엄 8, 9회의 레슨을 받았으나 음계도 제대로 외우지 못하였고 음표도 4분의 1도 잘 알지 못하였다. 그러면서도 음악에 대한 내 정열은 대단하여 혼자서 연습을 해 보려 했었다.

신학교에서는 내 비위에 맞지 않는 선생이 나를 맡았다. 나는 그가 가르치는 라틴어가 싫증이 났다. 그는 기름을 처바른 검은 머리,

빵 같은 얼굴, 물소 같은 목소리, 부엉이 눈, 산돼지털 같은 구레나룻이 난 사나이였다. 웃는 것은 마치 남을 비웃는 것 같았고, 걸을 때면 나무인형처럼 움직였다. 부르기 나쁜 그의 이름은 잊어버렸지만, 추악한 그의 얼굴은 아직도 눈에 선하여, 생각만 해도 몸이 떨린다. 이런 괴물에게 만일 두 달만 붙들려 있었다면 필경 내 머리는 돌고 말았을 것이다.

다행히도 그로 씨는 내가 우울해지고 식사도 잘 안 하고 점점 여위어 가는 것을 보고, 내가 슬퍼하는 이유를 짐작하였다. 문제는 간단하였다. 그는 나를 이 야수의 발톱에서 빼앗아 점잖은 다른 선생에게 맡게 하였다. 그는 가티에라는 포시니 태생의 젊은 신부였다. 신학공부를 하고 있던 그는 그로 선생에 대한 호의와 인정에 이끌려서, 그의 연구 시간을 틈타서 나를 지도해 주었다. 나는 가티에 씨만큼 부드러운 표정을 지닌 사람을 보지 못하였다. 그는 금색 머리에 불그레한 수염을 기르고 있었다. 그의 푸른 눈에는 부드러움과 다정함과 슬픔이 함께 어리어 있어, 그를 보는 사람이면 누구나 그에게 매혹되지 않을 수 없었다.

그의 성격은 얼굴과 일치하였다. 끈기 있는 인내와 친절로써, 그는 나를 가르친다기보다 차라리 나와 함께 공부하는 그런 태도였다. 그가 이렇게 열성으로 가르치고, 또 내 자신도 하려고 노력한데 비하면, 내 공부는 별로 신통한 것이 못 되었다. 아버지와 랑베르시에 씨에게서 공부했을 때는 그렇지도 않았는데, 나는 이상스럽게도 이해력이 없는 것은 아닌데도, 선생에게서는 별로 배울 수가 없었다. 그 이후에 내가 그나마 아는 것은 대개가 내 스스로가 배운 것이었다. 어떠한 속박에도 참지 못하는 내 정신은 일시적인 법칙에는 복종할 수가 없었다. 가르치는 사람의 마음을 애타게 하는 것이 걱정스러워서 나는 그저 아는 체하는 것이었다. 선생은 앞으로 나가지만 나는 아무것도 모른다. 내 정신은 독자적인 시간에 활동을 한다. 다른 사람이 정한 시간에는 복종할 수가 없었던 것이다.

성직수임식을 마치고, 가티에 씨는 보좌 신부가 되어 고향으로 돌아갔다. 나는 슬픔과 애석과 감사하는 마음으로 그와 작별하였다. 내가 그를 위하여 드린 기도는 별 보람이 없었다. 2, 3년 뒤에 그는 시골 교구에서 어떤 처녀에게 아기를 임신케 했다는 소문을 들었다. 이 교구에서 그것은 무서운 죄로 취급되었다. 법규에 의하면 신부는 결혼한 여자와의 사이에서만 아기를 낳을 수 있는 것이다. 그는 이 법규를 위반한 죄로 감옥에 갇히고, 직분도 잃고, 추방당했던 것이다. 그 뒤로 그가 다시 복직이 되었는지 어쩐지는 모르겠다. 그러나 내 마음에 새겨진 그의 슬픈 운명에 대한 생각은 내가 『에밀』을 쓸 때 되살아났다. 그래서 가티에 씨와 갬 씨를 결부시켜서, 존경할 만한 두 신부를 "사부와의 신부"의 모델로 만들었다. 나는 이것이 두 분의 명예를 해치지 않았음을 기쁘게 생각한다.

대체로 이 무렵에, 사건이 하나 일어났다. 사건 그 자체는 대단찮은 것이었지만, 그것은 나에게 영향을 끼쳤고, 또 내가 이 사건을 잊어버린 뒤에도 세상을 놀라게 한 사건이었다. 나에게는 일주일에 한 번씩 외출이 허가되었다. 무엇 때문에 내가 갔는가를 말할 필요는 없지만, 어느 일요일 내가 엄마 집에 갔을 때, 바로 옆에 있는 성 프란시스코 교회에서 불이 일어났다. 가마솥이 걸려 있는 이 건물에는 마른 장작이 천장까지 쌓여 있었다. 순식간에 집 전체는 불덩이가 되었다. 엄마의 집도 위험했다. 불길이 바람을 타고 집을 둘러쌌다. 사람들은 허둥지둥 세간들을 내 창문 저편 시냇가에 있는 정원으로 옮겼다. 나는 갈팡질팡 무엇이나 손에 잡히는 대로 창밖으로 집어던졌다. 평소 같으면 도저히 들 수 없는 돌절구까지 집어던졌다. 나는 누가 말리지 않았더라면 큰 거울까지 내던질 뻔했다. 그날 엄마를 찾아왔던 사교 한 분도 몹시 바빴다. 그는 엄마를 정원으로 데리고 사서 거기 피난해 온 사람들과 함께 기도를 드렸다. 기도하는 동안에 바람의 방향이 바뀌었다, 순식간에 바람의 방향이 바뀌어, 집을 둘러싸던 불길이 물러갔다. 그리하여 엄마의 집은 조금의 피해도 입지 않았다. 그 후 30년이 지난 뒤, 내가 『산중 서한』을 출판하였을 때 어떻게 발견했는지 프레롱 씨가 나의 이 증명을 그의 글에 인용한 것은 다행한 일이라고 아니할 수가 없다. 그리고 그 시간이 용케 맞은 것은 퍽 재미있는 일이었다.

나는 어차피 사회의 폐물이 될 운명을 지니고 있었다. 가티에 선생은 내 진전에 대하여 가급적 후한 보고를 해 주었다. 그러나 사람들은 벌써 내가 노력하는 만큼 성적이 오르지 못하는 것을 알고 있었다. 공부를 더 이상 계속할 이유가 없게 되었다. 사교나 교장도 장차 내가 도저히 신부가 될 가망이 없다고 단정을 내렸다. 드디어 나는 바랑 부인 댁으로 송환되었다.

나는 가지고 갔던 그 음악책을 꽤 자랑스럽게 가지고 돌아왔다. 내가 신학교에서 공부한 것은 이 음악책뿐이었다. 엄마는 내가 음악에 대해 대단한 취미를 가지고 있었기 때문에, 나를 음악가로 만들 생각을 했다. 다행히도 그런 기회가 있었다. 엄마의 집에서는 적어도 일주일에 한 번씩은 음악회가 열렸다. 그리고 이 음악회의 지휘를 맡은 성당의 악장은 엄마를 가끔 찾아왔다. 르 메트르라는 파리 사람으로 훌륭한 작곡가였다. 그는 아직 젊고 풍채가 좋고 몹시 명랑하고 쾌활하였지만 재주는 별로 없었다. 엄마는 나를 그에게 소개하였다. 나는 그가 마음에 끌렸고, 그도 나에게 호감을 갖고 있었다. 사례금에 대하여 합의를 보고, 나는 그의 집으로 들어가게 되었다. 여기서 나는 그 해 겨울을 지냈다. 그 집은 엄마 집에서 20보밖에 떨어져 있지 않았기 때문에 나는 더욱 즐거웠다. 잠깐 다녀올 수도 있었고, 또 자주 엄마와 함께 저녁을 먹을 수도 있었던 것이다.

음악가들이나 성가대 어린이들과 함께 노래하며 떠드는 생활이 신학교의 생활보다 한결 즐거웠음은 말할 여지조차 없는 일이었다. 꼭 6개월 동안을 나는 엄마 집에 가는 일과 교회에 가는 경우 이외에는 한 번도 외출을 하지 않았다. 또 외출할 생각도 없었다.

몹시 춥던 2월 어느 날 밤이었다. 우리들은 난롯가에 둘러앉아 있었는데 바깥에서 문 두드리는 소리가 들렸다. 식모 페린느가 등불을 들고 내려가 문을 열었다. 한 청년이 그녀와 함께 올라왔다. 그는 메트르 씨에게 간단히 인사를 하고서, 자기는 프랑스의 음악가인데 생활이 곤란하여 교회의 악사로 돌아다닌다고 자기 소개를 하였다. 메트르 씨는 그가 프랑스 음악가란 말에 가슴이 설레였다. 그는 자기의 조국과 예술을 열렬하게 사랑하는 사람이었다. 그리하여 이 젊은 나그네를 친절하게 대해 주고 숙소도 마련해 주었다. 나는 식사가 준비되는 동안 불을 쬐면서 지껄이고 있는 이 청년을 살펴보았다.

그는 키가 작고 몸이 가로 퍼져 있어서 불구자라고는 말할 수 없겠지만 좀 기형적이었다. 말하자면 어깨가 넓어서 등은 나오지 않았지만 꼽추 같았고, 다리도 좀 저는 것 같았다. 오래되었다기보다는 차라리 낡아빠져 너덜너덜하는 검정 양복, 고급품이긴 하지만 때가 꾀죄죄 묻은 셔츠, 술이 달린 예쁜 커프스, 다리 둘이 함께 들어갈 것 같은 각반, 그리고 작은 눈모자를 팔에 끼고 있었다. 그는 이런 우스꽝스러운 차림을 하고 있는데도, 이것이 그에게 어울리고, 어딘가 고상하게까지 보였다. 얼굴은 늠름하고 쾌활하였으며, 말도 유창하게 잘 했으나 조심성은 없었다. 그의 이름은 방튜르였고 파리에서 오는 길에 길을 잘못 들었던 것이었다.

식사를 하는 동안에는 음악 이야기가 화제에 올랐다. 그는 막힘없이 이야기를 했다. 그는 유명한 음악가, 명곡, 남녀 배우, 미인들, 귀족들까지도 모두 잘 알고 있었다. 그러나 다른 방면의 화제가 시작되면, 그는 슬쩍 농담을 하여 사람들을 웃기고, 그 화제를 흐지부지 잊어버리게 하였다. 그날은 마침 토요일이었고, 다음 날은 성당에서 음악회가 있었다. 메트르 씨가 그에게 음악회에서 노래를 불러 달라고 청하자, 그는 서슴지 않고,

"예, 좋습니다. 부르지요."

이렇게 쾌히 승낙하였다. 그러면 어느 부분을 부르겠느냐고 묻자,

"콘트라테너를 부르지요."

라고 대답하였다. 그러고는 곧 딴 이야기를 하는 것이었다. 성당으로 가기 전에 우리는 미리 한 번 보고 가도록 그에게 악보를 주었더니 그는 이것을 거들떠보지도 않았다. 이런 거만한 태도에 깜짝 놀

란 메트르 씨는 내 귀에다 입을 대고,

"두고 보게. 저 친구 음표 하나도 모를 테니."

하고 속삭였다. 나도

"글쎄요, 아무래도 불안한대요."

하고 말하였다. 정말 나는 걱정스러운 마음으로 두 사람의 뒤를 따랐다. 그가 노래를 시작하자 나는 가슴이 두근거렸다. 나는 그가 실수를 하지 않도록 마음속으로 바랐다.

이윽고 나는 안도의 한숨을 쉬었다. 그는 독창곡 둘을 정확하고 훌륭하게 부르는 것이었다. 더구나 그 목소리가 몹시 아름다웠다. 나는 이때처럼 유쾌하게 놀란 일은 없다. 미사가 끝나자 방튜르 씨는 신부들과 악사로부터 많은 찬사를 받았다. 그는 농담으로 이 찬사들을 받아넘겼지만, 조금도 품위는 잃지 않았다. 메트르 씨는 기뻐서 그를 껴안아 주었고, 또 나도 그렇게 했다. 내가 기뻐하는 것을 보고 방튜르 씨도 즐거운 모양이었다.

일찍이 시골뜨기에 불과했던 바클에게 반했던 내가, 이번에는 또 교양과 재능과 재치가 있고, 거기다 사교적이고 멋진 풍류객이랄 수 있는 방튜르 씨에게 홀딱 반했다는 사실에 대하여는 여러분도 수긍이 가리라고 믿는다. 방튜르 씨에 대한 나의 애착은 바클에 대한 애착에 비하면, 훨씬 강하고 오래 지속되었다. 나는 그를 만나면 기뻤고, 그의 이야기를 들으면 즐거웠다. 그의 행동은 모두가 매력이 있어 보였고, 그의 말은 모두가 신의 계시처럼 느껴졌다. 그러나 내가 그에게 반한 정도는 그와 헤어질 수 없을 정도는 아니었다. 나에게는 극단으로 흐르지 못하게 하는 보호자가 항상 옆에 있었다. 나는 엄마에게 그의 칭찬을 늘어놓았다. 메트르 씨도 엄마에게 그의 칭찬을 하였다. 엄마는 그를 집으로 데려오게 하였다. 그러나 이 회견은 완전히 실패하고 말았다. 그는 엄마를 교만스러운 여자라고 생각하였고, 엄마는 그를 방탕한 사나이로 보았다. 그리하여 엄마는 내가 그와 사귀는 것을 걱정한 나머지, 그를 다시는 집으로 데려오지 못하게 하였다. 그리고 그런 나쁜 사람과 사귀면 나까지 위험한 곳에 빠지게 된다고 타이르는 바람에 나도 조심을 하였다. 그리하여 우리는 오래지 않아 헤어졌다. 이것은 나의 품행이나 사상을 위하여 참 다행한 일이었다.

메트르 씨는 흔히 예술가들이 그러하듯이 술을 몹시 좋아했다. 식사 때는 그래도 삼가했지만, 일단 서재로 들어가면 으레 술이 따라야만 했다. 식모는 그것을 잘 알고 있었기 때문에, 그가 오선지 앞에서 첼로를 손에 잡기만 하면 으레 술병과 술잔을 앞에 갖다 놓는 것이었다. 그것도 몇 번씩 술병을 갈아야 했다. 그는 아주 곤드레가 되는 일은 없었지만, 언제나 거나하게 취해야 했다. 그에게는 이것이 하나 흠이었다. 왜냐하면 그는 본래 선량한 사람이었고, 몹시 명랑하였기 때문에 엄마는 그를 "아기 고양이"라고 불렀던 것이다. 그는 일을 많이 하였고, 또 그만큼 술을 마셨다. 이것이 그의 건강에 해로웠고 그의 성격에 타격을 주었다. 그리하여 그는 가끔 의심을 잘하였고 벌컥 화도 잘 냈다.

옛날에는 많은 귀족과 사교들이 회원이 된 것을 자랑으로 삼던 성당 참사회가 본고장인 제네바로부터 다른 나라로 옮겨진 뒤로는 그 광채를 잃고 말았지만 자부심만은 여전하였다. 이 회에 가입하려면 지금도 소르본느의 귀족이거나 박사라야만 했다. 그리고 이들에게는 개인적인 공적에 대한 자존심 이외에 가문에 대한 자존심이 있었다. 그리하여 이들은 자기네들이 고용하고 있는 평민들을 대개 학대하고 있었다. 성당 신부들이 메트르 씨에 대한 경우도 유감스럽지만 그러했다. 그중에서도 비돈느 신부라는 성가대원은 점잖긴 하였지만, 언제나 귀족이라는 자신의 신분을 뽐내고, 메트르 씨의 재능에 대하여는 대단찮게 대하고 있었다. 메트르 씨도 이런 경멸을 그대로 꾹 참고 있지는 않았다. 그 해 성주간에 사교가 신부들에게 베푸는 만찬회에 메트르 씨도 초대되었다. 그러나 이 자리에서 두 사람의 사이는 더욱 악화되었다. 비돈느 신부가 메트르 씨를 업신여기고 마구 난폭한 말을 하였다. 그도 화가 나서 당장 그 다음 날 밤으로 도망할 결심을 했다. 그가 작별 인사를 하러 바랑 부인에게 왔을 때, 그녀는 애써 그를 만류했지만 허사였다. 그는 부활제에 자기가 없으면 낭패할 것을 알기 때문에, 폭군들에게 골탕을 단단히 먹일 생각뿐이었다. 그런데, 그에게 한 가지 곤란한 문제는 악보였다. 이 악보는 그의 소유로 함께 가지고 떠날 생각이었다. 그러나 커다란 상자에 가득 찬 이 악보는 너무 무거웠기 때문에 간단히 들고 갈 수는 없었다.

엄마는 내가 그녀였더라도 그렇게 밖에 할 수 없는 일들을 하였다. 아무리 만류하여도 듣지 않자, 그녀는 자기가 가능한 최선을 다해 그를 도울 결심을 했던 것이다. 이것이 그녀로서는 당연한 일이었다. 지난 3, 4년 동안 메트르 씨는 엄마에게 거의 헌신적인 봉사를 해 왔던 것이다. 작곡하는 일뿐이 아니라, 그 밖의 모든 일에 있어서 그는 엄마의 뜻을 성실하게 받들어 왔었다. 그러므로 엄마로서는 이런 중대한 시기에 그에게 당연한 사례를 하는 것뿐이었다. 그러나 엄마는 이러한 의무가 아니더라도 그런 일쯤은 할 수 있는 마음씨의 소유자였다. 엄마는 나를 불러서, 적어도 리옹까지는 그를 따라갔다가, 혹 그가 나를 필요로 한다면 그동안은 더 따라다녀도 좋다고 하였다. 뒤에 안 사실이지만 이때 엄마의 이런 주선에는 방튜르 씨로부터 나를 떨어지게 하려는 그녀의 심정이 크게 작용했었던 것이다. 상자 운반에 대해서는 그녀의 고용인 아네와 상의했다. 그의 의견에 의하면, 만일 우리가 안시에서 짐 싣는 말을 구하면 필시 발각될 것이므로, 차라리 어둠을 타고 어느 지점까지 상자를 들고 가서, 어느 마을에서 나귀를 하나 빌려 세샐까지 가면, 거기는 프랑스 영토이므로 안심할 수가 있다는 것이었다. 우리는 이 의견에 따르기로 했다. 그날 밤 일곱 시경에 우리들은 출발했다. 그리고 엄마는 내 비용을 핑계로 가엾은 "아기 고양이"의 작은 지갑을 두둑하게 채워 주었다. 이리하여 우리들은 상자를 가까운 마을까지 지고 가서, 그곳에서 나귀에 싣고 그날 밤으로 세샐에 도착하였다.

가끔 나는 내 성격과 전연 별개의 인간처럼 보이는 때가 있다. 여기에 그런 실례가 있다. 세샐의 신부 레드레 씨는 생피에르의 성당참사회의 회원이었기 때문에, 메트르 씨와는 잘 아는 사이였고, 따라서 우리는 그의 눈을 피해야 할 처지였다. 그러나 나는 이와 반대로 그를 찾아가서 우리가 마치 성당참사회의 승인을 얻은 것처럼 꾸며 그에게 숙소를 부탁하자는 의견을 제안했다. 메트르 씨는 내 의견이 재미있게 그들을 희롱하고 복수하는 것이라 생각하여 이에 따르기로 했다. 우리들이 대담하게 레드레 씨를 방문하자 그는 반갑게 맞아 주었다. 메트르 씨는 그에게 자기는 사교의 청으로 부활제의 음악 지휘를 하기 위하여 벨레로 가는 길인데, 돌아올 때 다시 들르겠다고 말했다. 나도 이 말을 뒷받침하기 위하여 이것저것 거짓말을 늘어놓았다. 그는 나를 귀여운 소년으로 보았고, 우리는 융숭한 대접을 받고, 잠도 잘 잤다. 돌아올 때는 좀 천천히 쉬고 가겠다는 약속을 남기고 우리는 그와 작별하였다.

그와 헤어지자 두 사람은 왈칵 웃음보를 터뜨렸다. 그때 일을 생각하면 지금도 웃음을 참을 수가 없다. 정말 이렇게 재미있는 장난은 다시는 상상도 할 수 없는 일이었다.

만일 메트르 씨가 술만 삼갔더라면, 우리는 여행하는 동안 이 화제만 가지고도 즐거울 수 있었을 것이다. 그러나 메트르 씨는 계속해서 술을 마셨고, 나중에는 간질병 같은 발작을 몇 번이나 일으켰다. 나는 이때부터 그가 무서워졌고, 어떻게 하여 그를 떼어 놓고 도망을 쳐야겠다고 생각하였다.

우리들은 레드레 씨에게 말한 것처럼 부활제에 참석하기 위하여 벨레로 갔다. 거기서도 악장을 비롯하여 여러 사람들에게 환영을 받았다. 메트로 씨는 음악가들 사이에서 존경을 받고 있었으며, 또 그만한 실력도 있었다. 벨레 악장은 자기의 작품을 연주하여 이 훌륭한 음악평론가에게서 칭찬을 받으려고 애를 썼다. 그도 그럴 것이, 메트르 씨는 같은 음악가들 사이에서 동료로서가 아니라, 오히려 그 방면의 권위자로 인정하고 있었던 것이었다.

우리는 벨레에서 4, 5일 동안을 즐겁게 지낸 다음, 다시 출발하였으나 별다른 일은 없었다. 리옹에 도착하자 우리는 노틀 담 피티에 투숙하였다. 우리가 사람 좋은 레드레 씨를 속여서, 그 악보 상자를 배편으로 보내주도록 되어 있었기 때문에, 이것이 올 때까지 그는 아는 사람들을 찾아다녔다. 그중에는 프란시스코 파의 카통 신부와 리옹의 백작인 도르탕 신부가 있었다. 두 사람이 다같이 기쁘게 환영하였다. 그러나 그들은 곧 알게 되겠지만 그를 배반하였던 것이다. 그의 행복은 레드레 씨 집에서 이미 끝나 버렸던 것이었다.

우리가 리옹에 도착한 지 사흘째 되던 날, 우리는 여관 근처의 작은 거리를 산보하고 있었는데, 메트르 씨는 다시 그 간질병의 발작을 일으켰다. 그 발작이 어찌나 심했던지 나는 무섭고 겁이 났다. 나는 큰 소리로 그를 구원해 달라고 외치며, 그를 여관까지 데려다 줄 것을 사람들에게 당부하였다. 그러나 거리 한복판에 쓰러져 거품을 토하는 그를 둘러싸고 많은 사람들이 모여드는 통에, 그가 믿고 의지할 유일한 친구인 나는 드디어 그를 버리고 말았던 것이다. 나는 아무도 모르는 틈을 타서 거리 모퉁이로 몸을 숨겼다. 여기서 겨우 나는 세 번째 괴로운 고백을 끝냈다. 이런 쓰라린 고백이 앞으로도 많이 남아 있다면, 나는 이 이상 이 글을 더 계속하지 못할 것 같았다.

지금까지 내가 고백한 것은 모두 내가 살던 곳에 그 자취가 남아 있다. 그러나 다음 권에서 말하고자 하는 것은 거의가 어디에서 있었던 일인지 짐작이 잘 안 간다. 이때는 내 일생을 통하여 가장 난맥상을 이룬 시기였다. 실은 그만한 결과로 수습된 것만 해도 다행한 일이었다. 나는 메트르 씨를 버리자, 안시로 돌아갈 결심을 하였다. 우리가 떠나게 된 원인과 사람의 눈을 숨겨 도망을 해야 했던 처지였기 때문에, 나는 과연 무사히 탈출할 수 있을까 하는 데만 관심을 가지고 있었다. 그리하여 며칠 동안은 집 생각을 할 여지가 없었다. 정신이 제자리로 돌아오자, 이 감정이 다시금 고개를 쳐들었다. 아무것도 즐거운 것이 없었고, 내 마음을 유혹하지 못 하였다. 나에겐 그저 엄마의 품으로 돌아가고 싶은 생각밖엔 아무 욕망도 없었다. 그녀의 곁에서 산다는 것만이 행복하게 느껴졌다. 그리고 나는 이 행복에서 점점 떨어지는 것 같은 느낌이 들었다. 그리하여 나는 그 행복으로 갈 수 있다는 생각이 들자, 곧 나는 그것을 실천하기로 결심을 했던 것이다.

나는 한 발짝이 새로울 정도로 걸음을 빨리하여 그녀에게로 돌아갔다. 다른 여행의 경우에는 대개 유쾌하게 회상되었지만, 이번만은 그렇지 않았다. 들뜬 기분과 빨리 돌아가고 싶은 생각 때문에 전연 기억이 나지 않았다. 그저 리옹을 떠나 안시에 도착했다는 사실 밖에는 아무것도 기억에 남은 것이 없다. 그러나 안시에 도착했을 때 일이야 어찌 잊을 수가 있으랴. 돌아와 보니 바랑 부인은 없었다. 파리로 떠난 뒤였다.

나는 그녀의 이번 여행에 대하여는 들은 일이 없었다. 굳이 내가 물었다면, 그녀는 미리 말했을 것이다. 그러나 친구의 비밀을 나만큼 캐지 않는 사람도 없을 것이다. 엄마에게서 그동안 단편적으로 들은 것을 종합해 미루어 보면, 그녀는 사르디니아 왕의 양위 문제로 토리노에서 일어난 혁명 때문에, 그녀는 자기의 존재가 잊혀질 것을 염려하고 있었다. 그리하여 그녀는 오본느 씨에게 책동을 하게 하여 전과 같은 은혜를 프랑스 궁정으로부터 받으려고 했던 것 같다. 당시 프랑스 궁정에서는 큰 사건들이 꼬리를 물고 일어났기 때문에, 그녀에게 대하여는 지나친 감시를 하지 않을 것이므로, 그녀에게는 한결 유리하다고 여러 번 이야기하는 것을 들은 일이 있었다.

제 4 부

1730~1732(18~19세)

돌아와 보니 엄마는 없었다. 이때 나의 놀라움과 슬픔이 어떠했을까 상상해 보라. 이때부터 나는 메트르 씨를 비겁하게 버리고 온 일을 후회하기 시작하였다. 이 후회는 그가 당한 불행을 알게 되자 더욱 가슴 아프게 새겨졌다.

그의 전재산이 들어있는 악보 상자, 그렇게 애써 가며 운반하였던 그 귀중한 상자는 리옹에 도착하자 도르탕 백작의 수배로 압수당하고 말았다. 교회 측에서 도난당한 것이라고 그에게 알렸던 것이다. 메트르 씨는 그것은 자기의 재산이며, 생활하는 도구이며, 전 생애를 통하여 애써 만든 자기의 작품이라고 버텼지만, 아무 소용도 없었다. 이 상자의 소유권에 대하여는 적어도 법에 의하여 심판을 받았어야 했을 것임에도 불구하고, 그 자리에서 강자의 법에 의하여 결정되고 말았던 것이다. 이리하여 가엾은 메트르 씨는 그의 재능의 성과요, 젊은 날의 노작이요, 또 노년의 생활 자산을 송두리째 잃고 말았던 것이다.

내가 받은 타격은 이만저만이 아니었다. 그러나 나도 어지간한 괴로움은 견뎌낼 수 있는 나이였기 때문에, 오래지 않아 마음을 가라앉힐 수가 있었다. 나는 엄마의 간 곳을 모르고, 그녀도 내가 돌아온 것을 모르지만, 머지않아 그녀에게서 소식이 오려니 하고 기대하고 있었다. 내가 메트르 씨를 버리고 도망 온 것도 따지고 보면, 크게 죄 되는 일처럼 생각되지도 않았다. 메트르 씨가 떠나갈 때 그래도 나는 도움이 되었다. 내 임무는 그것뿐이었다. 설사 내가 프랑스에 그와 함께 있었다 할지라도 그의 병이 고쳐질 것도 아니고, 또 그 악보 상자도 구해 내지 못했을 것이다. 오히려 비용만 갑절로 들어 그의 부담만 되었을 것이다. 이것이 그 당시의 내 생각이었다. 그러나 지금은 그렇게 생각되지 않는다. 우리가 저지른 비열한 행위에 대하여 가책을 느끼는 것은 그 당시가 아니라 훨씬 뒤에 그것을 회상하는 때이다. 그런 행위에 대한 기억은 영원히 사라지지 않기 때문이다.

엄마의 소식을 듣기 위하여 내가 할 수 있는 단 한 가지 방법은 그 소식을 기다리는 것뿐이었다. 왜냐하면 파리로 간다고 한들 어디에서 그녀를 찾을 것이며, 또 그 여비는 어떻게 마련할 수 있을 것인가? 조만간 그녀의 있는 곳을 알기에는 그래도 안시가 가장 적당한 곳이었다. 그래서 나는 안시에 머물렀다. 그러나 여기서도 나는 잘못을 저질렀다. 나는 나를 그처럼 도와주었고, 앞으로도 도움을 받을 수 있는 사교를 찾아가지 않았다. 내 보호자인 엄마가 없었고 또 우리가 도망간 일에 대한 그의 꾸지람이 두려웠던 것이다. 신학교에도 가지 않았다. 그로 선생이 거기 없었기 때문이었다.

아는 사람은 아무도 만나러 가지 않았다. 주장관 부인은 잠깐 만나고 싶었지만, 마음이 내키지 않아 그만두었다. 그보다도 나빴던 것은 방튜르 씨를 다시 만난 일이었다. 내가 그에게 그렇게 미쳐 있었는데도, 여행하는 동안에는 한 번도 그의 생각을 한 일이 없었다. 돌아와 보니 그의 인기는 안시 어디에서나 대단하였다. 부인들은 서로 그를 끌었다. 그의 이런 성공을 보자 나는 얼이 빠졌다.

방튜르 씨 이외의 사람들은 눈에도 띄지 않았다. 심지어는 바랑 부인까지도 잊어버릴 형편이었다. 나는 그와 더 가까이 지내고 싶어서 그의 숙소에 함께 있을 것을 청하였다. 그는 내 청을 들어 주었다. 그가 유숙한 곳은 양화점 집이었다. 우리는 여기서 오전 중에는 그럭저럭 지내고 두어 시쯤에 간단한 점심을 먹고 나면, 방튜르 씨는 사교계로 나가서 그들과 어울려 놀다가 저녁식사를 한다. 그러면 나는 혼자서 이리저리 거닐면서, 그의 특징과 재능을 칭찬하고 부러워하면서, 나를 그런 행복한 생활로 이끌어 주지 않는 내 운명을 원망하였다. 이 얼마나 내 자신을 몰랐던 소행인가! 내가 조금만 더 현명했더라면, 그리고 내가 생활을 좀 더 즐길 줄 알았더라면, 내 운명은 그의 생활보다 백배나 더 훌륭했을 것이다.

바랑 부인은 아네만을 데리고 갔다. 하녀 메르스레는 남아서 엄마 방에 머물고 있었다. 그녀는 나보다 나이가 몇 살 위였는데, 그렇게 예쁘지는 않았지만 애교가 있었다. 나는 이 처녀를 자주 만나러 갔다. 그녀와는 전부터 잘 아는 사이였고, 또 그녀를 보면 정다운 엄마의 생각이 떠올랐다. 그래서 나는 그녀를 좋아하게 되었다. 그녀에게는 몇몇 친구가 있었다. 그중에 지로라는 제네바 출신의 아가씨가 있었는데, 그녀는 나를 좋아하고 있었다. 그리하여 그녀는 메르스레에게 나를 자기 집으로 데려오라고 항상 졸랐다. 나는 메르스레를 사랑하고 있었고, 또 호감이 가는 다른 아가씨들도 있었기 때문에 못 이기는 체하고 갔다. 그러나 지로 양만은 나에게 온갖 애교를 다 떨어도 도무지 호감이 가질 않았다. 그녀가 스페인 코담배로 검어진 깡마른 콧등을 내 얼굴 가까이 갖다 댈 때면, 나는 구역이 나서 얼굴에 침이라도 탁 뱉어 주고 싶은 심정이었다. 그러나 나는 꾹 참았다. 이런 일만 없었다면, 내가 이런 아가씨들에게 둘러싸인다는 것은 한없이 즐거운 일이 아닐 수 없었다. 다른 아가씨들도 지로 양을 따라 하느라고 그러는 것인지, 또는 나를 즐겁게 해 주려고 그런 건지, 좌우간 모두들 나에게 정답게 굴었다. 그녀들이 아무리 정답게 굴더라도 나는 우정 이상의 것은 느끼지 못했다.

사실 침모나 식모나 여점원 따위에 내 마음이 유혹되지는 않았다. 나에게 필요한 것은 상류사회의 아가씨였다. 사람들은 모두 제 나름의 취미를 가지고 있다. 내 마음에 드는 여자는 언제나 그런 타입이었다. 그렇다고 이것은 신분이나 계급에 대한 허영이라는 뜻은 아니었다. 고상한 얼굴, 예쁜 손, 우아한 옷차림, 온몸에 감도는 섬세하고 깨끗한 느낌, 옷맵시와 말씨에 나타나는 그윽한 정취, 날씬한 웃옷, 예쁜 신발, 리본과 레이스, 맵시 있게 빗어 넘긴 머리, 내 마음을 끄는 것은 이런 것들이다. 얼굴은 비록 예쁘지 않더라도 이런 점만 지니고 있다면, 나는 이쪽을 선택할 것이다. 내가 내 생각을 하여도 좀 괴상한 취미이다. 그러나 내 마음은 역시 이 편을 선택하는 것이었다.

그런데 이런 내 취미를 만족시킬 수 있는 좋은 기회가 왔던 것이다. 그리고 이 기회를 이용하고 안 하는 것은 오로지 내 마음 하나에 달려 있는 것이었다. 가끔 이렇게 청춘 시절의 즐거웠던 일들을 회상한다는 것은 얼마나 기쁜지 모르겠다. 그렇게 즐거웠던 시절, 생각하면 그렇게 짧게 지나간 희귀한 시절! 아, 지금도 그것을 생각하면, 내 가슴은 새로운 기쁨으로 꽉 차는 것이다. 이 추억의 기쁨으로 하여 나는 원기를 회복하고 만년의 괴로움을 견딜 수 있었던 것이다.

어느 날 아침, 나는 새벽노을이 하도 아름답기에 부랴부랴 옷을 갈아입고 해 뜨는 구경을 하려고 교외로 나갔다. 나는 주변의 아름다움에 매혹되고 말았다. 그것은 성 요한 축일의 다음 주일이었다. 대지는 아름다운 화초로 뒤덮여 있었다. 꾀꼬리들은 한껏 목청을 돋구어 즐겁게 노래 불렀고, 온갖 새들은 일제히 봄과의 이별을 합창하고, 아름다운 여름의 탄생을 찬미하고 있었다.

나는 어느새 시가를 멀리 벗어나고 있었다. 날씨가 점점 더워졌다. 나는 시냇물을 따라 골짜기 녹음 속을 걷고 있었다. 이때 갑자기 뒤에서 말굽소리와 함께 젊은 여자들의 목소리가 들려 왔다. 좀 난처한 일이라도 당한 듯한 말소리였지만, 그녀들은 유쾌하게 웃고 있었다. 나는 뒤를 돌아다보았다. 그녀들이 내 이름을 부르는 것이었다. 가까이 가 보니 아는 아가씨들이었다. 그라펜리드 양과 갈레 양이었다. 승마에 익숙하지 못한 그녀들은 어떻게 말을 몰아야 냇물을 건널까 하고 망설이고 있었다.

그라펜리드 양은 베른 태생의 애교가 넘치는 아가씨였는데, 철없는 실수로 고향을 떠나 바랑 부인과 비슷한 처지가 되어 있었다. 전에 바랑 부인 집에서 몇 번 본 일이 있는 그녀는 부인처럼 연금을 타지 못하였기 때문에, 갈레 양에게 의지하게 된 것은 다행한 일이었다. 갈레 양은 자기 어머니를 설득시켜, 그녀가 자리를 잡을 때까지 친구로 함께 지내도록 하였던 것이다. 갈레 양은 그녀보다 한 살 아래로 얼굴도 한결 더 아름다운 아가씨였다. 어딘가 귀엽고 품위가 있으며, 한창 피어난 소녀로서 가장 아름다운 때였다. 두 처녀의 사이는 어찌나 다정스러웠던지 사랑하는 남자라도 생기기 전에는 언제까지고 변함이 없을 것 같았다. 그녀들은 갈레 양의 어머니의 별장이 있는 툰느로 가는 길이었다.

그녀들은 시내를 건널 수 없으니 나에게 건너도록 도와 달라고 하였다. 나는 채찍으로 말을 갈기려 하였다. 그랬더니 그녀들은 내가 말에게 차이거나 그녀들이 말에서 굴러 떨어질까 봐 질겁을 하였다. 그래서 나는 다른 수단을 쓰기로 했다. 나는 갈레 양의 말고삐를 끌고서 무릎까지 차는 냇물을 건너갔다. 그랬더니 다른 한 필도 제풀에 따라 건넜다. 그녀들을 건네어 놓자, 나는 그녀들에게 인사를 하고 멋쩍게 그 자리를 떠나려 했다. 그러나 두 아가씨들은 서로 무어라 속삭이더니, 그라펜리드 양이 이렇게 말하는 것이었다.

"안 돼요. 그렇게 도망가면 못 써요. 우리 때문에 옷까지 그렇게 젖었는데. 이번에는 우리가 그 옷을 말려 드려야죠. 자, 우리와 함께 가 주세요. 이제 벌써 우리들의 포로가 되신 거예요."

나는 가슴이 마구 뛰었다. 갈레 양을 쳐다보자,

"그렇구말구요. 포로가 되신 거예요. 저분 뒤에 타세요. 걱정은 마시구요. 잘 보호해 드릴 테니까요."

그녀는 당황해하는 내 얼굴을 보고 웃으며 이렇게 맞장구를 쳤다.

"하지만 아가씨, 나는 아직 어머님을 뵙지 않았는데, 갑자기 내가 나타나면 어머님이 무어라 하실는지?"

내가 얼떨결에 이렇게 말하자, 옆에 있던 그라펜리드 양이 대신 대답을 하였다.

"갈레 양의 어머니는 툰느에 계시지 않아요. 우리 뿐이예요. 그리고 우리들도 오늘 저녁으로 돌아올 것이니까 함께 갔다 오시면 되잖아요."

이 몇 마디 말이 나에게는 전류보다도 더 빨리 작용을 했다. 그라펜리드 양의 말에 뛰어오른 나는 너무 기뻐서 몸이 떨렸다. 그리고 몸을 지탱하기 위하여 그녀를 꼭 껴안았을 때, 내 가슴이 어떻게 심하게 뛰었는지 그녀도 눈치챌 정도였다. '그녀는 나에게 말에서 떨어질까 봐 그녀의 가슴도 이렇게 뛴다고' 말했다. 그때 내 자세로 보아서 그녀의 이 말은 '얼마나 뛰는지 확인해 보세요' 하는 유혹처럼 들렸다. 그러나 나는 도저히 그럴 용기가 나지 않았다. 그렇게 가는 동안 나의 두 팔은 사실상 그녀의 허리띠 역할밖에는 못 하였던 것이다. 이 대목을 읽는 여인 가운데는 내 뺨을 갈기고 싶은 분이 있을지도 모른다. 그렇게 한대도 나는 할 말이 없다.

여행을 하는 즐거움과 그녀들이 수다를 떠는 바람에 나도 떠벌이가 되어, 우리는 저녁때까지 있는 동안 거의 잠시도 입을 놔두지 않았다. 그들이 나를 즐겁게 대해 주었기 때문에, 내 혀도 눈만큼 이야기를 하였다. 물론 내 눈과 혀는 각각 다른 이야기를 하였지만 다만 내가 둘 가운데 어느 한 쪽 아가씨와 단둘이 있게 되면 좀 이야기가 어색하였다. 그러나 곧 다른 아가씨가 자리로 돌아오면, 그런 어색함도 나타낼 여유가 없었다.

툰느에 도착하여 내 옷이 완전히 말랐을 때, 우리는 조반을 들었다. 다음엔 점심 준비라는 중요한 일을 착수하지 않으면 안 되었다. 두 아가씨들은 음식을 만들다가도 이곳 소작인의 어린애들에게 키스를 해 주었다. 이때 엉터리 식사 당번을 하던 이 젊은 친구는 입술을 꽉 깨물며 그 광경을 바라보지 않을 수 없었다. 식료품은 시내에서 사다 둔 것이 있었으므로 식사 준비의 재료는 풍부하였다. 그러나 술이 빠져 있었다. 그야 술을 마시지 않는 소녀들에게는 당연할지 모르지만, 나로서는 이것이 한 가지 유감스러웠다. 술의 힘을 빌어 용기를 돋구어보려고 했던 것이다. 그녀들도 술이 없는 것을 서운해 했다. 그녀들도 나와 같은 이유에서였는지도 모른다. 그녀들의 매력이 넘쳐흐르는 쾌활한 태도는 퍽 천진스러웠다. 하기야 그녀들도 나 하나를 가운데 놓고 어떻게 할 수야 있었으랴. 그녀들은 포도주를 구하려고 사람을 이리저리 보냈으나, 한 병도 구하지 못하였다. 그만큼 이 고장 사람들은 검소하고 가난하였다. 그녀들이 하도 딱해 하기에, 너무 걱정할 것 없으며, 나를 취하게 하는 데는 술까지 필요할 것은 없다고 말했다. 이것이 그날 내가 표시한 단 하나의 사양이었건만, 약삭빠른 아가씨들은 단순한 사양이 아니라, 내 진정을 고백한 것임을 알고 있었을 것이다.

우리들은 소작인 집 부엌에서 점심을 먹었다. 두 아가씨들은 긴 식탁 양쪽 걸상에 앉고, 손님인 나는 그녀들 중간의 삼각의자에 앉았다. 얼마나 멋진 식사였던가! 그리고 이 얼마나 매력적인 추억인가! 얼마 안 되는 비용으로 이렇게 순수하고 참다운 쾌락을 맛볼 수 있는데, 어찌 다른 기쁨을 구하랴. 아무리 파리 요정의 만찬이라 할지라도 이 날의 식사에는 도저히 미치지 못하리라. 단지 명랑하고 유쾌한 분위기뿐만이 아니라 육감으로 볼 때도 그렇게 말할 수 있었다.

식사가 끝난 뒤 우리는 좀 절약을 했다. 아침에 남은 커피를 들지 않고, 그녀들이 가지고 온 크림과 과자와 함께 오후에 간식을 하려고 남겨 두기로 했다. 그러고는 식욕을 돋구기 위하여 앵두로 디저트를 들려고 과수원으로 갔다. 내가 나무 위로 올라가 버찌를 따서 아래로 던졌다. 아가씨들은 그 씨를 가지 사이로 내게 되던지곤 하였다. 한번은 갈레 양이 앞치마를 벌리고 고개를 뒤로 젖히며 받을 자세를 하고 있을 때, 나는 겨냥을 잘하여 버찌 한 송이를 그녀의 젖가슴에 맞도록 던졌다. 그때 그녀의 웃음소리를 상상해 보라. '내 입술이 버찌라면 얼마나 좋을까. 나는 기꺼이 내 입술을 버찌 대신 던져 주련만' 하고 속으로 생각하였다.

이렇게 재미있게 장난하는 동안에 그날 하루가 저물었다. 우리는 한껏 자유스럽게 놀면서도 끝내 예의는 지켰다. 마음에 없는 말이나 예의에 벗어나는 농담은 한 마디도 하지 않았다. 이런 예의는 우리가 의식적으로 지켰다기보다 분위기가 저절로 지켜 주었던 것이다. 분위기에 따라 우리들의 기분이 그저 그렇게 돌아갔던 것이다. 한 마디로 말해서 내 조심성은 —— 세상 사람들은 이것을 나의 어리석은 점이라고 말할지 모르지만 —— 단지 갈레 양의 손에 키스를 한 번 했을 뿐인데, 그것마저 너무 실례가 되지 않았나 하고 염려했을 정도였다. 하기야 그때 사정이 이 사소한 은혜를 값지게 하였던 것이다. 마침 우리는 단 둘이 있었다. 나는 숨이 가빠졌고 그녀도 눈을 내리깔고 있었다. 내 입술은 할 말을 찾는 대신 그녀의 손에 흡수되고 말았다. 그녀는 손에 내 키스를 받자 천천히 손을 거두어들이며 가만히 나를 쳐다봤다. 그녀의 얼굴에는 성낸 빛도 없었다. 나는 무슨 말을 해야 할지 몰랐다. 바로 이때 그녀의 친구 그라펜리드가 들어왔다. 이 순간 그녀의 얼굴은 몹시 밉게 보였다.

마침내 그녀들은 너무 늦으면 문이 닫혀 시내로 들어가지 못한다는 생각이 들었다. 겨우 해가 지기 전에 돌아갈 수 있는 시간이었다. 그리하여 우리들은 올 때와 마찬가지로 말을 타고 급히 출발하였다. 내가 용기를 내어 말만 했다면, 이번에는 다른 아가씨와 바꾸어 탈 수도 있었을 것이다. 갈레 양의 시선이 내 마음을 뒤흔들었기 때문이다. 그러나 나는 말할 용기가 없었다. 그녀 역시 이런 말을 제의할 수는 없는 노릇이었다. 우리들은 해가 너무 짧은 것을 한탄하며 돌아왔다. 그러나 한편 우리들은 '불과 하루 동안을 이렇게 시간을 늘려 재미있게 보낼 수 있었구나' 하고 감탄하였던 것이다.

나는 아침에 만났던 장소에서 그녀들과 헤어졌다. 우리는 이때 헤어지는 것이 얼마나 섭섭하였던가! 그리고 다시 만날 약속을 할 때 우리는 얼마나 기뻤던가! 함께 지낸 열두 시간이 우리에겐 백 년을 사귄 친구 같았다. 그날의 그리운 추억은 이 사랑스런 아가씨들의 마음에 조금도 상처를 내지 않았다. 우리 세 사람 사이에 맺어진 정다운 감정은 육감적인 쾌락보다 한결 가치가 있었다. 우리는 서로가 숨김없이 부끄러움 없이 사랑하였다. 우리는 언제까지고 이렇게 사랑하고 싶었다.

순결한 사랑에는 다른 어떤 향락보다도 나은 쾌락이 있다. 이 즐거움은 결코 중단되는 일이 없고 한결같이 지속되기 때문이다. 나는 적어도 이것만은 분명히 알고 있다. 이렇게 아름다운 하루의 추억은 내가 평생을 두고 맛본 다른 즐거웠던 추억보다도 한결 나를 감동시키고, 나를 기쁘게 하고, 항상 잊을 수 없게 한다는 것을. 나는 이 사랑스러운 두 아가씨를 어떻게 하려고 생각했었는지는 모르지만, 이 두 아가씨들에게 다같이 마음이 끌렸던 것만은 사실이다. 그야 내 마음대로 할 수 있었다면, 두 아가씨들에게 똑같이 내 마음을 나누어 줄 수는 없었을 것이다. 큰 차이는 아니라 할지라도 그때 내 마음은 한 쪽으로 더 기울고 있었으니까. 물론 나는 그라펜리드 양을 애인으로 삼았으면 행복하겠다고 생각하였다. 그러나 그보다는 오히려 그녀를 친구로 삼는 편이 더 좋았으리라고 생각한다. 좌우간 그녀들과 헤어질 때, 나는 두 아가씨들 가운데서 어느 쪽이 없어도 살 수 없을 것처럼 생각되었다. 그러나 내가 두 번 다시 그녀들과 만나지 못하고 우리들의 사랑이 그렇게 속절없이 끝날 줄이야 누가 알았으랴.

이 글을 읽는 독자들은 필시 여러 가지 예비 행동을 한 끝에 단순히 손에 키스하는 것으로 끝나 버린 내 연애담을 듣고 냉소할 것이다. 독자 여러분 오해는 하지 마시라. 나는 오히려 이렇게 끝난 내 연애가 손에 키스하는 것으로 시작되는 여러분의 연애보다 한결 더 즐거웠던 것이다.

방튜르 씨는 나보다 조금 늦게 돌아왔다. 나는 평소만큼 그가 반갑지 않았다. 그리고 또 내가 어떻게 하루를 지냈는가 하는 얘기도 그에게 하지 않았다. 그녀들은 그를 좋지 않게 생각하고 있었으며,

내가 그와 함께 지내는 것도 달갑잖게 여기고 있었다. 이로써 그에 대한 존경심도 한결 덜하여졌다. 그러나 이윽고 방튜르 씨가 지금 나의 처지를 말해 주어서 나는 생각을 그와 나에게로 돌리게 되었다. 도저히 내 생활은 이대로 오래 지속될 것 같지 않았다. 꽤 절약을 했는데도 주머니는 거의 바닥이 났다. 돈이 생길 데라곤 없었다. 엄마한테서는 도무지 소식이 없었다. 나는 어떻게 해야 할지 몰랐다. 그리고 이 갈레 양의 친구가 거지가 된다고 생각하니 가슴이 메어지는 것만 같았다.

나는 틈이 생기자마자 곧 갈레 양이 사는 거리로 달려갔다. 누가 들어가거나, 나오거나, 그렇지 않으면 창문을 여는 모습이라도 볼 수 있으리라 생각하였다. 그러나 고양이 한 마리도 볼 수가 없었다. 내가 거기서 있는 동안 그 집은 마치 사람이 살지 않는 집처럼 문이 굳게 닫혀 있었다. 거리가 좁고 왕래가 한산하여 한 사람만 나타나도 곧 눈에 띄었다. 이따금 사람이 거리를 지나가기도 하고 이웃집으로 들어가거나 나가기도 하였다. 나는 거기에 서 있는 것이 민망하였다. 사람들이 내가 거기 서 있는 목적을 눈치 챌 것만 같이 생각되었다. 나는 괴로워졌다. 내 자신보다도 내가 사랑하는 사람들의 명예와 체면을 존중하고 있었기 때문이었다.

드디어 나는 스페인의 연인 노릇을 하기에도 지쳤고, 또 기타조차도 가지고 있지 않았기 때문에 그대로 돌아가서 그라펜리드 양에게 편지를 쓰기로 했다. 사실은 그녀보다도 갈레 양에게 직접 쓰고 싶었지만 도무지 용기가 나지 않았다. 갈레 양을 나에게 소개해 준 이 여인, 나와는 좀 더 가까운 그녀에게 편지를 보내는 것이 자연스러울 것 같았다. 편지를 다 쓰자, 나는 이것을 가지고 헤어질 때 그녀들과 약속한 대로 지로 양에게로 갔다. 이 방법은 그녀들 자신이 가르쳐 준 것이었다. 바느질 직공인 지로 양은 가끔 갈레 양의 집에 가서 일을 하곤 하였기 때문에 그 집에 드나들기에 무난한 처지였다. 그러나 나에게는 이 심부름꾼이 적임자 같이 생각되지는 않았다. 그러나 이런 심부름꾼도 없는 것보다는 낫다는 생각에서 그녀에게 부탁을 하였다.

지로 양은 첫마디에 내 눈치를 알아차렸다. 그것은 어려운 일이 아니었다. 설사 내가 젊은 아가씨에게 편지를 보낸다는 사실만으로 얼른 알아채지 못했다 할지라도, 내 어색하고 당황하는 태도로 충분히 짐작이 가고도 남음이 있었을 것이다. 물론 그녀로서는 이 심부름이 별로 달갑잖았을 것이다. 그러나 그녀는 이 일을 맡아서 그 임무를 충실히 완수해 주었다. 이튿날 아침 일찍 나는 그녀에게로 달려가서 나에게 보내 온 회답을 받았다. 그 회답을 받자마자 나는 얼마나 급히 뛰어나와 몇 번을 되풀이하여 읽고는 그 편지에 뜨거운 키스를 퍼부었는지 모른다. 여기에 대해서는 구태여 더 말할 필요조차 없는 일이지만, 한 가지 그대로 넘어갈 수 없는 것은 이때 지로 양이 취한 태도이다. 그녀의 태도는 내가 상상했던 이상으로 얌전하고 온순하였다. 올망한 눈에 그을린 코, 쉰 목소리에 검은 피부를 가진 서른일곱의 노처녀로서는, 꽃과 같이 활짝 핀 두 아가씨들에게 직접 대항할 수 없음을 깨달은 그녀는 그 아가씨들을 배신하려고는 하지 않았겠지만 도우려고도 하지 않았다. 그녀는 나를 아가씨들에게 빼앗기기보다는 차라리 나를 멀리 잃어버리는 편을 낫게 생각하고 있었다.

메르스레는 바랑 부인에게 아무 소식이 없었기 때문에, 얼마 전부터 프리부르로 돌아가려고 생각하고 있긴 하였지만, 지로가 그녀의 결심을 굳혀 놓았다. 더욱이 지로는 그녀를 부친의 집까지 데리고 가는 데는 내가 적당하다고 추천하였다. 메르스레는 나를 좋아하고 있었기 때문에 기꺼이 이 제안에 동의를 하였다. 그날도 두 여인은 이미 결정이나 된 것처럼 나에게 알렸다. 나는 그녀와 함께 가는 것이 별로 싫지도 않았기 때문에 이를 수락하였다. 그러나 이 계획을 세운 지로 양에게는 다른 속셈이 있었던 것이다. 나는 내 주머니의 형편을 털어놓고 이야기하지 않을 수 없었다. 그녀들은 걱정을 한 끝에, 내 비용은 메르스레가 부담하기로 했다. 그래서 이런 비용을 보충하기 위하여, 내 간청대로 작은 짐은 먼저 보내고 우리들은 걸어서 가기로 결정했다. 그리고 결정한 대로 실행되었다.

이렇게 많은 아가씨들에게 나를 사랑하게 만든 것을 생각하면 마음이 괴로운 일이다. 그러나 이런 연애에서 얻은 이익을 내 스스로가 자랑스럽게 생각하지 않고 있으므로, 기탄없이 사실 그대로를 말할 수 있을 것이다. 지로보다 젊고 순진한 메르스레는 각별한 유혹을 하는 일은 별로 없었다. 다만 그녀는 내 말소리를 흉내내거나, 내가 그녀에게 해야 할 일을 그녀가 나에게 해 줄 뿐이었다. 그리고 그녀는 소심해서 우리가 같은 방에서 동침이나 하지 않을까 겁이 나서 늘 조심을 하고 있었다. 스무 살 먹은 총각과 스물다섯 살 된 처녀가 여행하는 경우에 으레 일어나기 쉬운 일이기 때문이었다.

그러나 우리 경우엔 무사하였다. 순진한 나는 메르스레가 마음에 없는 것도 아니었는데도 그런 유혹을 느끼지 않았을 뿐 아니라, 그런 생각은 추호도 일어나 본 일이 없었다. 또 설사 그런 생각쯤은 있었다 하더라도 여기에 대하여 나는 너무나 모르고 있었다. 나는 젊은 남녀가 어떻게 동침을 하게 되는 것인지조차 상상하지도 못하였다. 그런 무서운 계획을 실천하는 데는 오랜 세월이 필요할 것만 같았다. 만약에 메르스레가 내 여비를 부담하는 대가로 그런 것을 기대하고 있었다면 이는 어리석은 것이었다. 우리들은 안시를 출발할 때와 똑같은 순결한 상태로 프리부르에 도착했으니까 말이다.

제네바를 지나가면서도 나는 아무도 만나러 가지 않았다. 그러나 다리 위에 이르렀을 때 내 기분은 좀 이상해졌다. 나는 이 행복한 도시의 성벽을 바라보며 그 안으로 발길을 옮겨놓을 때마다 창자를 끊어 내는 듯한 심한 감동을 느끼지 않을 수 없었다. 자유라는 고귀한 이미지가 내 넋을 승화시키고, 동시에 평등과 단결과 미풍양속 등의 이미지는 나를 눈물겹도록 감동시켜, 이런 모든 행복을 상실하였다는 서글픈 뉘우침에 사로잡히게 하였다. 아, 나는 얼마나 그릇된 생각에 빠지고 있었던가! 더구나 이 그릇된 생각은 얼마나 당연한 일이었던가! 나는 항상 그런 것들을 마음속에 간직하고 있었기 때문에, 조국에 돌아오면 그것들을 볼 수 있다고 생각하고 있었다.

우리들은 리옹도 지나가야 했다. 그리운 아버지도 만나지 않고 그대로 이곳을 지나가다니! 만일 그렇게 했더라면, 나는 죽을 때까지 괴로운 뉘우침을 남겼을 것이다. 나는 메르스레를 여관에 남겨둔 채 용기를 내어 아버지를 만나러 갔다. 아, 내가 그를 그처럼 두려워했던 것이 얼마나 잘못이었던가! 나를 보자 아버지는 가슴 속에 오래 오래 서려 있던 애정이 터져 나왔다. 아버지와 나는 서로 얼싸안고 한없이 울었다. 아버지는 처음엔 내가 그에게로 돌아온 줄 알고 있었다. 나는 내 지난 이야기와 현재의 결심을 그에게 말하였다. 그는 내 의견에 대하여 약간 반대하였다. 아버지는 내가 겪을지도 모르는 위험을 지적하고, 지나치게 철없는 짓은 하지 말라고 타일렀다. 그러나 적극적으로 나를 만류하려는 기색은 없었다. 아버지로서도 그럴 수밖에 없었다고 생각된다.

뒤에 안 일이지만 내가 그때 동행한 메르스레에 대하여 아버지는 오해를 하고 이상하게 생각하였던 모양이다. 그러나 그렇게 생각하는 것도 당연한 일이었다. 사람 좋은 계모는 저녁 식사를 하고 가도록 나를 붙잡았다. 그러나 나는 사양하고 물러나왔다. 돌아올 때는 더 오래 머물겠노라고 말했다. 그리고 배편으로 부쳐 온 소화물이 귀찮기도 하여 맡겨 두었다. 이튿날 아침 일찍 우리는 또 길을 떠났다. 아버지를 찾아보아 나의 의무를 이행한 것 같은 홀가분한 기분으로, 우리들은 무사히 프리부르에 도착하였다. 여행이 끝날 무렵 메르스레 양의 열성이 좀 식어갔다. 도착하자 그녀의 태도는 냉담하였다. 넉넉지 못하게 사는 그녀의 아버지도 별로 반갑게 맞아 주지는 않았다. 그래서 나는 하숙집으로 갔다. 이튿날 나는 다시 그들을 찾아보고 그들이 마련한 점심 대접을 받았다. 그리고 그녀와 나는 눈물도 없이 헤어졌다. 그날 저녁 나는 다시 하숙집에 와서 자고, 이튿날 목적도 없이 이곳을 떠났다.

이것도 또한 하느님께서 나에게 행복하게 살 수 있도록 마련해 주신 한 경우이다. 메르스레 양은 예쁘지는 않았지만 그렇다고 못생긴 편도 아니었고 마음씨도 착하였다. 얌전하고 분별이 있는 아가씨로, 가끔 속이 상할 때면 우는 일이 있기는 하였지만 뒷수습을 못할 정도는 아니었다.

그녀는 진정으로 나를 좋아하고 있었다. 그러므로 나만 원했다면, 그녀와 결혼하여 그녀 아버지의 직업을 계승할 수도 있었다. 그렇게 화려하지는 못한 작은 도시였지만, 선량한 사람들이 살고 있는 이 프리부르에서 나는 자리를 잡았을 것이다. 비록 대단한 환희는 없었을지 모르지만 한평생 걱정 없이 평화롭고 행복하게 살 수는 있었을 것이다. 이 판가름에서 망설이지 말았어야 했을 것임을 누구보다도 내 자신이 잘 알지 않으면 안 된다.

나는 리옹으로 돌아가지 않고 로잔으로 갔다. 거기서 끝없이 넓은 아름다운 호수를 마음껏 바라보고 싶었다. 부지불식간에 내 자신이 이끌려간 동기에는 그렇게 확고부동한 것이 아니었다. 원대한 목적에는 나를 움직일 만한 힘을 가진 것이 별로 없었다. 그리고 확실치도 않은 미래를 위하여 꾸준한 노력을 요구하는 계획은 사람을 유인하는 속임수로만 생각되었다. 희망이 힘들이지 않고 얻을 수 있는 것이라면 나도 사람들처럼 거기에 골몰할 수 있다. 그러나 오랜 시일을 두고 노력해야 하는 것이라면 그만 손을 떼고 만다. 힘들이지 않고 얻을 수 있는 쾌락이라면, 그것이 비록 사소한 것일지라도, 천국의 환희 이상으로 내 마음을 사로잡는다. 다만 고통이 뒤따르는 쾌락은 예외이다. 그런 쾌락은 내 마음을 끌지 못한다. 왜냐하면 나는 오로지 순수한 향락만을 사랑하기 때문이다. 그리고 나중에 무슨 후회가 남을 듯하면 절대로 순수한 향락이 될 수 없기 때문이다.

나는 어디든지 빨리 도착해야만 했다. 그리고 그곳이 가까울수록 더 좋았다. 왜냐하면 나는 길을 잃고 헤매다가 저녁에야 겨우 무동에 도착했는데, 거기에서 돈은 다 떨어지고 따로 간직하고 있던 10크로이체르는 다음 날 점심값으로 남겨 두어야 했기 때문이었다. 그 다음 날 저녁 때 나는 로잔 근처의 조그만 마을에 이르러 어떤 주막집에 들어갔다. 주머니에는 물론 숙박료도 없었거니와 어떻게 해야겠다는 생각도 없어 덮어놓고 들어갔던 것이다. 배가 몹시 고팠다. 나는 한 가지 결심을 했다. 그리하여 마치 돈이 넉넉한 것처럼 저녁식사를 시켜 먹었다. 그리고 아무 생각도 없이 자리에 들어가 편히 잘 잤다.

이튿날 아침에 조반을 먹고 나서 주인에게 계산을 부탁했다. 나는 7밧츠의 숙박료 대신 조끼를 벗어 놓으려고 했다. 그는 굳이 이것을 받지 않고 하는 말이, 지금까지 손님의 옷을 잡은 일은 없다. 7밧츠밖에 되지 않는 돈 때문에 새삼스럽게 물건을 잡을 생각은 없으니 조끼는 그대로 입고 가라. 그리고 나중에 되는 대로 돈을 갚아 달라는 것이었다. 나는 주인의 따뜻한 마음씨에 감동되었다. 이 말은 그 당시보다도 그 후에 나를 감동시켰다. 그 돈은 얼마 뒤에 감사의 인사와 함께 갚아 주었다. 그 뒤에도 나는 다른 사람에게서 더 큰 혜택을 받은 일도 있었지만, 이 선량한 사람의 순박한 인정만큼 고마웠던 일은 거의 없었다.

로잔에 가까이 오자, 나는 이 가난하고 비참한 꼴을 계모에게 보이지 않고 살아갈 수는 없을까 하고 생각해 보았다. 그리하여 나는 터벅터벅 걸어가는 내 자신을 안시에 왔을 때의 방튜르 씨와 비교해 보았다. 나는 이런 생각에 신이 나서 그와 같은 사교술이나 재능도 없으면서도, 로잔에서 방튜르의 흉내를 낼 생각을 하였다. 한 번도 가 보지조차 못 했던 주제에 파리 사람의 행세를 하며, 잘 알지도 못하는 음악을 가르치리라 생각했다. 그러나 그곳에는 내가 있을 만한 교회의 악사장이나 성가대도 없었고, 또 음악 전문가들 틈에 끼이기도 싫고 하여, 이 훌륭한 계획을 실현할 수 있을 만한 싸구려 하숙집을 찾았다.

페로테라는 사람의 집을 누가 가르쳐 주었다. 그는 다시없이 좋은 사람으로 나를 친절하게 맞아 주었다. 나는 계획대로 그에게 거짓말을 늘어놓았다. 그는 이것을 선전하여 나에게 제자들을 모아 주겠다고 약속하였다. 그리하여 하숙비는 내가 돈이 생긴 뒤에 받겠다고 하였다. 하숙비는 5에큐블랑에 불과하였지만, 나에게는 그것도 큰 돈이었다. 그래서 그는 나에게 반 하숙으로 하라고 권했다. 낮에는 스프만 마시고 저녁에 정식을 먹는 하숙이었다. 나는 그의 권고대로 했었다. 페로테는 많은 호의를 가지고 나에게 여러 가지 편의를 제공해 주었고, 나를 위하여 그가 할 수 있는 일은 아낌없이 다해 주었다.

나는 로잔에서 아버지에게 편지를 보냈다. 아버지는 내 짐짝을 보내주고, 충고가 될 말을 적어 보냈다. 이때 나는 이 충고를 좀 유익하게 받아들였어야 했을 것이다. 나에게는 가끔 내 자신도 알 수 없는 정신착란의 순간이 있었다. 여기에 그 뚜렷한 예가 있다. 이때 내 머리가 어느 정도로 돌았고 또 내가 얼마나 방튜르 씨를 닮아가고 있었는가는 내가 한때 얼마나 몰상식한 짓을 저질렀는가를 알 수가 있다.

나는 악보 하나 제대로 읽지 못하는 주제에 음악 선생 노릇을 하였다. 비록 메트르와 함께 지낸 6개월 동안이 한결 도움이 되었다고는 하지만, 그것으로는 부족하였다. 제네바 태생의 파리 사람이고, 또 신교 국가의 천주교도였던 나는 종교와 조국과 아울러 내 이름까지도 바꾸지 않으면 안 되겠다고 생각했다. 나는 될 수 있는 대로 내 모델을 닮아가려고 노력했다. 그리하여 방튜르의 이름이 "방튜르 드 빌리어브"였기 때문에, 나는 내 이름의 "루소"를 "보쏘르"로 바꾸어 "보쏘르 드 빌리어브"라고 자칭하였다. 또 방튜르는 자신은 말하지 않았지만 작곡을 할 수 있었다. 나는 짤막한 유행가 하나 작곡할 줄 모르면서 작곡가 행세도 하였다. 법률학자로 음악에 취미가 대단하여 가끔 자택에서 음악 연주회를 열기도 하는 트레토랑 씨에게 소개를 받고, 나는 이 기회에 내 재주를 한 번 보여 주고 싶었다. 작곡을 어떻게 하는지조차 모르는 주제에, 나는 뻔뻔스럽게도 그 연주회용으로 작곡을 착수했다. 이 기막힌 작품을 위하여 꼬박 두 주일이 걸렸다. 정서를 하고, 파트를 나누고 하여, 그것이 마치 화성의 걸작이나 되는 것처럼 자신을 가지고 열중하였다. 그리고 이 훌륭한 작품을 더욱 빛내기 위하여 —— 꼭 거짓말 같은 이야기지만 —— 당시 유행하여 불려지던 미뉴에트 하나를 곡 끝에 덧붙였다. 다음과 같은 이 노래는 당시 널리 유행하였던 것으로 아직도 사람들의 기억에 남아 있을 것이다.

변덕스럽기도 하여라
믿을 수도 없어라

당신의 클라리스가
당신의 순정을 배반하다니!

이 곡은 방튜르 씨가 저음으로, 다른 외설스러운 가사와 함께 가르쳐 준 것이다. 그 가사 덕분에 나는 이 곡을 기억하고 있었다. 나는 이 미뉴에트를 내가 지은 곡 끝에 붙이고 가사만을 삭제해 버렸다. 그러고는 달나라 사람에게라도 보이려는 듯이 대담하게 내 작품이라고 내놓았던 것이다.

이 곡을 연주하기 위하여 사람들은 모였다. 나는 한 사람 한 사람에게 음률과 연주법과 각 파트의 주의에 대하여 설명을 했다. 나는 몹시 분주하였다. 그들의 악기를 조절하는 데 걸렸던 5, 6분 동안이 나에게는 5, 6세기나 되는 것처럼 느껴졌다. 마침내 준비가 다 되었다. 나는 "준비"의 신호로 지휘대를 고운 종이 두루마리로 대 여섯 번 두드렸다. 장내는 조용해졌다. 나는 엄숙하게 박자를 맞추기 시작했다. 연주가 시작되었다……. 프랑스 오페라가 생긴 이래로 사람들은 이렇게 엉터리 음악을 들은 일이 없을 것이다. 내가 뽐내던 재주를 사람들이 어느 정도로 기다리고 있었는지는 모르지만, 좌우간 결과는 그들이 예상했던 것보다도 더욱 좋지 못했다. 악사들은 터지는 웃음을 억지로 참고 있었으며, 청중들은 눈이 휘둥그레졌다. 그들은 귀를 틀어막고 싶었겠지만 차마 그럴 수는 없었다. 지독한 내 연주자 녀석들은 귀머거리의 고막이라도 터뜨릴 작정인지 악기를 마구 긁어대는 것이었다. 나는 꾹 참고 지휘를 계속하였다. 구슬 같은 땀방울이 비오듯 쏟아졌다. 바늘방석에 앉은 것 같은 심정이었지만 도망갈 수도 없어서 억지로 버티고 서 있었다. 설상가상으로 청중들의 속삭이는 말소리가 내 귓전을 두들겼다. 어떤 사람이,

"이거 정말 못 견디겠군."

하자 다른 손님은,

"빌어먹을 별놈의 음악도 다 보겠네."

이렇게 말하자 또 이번에는,

"이거 아주 난장판이로군."

하는 소리도 들려 왔다.

불쌍한 장 자크여, 이 비참한 꼴을 당하던 그때, 그대가 행여 뒷날 프랑스 왕과 만조백관들 앞에서, 그대가 지은 악곡이 감탄과 절찬의 환호를 불러일으키고, 그대 주위 특별석에 앉은 귀부인들이 "정말 아름다운 음악이예요! 참 황홀한 멜로디군요! 소리 하나하나가 가슴에 스며 들어오지요?" 하는 속삭임을 들을 수 있을 줄이야 꿈에나 생각을 하였으랴.

그런데 청중들의 기분을 돌려준 것은 미뉴에트였다. 처음 몇 박자를 연주하자 여기저기서 웃음소리가 터져 나왔다. 모두들 내 음악의 취미를 축하해 주었다. 이 미뉴에트야말로 세상에 널리 알릴 만하며 어디에 내놓더라도 손색이 없다고들 하였다. 이때 내 마음의 괴로움을 설명하거나, 또 이 괴로움이 당연한 결과라는 것을 고백할 필요조차 없을 것이다.

이튿날 연주자의 한 사람이었던 류톨이라는 사나이가 찾아왔다. 그는 나의 연주회가 성공하였다고 축하할 만큼 간사하지는 못한 사나이였다. 나는 내 자신이 못난 짓을 저지른 데 대한 뉘우침과 부끄

러움과 절망과 심한 고통에 견디지 못하여, 그에게 모든 것을 고백하지 않을 수 없었다. 나는 눈물이 왈칵 쏟아졌다. 그리고 나는 그에게 비밀을 지켜 달라고 부탁하였다. 그도 말하지 않겠다고 약속했다. 그러나 그가 얼마만큼 약속을 이행하였는지는 상상할 수 있었다. 그날 밤으로 로잔의 모든 사람들은 내 본성을 다 알게 되었던 것이다. 그러나 이상하게도 나에게 그것을 아는 체하는 사람은 하나도 없었다. 그 사람 좋은 페로테도 이 내막을 안 뒤에도, 별로 나를 싫어하지도 않고 계속하여 나를 묵게 하고 먹여 주었다.

나는 정말 우울한 나날을 보내고 있었다. 첫무대의 결과가 이러했기 때문에 로잔에 체류하는 것이 유쾌할 수는 없었다. 제자들도 별로 오지 않았다. 여자 제자는 더 말할 것도 없었고, 시내에서는 한 사람도 오지 않았다. 제자라고 기껏 찾아온 것이 두서너 명의 우둔한 독일 사람 뿐이었다. 그들도 내 무식에 못지않은 바보들이어서 나는 몹시 싫증이 났다.

이렇게 심한 굴욕 가운데서도 그 아름다운 두 아가씨에게서 이따금 보내오는 소식이 말할 수 없이 달콤한 위안이 되었다. 나는 항상 여성에게서 커다란 위안을 받았다. 내가 아무리 심한 역경에 놓여 있을 때라도, 사랑스러운 여인이 내게 관심을 가져 준다는 생각만큼 내 불행한 고민을 어루만져 주는 것은 없었다. 이 편지의 왕래는 오래지 않아 끊어진 채로 더 계속되지 못하였다. 그것도 책임은 내게 있었다. 주소를 옮기고도 그녀들에게 이것을 알리지 않았던 것이다. 그리고 항상 내 자신에 대한 생각에 몰리다 보니, 어느 새 그녀들의 생각은 까마득하게 잊어버리고 말았던 것이다.

나는 꽤 오랫동안 엄마 이야기를 하지 않았다. 그렇다고 내가 그녀를 잊어버렸다고 생각하면 큰 착각이다. 내가 엄마를 그리워하는 생각과 다시 만나고 싶은 소원은 한시도 내 마음에서 떠난 적이 없었다. 그것은 다만 내가 곤란했기 때문이 아니라, 그보다는 오히려 애정 때문에 그러했다. 그녀에 대한 나의 애착이 비록 강하고 깊었지만, 그로 인하여 내가 다른 사람을 사랑하는 데 방해가 되지는 않았다. 물론 그 사랑하는 내용이 좀 다르기는 하였다.

엄마도 다른 여자와 마찬가지로 그 아름다움 때문에 내가 그녀를 사랑하게 된 것만은 사실이었다. 하지만 다른 여성에 대한 나의 사랑은 오직 아름다움에만 뿌리를 박고 있었기 때문에, 그 아름다움이 사라지면 자연히 내 사랑도 없어지는 것이었다. 그러나 엄마만은 비록 늙거나 보기 싫어진다 할지라도 그녀에 대한 내 사랑만은 변함이 없을 것 같았다. 나는 처음에는 그녀의 아름다움을 존경하여 사랑하게 되었지만 차차 나중에는 그녀의 인격을 존중하여 사랑하였던 것이다. 내가 다른 여성을 사랑할 때는 그녀에 대한 내 마음이 소홀해진 것만은 사실이었다. 그러나 그녀를 생각하는 즐거움에는 변함이 없었다. 그리하여 그것이 연정에서 나온 사랑이든 아니든 간에 내가 그녀를 생각하게 되면 으레 그녀 없이는 진정한 내 행복은 있을 수 없다고 생각하지 않은 때가 없었다.

비록 내가 오랫동안 그녀의 소식을 모르고 있었지만, 나는 그녀를 아주 잃어버렸다거나 그녀가 나를 잊고 있다고 생각되지는 않았다. 머잖아 그녀는 내가 방랑하고 있다는 사실을 알게 될 거야. 그러면 그녀는 내게 어떤 소식을 전해 줄 거야. 우리는 틀림없이 만나게 될 거야 —— 이렇게 나는 생각하고 있었다.

그러는 동안에도, 나는 그녀의 고향에서 머물러 있으면서, 그녀가 걷던 거리를 나도 거닐고, 그녀가 살던 집 앞을 지난다는 것은 즐거운 일이었다. 그러나 이런 것은 모두 내 추측에 불과했던 것이다. 왜냐하면 나는 타고난 소심 때문에 누구에게도 그녀에 관하여 물어볼 용기가 없었다. 그리고 여간한 경우가 아니면 그녀의 이름마저 입에 올릴 수가 없었다. 그녀의 이름을 입 밖에 낸다는 것은 마치 내게 품은 그녀의 감정을 배반하는 것처럼 생각되었고, 마음 속 깊이 간직한 비밀을 폭로하는 것같이 느껴졌고, 그녀에 대하여 욕을 보이는 것처럼 생각되었다. 그리고 남들이 행여 그녀에게 대하여 나쁜 말이나 하지 않을까 하는 두려움도 곁들여 있었던 것이다. 사실 그녀가 고향을 떠난 데 대하여는 여러 가지 소문이 떠돌았고, 행실에 대해서도 더러 소문이 떠돌고 있었다. 듣고 싶지도 않은 이야기를 떠드는 것이 두려워서, 나는 차라리 그녀에 관한 말은 아무 것도 듣지 않는 편이 좋을 것 같았다.

제자들 때문에 특별히 방해되는 일도 없었고, 또 그녀의 고향이 로잔에서 불과 40리밖에 되지 않았으므로, 나는 2, 3일간 그곳으로 소풍을 떠났다. 이 2, 3일 동안 나는 맹렬한 감흥에 휩싸여 있었다. 제네바 호수와 호반의 아름다운 경치는 끊임없이 내 눈을 매혹하였다. 그것은 단지 자연의 아름다움뿐만이 아니라 말할 수 없는 어떤 매력을 가지고 내 감흥을 돋우어 주는 것이었다. 보 지방 가까이 오게 되면, 나는 언제나 이 고장에서 태어난 바랑 부인 생각, 여기에서 살던 아버지 생각, 내 가슴에 처음으로 불을 붙여 준 불송 양의 생각, 소년시절에 즐거웠던 여행에 대한 생각 —— 이런 추억에서 일어나는 어떤 인상을 받는다. 어쩌면 이 인상은 그런 추억보다도 더욱 그윽하고 강렬한 데서 오는 것같이도 느껴졌다. 따라가도 따라가도 붙잡을 수 없는, 그리고 내가 그것 때문에 태어난, 평화롭고 행복한 생활에 대한 힘찬 욕망이 공상의 날개를 펴게 할 때면, 내 마음은 으레 이 아름다운 호수에 가까운 보 지방을 맴돌고 있었던 것이다. 나는 꼭 이 아름다운 호수 가까이에 과수원을 하나 소유하고 싶다. 그 밖에는 아무것도 필요하지 않다. 다만 믿을 만한 친구 하나와 사랑스러운 여인 하나와 암소 한 마리, 그리고 작은 배 한 척이 필요하다. 이것들만 구비하게 되면, 그때에는 나는 지상에서 가장 완전한 행복을 누릴 수 있으리라 —— 이런 공상적인 행복을 찾아서 내가 이곳에 몇 번이고 갔던 그 순진성을 생각하면 지금도 웃음이 난다.

이 브베를 여행하는 동안 나는 아름다운 호반을 따라가며 한껏 달콤한 우수에 잠겼다. 내 마음은 수많은 행복을 갈망하여 불타고 있었다. 나는 감동하고 탄식하며 어린애처럼 눈물을 흘렸다. 가던 발을 멈추고, 바위에 올라앉아 한없이 울기를 몇 번이나 했던가! 물 위에 떨어지는 눈물방울을 보고 마음을 달래기는 또 몇 차례였던가!

내가 로잔에 얼마나 머물러 있었는지 정확하게는 말할 수가 없다. 나는 이 도시에서 추억이 될 만한 사건을 별로 가지지 못하였다. 다만 내 기억에 남아 있는 것은 거기에서 일이 별로 없었기 때문에, 뇌샤텔로 자리를 옮겼고 이곳에서 겨울을 지낸 일이다. 여기에서는 일이 좀 잘되어갔다. 제자들도 생겨 그 사람 좋은 페르테에게 진 빚도 갚아 주었다. 그는 내게 받을 돈이 꽤 많았는데도 짐까지 친절하게 부쳐 주었던 것이다. 나는 제자를 가르치는 동안에 저절로 음악을 배우게 되었다. 생활도 꽤 넉넉해졌다. 지각이 있는 사람이었다면 그것으로 만족했을 것이다. 그러나 안정할 줄 모르는 내 마음은 다른 것을 요구하고 있었다. 일요일이나 휴일이 되면 근처 들이나 숲속을 헤매며 공상에 잠기거나 탄식하곤 하였다. 아침에 교외로 나가면 날이 저물어야만 돌아왔다.

어느 날 나는 부드리에 갔다가 점심을 먹으려고 어떤 주막에 들어갔다. 거기에는 그리스 식의 보라색 옷을 입고 털모자를 쓴 수염이 긴 사나이가 하나 있었다. 그 차림이나 태도가 꽤 점잖아 보였다. 그 사나이는 알아들을 수 없는 말로 지껄이고 있었다. 모두들 멍하니 있었다. 그가 쓰는 말은 이탈리아어 같았다. 나는 대충 그의 말을 알아들을 수가 있었다. 그는 주인이나 다른 사람들에게 손짓, 몸짓으로 겨우 그의 의사를 나타내고 있었다. 내가 몇 마디 이탈리아 말로 물어보니, 그는 완전히 알아들었다. 그는 몹시 기뻐하며 내게로 달려와서 나를 끌어안고 어쩔 줄을 몰라 했다. 두 사람의 관계는 즉석에서 맺어졌고, 나는 그의 통역 노릇을 하였다. 그의 식사는 훌륭하였고 내 것은 보잘 것 없었다. 그가 나와 함께 식사하기를 권하기에, 나도 사양하지 않고 함께 먹었다. 술을 마시며 농담을 하는 동안에 우리는 아주 친해져서, 식사가 끝났을 때에는 서로 헤어질 수 없는 사이가 되고 말았다.

그의 말에 따르면, 그는 그리스 주교로 예루살렘의 수도원장이며, 이번에 성묘 재건을 위하여 유럽 여러 나라로 모금 운동을 나왔다는 것이다. 그는 러시아 여왕과 독일 황제에게서 받은 화려한 특허장을 꺼내 나에게 보여 주었다. 그리고 그는 다른 여러 나라 군주들의 특허장도 가지고 있었다. 그는 지금까지의 모금 운동은 퍽 수월했다는 것이다. 그러나 독일에서는 예상 외로 곤란을 많이 겪었다고 했다. 그도 그럴 것이 그는 독일이나 라틴어나 프랑스어는 한 마디도 할 줄 몰랐다. 그리하여 그는 그리스어와 터키어와 프랑스어를 사용하는 수밖에 없었으니 말이다. 그는 나에게 비서 겸 통역으로 자기와 함께 다니자고 청했다. 내가 새로 사 입은 보라빛 양복이 이 새로운 지위에 어울리지 않는 것도 아니었지만, 그래도 역시 초라해 보이는 내 모습으로 보아 쉽게 교섭될 것으로 생각했던 모양이었다. 그의 판단은 정확하였다. 계약은 곧 성립되었다. 나는 그에게 아무것도 요구하지 않았건만, 그는 나에게 여러 가지를 약속했다. 담보도 보증도, 그리고 아는 사람도 없이, 나는 그의 지시대로 몸을 맡기고, 이튿날 벌써 그를 따라 예루살렘을 향하여 출발했던 것이다.

우리는 프리부르 주에서부터 순방하기 시작했는데, 거기서는 별로 성과를 거두지 못했다. 주교의 체면으로 구걸을 할 수도 없었거니와, 개개인에게 동정을 구할 수도 없었던 것이다. 그래서 우리는 그의 임무를 원로원에 알려 약간의 기부금을 받았을 뿐이었다. 다음에 우리는 베른으로 갔다. 여기서는 수속이 복잡하여, 자격 심사를 하는 데만도 하루가 걸렸다. 우리는 "포꽁(매)"이라는 여관에 들었었는데, 이 집은 당시로는 상당히 고급이었고 손님들도 훌륭하였다. 식탁도 풍성하였고 음식도 고급이었다. 오랫동안 나는 싸구려 음식만 먹었었기 때문에, 이 기회에 충분히 영양 보충을 할 필요가 있었다. 수도원장께서도 사교성이 풍부하고, 식사의 취미도 대단하였다.

성격이 쾌활하여 말이 통하는 사람과는 이야기도 잘하였다. 상당히 박식하였고, 이야기할 때 그리스 학식을 꽤 재미있게 끼워 넣을 줄도 알았다. 한 번은 식사가 끝난 뒤 디저트로 나온 호두를 까다가 손가락을 꽤 심하게 다쳤다. 그러자 그는 피가 철철 흐르는 손가락을 여러 사람에게 쳐들어 보이며 이렇게 농담을 하는 것이었다.

"여러분! 보십쇼. 이것이 이교도의 피올시다."

베른에서 나의 역할은 얼마큼 그를 도울 수 있었다. 처음에 걱정했던 것보다도 성과도 좋았다. 이것이 내 자신을 위한 일이었다면, 나는 그렇게 대담하게 말을 잘하지는 못했을 것이다. 일은 프리부르에서처럼 간단하게 끝나지는 않았다. 정부의 장관들과 오랜 시간을 교섭해야 했고, 그 자격심사만도 하루가 모자랐던 것이다. 드디어 모든 수속과 절차가 끝나고, 그에게 원로원의 입장이 허가되었다. 나는 통역사의 자격으로 그를 따라 의사당으로 들어갔다. 그리고 연설을 하게 하였다. 전연 뜻밖의 일이었다. 그렇게 오랜 시간을 두고 한 사람 한 사람 붙들고 설명을 했는데, 이제 새삼스럽게 사전에 아무 얘기도 없었던 것처럼 다시 여러 사람 앞에서 설명을 하라는 것이었다. 나는 당황하지 않을 수 없었다. 나 같은 부끄럼쟁이가 여러 청중들 앞에서, 더구나 베른의 의사당 의원들 앞에서, 아무런 준비도 없이 별안간 연설을 하다니 —— 아무리 해도 이것은 나를 망신시키는 처사밖에는 아무것도 아니었다.

그러나 나는 수줍어하지도 않고 이 일을 했다. 수도원장의 임무를 간단명료하게 설명했다. 나는 그의 모금운동에 이미 협조한 여러 나라 군주들의 신앙심을 높이 찬양했다. 그리고 의원 여러분의 경쟁심을 자극하기 위하여, 각하들의 평소에 너그러운 아량으로 미루어 많은 협조를 기대한다고 말하였다. 다음으로 이 거룩한 사업은 종파를 초월한 선행이라는 점을 강조하고, 이 사업에 협조하는 사람들에게는 하느님의 은총이 내릴 것을 약속한다는 말로 끝을 맺었다. 나는 감히 내가 한 연설의 성과라고는 생각지 않지만, 그 취지가 그들의 찬성을 받은 것만은 사실이었다. 그리하여 수도원장은 의사당을 물러나올 때 훌륭한 선물을 받았으며, 아울러 재치 있는 비서를 두었다는 칭찬까지 받았다.

우리는 베른을 떠나 솔뢰르로 갔다. 수도원장은 독일로 되돌아가서 헝가리와 폴란드를 거쳐 귀국할 예정이었던 것이다. 매우 긴 여행이었다. 그러나 여행을 계속할수록 그의 주머니는 가벼워지기는 커녕, 반대로 점점 무거워 갔기 때문에 그는 이 긴 여행을 별로 걱정하지는 않고 있었다. 걸어가거나 말을 타거나, 나는 항상 즐거웠으므로, 한평생 이렇게 여행을 계속하면 좋을 것 같았다. 그러나 내 운명은 그렇게까지 내버려 두지는 않았다.

솔뢰르에 도착한 우리는 우선 프랑스 대사에게 인사를 갔다. 그런데 우리 수도원장에게는 불행하게도 대사는 바로 보나크 후작이었다. 그는 터키 대사를 지낸 일이 있으며, 그리하여 성모에 관해서는 샅샅이 다 알고 있었다. 수도원장은 15분 동안 그를 면회하게 되었는데 나의 동석은 허락되지 않았다. 대사는 프랑스어를 알아들었고, 이탈리아어도 나만큼은 할 줄 알았던 까닭이다. 면회가 끝나고 수도원장이 물러갈 때, 나도 함께 가려 했으나 나는 제지당하고 말았다.

이번에는 내가 만나 볼 차례였다. 나는 파리 사람으로 알려져 있었으므로 대사의 권한에 속하게 되어 있었다. 그는 나에게 뭘 하는 사람이냐고 묻고, 사실대로 고백하라고 타일렀다. 나는 그렇게 하겠다고 약속하면서 조용히 면접해 줄 것을 청했다. 그는 나의 청을 들어 주었다. 대사는 나를 그의 서재로 데리고 가더니 문을 잠갔다. 나는 그의 발밑에 엎드려 모든 것을 그에게 고백하였다. 그런 약속이 아니었더라도 아마 나는 진실을 털어놓았을 것이다. 왜냐하면 이렇게 흉금을 털어놓고 싶은 나의 요구가 항상 입술까지 치밀어 올라오고 있었던 터였다. 그리고 이미 악사 류톨에게도 통째로 털어놓았었는데, 지금 와서 보나크 후작에게 구태여 숨겨 둘 필요도 없는 노릇이었다. 그는 내 신상 이야기를 듣고, 또 내가 솔직하게 고백하는 태도를 보고 만족해하였다.

그는 내 손을 잡고 자기 부인 방으로 가서 내 이야기를 대충하고 그녀에게 나를 소개해 주었다. 보나크 부인은 나를 친절히 맞아 주었고, 그 그리스 수도사를 따라가게 해서는 안 된다고 했다. 이렇게 하여 나는 무슨 일이 있을 때까지 당분간 이 대사관에 머물러 있도록 되었다. 나는 그동안 호의를 베풀어 준 수도원장에게 작별 인사라도 하려고 했으나 허락하지 않았다. 내 대신 다른 사람이 가서 내가 제지된 것을 그에게 알렸더니, 15분쯤 뒤에 내 작은 보따리만 보내져 왔다.

나도 차차 경험을 쌓은 탓인지 공상적인 계획성도 줄어들었다. 예를 들면 보나크 대사부인의 애인이 되겠다는 그런 생각도 없었을 뿐 아니라, 이 대사관에 오래 붙어 있어 봐야 별로 신통한 길이 열리지 않을 것 같은 생각이 들었던 것이다. 그래서 대사가 나에게 무엇이 되고 싶으냐고 물었을 때, 나는 파리에 꼭 가고 싶다고 말하였다. 대사도 내 생각에 찬동하였다. 그로서는 대단치는 않았지만 거추장스러운 혹을 떼어 버리고 싶었던 것이다. 마침 대사의 통역관인 메르베유 씨의 말에 의하면, 프랑스에 주재하고 있는 스위스 사람인 고다르 대령이라는 친구가 있었다. 그는 어려서 입대한 그의 조카를 돌볼 사람을 구하고 있는 중인데, 내가 적임자로 생각된다고 하였다. 그의 제안은 간단히 채택되어 나의 출발이 결정되었다. 한편 나는 나대로 여행을 한다는 생각과, 가는 곳이 파리이다 보니 솟아오르는 기쁨을 금할 수 없었다. 그리하여 나는 여러 가지 훈계와 몇 통의 소개장과 아울러 100프랑의 여비를 받아가지고 길을 떠났다.

이번 여행은 보름이 걸렸다. 이 보름 동안도 내 생애 중에서 즐거웠던 날로 칠 수 있을 것이다. 나는 젊음과 건강과 충분한 돈과 많은 희망을 지니고 있었다. 더구나 나는 혼자서 도보로 여행을 했던 것이다. 사람들은 내가 이 마지막에 든 조건을 이상하게 생각할지 모른다. 그러나 나는 항상 즐거운 공상을 하고 있었다. 그런데, 이 즐거운 공상은 내가 혼자서 걸어서 여행을 할 때 가장 잘 떠오르는 것이었다. 만일 마차에서 나에게 자리를 권하거나 누가 말이라도 걸어오면, 모처럼의 내 공상의 세계는 산산조각이 나는 것이었다.

이번에는 내 생각도 군인답게 씩씩하였다. 나는 한 군인의 시중을 들게 된다. 그리고 머지않아 나도 군인이 될 것이다. 나는 사관후보생으로 군인생활을 시작하도록 결정되어 있었던 것이다. 나는 이미 흰 깃털로 꾸민 군모를 쓴 장교복 차림의 내 늠름한 모습을 보는 듯했다. 나의 근시가 좀 마음에 걸렸지만 그 때문에 큰 지장은 없을 것 같았다. 이런 결함 쯤은 내 침착성과 대담성이 충분히 보충해 줄 것 같았다. 나는 숌베르 장군이 심한 근시였다는 것을 읽은 일이 있다. 내가 근시라고 해서 루소 장군이 되어서 안 될 일이 무엇이람! 나는 이런 부질없는 공상에 잠기고 있었기 때문에, 초연과 포화 속에서 망원경을 손에 들고 태연스레 명령을 내리고 있는 내 자신이 눈에 보이는 듯했다. 그러나 시원한 들판을 지나고, 울창한 숲과 맑은 시내를 보자, 그 아름다운 광경에 감격하여 한숨이 절로 나왔다. 빛나는 영광을 꿈꾸면서도, 내 마음은 그런 번거로운 것에는 맞지 않는다고 생각되었다. 그래서 나는 장군의 공훈을 단념하고 또다시 정든 목장으로 돌아가는 자신을 발견하는 것이었다.

파리에 도착하고 보니 내가 상상한 것과는 딴판이었다. 나는 토리노에서 외관이 화려하고 거리가 아름답고 건물이 즐비한 것을 보았었기 때문에 파리는 그 이상의 것으로 상상했었다. 내가 꿈 속에 그리던 파리는 웅장하고 화려하여, 대리석이나 황금의 궁전으로만 둘러싸인 눈부신 도시였다. 그런데, 생 마르소의 변두리로부터 들어가며 내가 본 것은 비좁고 더러운 냄새가 풍기는 거리, 거무스름하게 그을린 집들, 불결하고 가난한 모습, 거지, 넝마주이, 짐수레 꾼, 떠벌이는 약장수와 모자장수, 이런 것뿐이었다. 내가 받은 파리의 첫인상이 이러했기 때문에, 그 뒤에 아무리 화려한 것을 보아도, 이것이 내 첫인상을 지울 수는 없었다. 뿐만 아니라 이런 인상은 이 수도에서 사는 데 대한 싫증으로 발전하여 늘 내 마음 속에 남아 있었던 것이다. 그 뒤 내가 이 파리에서 사는 동안에도, 언제나 어떻게 하면 이곳을 벗어날 수 있을까 하고 궁리하였던 것이다.

내가 소개장을 가지고 찾아간 사람들이 나를 대해 주는 태도로 보아 나는 출세의 길이 열릴 것으로 생각하였다. 내가 가장 잘 소개된 데 반해서 가장 냉대를 받은 사람은 슈로베크 씨였다. 이 사람은 군에서 퇴역한 뒤 바뉴외에서 철학자적인 생활을 하고 있었다. 나는 여러 번 그를 찾아갔지만 냉수 한 그릇 주는 일이 없었다. 통역관의 형수인 메르베유 부인과 그의 조카인 근위장교가 오히려 나를 친절히 대해 주었다. 이 모자는 나를 정답게 맞아 주었을 뿐 아니라, 그들의 식사에까지 나를 초대하곤 하였다. 파리에 있는 동안 나는 그들에게서 이런 대접을 자주 받았다.

나는 여러 사람들로부터 많은 호의는 받았지만, 실질적으로 유리한 도움은 별로 받지 못했다. 나에게 자기 조카를 돌봐 달라고 부탁한 고다르 대령은 천하고 인색한 늙은이었다. 그는 돈을 지나칠 정도로 많이 가지고 있으면서도, 내 곤란한 처지를 알면서도 공짜로 나를 부려먹으려고 하였다. 가정교사라기보다는 차라리 자기 조카의 하인 노릇 하기를 내게 바랐다. 만일 내가 그의 조카에게 붙어 있다면 병역은 면제되겠지만, 몇 푼 안 되는 후보생의 봉급을 가지고 살아가야만 했다. 그가 나에게 제복을 주도록 허락한 것도 마지못해 한 일이었다. 사실 그는 나에게 군복으로 지내도록 바랐던 것이다. 그의 이러한 제안에 화가 난 메르베유 부인은 이것을 거절하라고 그랬고 아들도 같은 의견이었다. 부인은 다른 일자리를 구해 보았지만 좀처럼 나타나지 않았다. 나는 사정이 급박해졌다. 100프랑의 여비도 얼마 남지 않았다. 다행히 대사가 추가하여 보내 준 얼마의 돈이 한결 도움이 되었다. 이것으로 미루어 보아 내가 조금만 더 참고 있었다면, 대사는 나를 그대로 내버려 두지는 않았으리라고 생각된다. 그러나 나는 애타게 기다리거나 탄원한다거나 하는 그런 짓은 할 수가 없었다. 그래서 이 일도 끝장이 났다.

그동안에도 나는 그리운 엄마 생각만은 잊지 않고 있었다. 그러나 어디에서 그녀를 찾는담! 내 사정을 아는 메르베유 부인이 수소문을 해 보았지만 헛일이었다. 부인은 겨우 이런 소식을 나에게 전해 주었다. 바랑 부인은 두어 달 전에 파리를 떠났는데, 사부와로 갔는지 토리노로 갔는지 알 수 없으며, 스위스로 떠났다는 말도 있다는 것이었다. 내가 그녀를 따라가려고 하는 데는 그 이상의 소식은 필요 없었다. 그녀를 파리에서 찾는 것보다는 시골에서 찾는 편이 한결 수월하리라고 확신하고 있었기 때문이다.

내가 리옹으로 발길을 돌린 것은 무턱대고 한 짓은 아니었다. 도착하자 나는 엄마의 친구인 샤트레 양을 만나러 샤조트로 찾아갔다. 전에 엄마의 편지를 가지고 온 일이 있었으므로 초면은 아니었다. 그녀의 말에 의하면, 엄마가 리옹을 거쳐 간 것만은 틀림없었다. 그러나 곧장 피에몽까지 갈는지, 또는 사부와에 머물게 될는지 그녀 자신도 결정하지 못하고 떠났다는 것이다. 샤트레 양은 나를 위하여 편지로 엄마의 소식을 알아볼 터이니 답장이 올 때까지 기다리라고 했다. 나는 그녀의 말대로 했다. 그러나 편지의 회답이 급하다든가, 주머니가 비어 오래 기다릴 수 없다든가 하는 말은 차마 할 수가 없었다. 이것은 그녀의 대우가 나빴기 때문이 아니었다. 오히려 그녀는 나를 친절하게 맞아주고, 대등하게 대해 주었던 것이다. 그래서 나는 내 형편을 그녀에게 말함으로써 대등한 신분에서 불쌍한 거지

신세로 전락할 용기가 나지 않았던 것이다.

거리에서 밤을 새운다는 것은 견디기 어려운 고통이었다. 나는 이것을 리옹에서 여러 번 겪어야 했다. 몇 푼 남지 않은 돈은 숙박료보다는 빵 값으로 지불하려고 했던 것이다. 왜냐하면 수면 부족으로 죽을 위험보다는 먹지 못해 죽을 위험이 더 많았기 때문이었다. 이렇게 비참한 처지에 있으면서도 웬일인지 나는 태평세월이었다. 어떻게 살아가야 하나 하는 걱정은 하나도 하지 않았다. 샤트레 양에게로 올 바랑 부인의 회답을 기다리면서 밤하늘의 별을 바라보며 땅바닥이나 벤치 위에 누워서도 마치 장미침대에라도 누운 것처럼 아름다운 꿈을 엮었다.

그로부터 며칠 뒤, 샹베리에 있는 엄마에게서 답장과 아울러 내가 그리로 갈 여비까지 부쳐 왔다. 나는 미칠 듯이 기뻤다. 그 뒤에도 돈에 쪼들리긴 하였지만 밥을 굶을 정도는 아니었다. 내가 가난과 굶주림에 시달린 것은 일생을 통하여 이것이 마지막이었다.

이제 곧 그리운 엄마를 다시 만나게 된다는 기대로 말미암아, 나의 그 공상도 잠깐 중단되었다. 내가 실제로 맞이할 행복이 기다리고 있었기 때문에, 구태여 공상 속에서 행복을 추구할 필요가 없었던 것이다. 나는 그리던 엄마를 다시 만날 수 있을 뿐 아니라, 그녀 옆에서 즐거운 생활을 할 수 있게 되었던 것이다. 엄마의 편지에 의하면, 이번에는 내게 적당하고 다시는 멀리 떠나지 않아도 될 그런 일자리를 구해 놓았다는 것이었다. 나는 그 직업이 무엇일까 하고 여러 가지로 상상해 보았지만 도무지 추측할 수가 없었다. 나는 편안히 여행할 수 있을 정도의 돈을 가지고 있었다. 샤트레 양은 말을 타고 가라고 권했지만, 나는 이것을 거절하였다. 그것은 참 잘 한 일이었다. 왜냐하면 이번 여행이 내게는 마지막으로 즐거운 도보여행이었기 때문이다.

그리운 엄마가 가까워질수록 내 가슴은 기쁨으로 마구 뛰었다. 그러나 나는 걸음을 빨리하지는 않았다. 나는 느릿느릿 걸어가다가는 마음을 끄는 데가 있으면 발길을 멈추었다. 방랑생활이야말로 내게 알맞는 생활이다. 화창한 날씨에 아름다운 고장을 목적지로 삼고 즐거운 기대를 걸면서 유유하게 걸어서 여행한다는 것은 내 생활 가운데서도 가장 내 취미에 맞는 일이었다. 그런데 내가 말하는 아름다운 고장이란 이미 독자 여러분이 짐작할 수 있는 그런 곳이다. 아무리 아름답더라도 평탄한 곳이어서는 안 된다. 급류와 거목과 울창한 숲과 연이은 산들과 오르내리는 험한 길과 소름이 끼치는 절벽이 있어야 했다. 이번 여행에는 그런 재미를 마음껏 누렸다. 사다리재라는 높은 봉우리에서 멀지 않은 샤이어라는 곳에 바위를 깎아 만든 길 아래로 작은 급류가 여울져 흐르고 있었다. 길 가에는 사고를 방지하기 위하여 쳐놓은 난간이 있었다. 나는 이 난간에 몸을 의지하고 골짜기 아래를 굽어보며 아찔아찔한 현기증을 마음껏 느낄 수가 있었다. 내가 절벽을 좋아하는 까닭은 이 현기증을 맛볼 수 있기 때문이다. 몸이 안전하기만 하면 나는 이 현기증이 한없이 즐거운 것이다. 나는 난간에 몸을 기대고 얼굴을 내밀어 푸른 물과 거품을 일으키는 여울을 내려다보면서 몇 시간이고 서 있었다. 200미터나 되는 저 아래에서 도도히 흐르는 이 냇물 소리는 이 숲에서 저 숲으로 날아다니는 까마귀와 새들의 울음소리 사이사이로 들려 오는 것이었다.

샹베리에 좀 더 가까이 왔을 때, 나는 이와는 또 다른 면에서 아름다운 광경을 보았다. 지금까지 내가 본 가운데서 가장 아름다운 폭포가 있었는데, 길은 그 밑으로 뚫려 있었다. 산이 하도 가팔라서 물이 바위를 스치지 않고 그대로 활 모양으로 떨어졌기 때문에, 잘하면 몸도 적시지 않고 폭포 속을 지날 수가 있었다. 그러나 여간 조심을 하지 않고서는 나처럼 물벼락을 맞기에 십상이었다.

드디어 나는 샹베리에 도착하였다. 그리고 그리던 엄마를 다시 만났다. 내가 들어갔을 때, 그녀에게 재무국장이 와 있었다. 엄마는 아무 말 없이 내 손목을 잡더니 애교를 떨며 나를 그에게 소개했다.

"국장님, 이 애가 바로 전부터 말씀드린 그 젊은이예요. 쓸모가 있으면 잘 돌봐 주세요. 그러면 전 이제 아무 걱정을 안 해도 되겠습니다."

그러고 나서 나에게 이렇게 말했다.

"넌 이제부터 임금님을 섬기게 되었단다. 국장님께서 많이 애써 주셨으니 감사하다는 인사라도 드려라."

나는 어리둥절하여 눈이 휘둥그레졌다. 나는 다시 고개를 든 공명심이 머리를 혼란시켜, 하마터면 벌써 재무국 차장이라도 된 듯이 우쭐댈 뻔했다. 내 지위는 이때 상상했던 것만큼 훌륭한 것은 못 되었다. 그러나 생활문제는 해결되었다. 나는 무엇보다도 그것이 고마웠다. 그 직업이란 다음과 같은 것이었다.

빅토리오 아마디오 왕은 근년에 있었던 전쟁의 결과와 조상으로부터 물려받은 영지의 위치 등으로 보아 머지않아 그 영지가 자기 수중으로부터 떨어져 나갈 것을 예상하고, 그 영지에서 짜낼 수 있는 데까지 짜낼 궁리를 하고 있었다. 그리하여 귀족들에게 더 많은 세금을 부과하기로 결심한 왕은 실질적으로 더 많은 과세를 하기 위하여 전국적으로 지적 조사를 실시하게 하였다. 이 사업은 부왕 대에 시작하여 아들 대에 완성되었는데, 이 사업에는 측량사와 서기를 합쳐 200~300명이 종사하게 되었다. 엄마는 이 서기 자리에 내가 들어가도록 주선해 주었던 것이다. 대단한 수입은 아니었지만, 이 고장에서는 궁색하지 않게 살 만한 대우였다.

나는 도착하자마자 그 일을 시작하게 되었다. 이 일은 조금도 어려운 것이 없었으므로, 나는 곧 익숙해졌다. 이리하여 나는 제네바를 떠나온 뒤 4, 5년 동안의 방랑생활과 온갖 고생 끝에 비로소 정당한 방법으로 생활하기 시작하였던 것이다.

내 소년시절의 이와 같은 장황한 이야기는 필시 여러분에게는 유치하게 생각되었을 것이다. 이 점에 대해서는 나도 미안하게 생각한다. 어느 점에서는 날 때부터 의젓한 면이 있었으면서도, 나는 사실 오랫동안 어린애였다. 뿐만 아니라 어느 점에서는 아직도 나는 어린애이다. 나는 독자 여러분에게 한 위대한 인물을 그려 보이겠다고 약속하지는 않았다. 있는 그대로의 내 자신을 나타내 보일 것을 약속했을 뿐이다. 그리하여 후년의 나라는 인간을 이해하려면 젊은 시절의 나를 잘 알아두지 않으면 안 된다.

만약에 내가 여러분 앞에 결과만을 내놓고 "이것이 내 성격이다"라고 말한다면, 여러분은 아마 이것을 거짓말이라고까지 생각하지는 않겠지만, 적어도 내 자신의 착각이라고 생각할는지 모른다. 그러나 나에게 일어난 모든 일, 내가 행하고 생각하고 느낀 모든 일을 솔직하게 설명한다면, 내가 고의로 하지 않는 한, 독자 여러분을 그르치게 하는 일은 없을 것이다. 설사 나에게 고의가 있다 할지라도 이런 방법으로는 쉽사리 성공할 수는 없을 것이다. 이런 개개의 사실을 종합하여, 여기에서 판정을 내리는 일은 독자 여러분의 권한에 속하는 일이다. 결론은 여러분 자신이 내리지 않으면 안 된다. 이때 여러분이 착각을 한다면, 그 잘못은 여러분의 것이 될 것이다. 그리고 내 고백은 솔직하다는 것만으로는 부족하다. 그것은 동시에 구체적이 아니어서는 안 된다. 사실의 경중을 판정하는 것은 내가 할 일이 아니다. 나는 다만 모든 것을 사실 그대로 폭로하고 그 선택은 독자 여러분에게 일임하지 않으면 안 된다. 이 점에 관해서 나는 지금까지 대담하게 전력을 기울여 왔다. 앞으로도 나의 이런 태도는 변함이 없을 것이다. 중년 이후의 나의 추억은 젊은 날의 추억에 비하면 언제나 생기가 적다. 나는 소년시절의 추억을 지금까지 되도록 많이 이용하였다. 중년기의 추억에 들어가서도 같은 태도로 나간다면, 아마 성급한 독자들은 지루하게 생각할 것이다. 그러나 나는 이 작업에 대하여 조금도 불만을 느끼지는 않을 것이다. 나는 이 계획에 있어서 두려운 것이 단 하나 있다. 그것은 내가 말을 너무 많이 한다거나 거짓말을 한다거나 하는 걱정이 아니다. 그것은 오히려 내가 말을 다하지 않는 것과 진실에 대하여 침묵을 지킨다는 것이다.

제 5 부

1732~1736(20세~24세)

앞에서 말한 것처럼, 내가 샹베리에 도착하여 국왕의 지적조사에 종사하기 시작한 것은 틀림없이 1732년의 일이었다. 나는 스물 한 살의 나이를 맞이하고 있었다. 나이에 어울릴 만큼 지적인 면은 발달되어 있었지만, 판단력은 뒤떨어져 있었다. 그리하여 나에게는 나를 인도해 줄 지도자가 필요했다. 왜냐하면 지난 몇 해 동안의 경험으로도 나의 그 낭만적인 공상을 하는 버릇은 근본적으로 고쳐지지 않고 있었으며, 온갖 고난을 겪었음에도 불구하고 아무 교훈도 얻지 못한 것처럼, 아직도 세상이나 사람에 대하여 아는 바가 별로 없었기 때문이다.

나는 우리 집, 즉 엄마의 집에서 살고 있었다. 그러나 안시에서처럼 그렇게 좋은 방은 아니었다. 정원이나 시냇물도 없었고 전원 풍경도 없었다. 엄마의 집은 어둡고 음침했는데, 이 집에서도 내 방이 제일 어둡고 음침하였다. 전망은 벽이 가로막았고 길이라곤 막다른 골목뿐이었다. 공기도 안 통하고 햇볕도 안 들고 비좁은 데다가, 귀뚜라미와 쥐새끼들은 우글거리고 마룻바닥은 썩어 있었다. 아무리 생각해 보아도 즐거운 주택은 못 되었다.

그러나 나는 엄마의 집에 그녀와 함께 있는 것이다. 항상 내 책상에 앉아 있거나, 그렇잖으면 그녀의 방에 가서 있던 나는 방이 더러운 것쯤은 별로 마음에 걸리지도 않았다. 사실 그런 것을 생각할 여가도 없었던 것이다. 그녀가 이런 더러운 집에서 살기 위하여 샹베리에 거처를 정했다는 것은 이상하게 생각될 것이다. 그러나 이런 점에 그녀의 뛰어난 총명이 있는 것이다. 여기에 대하여 잠깐 말해 둬야겠다. 그녀는 토리노에 가기를 몹시 꺼려했다. 최근에 일어난 혁명의 기운이 궁중에서는 아직도 채 가시지 않은 때에 그녀 얼굴을 내놓는 것은 이롭지 않다고 생각하였기 때문이었다. 그러나 그녀는 부득이 거기에 가지 않을 수 없게 되었다. 그것은 소란통에 혹시 그녀가 잊혀지거나 연금이 정지되지 않을까 하는 걱정에서였다. 특히 재무국장인 로랑 백작이 그녀에 대하여 호감을 가지고 있지 않음을 잘 알고 있었던 것이다. 그런데 국장은 샹베리에 집을 한 채 가지고 있었다. 집도 헐었거니와 위치도 좋지 않아 늘 비워 둔 채로 있었다. 엄마는 이 집을 세로 들었던 것이다. 그 결과는 토리노에 여행을 한 것보다도 한결 좋았다. 연금은 정지되지 않았고, 백작은 그 뒤로 친한 사이가 되어 버렸던 것이다.

그녀의 살림은 여기서도 정돈되어 있었으며, 아네도 여전히 그녀와 함께 살고 있었다. 앞에서도 말한 바 있지마는, 아네는 무트류의 농민으로, 어릴 때에는 유라 산중에서 스위스 차의 잎을 따고 있었다. 바랑 부인은 약을 조제하는 데는 식물 채집을 할 줄 아는 하인을 두는 것이 편리하리라고 생각하여, 그를 고용하였던 것이다. 그는 식물 연구에 열의가 있었고, 또 부인도 그것을 권유하고 하여 훌륭한 식물학자가 되었던 것이다. 그가 만일 그렇게 일찍 죽지만 않았더라면 틀림없이 권위 있는 학자가 되었을 것이다. 한편 그는 고지식할 정도로 성실한 사나이였다.

나이도 나보다 손위이고 하여, 말하자면 그는 나의 가정교사 뻘이었으며, 여러 가지 어리석은 행동으로부터 나를 구해 주기도 하였다. 나는 그에게 대하여 저절로 고개가 숙여졌으며, 그의 앞에서는 감히 마구 날뛰는 일이 없었다. 바랑 부인도 그에게는 경의를 표하고 있었으며, 그의 총명과 성실과 그녀에 대한 애착을 알고 있었으므로, 그녀도 그에게 같은 애착을 가지고 대하고 있었다. 아네는 확실히 이상한 사나이였다. 나는 그런 사람을 본 일이 없었다. 침착하고 신중하고 깊이 생각하며, 태도는 냉정하고, 행동이 근엄하고, 말이 간결한 그는 불타는 듯한 감정을 지니고 있었지만 겉으로 나타내지는 않았다.

그런데 그는 평생에 한 번 무서운 광기를 보인 적이 있다. 스스로 음독을 한 것이었다. 이 비극은 내가 온 지 얼마 되지 않아 일어났다. 이 사건으로 말미암아 나는 비로소 하인과 안주인과의 친절한 관계를 알게 되었다. 그녀가 이런 관계를 나에게 말하지 않았던들 나는 결코 눈치 채지 못했을 것이다. 두 사람은 가끔 서로 다투기는 했었지만, 언제나 바로 풀어지곤 했다. 그런데, 그렇지 않은 적이 한 번 있었다. 부인은 화가 나서 그에게 참을 수 없는 모욕적인 언사를 썼다. 그는 이것을 절망적인 소리로 들었다. 그는 병을 들어 아편제를 마시고는, 영원히 눈을 뜨지 않을 결심으로 조용히 가서 누워 버렸다. 다행히도 부인이 불안하고 속이 상해서 집안을 이리저리 돌아다니다가 아편이 담겼던 작은 빈 병을 발견하고 사태를 짐작했던 것이다.

그를 급히 구하려고 그녀는 소리를 질러 나를 불렀다. 그녀는 모든 것을 고백하고 나에게 조력을 호소했다. 우리는 수고를 많이 한 끝에 아편을 토하게 할 수 있었다. 이 광경을 직접 목격한 나는 두 사람의 관계를 그때까지 조금도 눈치 채지 못했던 자신의 우둔함에 새삼 놀라지 않을 수 없었다. 하기야 아네는 워낙 신중한 사나이였으므로 나보다 더 눈치 빠른 사람이라 할지라도 깨닫지 못했을지도 모른다. 그들의 화해에는 나도 적잖이 감동되었다. 그리하여 이때 이후로 나는 그를 더욱 존경하게 되어, 말하자면 그의 제자가 되었다. 그리고 그것은 나에게 해롭지는 않았다.

그러나 나보다도 다른 사람이 그녀와 더 친밀하게 지낸다는 사실을 알았을 때 내 마음은 괴로웠다. 내 자신이 그 지위를 차지하려고 생각하지는 않았었는데, 그래도 다른 사람이 그 자리를 점령한 것을 보니 마음은 못 견디게 괴로웠다. 그것은 당연한 일이었다. 그러나 나는 그를 미워하기는커녕, 오히려 그녀에게 대한 나의 애착이 그에게까지 번져가는 것처럼 느껴졌다. 나는 무엇보다도 그녀의 행복을 바랐었다. 그녀가 행복하기 위하여 그가 필요하다면, 그도 행복한 것이 나에게는 즐겁게 느껴졌다. 그도 그녀의 감정을 존중하여 그녀가 선택한 벗에 대하여 진정한 우정을 품고 있었다. 그는 나에게 대해서도 그가 차지한 권력을 휘두르지 않고, 자신이 판단하여 적당한 권유를 행사할 뿐이었다. 나는 그에게 비난받을 일은 하지 않았고, 그도 내가 잘못한 것 이외에는 나를 비난하지 않았다. 우리는 이런 유대 속에서 살았다. 이 유대는 우리 모두를 행복하게 해 주었다.

내가 샹베리에 도착하여 1741년에 파리로 떠날 때까지 7, 8년 동안의 한 시기가 여기서부터 시작되었다. 이 동안에는 이야기할 사건들이 많지 않다. 내 생활이 유쾌하고 단순하였기 때문이다. 그리고 이 단순한 생활은 끊임없이 고생에 시달려 불안했던 내 성격을 도야하는 데 꼭 필요했었다. 이 귀중한 시기에 마구 뒤섞여 체계가 없던 나의 교육이 견실하게 기반이 닦여, 후년에 닥쳐올 여러 가지 폭풍 속에서도 흔들리지 않을 만한 자아를 형성하게 되었던 것이다. 그 발전은 두드러지지 않게 서서히 진행되어 이렇다 할 사건도 별로 없었지만, 그러나 그 발달의 경위를 여기에서 설명하는 것도 그렇게 쓸모없는 일은 아닐 것이다.

우리들의 계산에는 그다지 어려운 산술은 필요하지 않았지만, 그래도 가끔 막히는 문제가 나왔다. 그래서 나는 산수책 몇 권을 샀다. 그리고 그것을 혼자서 잘 공부했다. 실용산수도 정확하게 하려면 의외로 복잡했다. 때로는 몹시 긴 계산이 있어서 능숙한 기사들도 쩔쩔매는 것을 보았다. 실제와 결부시켜 궁리하면 정확한 개념을 얻을 수가 있어서 간편한 방법도 생각에 떠오른다. 이러한 창의성은 자존심에 쾌락을 주고, 그 방법의 정확성은 이성을 만족시켜 주며, 따라서 별로 마음에 들지 않던 일에도 흥미를 갖게 한다. 나는 산수를 깊이 공부하였으므로 계산으로 푸는 문제에 곤란을 겪은 일은 없었다.

측량기사들의 지도에 채색하는 일은 또한 나에게 그림에 대한 흥미를 갖도록 했다. 나는 화구를 사서 꽃이나 풍경을 그리기 시작했다. 그러나 나는 여기에 정열을 무던히 쏟았는데도, 원래 미술에 대한 소질이 없음은 유감이었다. 크레용과 화필에 묻혀 지낸다면, 몇 달을 방에 처박혀 있어도 견딜 것 같았다. 나는 무슨 취미거나 한 번 빠지면 이 모양이었다. 그 취미에 대한 집착은 점점 더 열렬해져서, 내가 몰두하고 있는 취미 이외에는 세상 아무것도 눈에 띄지 않는 것이었다. 그리고 나에게는 음악에 대한 취미가 점점 자라 드디어는 다른 모든 취미를 압도하고 말았다. 나는 이 예술을 위하여 태어났음이 틀림이 없다. 어릴 때부터 좋아하였으며, 일생을 통하여 한결같이 이 음악만은 사랑해 왔으니까 말이다. 그러나 이상스러운 일은, 내가 이 예술을 위하여 태어났건만 그것을 배우기가 그렇게 어려웠고, 그렇게 발전이 늦었다는 사실이다. 일생을 통하여 공부해 왔건만, 지금도 악보를 보고 자신 있게 노래 한 곡 부를 수가 없는 것이다. 그 무렵 내가 음악을 몹시 즐겼던 것은 엄마와 함께 노래를 부를 수 있었던 까닭이었다. 다른 취미와는 달리 음악은 우리 두 사람을 하나로 맺어 주었던 것이다. 나는 이 점이 좋아서 이용하였고, 엄마도 또한 잘 응해 주었다. 당시 나는 대체로 그녀와 비슷한 정도로 실력을 갖고 있었다. 그래서 두서너 번쯤 연습하면, 우리는 거뜬히 노래 한 곡쯤은 부를 수 있었다. 가끔 나는 화덕 옆에서 무엇을 하고 있는 그녀에게 이렇게 말하는 것이었다.

"엄마, 여기 멋진 이중창곡이 하나 있어요. 이것을 부르다간 엄마 약이 다 타도 모를 거야."

그러면 으레 그녀는,

"정말, 어쩌면! 하지만 약을 태우면 너에게 먹여버릴 테야."

이렇게 대답하였다. 이렇게 농담을 주고받으면서, 나는 그녀를 끌고 피아노 있는 데로 갔다. 우리는 정신없이 노래를 부르다 보면 화덕의 약 같은 건 까맣게 잊어먹는다. 아니나 다를까 노간주나무 열매와 약쑥을 달이던 것이 바짝 타서 붙었다. 엄마는 그것을 가져다 내 얼굴에 마구 문질렀다. 하지만 그런 것이 모두 나에겐 즐겁기만 했다.

나의 음악공부를 완성시켜 준 사람은 아오스타에서 온 팔레 신부라는 젊은 오르간주자였다. 그는 음악도 잘하였지만, 사람도 좋았고, 특히 그의 피아노 반주는 놀라운 솜씨였다. 나는 그와 사귀어 곧 친해져서, 우리는 떨어질 수 없는 사이가 되었다. 그는 유명한 오르간주자인 어떤 이탈리아 신부의 제자였다. 그는 나에게 자기의 음악이론을 말해 주었다. 내가 엄마에게 매월 작은 음악회를 갖도록 제안하였더니, 그녀도 이에 동의하였다. 나는 금세 이 음악회 일에만 열중하게 되어, 다른 일은 통 손에 잡히지 않았다. 악보와 연주자와 악기를 모으고 파트를 정하는 등 일은 많았다. 엄마는 노래를 불렀다. 앞에서도 잠깐 말한 일이 있고 또 뒤에도 말하게 될 카통 신부도 노래를 불렀다. 로슈라는 무용선생과 그 아들은 바이올린을 켰다. 나와 함께 지적과에 근무하는 피에몽의 음악가 카나바는 첼로를 맡고, 피아노 반주는 팔레 신부가 맡았다. 그리고 지휘봉을 휘두르며 전원을 지휘하는 영광은 내가 차지하게 되었던 것이다. 이것이 얼마나 즐거웠으리라는 것은 독자 여러분도 짐작이 갈 것이다.

새 개종자요, 왕의 동정으로 살아간다고 세상에 알려진 바랑 부인의 이 음악회는 몇몇 독신자들에게는 불쾌감을 주었지만, 교양 있는 많은 인사들에게는 즐거운 오락이 되었다. 이 행사에 누구를 두목으로 앉혔는지 독자에게는 짐작이 안 갈 것이다. 그는 수도사였다. 그는 재능도 있고 사랑스러운 신부였는데, 뒤에 그의 불행은 나를 몹시 슬프게 했다. 그에 대한 기억은 즐거웠던 시절의 나의 기억과 함께 아직도 그립기만 하다.

이 분은 성 프란시스코 파의 카통 신부였다. 지난번에 도르탕 백작과 결탁하여 가엾은 메트르 씨의 악보 상자를 압수한 사람이다. 이 일은 그의 일생 동안 가장 아름답지 못한 행위였다. 그는 소르본느 대학의 입학 자격을 가졌던 사람으로, 파리의 상류 사회에서 오랫동안 생활을 했고, 특히 사르디니아 대사 앙트르몽 후작의 마음에 들었었다. 키가 후리후리하고, 얼굴이 둥글고 눈이 툭 불거졌으며, 검은 머리는 이마 양쪽에서 자연스럽게 애교머리를 이루고 있었다. 점잖고 소탈한 모습과 겸손한 태도와 솔직한 성격을 지니고 있었다. 그는 학자로서의 많은 지식은 가지고 있지 않았지만, 사교계 인사로서는 박식한 편이었다. 그는 딱딱한 학문보다는 즐거운 예능을 더 좋아했다. 그는 재치가 있고, 시도 쓸 줄 알고, 말도 유창하게 잘했지만, 노래는 더 잘 불렀으며, 목청도 아름답고 오르간과 피아노도 칠 줄 알았다.

이 카통 신부는 앙트르몽 후작댁에서 엄마와는 알게 된 사이였다. 그는 우리 음악회 이야기를 듣고 회원이 되고 싶어 했다. 그가 오게 되어 음악회는 더욱 활기를 띠게 되었다. 음악에 대한 공통된 취미로 인하여 그와 나는 바로 친해지게 되었다. 우리는 카나바와 팔레 신부와 함께 그의 방에 가서 연주도 하였다. 우리는 가끔 그의 조촐한 식탁에 초대되었다. 그리고 음악회가 있는 날이면, 그는 엄마 집에서 저녁식사를 하였다. 그 저녁식사는 정말로 즐겁고 유쾌하였다. 모두들 마음을 터놓고 이야기를 했으며, 이중창으로 흥을 돋우기도 하였다. 나는 즐거워서 재미있는 농담과 재담을 마구 쏟아놓았다. 카통 신부는 사람들을 웃겼고, 엄마는 사람들로부터 존경을 받았다. 그리고 목소리가 황소 같은 팔레 신부는 악의 없는 웃음거리가 되었었다. 이처럼 즐겁던 그리운 청춘 시절이여! 그대는 아득한 옛날로 가 버렸구나!

불쌍하게 된 카통 신부에 대해서는 앞으로도 말할 기회가 없을 것 같기에, 여기에서 그의 불행한 이야기를 간단히 적어 두려고 한다. 다른 수도사들은 카통 신부의 재능과 고상한 인격을 질투하고 미워했다. 그가 자기네들과 같이 가증스럽지 않았기 때문이었다. 간부들은 결탁하여 그를 반대하고, 지금까지 감히 카통 신부를 쳐다보지도 못하던 풋내기 수도승까지도 선동하였다. 그리하여 그는 많은 모욕을 당하고 면직되어, 자기의 방까지도 빼앗겼다. 검소한 대로 자기 취미에 맞도록 꾸민 이 방에서 쫓겨난 그는 또다시 어디론가 추방되고 말았던 것이다. 요컨대 이런 비열한 놈들이 마구 그에게 모욕을 퍼부었기 때문에, 그의 정직하고 고상한 정신은 여기에 견딜 수가 없었던 것이다. 그리하여 사교계에서 가장 사랑을 받던 총아였던 그는, 어느 컴컴한 토굴 속인지 감옥 안에서 신음하다가 더러운 침대 위에서 마지막 숨을 거두었던 것이다. 그리고 그를 아는 모든 교양 있는 인사들은 그에게는 수도사였다는 잘못밖에는 아무 죄도 없었다는 것을 인정하고, 그를 그리워하고 애도하였던 것이다.

이런 생활을 하는 동안 나는 완전히 음악에만 열중한 나머지, 다른 일은 도무지 생각할 수조차 없게 되었다. 직장에도 마지못해 억지로 나갔다. 거기에서 받는 일의 시달림과 구속을 나는 견딜 수가 없었다. 드디어 나는 직장을 그만두고 음악에만 전력을 다할 생각을 했다. 물론 이런 철없는 내 생각이 그대로 용납될 수는 없었다. 일정한 수입이 없는 음악 교습을 위하여, 고정 수입이 있는 버젓한 직장을 버린다는 것은, 엄마가 동의하기에는 거리가 먼 생각이었다. 설사 내 음악이 크게 발전한다 하더라도, 내 장래를 음악가로 굳혀 버린다는 것은 나의 큰 희망을 너무 작게 한정시키는 결과밖에 안 되는 것이었다. 그러면서도 엄마는 내가 억제할 수 없는 취미에 이끌리고 있음을 잘 알고 있었다. 사실 나의 음악에 대한 열성은 마치 열병 같았다. 이대로 가면 직장에서 파면될 우려까지 있었다. 그럴 바에야 자진해서 사퇴하는 편이 나을 것 같았다.

나는 또다시 엄마에게, 이 직장은 영속적인 것이 못 된다는 점, 그래서 나는 다른 생활 방법을 강구해야겠다는 점, 음악은 내 취미에도 맞고 엄마가 선택해 준 예술이라는 점, 새로운 일을 시작하느니보다는 음악을 실지의 연습으로 완성시키는 것이 제일 빠르고 확실하다는 점 등을 강조하여, 나는 드디어 그녀의 동의를 얻었다. 물론 이것은 그녀가 만족할 만한 이유를 들었기 때문이라기보다, 끈덕지게 귀찮도록 조르고 애원하여 이루어졌던 것이다. 나는 즉시 개선장군이나 되는 것처럼 의기양양하게 지적 조사 총무부장 코첼리 씨에게로 인사를 하러 달려갔다. 이리하여 나는 뚜렷한 원인이나 이유도 없이, 두 해가 채 되기도 전에, 처음 직장을 구했을 때와 같은, 아니 그 이상의 기쁨을 안고 깨끗이 사직했던 것이다.

이것은 확실히 무모한 처사였지만, 그러나 이로 인하여 나는 이 고장에서 존경을 받게 되었다. 그것이 나에겐 도움이 되었다. 어떤 사람들은 나에게 없는 재산을 있는 것으로 추측하였고, 또 다른 사람들은 직장을 그만둘 정도이니 음악에 대하여 어지간히 실력이 있는 것으로 알았다. 소경만 사는 나라에서는 애꾸가 왕이다. 음악 하나 변변히 하는 사람이 없던 이 고장에서 나는 훌륭한 음악 선생이 되어 버린 것이다. 노래에 대한 소질도 있었고, 거기다가 나이나 외모의 덕으로, 나는 얼마 안 가서 서기의 봉급을 충당하고도 남을 만한 여제자들이 생겼다.

사부와 사람들이 부유하지 못한 것은 유감스러운 일이다. 또는 그들이 부유했더라면 유감스러웠을는지도 모른다. 왜냐하면 내가 보기에는 그들은 선량하고 사교적인 국민들이었다. 만일 세상에 언제나 즐거운 교제 가운데서 인생의 기쁨을 맛볼 수 있는 도시가 있다면, 그것은 바로 샹베리일 것이다. 이 고장 귀족들은 그저 생활에 필요한 재산밖에는 가지고 있지 않았다. 출세할 만한 여유는 없었다. 그들은 젊어서는 군직에 복무하고, 돌아와서는 고향에서 여생을 즐겁게 살았다. 젊어서는 명예요, 늙어서는 이성이다.

여자들은 아름답다. 그러나 아름답지 않아도 좋을 것 같았다. 그녀들은 아름다워 보일 수 있는 모든 것을 갖추고 있으며, 또는 그것을 보충할 수 있는 것까지 지니고 있었다. 나는 직업상 여자들을 만날 기회가 많았지만, 이상하게도 샹베리에서는 매력 없는 여자를 본 일이 없다. 그것은 내가 그렇게 생각하였기 때문이라고 말할 사람도 있을 것이다. 일리가 있는 말이다. 그러나 나로서는 굳이 그렇게까지 애쓸 필요가 없었다. 나는 사실 지금도 나의 여제자들을 기쁨 없이는 회상할 수 없을 정도이니까. 여기서 가장 자랑스러웠던 여제자들의 이름을 들어 그 순진하고 행복하였던 시절로 그녀들과 나를 돌이켜보는 것은 어떠할까.

첫째로 들 수 있는 것은 내 이웃에 살던 멜라레드 양이다. 그녀는 갬 씨의 제자의 누이동생이었다. 갈색 머리의 활발하고 귀염성이 있는 그녀는 상냥하고 침착하였다. 그녀는 그 나이의 처녀들이 대개 그러하듯이 좀 여윈 편이었으나 그 빛나는 눈과 날씬한 몸매는 살이 더 찌지 않더라도 사람들의 마음을 끌기에 충분하였다. 나는 아침이면 그녀의 집에 갔다. 그러면 그녀는 집안에서 입던 채로 있었다. 아무렇게나 잡아맨 머리에는 내가 가야 겨우 꽃이라도 한 송이 꽂았다가, 내가 나오면 그제서야 꽃을 빼놓고 머리를 빗기 시작하는 것이었다. 세상 여자 가운데서 평상복 그대로의 미인처럼 무서운 것은 없다. 성장한 미인은 아무것도 아니다. 내가 오후에 들르는 집에 망통 양이 있었는데, 그녀는 가보면 언제나 성장을 하고 있었다. 그녀도 역시 좋은 인상을 주긴 하였지만 전자와는 전연 다른 인상이었다. 그녀의 머리는 잿빛이 감도는 금발이었고, 몹시 귀엽고 수줍은 그녀의 살결은 눈부시게 희었다. 그녀의 목소리는 청아한 피리소리처럼 깨끗하였지만 한 번도 크게 소리지르는 일은 없었다. 그녀의 가슴에는 끓는 물에 덴 흉터가 있었는데, 푸른 단을 두른 네커치프로도 그것을 완전히 가리지는 못했다.

다음으로서는 역시 내 이웃에 사는 샤르 양이 있었는데, 그녀는 그때 이미 성숙해 있었다. 그녀는 키도 크고 몸집도 좋았다. 그녀는 미인이라고는 할 수 없었지만, 애교가 있고, 여자다운 마음씨와 온순한 성격을 지니고 있는 점에서는 손색이 없었다. 그런데 그녀의 언니인 샤르리 부인은 이 샹베리에서 제일 가는 미인이었다. 그녀 자신은 음악을 집어치웠지만, 어린 딸에게 음악 공부를 시키고 있었다. 그 소녀도 머리털만 좀 빨갛지 않았더라면, 이제 막 솟아나기 시작하는 아름다움은 어머니에 못지 않았을 것이다.

그리고 성모방문회에도 프랑스의 아가씨가 하나 있었다. 그녀의 이름은 기억에 없지만 좌우간 내가 좋아하던 제자 가운데 한 사람이었다. 그녀는 이미 수녀의 느릿한 말투가 몸에 배어 있었는데, 이 애는 어울리지 않는 기발한 말을 가끔 했다. 그리고 그녀는 게을러서 자신의 재치를 애써 남에게 보이려 하지 않았다. 내가 한두 달 지도에 태만한 뒤에야 그녀는 비로소 이런 수단으로 내게 정근할 것을 요구했다. 하기는 내 자신은 스스로 그렇게 정근할 생각은 없었던 것이다. 나는 가르치는 동안에는 물론 즐거웠지만, 시간표에 얽매이는 것은 싫었다. 누구에게 속박당하거나 복종해야 하는 것은 언제나 싫었다. 그것은 즐거움마저도 꺼림칙하게 한다.

서민층 가운데도 나의 여제자는 몇 명 있었다. 그 가운데 한 사람은 나와 엄마와의 관계를 변화시킨 간접적인 원인이 되기도 하였다. 어차피 이야기는 다 하기로 했으니, 이에 대한 이야기도 안 할 수 없다. 그녀는 타르 양이라고 하는 식료품상의 딸이었다.

그녀는 마치 그리스 조각의 모델과 흡사하였다. 만일 생명과 영혼이 없는 미라는 것이 있을 수 있다면, 나는 내가 보아 온 중에서 그녀를 최고의 미인으로 들겠다. 그녀의 우둔함과 냉담과 무감각이란 도대체 믿을 수 없을 정도여서, 그녀를 즐겁게 한다던가 성나게 한다는 것은 불가능한 일이었다.

만일 어떤 남자가 그녀를 움직일 수 있었다면, 그것은 그녀의 마음을 움직인 것이 아니라, 그저 그녀가 멍했기 때문이었을 것이다. 그녀의 어머니는 그녀의 이런 위험을 걱정하여 한시도 그녀 곁을 떠나는 일이 없었다. 어머니는 그녀에게 음악을 가르치고, 또 그러기 위해서 젊은 선생에게 붙여 줌으로써 그녀를 쾌활하게 하려고 무진애를 썼던 것이다. 그러나 헛수고였다. 선생이 그녀에게 추파를 보내면, 대신 어머니가 선생에게 추파를 보내는 척해 보였지만 효과는 없었다. 그 어머니는 성격이 쾌활할 뿐 아니라, 딸이 지녀야 할 모든 점까지도 갖추고 있었다. 약간 주름은 졌지만 생기 있는 얼굴은 살짝 곰보였다. 매일 아침 내가 가면 으레 밀크, 커피가 준비되어 있었다. 그리고 그 어머니는 내 입술에 키스를 해서 맞아 주는 것을 잊는 적이 없었다.

나는 이 키스를 그녀의 딸에게 돌리면 그녀가 어떻게 받을는지 한번 해 보고 싶었다. 그러나 이런 짓은 별 뜻이 있는 것이 아니었으므로 남편 라르 씨가 옆에 있을 때도 마찬가지였다. 그는 호인으로 역시 그 아버지에 그 딸이었다. 나는 이런 친절을 단순한 우정의 표시로만 받아들였다. 그러나 라르 부인이 점점 극성을 떨었기 때문에 귀찮아졌다. 어쩌다가 앞을 그대로 지나가면 들르지 않는다고 꼭 잔소리를 했다. 그래서 나는 급할 때는 일부러 다른 길로 돌아가지 않을 수 없었다. 그 집에 들어가기는 쉬웠지만, 나오기란 그렇게 쉬운 일이 아니었기 때문이다.

라르 부인이 하도 끈덕지게 구는 바람에 나도 그녀를 모르는 체 할 수가 없었다. 그녀의 친절에 나는 감동되었던 것이다. 나는 이것을 엄마에게 아무 비밀로 할 필요가 없는 것처럼 이야기했다. 그러나 비밀이 있었다 할지라도 나는 역시 말했을 것이다. 무엇이나 엄마에겐 숨길 수가 없었던 것이다. 내 마음은 엄마 앞에서는 마치 하느님 앞에서처럼 무엇이나 말하지 않을 수 없었던 것이다. 그러나 엄마는 이 사건을 나처럼 단순하게 생각하고 있지 않았다. 그녀는 이것을 우정 이상의 것으로 생각하고 있었다. 라르 부인은 나의 어리석음을 일깨워 가다가 어떤 방법으로든지 그녀의 속마음을 내가 눈치채도록 할 것이라는 것이 엄마의 생각이었다. 또한 엄마는 자기의 제자의 교육을 다른 부인이 맡는다는 것을 정당하지 못하다고 생각했을 뿐 아니라, 내 나이나 처지로 보아 빠지기 쉬운 유혹으로부터 나를 보호해야 한다는 정당한 이유도 가지고 있었다.

같은 무렵에 나는 많은 유혹에 부딪혀 있었다. 다행히 그것을 모면하기는 했지만, 이와 같이 나에게 닥쳐오는 위험에 대해서 될 수 있는 대로 방법을 다하여 무슨 예방책을 강구해야 되겠다고 그녀는 생각했던 것이다.

엄마는 젊음이 빠지기 쉬운 과오에서 나를 구해내기 위하여, 나를 한 사람의 남자로서 다룰 때가 되었다고 생각하고 있었다. 그리고 엄마는 그것을 실천했는데, 그러한 경우 여자로서 생각해 낼 수 있는 가장 묘한 방법을 선택했던 것이다.

엄마의 태도는 보통 때보다 더 엄숙하였고 말도 교훈적이었다. 평소에는 교훈도 농담을 섞어 명랑하게 말하던 엄마가 정색을 하고 설명적으로 말하는 것이었다. 나는 그녀의 이런 갑작스런 변화의 이유를 생각다 못 하여 엄마에게 물었다. 엄마는 나의 이 질문을 기다리고 있었던 모양이다. 그녀는 내일 우리의 작은 화원으로 소풍을 가자고 말했다.

우리는 아침 일찍 화원으로 갔다. 엄마는 이 날을 하루종일 둘이서만 지낼 수 있도록 시간을 미리 짜 놓았던 것이다. 그녀의 처음 꺼내는 말과 그 예비적인 태도에 나는 어딘가 모르게 불안해졌다. 그녀가 이야기하는 동안 나는 그대로 멍하니 정신 나간 사람처럼 듣고 있었다. 그리하여 엄마가 말하는 것이 결국 무엇을 뜻하고 있는가를 알게 되자, 나는 그녀와 함께 살게 된 이후로 한 번도 마음먹어 보지 못한 새로운 생각에만 신경이 쏠려, 그녀가 무엇을 말하고 있는지 이해할 힘이 없었다. 그리하여 나는 그녀가 열거하는 조건을 잘 듣지도 않고서 이에 동의하여 버렸다. 그래도 그녀는 내게 그것을 깊이 생각해 보라고 8일간의 여유를 주었다. 나는 그렇게 할 필요가 없다고 말하였지만, 사실은 그렇지 않았다. 왜냐하면 그녀의 그런 까다로운 성격을 만족시켜 주는 것이 마음 편했고, 또 신기한 생각으로 하여 혼란된 내 머리를 가라앉히자면 그만한 여유가 필요했던 것이다.

이 8일간이 나에게는 800년이나 되는 것처럼 느껴졌으리라고 여러분은 생각할 것이다. 그러나 사실은 이와 반대로 800년쯤 계속되기를 나는 마음속으로 바랐다. 그 당시의 상태를 어떻게 설명해야 좋을지 모르겠다. 초조한 일종의 공포가 나를 괴롭혔다. 그처럼 사랑하던 여인이 드디어 내 소유가 되려는 단계에서, 내가 마땅히 두려워하지 않을 수 없었던 것은, 내가 아무리 애써 자제한다 할지라도 공상과 욕망을 억제할 수 있을까 하는 점이었다. 오히려 나이를 더 먹은 뒤에도, 나는 사랑하는 여인이 약간의 호의만 보여 주어도 금세 뜨거운 피가 끓어올랐다. 그런 내가 한창 젊은 꽃다운 시절에, 최초의 향락에 대하여 그다지 욕심이 솟아나지 않았음은 어쩐 일일까? 그 시간이 다가올수록 기쁨보다는 괴로움이 더해 갔음은 어쩐 일일까? 만일 내가 자연스럽게 이 행복에서 벗어날 수만 있었다면, 틀림없이 나는 그렇게 했으리라. 나는 그녀를 원망하고 또 나를 원망하였다. 나는 그녀에게 이렇게 말하고 싶었다.

"싫어요, 엄마. 그것은 필요없어요. 그렇게까지 하지 않아도 괜찮아요."

그러나 나는 그런 말을 할 용기가 없었다. 첫째, 그런 말은 할 만한 말이 못 되었고, 다음은 내 생각에도 그것은 사실이 아니라고 느껴졌고, 또한 나를 다른 여자들의 유혹으로부터 이겨낼 수 있게 하는 여자는 한 사람뿐이라고 느껴졌기 때문이었다. 나는 그녀를 내 소유로 하고 싶은 생각은 없었고, 다만 내가 다른 여인을 소유하고 싶어하는 생각이 들지 않게 해 주는 것이 기뻤다.

오랫동안 우리가 결백하게 살아 온 습관은 그녀에 대한 나의 감정을 약화시키기는커녕 점점 더 강하게 했다. 육감적인 감정은 차차 사라지고, 더욱 다정하고 은근해졌다. 그녀를 "엄마"라고 부르며, 어머니처럼 그녀를 대하는 습관은 내 자신을 아들로 생각하게 했다.

내가 그녀를 그처럼 사랑하면서 내 소유로 하고 싶지 않았던 진정한 원인은 여기에 있던 것 같다. 생각하면 그녀에 대한 나의 처음 감정은, 비록 그것이 약한 것이긴 했지만 한결 육욕적이었다. 안시에서는 그녀에게 반해 있었다. 그러나 샹베리에서는 그런 일은 한 번도 없었다. 그녀에 대한 나의 사랑은 더욱 열렬해졌지만, 그러나 그 사랑은 이미 나를 위한 것이 아니라 그녀를 위한 것이었다. 내가 그녀에게서 바라는 것은 나의 쾌락이 아니라 나의 행복이었다. 나에게 있어서 그녀는 누님 이상이었고, 어머니 이상이었고, 여자친구 이상이었고, 또 애인 이상이기도 하였다. 그러므로 그녀는 나의 애인은 아니었다.

기다렸다기보다는 차라리 두려워하던 그날은 드디어 왔다. 나는 모든 조건을 약속하고 그대로 이행하였다. 내 마음은 대가를 바라지 않고 그 약속을 승인하였다. 그렇지만 나는 그 대가를 받았다. 나는 처음으로 여인의 팔에 안겨 있는, 더구나 사랑하는 여인의 팔에 안겨 있는 내 자신을 발견했다. 과연 나는 행복했던가? 아니다, 쾌락을 맛보았을 뿐이다. 그 쾌락 속에는 참을 수 없는 비애가 독약처럼 스며 있었다. 나는 마치 근친상간의 죄를 범한 느낌이었다. 나는 그녀를 꽉 껴안고 눈물로 그녀의 가슴을 얼마나 적셨는지 모른다. 그렇건만 그녀는 기쁜 기색도 슬픈 기색도 없이 조용히 아름답게 누워 있을 뿐이었다.

애당초 욕정을 채울 생각이 없었던 그녀는 기뻐하는 기색도 그렇다고 후회하는 기색도 없었다.

클로드 아네가 우리의 친근한 관계를 알고 있었는지 어쩐지는 모르겠다. 그가 이 사실을 몰랐을 리가 없었을 것이다. 그는 눈치가 몹시 빨랐지만, 조심성이 많은 사나이였다. 그는 마음에 없는 일은 일체 입 밖에 내지 않았으며, 언제나 자기의 생각을 털어놓지 않았다. 나에게는 조금도 알고 있는 체하지 않았지만, 그의 태도로 보아 그가 알고 있는 것 같았다. 그런 그의 태도는 야비한 마음에서 온 것이 아니라, 주인의 생각을 받들고 있는 그로서는 그녀의 행실을 비난할 수 없는 데서 온 것이었다.

아네는 엄마와 비슷한 젊은 나이였지만, 아주 노숙하고 진실한 사나이였으므로 그녀와 나에 대해서는 다같이 자기가 돌봐주어야 할 두 어린이처럼 생각하고 있었다. 그리고 우리도 그에게 존경을 아끼지 않았다. 엄마가 그에게 대하여 얼마나 정을 쏟고 있는가를 확실히 알게 된 것은 그가 음독 소동을 피운 뒤의 일이었다. 내가 엄마만을 위하여 생각하고 느끼고 생활하는가를 알고 있는 그녀는 진심으로 그를 사랑하고 있다고 나에게 말하여, 나도 똑같이 그를 사랑하도록 하기를 바랐던 것이다. 그에 대한 그녀의 사랑은 우정으로서라기보다 존경에 그 바탕을 두고 있었다. 그것은 나로서도 쉽게 받아들일 수 있는 감정이었다. 그녀는 몇 번이나 우리의 마음을 감동시켜, 눈물을 흘리며 서로 얼싸안게 하였는지 모른다.

이와 같이 하여 우리 세 사람 사이에는 아마 이 지구상에는 다시 없을 만큼 친밀한 관계가 이루어졌다. 세 사람의 소원과 걱정과 감동은 공통적이어서 무엇이나 이 작은 테두리에서 벗어나는 것은 없었다. 외부와 동떨어져 우리끼리만 생활하는 습관이 뿌리 깊이 박혀서, 식사 때에도 세 사람 중 하나가 빠지거나, 다른 사람이 하나라도 끼이게 되면 그만 분위기가 깨어지는 것이었다. 엄마와의 특별한 관계가 있으면서도, 그녀와 단 둘이 있는 것보다는 세 사람이 함께 있을 때가 더욱 화기애애하였다.

우리는 지루한 시간을 별로 가진 일이 없었다. 귀찮은 손님들이 잇달아 찾아와 법석을 떨었으며, 그들이 모두 물러가야 겨우 조용해졌으니까 말이다. 딱하게도 엄마는 무슨 일을 계획하려는 꿈을 여전히 지니고 있었다. 가계가 기울어 갈수록 그녀는 이런 꿈에 더욱 열중하였다. 집안에는 항상 사기꾼, 청부업자, 연금사 등 온갖 기업가들이 들끓었다. 이런 축들은 일확천금을 호언장담하다가도, 돌아갈 때는 으레 몇 푼의 용돈이 필요해서 손을 내밀곤 하였다. 이 집에 드나드는 사람은 누구 하나 나갈 때 빈손으로 가는 사람은 거의 없었다. 이러한 처지에서도, 그녀는 재원이 아주 바닥이 나거나 채권자에게 골탕을 먹이는 일도 없이, 오랫동안을 용케도 지탱해 나갔다는 사실에는 놀라지 않을 수 없는 일이다.

이 무렵 그녀는 많은 계획을 세우고 있었지만, 그중에서도 이 샹베리에 왕실 식물원을 설치하고, 여기에 유급 전속교사를 한 사람 붙여 주자는 계획은 가장 견실한 것이었다. 여러분은 이 자리가 누구를 위하여 마련하려고 한 것인가는 짐작이 갈 것이다.

알프스의 중앙에 위치하고 있는 이 도시는 식물학을 연구하기에는 가장 적당한 곳이다. 언제나 한 가지 계획을 관련시켜 다른 계획에 이용하기 잘하는 엄마는 거기에다 약학교를 병설하려 했다. 약제사가 거의 유일한 의사 역할을 하는 이 가난한 고장에서는 그런 시설이 꼭 필요했던 것이다. 빅토리오 왕이 별세하자, 그의 시의였던 그로시 씨가 마침 샹베리에 은퇴하였는데, 이것이 이 계획에 많이 도움이 되었으며, 엄마도 사실은 여기에서 착상하게 된 것인지 모르겠다. 좌우간 엄마가 이 그로시 씨를 움직이려고 애쓴 것만은 사실이었다. 그리하여 그는 눈코 뜰 사이 없이 바쁜 몸이었지만 엄마 집에 자주 오게 되었다. 그는 아네와도 친해졌고 그의 지식을 칭찬했다. 만일에 왕실 식물원의 계획이 실현만 된다면, 아네는 틀림없이 거기의 전임교사에 취임하는 영광을 차지했을 것이다.

그러나 이 계획은 수포로 돌아가고 말았다. 빈틈없이 치밀하게 세운 그 계획은 마침내 불의의 타격으로 말미암아 무너지고 말았다. 그것이 실현되었더라면, 아마 나도 천직처럼 생각하고 식물학에 몰두하였을 것이다. 나는 마치 불행한 인간의 본보기가 되어 가고 있는 것처럼 느껴졌다. 어느 날 아네는 그로시 씨가 원하는 알프스 산속에서만 자라는 제니피(다북쑥)라는 식물을 캐러 떠났다.

그런데, 그는 도중에서 심한 열병에 걸려 늑막염까지 앓게 되었다. 이 병에 특효약이라는 제니피도 아무 소용이 없었다. 유명한 그로시 씨의 의술과 선량한 바랑 부인과 나의 알뜰한 간호도 아무 보람이 없이, 그는 결국 닷새 만에 몹시 괴로워하면서 우리 팔에 안겨 숨을 거두고 말았다. 그가 임종의 심한 고통을 느낄 때, 그의 영혼의 안식을 위하여 찬송을 한 것은 나뿐이었다. 만일 북받쳐 오르는 비애를 삼키면서, 내가 외운 말귀를 그가 알아들었다면, 그는 다소 위안이 되었을 것이다. 이리하여 나는 내 생애에서 다시 없이 견실한 친구 하나를 잃게 되었다. 그는 존경할 만하고 뛰어난 인물이었다. 그는 충분한 교육은 받지 못하였지만, 타고난 그의 재능이 이를 보충하고도 남았다. 천한 신분에 있으면서도 그는 큰 인물이 될 수 있는 모든 덕을 갖추고 있었다. 그리하여 그가 좀 더 오래 살아 적당한 지위를 얻었다면, 그의 이름은 세상에 떨쳤을 것이다.

그 이튿날 나는 깊은 슬픔에 싸인 채, 엄마와 함께 그의 이야기를 하고 있었다. 그때 갑자기 비루한 생각이 내 머리에 떠올랐다, 그것은 아네가 입던 의복, 특히 내 마음에 들던 그 까만 양복이 이제는 내 것이 되었다는 생각이었다. 나는 그런 생각이 들자 곧 그것을 엄마에게 이야기했다. 엄마 앞에서는 생각하는 것과 말하는 것이 다를 수가 없었던 까닭이다. 사욕을 초월하여 고귀한 정신을 가진 점이 고인의 장점이었던만큼, 나의 이 추잡한 말이야말로 고인을 생각하는 그녀의 가슴을 아프게 찔렀던 것이다. 가엾은 엄마는 아무 대답도 없이 고개를 돌리고 울기 시작하였다. 이 얼마나 귀중한 눈물이었던가! 그 눈물은 내 가슴 속에 방울방울 스며들어 저속하고 뻔뻔스런 감정을 말끔히 씻어 주는 것이었다. 이후로 이런 불순한 생각을 다시 해 본 적도 없다.

"아네의 죽음은 엄마에게 슬픔뿐만 아니라 큰 손실도 가져왔다. 이때부터 집안 살림은 걷잡을 수 없이 기울어져 갔다. 아네는 규모있고 빈틈없는 사람이었으므로 집안 살림을 잘 꾸려 나갔던 것이다. 모든 사람들이 그의 경계를 두려워했기 때문에 낭비가 한결 적었던 것이다. 엄마 자신까지도 그의 책망을 꺼려 낭비를 삼갔던 것이다. 엄마는 그에게 애정뿐만이 아니라 존경까지도 잃지 않으려고, 그의 책망을 두려워했던 것이다. 아네는 가끔 엄마에게 남의 돈을 내 것처럼 함부로 쓴다고 책망을 했던 것이다. 나도 그런 말을 했지만, 그러나 아네의 말만큼 효력이 없었다. 아네가 죽은 뒤로 별 수 없이 내가 그의 일을 맡았지만, 적당한 후임자가 못 되었을 뿐 아니라, 그 일이 마음에 들지도 않았다. 나라는 인간은 원래 경솔한데다가 몹시 소심하였다. 혼자서는 불평을 말하면서도 만사를 되는 대로 내버려 두었다. 나도 아네만큼 신용은 있었지만, 그만큼 권위는 없었다. 그리하여 내가 충고를 하거나 회계 감독을 하려 하면, 엄마는 내 볼을 사랑스럽게 쓰다듬으며, "나의 작은 선생" 하면서, 나를 그 전 위치로 되돌아가게 하는 것이었다.

나는 이 집의 집사가 된 뒤에 수입과 지출의 균형이 맞지 않는다는 사실을 알게 되었다. 무질서한 엄마의 지출 때문에 머지않아 그녀가 당해야 할 곤경을 생각하면 소름이 끼쳤다. 이때부터 나에게 인색한 버릇이 생겼다. 나는 그때까지 돈이 있거나 없거나 그런 것에 별로 관심이 없었다. 그러나 이때부터 비로소 이 방면에 주의하게 되어 지갑을 소중히 여기는 버릇이 생겼다.

나는 지극히 고상한 동기에서 천한 인간이 되어 간 것이다. 왜냐하면 눈앞에 빤히 보이는 파국을 앞두고, 나로서는 어떻게 하든지 엄마에게 생활 밑천이라도 남겨야겠다는 생각밖에는 없었으니까 말이다. 채권자들이 엄마의 연금을 차압하지나 않을까, 또는 연금이 중단되지나 않을까, 이런 걱정을 하며, 그런 경우 얼마 안 되는 돈이지만 그것이 그녀에게 크게 도움이 될 것이다. 그러나 이렇게 하자면 천상 그녀 모르게 저축을 해야 한다. 어리석은 생각에 나는 이렇게 궁리했던 것이다. 그리하여 이 구석 저 구석 돈을 감출 만 한 데를 골라 금화 몇 닢씩을 숨겨 두었다. 나는 이런 식으로 늘려 두었다가 필요한 때가 되면, 그녀의 발치에 툭 던져 줄 생각이었다. 그러나 감추는 장소의 선택이 서툴렀기 때문에 번번이 그녀에게 발각되고 말았다. 그러면 그녀는 내가 넣어 둔 돈을 빼낸 표적으로 더 많은 돈을 거기에다 넣어 놓는 것이었다. 이렇게 되면 나는 그만 창피해서 얼마 안 되는 저축을 공동의 금고 속에 합쳐놓고 말았다. 그러면 그녀는 이 돈으로 나의 옷이나, 은장도나, 회중시계 따위를 사서 소비해 버리는 것이었다.

매일같이 사방에서 몰려드는 수많은 낯선 사람들에게 시달림을 당하고, 또 그들 모두가 어떤 방법으로든지 바랑 부인을 속여먹으려고 한다는 생각에, 나는 집안이 감옥처럼 느껴졌다. 엄마의 청으로 아네의 후임자가 된 뒤로, 나는 그녀의 살림이 형편없이 기울어졌다는 사실을 알고 놀랐다.

그리하여 나는 여러 차례 그녀에게 충고도 하고 조르기도 하고 애원하기도 했지만 모두 허사였다. 나는 그녀 앞에 무릎을 꿇고, 눈앞에 보이는 파탄을 역설하여, 지출을 억제할 것을 간청하였다. 그리고 빚만 자꾸 늘어나 나중에 채권자들에게 시달리고 쪼들리는 가난한 생활을 하는 것보다, 차라리 젊을 때 고생을 좀 참고 견디어 보자고 애원하였다. 그러면 그녀도 나의 이런 성의에 감동되어 그렇게 하겠다고 철석같이 약속을 하였다. 그러나 다음 순간 반갑잖은 손님이 찾아오면, 그녀는 벌써 나와의 굳은 약속을 까맣게 잊어버리는 것이었다. 이렇게 하여 수없이 애쓴 충고의 결과가 수포로 돌아갈 때, 나는 내 힘으로는 막을 수 없는 불행으로부터 외면하는 수밖에 달리 방도가 없었다.

드디어 나는 문을 지킬 수 없는 그 집을 떠나, 니용과 제네바와 리옹 등지로 짧은 여행을 했다. 이 여행으로 나는 마음의 괴로움을 잊을 수 있었지만, 한편 여비 문제로 괴로움이 더하기도 했다. 내가 절약하여 쓰는 돈을 엄마가 만일 유용하게만 쓴다면, 나는 얼마든지 검소한 생활을 하였을 것이다. 그러나 내가 아무리 절약한다 할지라도, 그 돈은 어느 사기꾼에게로 넘어갈 것이 뻔하였으므로, 나는 엄마의 너그러운 마음씨를 악용하여, 그 사기꾼들과 분배하는 셈치고 여비를 썼던 것이다.

이런 여행에는 언제나 구실이 붙어 다녔다. 그리고 이런 여행의 구실은 엄마 측에서 얼마든지 붙여 주었다. 그녀는 언제나 상당한 사업상의 관계와 용건을 여러 곳에 가지고 있었기 때문에, 이런 일에는 믿을 만한 사람이 아니어서는 안 되었다. 그녀는 언제나 이런 일에 나를 보내고 싶어 했고, 나도 가기를 좋아했기 때문에 자연히 나는 방랑생활을 하게 되었다. 이런 여행에서 나는 훌륭한 사람들을 알게 되었고, 이것이 나에게는 유익하였다.

그중에서도 리옹에서 알게 된 페리송 씨에 대하여는 그가 베풀어 준 호의를 생각하면, 그와 좀 더 터놓고서 교제하지 못한 것이 유감스럽다. 그리노블에서는 데방 부인과 바로도냥슈 재판소장 부인을 알게 되었다. 이 소장 부인은 재치 있는 부인이었다. 그녀와 좀 더 자주 만났더라면 틀림없이 친한 사이가 되었으리라. 제네바에서는 프랑스 공사 라 클로주르 씨를 알게 되었는데, 그는 나에게 나의 친어머니 이야기를 들려주었다. 어머니가 돌아간 지 오래 되었건만, 그는 아직도 어머니를 잊지 않고 있었다. 바리요 부자와도 알게 되었는데, 그 아버지는 나를 손자라고 불렀다. 그는 몹시 친절하였으며, 내가 아는 가장 훌륭한 사람 가운데 한 사람이었다.

제네바공화국의 소동이 있는 동안, 이 두 시민은 서로 반대되는 두 당에 가입하고 있다. 아들은 시민당, 아버지는 정부당이었다. 1737년에 무력 투쟁이 벌어졌을 때, 나는 마침 이때 제네바에 있었는데, 부자가 같은 집에서 무장을 하고, 한 사람은 시청으로, 또 한 사람은 자기 당의 진영으로 가는 것을 보았다. 이들 부자는 두 시간 후면 서로 죽이기 위해 대결할 것이 분명하였다. 나는 이 무서운 광경에서 얻은 인상으로 하여, 나만은 뒤에 공민권을 회복하더라도 마음으로나 몸으로나 내란에는 가담하지 않을 것이며, 국내에서는 무력에 호소해서까지 자유를 주장하지는 않겠다고 굳게 맹세했다.

베로나르 외삼촌은 몇 해 전부터 카롤린느 지방으로 이주하여 그곳에서 자기가 설계한 찰스타운 시가의 건축을 감독하고 있었다. 그 뒤 얼마 안 되어 그는 그곳에서 세상을 떠났다. 외사촌도 프러시아 왕 밑에서 일을 보다가 가엾게도 죽었다. 남편과 아들을 거의 동시에 잃고, 슬픔에 싸여 세월을 보내는 외숙모(고모도 됨)는 친척 중에서 가장 가까운 나에게 더욱 정을 쏟게 되었다. 나는 제네바에 가면 으레 외숙모한테서 묵으면서, 외숙이 남기고 간 책과 서류 같은 것을 읽으며 시간을 보냈다.

이렇게 음악과 특효약과 여러 계획과 여행으로 지내는 동안 2, 3년의 세월이 흘렀다. 그동안 나는 이것에서 저것으로 방황하며 지향 없는 생활을 하고 있었다. 문인들을 만나고, 문학에 관한 이야기를 듣고, 때로는 나도 말참견을 하기도 하였다. 제네바 여행을 할 때마다, 나는 중간에서 옛 친구인 시몽 씨를 방문하였다. 그는 바이에나 콜로미에에서 인용한 문학계의 새로운 소식을 나에게 들려주어 막 싹트기 시작하는 나의 향학열을 북돋워 주었다.

그리고 샹베리에서는 이름을 잊었지만 도미니코 회원인 물리학 교수였던 사람 좋은 신부를 자주 찾아갔다. 이 분은 가끔 소규모의 실험을 하여 나를 기쁘게 해 주었다. 나는 그의 흉내를 내어 감응 잉크를 만들려고 했다. 그래서 나는 유리병 속에다 생석회와 유황과 물을 반 이상 담고서 마개를 잘 틀어막았다. 그랬더니 마구 부글부글 끓어오르는 것이었다. 나는 병마개를 빼려고 급히 달려갔지만 이미 때는 늦었다. 병은 펑하고 폭탄처럼 터졌다. 나는 그 바람에 생석회와 유황을 삼켜서 자칫하면 죽을 뻔했다(이날이 바로 1737년 6월 27일이었다. 그날 루소가 공증을 불러 작성한 유서가 1820년 샹베리에서 발견되었음-역주). 나는 여섯 주일 이상을 소경으로 지내야만 했다. 원리도 잘 모르면서 화학실험 같은 것에는 아예 손을 대는 것이 아니라는 것을 이때 비로소 알았다.

그러지 않아도 얼마 전부터 좋지 않았던 내 건강은 이 사건으로 말미암아 더욱 말이 아니었다. 평소에 건강하던 몸에, 더구나 아무 무리한 짓을 하지도 않았던 내가 현저하게 몸이 쇠약해진 원인이 어디에 있었는지 도무지 알 수가 없다. 어깨도 떡 벌어지고 가슴도 넓었으니 폐의 활동도 좋았을 터인데, 숨이 가쁘고, 압박감을 느끼며, 한숨이 저절로 나오고, 심장의 고동이 심하고, 각혈을 하고, 미열도 올랐다. 그런데 이 미열은 언제나 가실 때가 없었다.

"칼은 칼집을 해친다"라는 속담이 있다. 이것은 내 처지에 알맞는 말이었다. 내 정열은 나를 살리기도 했지만, 또한 나를 죽였던 것이다. 어떤 정열이냐고 물을 사람이 있을지 모른다. 그러나 그것은 아주 시시하고 유치한 것이었을지 모른다. 그러나 그것은 헬레네(그리스 전설에 나오는 절세의 미인. 이 여자로 말미암아 10년 동안의 트로이 전쟁이 일어났음-역주)를 소유하거나, 전세계의 제왕이 되는 것만큼 나를 사로잡는 정열이었다. 첫째로 그것은 여자 문제였다. 한 사람의 여성이 있으면 내 관능은 가라앉았으나, 내 감정은 그것으로 진정되지는 않았다. 내게는 다정한 엄마가 있었고, 또 친한 여자친구도 있었지만, 그 위에 애인이 하나 필요했다. 나는 결국 상대도 없는 사랑으로 애를 태우고 있었다. 이로 인하여 내 건강이 더욱 나빠졌는지도 모른다. 더구나 나는 엄마의 살림이 점점 기울어 머지않아 파멸에 직면하고야 말 그녀의 무모한 계획이 마음을 괴롭혔고 걱정이 되었다.

음악이 또한 내가 빠지고 있던 정열의 하나였다. 이것은 격정을 일으키는 면에서는 전자 같지는 않았지만, 체력을 소모시키는 점에서는 결코 덜하지도 않았다. 한 가지 일에 몰두하는 열성, 그 이해하기 힘든 라모의 저서에 대한 연구, 억지로 머릿속에 집어넣으려는 끈덕진 고집, 쉴 새 없이 제자들에게 돌아다녀야 했던 음악지도, 밤을 새워가며 베낀 산더미 같은 악보의 정리, 이런 모든 일이 몸에 무리가 되었던 것이다. 나의 정열은 이런 일상적인 것에만 국한될 수는 없다. 변덕스럽게 머리에 떠오르는 여러 가지 장난, 그날그날을 즐기기 위한 흥미, 이를테면 여행, 음악회, 만찬회, 산보, 소설 읽기, 희극 관람 등등, 예정에 없었던 이런 일 저런 일들에 나는 정열을 쏟았던 것이다.

몸의 쇠약은 기분에도 영향을 주어 나의 공상열이 식어갔다. 몸이 쇠약해졌음을 느끼게 되자, 마음이 가라앉고 여행에 대한 정열도 없어져, 집에 처박혀 있게 되니, 따분한 생각보다도 우울증에 사로잡혔다. 정열 대신에 우울증이 찾아온 것이다. 정신의 우울은 비애로 변했다. 나는 까닭 없이 울고 한숨을 지었다. 미처 즐기지도 못 한 삶을 놓쳐 버리는 듯했다. 가엾은 엄마를 두고 죽는다는 생각과 엄마가 몰락해 간다는 생각에 탄식이 절로 나왔다. 드디어 나는 병석에 쓰러지고 말았다.

엄마는 친아들에게도 더할 수 없는 정성으로 나를 극진히 간호했다. 이 일은 엄마에게는 이익이 되었다. 모든 계획을 중단하고 사기꾼들을 멀리할 수 있었으니까 말이다. 만일 이때 나에게 죽음이 찾아왔다면, 얼마나 행복한 죽음이었을까! 비록 인생의 행복은 별로 맛보지 못했다 할지라도, 인생의 불행은 겪지 않았을 것이다. 나는 엄마에게 이렇게 말했다.

"엄마, 내 생명의 전부를 엄마에게 맡기겠어요. 부디 행복하게 해 주세요."

나는 병세가 몹시 위독하였을 때, 몇 번이나 자리에서 일어나 몸을 끌고 그녀의 방으로 기어가서, 그녀에게 충고를 하였는지 모른다. 이때 내가 한 말은 모두 옳고 이치에 맞았다고 생각된다. 나는 엄마의 침대 위에 앉아, 그녀의 손을 맞잡고 그녀와 함께 울었는지 모른다. 둘이 흘리는 눈물은 내 몸에 양식이 되고, 내 병을 고치는 약이 되는 것 같았다. 나는 한결 기운을 차릴 수가 있었다. 여러 시간의 이야기로 밤은 깊어갔고, 나는 이 방에 들어올 때보다 한결 나아져서 내 침대로 돌아갔다. 엄마가 나에게 한 약속과 희망에 만족하고 마음의 평화를 얻은 나는, 신의 뜻에 감사하는 마음으로 고요히 잠이 들었다.

엄마의 극진한 간호와 세심한 주의와 끈덕진 수고의 덕으로 나는 살아났다. 확실히 그녀가 아니고는 나를 구해내지 못했을 것이다. 나는 의사의 치료에 대해서는 그다지 믿지 않지만, 다정한 친구의 간호에는 크게 신뢰한다. 인생의 생활에 있어서 고귀한 감정이 있다고 하면, 그것은 서로가 알뜰히 돌보아 주는 감정일 것이다. 나는 완전히 엄마가 만든 것이 되었고, 엄마의 아들이 되었으며, 엄마는 나의 친어머니 이상의 존재가 되었다.

중병은 나았지만 아직 원기가 회복되지 않았다. 가슴도 깨끗하지 못하고 미열이 계속되어 노곤하였다. 그리고 이 어둡고 침울한 집 안에서 단 둘만의 외로운 생활은 결국 침울해지리라고 느껴졌다. 그런데, 여기서 벗어나는 길이 절로 열렸다. 엄마는 나에게 우유를 권하며, 시골에 가서 마시고 오라고 했다. 나는 엄마와 함께라면 그렇게 하겠다고 말하였다. 첫마디에 엄마는 동의했다. 남은 문제는 장소의 선택이었다.

나는 마침 엄마가 도시생활에 싫증을 느끼는 기회를 이용하여, 이런 도시의 생활을 완전히 청산하고 평화롭고 한적한 곳에 작은 집이라도 하나 마련하여, 귀찮은 사기꾼들이 찾아오지 않는 곳으로 가서 행복하게 살자고, 그녀에게 권했다. 사정만 허락하였다면 엄마도 이 제안에 따랐을 것이다. 만일 우리들의 마음에 깃든 천사의 암시에

의한 이 생각이 그대로 실현되었더라면, 틀림없이 우리는 죽음이 우리의 사이를 떼어놓을 때까지는 행복하고 평화롭게 살 수 있었을 것이다. 그러나 운명은 우리에게 그것을 용납하지 않았다. 지금까지 부유한 생활을 해 온 엄마는 이런 생활에서 미련 없이 벗어나려면, 온갖 빈궁의 고난을 겪지 않으면 안 될 사람이었다. 엄마는 한 가지 불행을 염려하여 그대로 주저앉고 말았다. 엄마는 집 주인의 감정을 건드릴까봐 그 더러운 집을 감히 버리지 못하는 것이었다. 그녀는 이렇게 말했다.

"자네가 말한 은퇴생활은 재미있을 거야. 그리고 그것은 내 취미에도 맞는 생활이야. 하지만 그 생활에도 돈은 있어야 먹고 살지 않나. 이 누추한 집이나마 버리고 가면, 우리는 빵마저 잃을까 걱정일세. 그 숲 속에서 빵을 구할 수 없을 때엔 도시로 다시 돌아올 수밖에 없지 않나. 그러니 도시로 되돌아올 바에야 이 집이나마 붙들고 있는 편이 낫지 않겠나. 로랑 백작에게 집세만 약간 치르면 내 연금은 안전할 것이니 말일세. 그러니 시내에서 떨어져 조용히 살 수 있고, 또 필요할 때는 언제라도 돌아올 수 있는 가까운 장소에 조그마한 집을 하나 구하는 것이 좋을 것 같애."

나는 엄마의 의견에 따르기로 했다. 얼마 동안 찾아다니다가 샤르메트란 곳에 자리 잡았다. 그곳은 콩지에 씨의 소유였는데, 샹베리 바로 문턱에 있으면서도 천 리나 떨어진 것처럼 조용하고 한적한 곳이었다. 꽤 높은 봉우리 사이로 작은 계곡이 남북으로 통해 있으며, 그 아래 맑은 시내가 꼬불꼬불 암석과 수목 사이로 흐르고 있었다. 이 계곡의 언덕 중간에 띄엄띄엄 몇 채의 집이 있다. 한적한 생활을 원하는 사람이면 누구에게나 썩 마음에 들 만한 곳이었다.

몇 집을 돌아보고 그중에서도 제일 깨끗한 집을 골랐다. 누아레 씨라고 하는 군직에 있는 귀족의 소유지였다. 꽤 살기 좋아 보이는 집이었다. 집 앞에는 바로 높게 만든 화원이 있고, 그 뒤에는 포도원이었으며, 그 아래에는 과수원이 있었다. 작은 밤나무 숲이 있는 맞은 편 조금 떨어진 곳에 샘물이 있었다. 언덕 윗쪽으로는 목장이었던 풀밭이 펼쳐 있었다. 요컨대 이제부터 시작하려는 우리의 전원생활에 필요한 것은 모두 갖추고 있었다.

내 기억으로, 우리가 이곳으로 이사 온 것은 1736년 여름이 끝날 무렵이었다. 그곳에서 지낸 첫날밤부터 나는 기뻐서 어쩔 줄을 몰랐다. 나는 이 정다운 여인을 얼싸안고, 감격과 기쁨의 눈물을 뿌리며 이렇게 외쳤다.

“엄마, 이곳이야말로 행복과 순결의 고향이군요. 여기서 우리가 그것을 찾지 못한다면, 이 세상 어디를 가도 영영 찾지 못할 거예요.”

제 6 부

1737~1740(25세~28세)

> 이것이야말로 내 소원의 모든 것.
> 자그마한 땅, 집 앞엔 화원과 맑은 샘물,
> 그리고 또 하나 작은 숲(로마의 시인 호라티우스의 시-역주)

여기에 나는,

"신들은 내 소원을 잘도 이루셨도다."

라고 덧붙일 수는 없다. 그러나 그것은 아무래도 좋다. 나에게는 이 이상은 필요 없다. 그리고 내 소유가 아니라도 좋았다. 그것을 즐기는 것만으로도 내게는 충분했다.

여기에서 내 생애 가운데 짧은 행복이 시작된다. 여기에서 내가 살았다고 할 수 있는 권리를 나에게 주었던 평화로운, 그러나 너무 짧았던 순간이 시작되는 것이다. 귀중하고도 아쉬운 순간이여. 아! 다시 한 번 그 매력적인 흐름을 되풀이해다오. 그리고 될 수만 있다면 그처럼 빨리 사라져 버리지 말고, 더 느릿느릿 내 추억 속으로 흘러 다오.

나는 아침 해와 함께 일어난다. 행복하였다. 나는 산보를 한다. 행복하였다. 나는 엄마를 마주 대한다. 행복하였다. 엄마 곁을 떠난다. 엄마가 그리워진다. 나는 숲 속이나 언덕을 달리고, 계곡을 거닐고, 책을 읽고, 빈들거리고, 정원을 가꾸고, 과일을 따고, 집안 일을 거들었다. 행복은 어디를 가나 따라다녔다. 그러나 그 행복은 어디에 따로 있는 것이 아니라 내 몸 안에 있었으므로 잠시도 나를 떠나는 일이 없었다.

이 즐거웠던 시절에 나에게 일어났던 모든 일, 그동안에 내가 한 일, 말한 것, 생각한 것은 하나도 내 기억에서 사라진 것이 없다. 그 이전이나 그 이후에 있었던 일들은 단편적으로밖에 기억되지 않으며, 그것이나마 뒤죽박죽으로 혼동되어 있다. 그러나 이 시기에 있었던 일들은 마치 아직도 그 시기에 있는 것처럼 기억에 생생하다. 젊었을 때는 으레 미래를 향하여 전진하던 나의 상상력이 지금에 와서는 과거로만 뒷걸음질을 하여, 이 그리운 회상에 의하여 영원히 잃어버린 희망을 되찾게 해 준다. 나는 이미 미래에서는 내 마음을 유혹할 아무것도 발견할 수가 없다. 과거에의 회상만이 내 마음을 즐겁게 해 줄 뿐이다. 내가 지금 이야기하는 이 시절의 추억은 진정으로 영롱하고 진실한 것이어서, 불행한 나에게도 종종 행복한 삶을 누리게 하여 준다.

이런 추억에서 한 가지만 예를 들어 보겠다. 이것으로써 그 시절의 추억이 얼마나 강하고 진실한 것인가를 판단할 수 있을 것이다. 우리가 샤르베트로 가던 첫날, 엄마는 가마를 타고, 나는 걸어서 그 뒤를 따라갔다. 그녀가 탄 가마는 꽤 무거웠다. 이윽고 언덕길을 올라가게 되자, 엄마는 가마꾼들이 힘들까봐 가마에서 내려서 나머지는 줄곧 걸어서 갔다. 걸어가던 엄마는 길가 울타리에서 파란 것을 보자, 나에게 이렇게 말하였다.

"빙카가 아직도 피어 있네."

그때까지 나는 한 번도 빙카꽃을 본 일이 없었다. 그러나 나는 허리를 굽혀 자세히 보려고 하지도 않았다. 그리고 나는 심한 근시였기 때문에 선 채로는 땅에 있는 식물도 분간하지 못했다. 그리하여 나는 그저 지나는 눈길로 슬쩍 그것을 보았을 뿐이었다. 그리고는 30년 가까이 지나도록 다시는 한 번도 빙카를 보거나 주의한 일도 없었다. 1764년에 크레씨에로 친구 페루를 찾아갔을 때, 그와 함께 작은 동산에 올라간 일이 있었다. 그 꼭대기에는 『전망대』라는 예쁜 정자가 있었다. 나는 이즈음 식물 채집을 좀 시작했었다. 올라가며 덤불을 주의하여 살피던 나는 갑자기 환성을 올렸다.

"야, 저기 빙카가 있구나!"

과연 그것은 틀림없는 빙카였다. 그때 페루는 내가 몹시 좋아하는 것은 알았지만, 그 까닭은 알지 못했다. 언젠가 그도 이 글을 읽게 되면, 아 그랬었구나 하게 될 것이다. 이와 같은 아주 사소한 인상으로 미루어, 그 시절과 관계있는 모든 것이 나에게 끼친 인상이 어느 정도였나 하는 것은 독자 여러분도 짐작이 갈 줄 안다.

그러나 이 전원의 공기도 내 건강을 회복시키지는 못하였다. 나는 점점 쇠약해질 뿐이었다. 나는 우유조차도 마실 수가 없어서 집어치우고 말았다. 이 무렵에 냉수 마시는 것이 만병통치라 하여 대유행이었다. 나도 이 냉수요법을 시작하였다. 그러나 지나치게 마셨기 때문에 병이 낫기는커녕 하마터면 목숨을 잃을 뻔했다. 나는 매일 아침 일어나는 길로 샘물로 가서 컵으로 물을 떠서 큰 병으로 두 병씩이나 마셨다. 식사 때의 포도주 반주도 완전히 폐지하였다. 그런데, 내가 마시던 물은 대부분의 산골물이 그러하듯이 좀 경수였기 때문에 소화에 좋지 않았던 것이다. 그래도 지금까지는 튼튼하던 위장을, 결국 이로 인하여 두 달도 안 가서 완전히 망쳐 버리고 말았던 것이다. 이제는 소화력마저 극도로 나빠졌기 때문에, 내 병은 영영 고치지 못할 것만 같았다. 마침 이때 내 몸에는 놀라운 현상이 하나 일어났다.

어느 날 아침, 평소와 다름없이 몸이 불편한 상태였던 나는 작은 탁자의 다리를 세우려고 하였다. 이때 별안간 내 몸에서 이상야릇한 변화가 일어났다. 이 변화를 굳이 설명한다면 갑자기 혈관 속에서 폭풍 같은 것이 일어나 온몸을 휩쓸었다고 밖에 말할 수가 없다. 동맥의 고동이 굉장히 뛰었다. 나는 그것을 느낄 뿐 아니라, 그 소리를 들을 수 있을 정도였다. 거기다가 귀울림이 3중 4중으로 났다. 먹먹하게 윙윙거리는 소리와, 물이 졸졸 흐르는 듯한 맑은 소리와, 날카로운 금속성과, 그리고 앞에서 말한 동맥 뛰는 소리였다. 이로 인하여 그때까지 예민했던 내 청각은 둔해져서 아주 귀가 먹지는 않았지만, 이때부터 나는 귀가 멀어져서 지금까지 같은 상태인 것이다.

이때 나의 놀라움과 두려움은 여러분도 짐작이 갈 것이다. 나는 죽는 줄만 알았다. 나는 자리에 쓰러졌고, 의사를 불러왔다. 나는 부들부들 떨면서 증세를 설명해 주었지만, 의사도 내 병을 고치지 못하려니 생각이 들었다. 그러나 그는 알아들을 수 없는 장황한 이론을 늘어놓고, 이에 따라 마치 동물실험을 하듯이 실험 치료를 시작했다. 이 치료는 몹시 괴로운 데다가 효과도 전연 없었으므로 나는 지치고 말았다. 며칠이 지나도 증세는 더하지도 덜하지도 않았다.

그리하여 나는 병석에서 일어나 그 전 생활로 돌아갔으나, 고동과 귀울림은 여전하였다. 이때부터 30년이 지난 오늘에 이르도록 이 증세는 한시도 그친 일이 없다. 그때까지 나는 심한 잠꾸러기였다. 그런데, 이런 증세가 생긴 뒤로 심한 불면증이 생겨 이것도 오늘까지 계속되어 왔다. 그러나 그때 나는 오래 살지 못할 것으로 생각하고 있었다. 그 확신은 처음에는 나를 초조하게 고치려고 덤비게 하였지만, 차츰 마음을 가라앉혀 주었다. 생명을 연장할 수는 없다고 단정하였으므로 나는 얼마 남지 않은 동안을 유용하게 쓰려고 결심했던 것이다.

내 몸을 죽일 줄 알았던 이 증세는 내 정열만을 죽였을 뿐이다. 이 증세가 내 정신에 가져온 다행한 결과에 대하여 나는 매일같이 신에게 감사하고 있다. 나는 이제 죽은 사람이라고 생각하였을 때, 비로소 살아나기 시작한 것이라고 말할 수 있다. 지금까지는 일단 포기하였던 일에 대하여 새로운 가치를 인정하게 되고, 이로 인하여 고귀한 정신문제에 기울이게 되었다. 평소에 소홀하게 여겼던 종교문제에 대해서 깊이 생각하게 되었다. 그때까지 나는 종교를 내멋대로 해석하고 있었다. 그러나 무종교였던 것은 아니다. 그러므로 내가 종교로 돌아가는 것은 그렇게 고통스러운 일은 아니었다. 흔히 세상 사람들은 종교문제라면 싫증을 느끼지만, 이것을 자신의 위안과 희망의 원천으로 삼는 사람들에게는 다시없이 흐뭇한 것이기도 하다. 이런 면에 있어서 엄마는 어느 신학자보다도 나에게 필요한 존재였다.

무엇에 있어서나 이론적이었던 엄마는 종교에 대해서도 마찬가지였다. 그녀의 이론은 극히 모순된 것이어서, 한편 현명하면서도 한편 어리석은 개념으로 형성된 것이었다. 그것이 그녀의 성격에 따르는 감정과 그녀가 받은 교육의 편견에서 유래한 것이었다. 일반적으로 사람들은 자기와 같은 신을 만든다. 착한 사람은 착한 신을 만들고, 악한 사람은 악한 신을 만든다. 원한과 분노에 찬 사람들의 안중에는 지옥밖에 없다. 그것은 모든 사람들이 지옥에 떨어지기를 바라기 때문이다. 그러나 인정이 있고 착한 사람들은 지옥이 있다는 것을 믿지 않는다.

그런데 엄마에게 있어서 묘한 점은 지옥은 믿지 않으면서도 연옥은 있다고 믿는 것이었다. 그것은 악한 사람을 차마 지옥으로 떨어뜨릴 수는 없고, 그렇다고 하여 선한 사람과 한 자리에 있게 할 수도 없고 하여, 악한 사람의 영혼을 어떻게 처리해야 좋을지 모르는 그녀의 생각에서 우러나온 것이다. 정말로 악인이란 이 세상에서나 저 세상에서나 처치 곤란한 두통거리인 것이다.

나는 죽음과 그에 따르는 공포로부터 마음을 안정시키는 데 필요한 교훈과 처세법을 그녀에게서 발견하고, 조용히 신앙의 샘물을 길어 올렸다. 나는 그전보다도 더욱 그녀에게 애착을 느꼈다. 그리고 얼마 남지 않은 내 생명을 고스란히 그녀에게 맡기고 싶었다. 그녀에 대한 애정의 증대, 앞으로 살아 있을 날이 얼마 남지 않았다는 확신, 앞으로 다가올 운명에 대한 안정감으로 하여 평화롭고 관능적인 생활 상태가 빚어졌다. 그리하여 이런 생활 상태는 우리들의 공포나 희망을 환기시키는 모든 정열을 가라앉게 하여 나는 얼마 남지 않은 여생을 근심도 걱정도 없이 즐길 수가 있었다.

그리고 이 무렵 나를 즐겁게 해 준 것이 또 한 가지 있었다. 그것은 나로서는 할 수 있는 모든 일로 그녀에게 전원생활의 취미를 갖도록 힘쓴 것이다.

정원과 닭과 비둘기와 젖소를 그녀가 사랑하게 하기 위하여, 내 자신이 그것들을 사랑해 보았다. 이런 사소한 일거리가 나의 평온을 혼란시키지 않고 하루의 생활을 메우면, 그것이 나의 허약한 육체를 유지시킬 뿐 아니라, 오히려 건강을 회복시키려고 마시는 우유나 다른 어떤 치료보다도 한결 효과가 있었다.

우리는 포도 따기와 과실 거둬들이기로 그 해의 나머지를 즐겁게 보냈다. 그리고 우리는 순박한 농민들 틈에서 날이 갈수록 전원생활에 애착을 느끼게 되었다. 우리들은 겨울이 다가옴을 원망스럽게 생각하고 있었다. 그리하여 마치 귀양살이를 떠나는 기분으로 시내로 돌아갔다. 더구나 새 봄을 다시 맞이하게 될 기약조차 없던 나로서는 이 정든 샤르메트와는 영원히 이별하는 것이라고 생각되었다. 나는 그곳을 떠나게 되매 흙이나 나무에까지 키스를 하지 않을 수 없었고, 그곳을 등지고 걸어갈 때 몇 번이나 뒤돌아보지 않을 수 없었다.

이미 음악을 가르치던 여제자들과의 인연이 끊어진 지 오래되었고, 오락이나 사교계의 취미도 잃고 말았으므로, 외출을 아니하던 나로서는 엄마와 살로몽 씨 이외에는 아무도 만나는 사람이라곤 없었다. 살로몽 씨는 얼마 전부터 엄마와 나의 주치의였는데, 성실하고 재치 있는 사람이었다. 데카르트 철학의 신봉자였던 그는 우주의 법칙에 대해서 꽤 열심히 이야기하고 있었다. 그의 유쾌하고 유익 이야기는 그의 처방보다도 더욱 내 병에 이로운 것 같았다. 나는 그의 이야기를 듣는 것이 다시없이 즐거웠다. 그의 옆에서 이야기를 듣노라면 앞으로 내가 배워야 할 심오한 지식을 미리 맛보는 듯한 느낌이 들었다.

나는 그의 이야기를 이해하는 데 도움이 될 만한 책들을 읽기 시작하였다. 과학과 종교를 아울러 쓴 책이 나에게는 가장 좋았다. 특히 오라토리오 회나 르와알 수도원에서 나온 책들이 그러했다. 나는 이 책들을 탐독했다. 이때 내 손에는 라미 신부의 『과학 강화』라는 책이 들어왔다. 이 책은 과학에 대한 입문서였다. 나는 이것을 몇 번이고 되풀이하여 읽었다. 그리하여 나는 이 책을 나의 지침으로 삼으려 결심했다. 결국 나는 몸이 그런 상태였음에도 불구하고 아니 오히려 그런 상태였기 때문에 어쩔 수가 없이 조금씩 연구에 이끌려 가고 있음을 느꼈다.

나는 그날그날을 내 생애의 마지막 날인 것처럼 여기면서도 마치 영원히 살 것처럼 열심히 공부하였다. 사람들은 내 몸에 해롭다고 말렸지만, 오히려 이것이 내 건강에도 더 좋았었다고 생각된다. 그것은 정신적인 면에서 뿐 아니라 육체적으로도 좋았다고 생각된다. 그도 그럴 것이 내가 열중하던 이 공부가 몹시 나의 흥미를 끌고 있었기 때문에 나는 병에 대한 생각을 잊을 수가 있었고 고통도 한결 덜한 것으로 느꼈기 때문이다. 그러나 실제로는 병이나 고통이 나아진 것이 아니었음은 물론이다. 다만 심한 고통을 덜한 것으로 느낄 수 있었기 때문에, 나는 차츰 쇠약과 불면과 활동에서 벗어나 조용히 사색하는 습관이 붙게 되었다. 그리하여 내 몸이 서서히 계속적으로 쇠약해지는 것은 어쩔 수 없는 일이라고 단정하고 그것을 막을 수 있는 길은 오직 죽음뿐이라고 생각하였던 것이다.

이런 생각은 생명에 대한 쓸데없는 걱정으로부터 나를 해방시켜 주었을 뿐 아니라, 억지로 따르던 그 귀찮은 치료에서도 벗어나게 하였다. 살로몽 씨도 자기 약으로는 내 병을 고칠 수 없음을 알고 그때부터 그는 쓴 약을 억지로 나에게 권하지 않게 되었던 것이다. 나는 까다로운 의사의 지시를 다 걷어치우고, 다시 술을 마시고 몸이 허락하는 한도로 건강한 사람과 마찬가지로 활동하기 시작했다. 외출도 하고 친구도 방문했으며, 부샤르라는 서점에도 들렀다. 학자들이 잘 가는 서점이었다. 다시는 보지 못하리라고 생각하던 봄이 가까워짐에 나는 샤르메트에 가서 읽을 책을 몇 권 준비하였다.

나는 이 행운을 맞이할 수 있었다. 그리고 이 행운을 마음껏 누렸다. 새싹이 돋아 나옴을 보았을 때의 나의 기쁨은 이루 형언할 수 없었다. 눈이 채 녹기도 전에 우리들은 그 감옥 같은 집을 버리고 꾀꼬리의 첫 울음 소리를 듣기 위하여 샤르메트로 이사를 했다. 그때 이미 나는 이제는 죽지 않으리라 느껴졌다.

몸은 비록 쇠약하였지만, 나는 다시 전원생활의 일을 시작하였다. 하기야 몸에 무리가 되지 않는 일밖에 못 하였지만. 남의 손을 빌지 않고 나 혼자서 정원을 정리할 수 없는 것이 몹시 유감스러웠다. 삽질을 몇 번만 연거푸 하여도 숨이 턱에 닿고 땀이 비 오듯 하여 더 이상 계속할 수가 없었다. 허리를 굽히면 가슴의 고동이 심해지고 별안간 온몸의 피가 머리로 확 치올라 오는 바람에 이내 허리를 펴고 일어서지 않을 수가 없었다.

이리하여 힘들지 않는 일밖에 할 수 없었기 때문에, 나는 다른 자질구레한 일과 비둘기장 일을 돌보게 되었다. 그런데, 이것이 몹시 재미가 있어서 여기에 몇 시간씩 있어도 조금도 싫증이 나지를 않았다. 원래 비둘기는 아주 소심한 새이기 때문에 길들이기가 힘이 들었다. 그런데 드디어 길이 들자 비둘기들은 내 곁을 따라다니게 되고, 손으로 잡을 수조차 있게 되었다. 밭에서나 뜰에서나 내가 나타나기만 하면, 으레 두 마리의 비둘기가 내 팔이나 머리 위에 앉는 것이었다. 나는 이것이 몹시 기쁘기는 하였지만, 나중에는 너무 그러는 것이 귀찮을 정도여서 그들을 쫓아 버리기까지 하게 되었다.

앞에서 말했지만 나는 책을 몇 권 준비해 가지고 왔었다. 나는 그 책들을 읽기는 하였지만, 나에게 이롭다기보다는 너무 마구 읽었기 때문에 오히려 피로를 느끼곤 하였다. 그때만 해도 나는 한 권의 책을 보람 있게 읽으려면, 이에 대한 모든 예비 지식을 갖추고 있어야 한다고 그릇된 생각을 하고 있었다. 사실은 저자 자신들도 대체로 자기 저서에 나오는 모든 지식을 다 갖추고 있는 것이 아니라, 필요에 따라서는 다른 책의 내용을 인용한다는 것을 미처 모르고 있었다. 이렇게 어리석은 생각을 하고 있었기 때문에, 나는 책을 읽어 나가다가 막히게 되면, 이 책 저 책을 마구 뒤적거리게 되었다. 그리하여 내가 연구하려는 책은 미처 10페이지도 읽어나가지 못했는데도 서고에 있는 책을 모조리 몇 차례씩이나 뒤지는 형편이었다.

이런 터무니없는 독서 방법으로 인하여 나는 많은 시간을 낭비하게 되었다. 나중에는 아무것도 볼 수도 이해할 수도 없을 정도로 머리가 혼동되고 말았다. 다행히도 나는 드디어 이런 식으로 하다가는 끝없는 미궁에 빠져 버리게 될 것임을 깨달았으므로 그 직전에 이에서 벗어날 수 있었다.

내게는 유리했던 이런 사소한 일들을 장황하게 늘어놓는 것은 독자 여러분을 따분하게 하겠으므로 많이 삼가기로 하겠다. 그러나 나는 되도록 흥미와 효과를 동시에 얻으려고 생활계획을 이리저리 짜던 일을 몹시 즐겁게 회상한다. 그래서 나는 속세를 등지고 항상 병에 시달리던 이 시절이 내 일생을 통하여 가장 적적하지 않고 싫증나지 않던 시기라고 말할 수 있다.

2, 3개월 동안은 내가 타고난 소질을 검토하게 되었다. 1년 중 가장 아름다운 계절에, 황홀하게 꾸며진 고장에서 인생의 매력을 한껏 맛보았다. 그리고 이렇게 완전한 결합을 하나의 사회라고 할 수 있다면 그 사회의 매력도 충분히 향락하였고, 또 내가 배우려고 하는 학술에 대한 즐거움도 마음껏 누렸다. 사실 나는 이때 이미 학문을 소유하고 있는 것처럼 생각했던 것이다.

이런 일들은 모두 나에게는 다시없는 즐거움이었지만, 막상 이것을 설명하자니 극히 단순할 수밖에 없고 보니 그대로 지나쳐 버리지 않으면 안 되겠다. 여기서 다시 한 번 말하거니와 진정한 행복이란 표현할 수는 없는 것이다. 그것은 오로지 느낄 수 있을 뿐이다. 그것은 표현될 수 없는 것이기 때문에 그만큼 더 잘 느껴지는 것이다. 왜냐하면 참다운 행복이란 많은 사실을 모으는 데서 이루어지는 것이 아니라 꾸준히 계속되는 일정한 상태이기 때문이다. 나는 같은 말을 자주 되풀이하는 버릇이 있다. 그러나 머리에 떠오르는 대로 이야기하였다면 훨씬 더 같은 말을 많이 되풀이했을 것이다. 여러 차례 변경되었던 이곳에서의 생활 방법이 드디어 일정한 궤도에 오르게 되었는데, 이때 나의 생활 시간표는 대개 다음과 같았다.

나는 매일 아침 해가 뜨기 전에 일어났다. 그리하여 근처에 있는 과수원을 지나 그림처럼 아름다운 고갯길을 올라간다. 포도밭 위로 난 이 길은 절벽을 따라 샹베리에까지 뻗어 있다. 나는 이 길을 거닐면서 아침 기도를 올린다. 이 기도는 공연히 입으로만 중얼거리는 그런 것이 아니라, 지금 내 눈앞에 전개되어 있는 이 아름다운 자연을 창조해 낸 조물주에 대하여 마음으로부터 올리는 진지한 찬양의 기도인 것이다. 나는 방 안에서 기도하고 싶은 생각은 없었다. 네 벽과 인간이 만든 그 너절한 가구들이 신과 나와의 중간에 들어앉은 것처럼 생각되었기 때문이다. 나는 신이 만들어 놓은 것들에 싸여 그를 조용히 생각하는 것이 좋았다. 그러면 나의 마음도 신에게까지 올라가는 것 같았다.

나의 기도는 확실히 깨끗한 것이었다고 말할 수 있다. 그렇기 때문에 나의 소원은 신이 들어줄 만한 가치가 있었다. 나는 나 자신을 위하여 그리고 내 기도에서 결코 빼놓을 수 없는 엄마를 위하여 죄악과 번뇌와 곤궁에서 해방된 깨끗하고 평화로운 생활과, 올바른 사람으로서의 죽음과, 내세에서도 올바른 사람이 될 운명, 이런 것만을 기도하였던 것이다. 더구나 이 기도는 소원보다도 오히려 찬미와 관찰하는 가운데 이루어지는 것이었다. 우리에게 필요한 진정한 행복을 신에게서 받을 수 있는 최선의 방법은, 그것을 그에게 애원하기보다는 오히려 자신이 그것을 받을 만한 가치가 있는 인간이 되어야 한다고 나는 믿고 있었던 것이다.

나는 빙 도는 길을 걸어 산보에서 돌아온다. 나는 멀리서부터 엄마가 일어났는지 그녀의 방을 바라본다. 그녀의 방에 덧문이 열려 있으면, 나는 기쁨에 넘쳐 달려간다. 그러나 아직 닫힌 채로 있으면, 조용히 집 안으로 들어가 어제 공부한 것을 복습하거나 정원 손질을 하며, 그녀가 일어나기를 기다린다. 드디어 덧문이 열린다. 그러면 나는 그녀에게로 가서 그녀를 포옹한다.

아침 식사에는 대개 밀크 커피가 곁들여졌다. 이때가 우리들에게는 하루 가운데서 가장 조용히, 그리고 가장 마음 놓고 지껄일 수 있는 시간이다. 식사 시간이 오래 걸렸으므로 나는 여간 즐겁지 않았다. 한두 시간 한담을 하고 나면, 나는 점심때까지 책을 읽었다.

나는 철학책부터 읽기 시작했다. 포르루아얄의 『논리학』, 존 로크의 『인간오성론』, 말브랑슈, 라이프니츠, 데카르트의 책들을 읽었다. 얼마 안 가서 나는 저자들이 서로 영원히 반대의 위치에 서 있음을 깨닫고, 그것을 일치시켜 보려는 꿈 같은 계획을 세웠다. 이 계획 때문에 나는 많이 피로하였고, 또 많은 시간을 낭비하였다. 드디어 이 방법을 중단한 나는 한결 더 나은 다른 방법을 채택했다.

나는 분명히 연구에 대한 능력은 타고나지 못하였다. 그럼에도 불구하고 내가 웬만큼 발전할 수 있었던 것은 오로지 이 방법의 덕분이었다. 그것은 즉, 한 저자의 책을 읽을 때는 전적으로 그의 사상을 지지하여, 여기에 나 또는 다른 저자의 사상을 섞거나, 또는 논쟁을 벌이지 않고 그대로 받아들인다는 법칙이었다. 물론 이 방법에도 결점이 없는 바는 아니었지만, 그러나 내 공부에는 많은 발전을 가져

왔다. 나는 오로지 다른 사람의 사상을 연구하였을 뿐 나의 고찰이나 추론을 달지 않고 2년간을 끌고 갔다. 그랬더니 다른 사람의 힘을 빌지 않고도 나 스스로가 고찰할 수 있을 만큼 충분한 지식을 얻었다고 생각되었다. 여행이나 다른 일 때문에 책을 읽을 수 없을 때에는 나는 이미 읽은 것들을 생각하고, 비교하고, 판단해 보기도 하고, 때로는 나의 스승들을 비판해 보기조차 하였다.

철학 다음에는 기하학의 초보를 공부하였다. 애써 되풀이하여 처음부터 새로 시작했었는데도 나의 기억은 박약했기 때문에 다시 초보부터 시작했던 것이다. 나는 라미 신부의 『기하학』을 선택했다. 이때부터 그는 내가 좋아하는 저자의 한 사람이 되었다. 지금도 그의 책은 가끔 재미있게 읽는다. 그 다음에는 대수 공부를 했다. 이것도 라미 신부의 저서로 시작했다. 좀 발전한 뒤에는 레노 신부의 『계수학』과 그의 『입증해석학』을 공부했지만, 거의 책의 페이지를 뒤져본 데 불과했다.

그 다음은 라틴어의 차례였다. 이것은 가장 공부하기 힘든 학과였고, 끝내는 뚜렷한 발전도 보지 못했다. 처음에는 포르루아얄의 라틴어 연구법에 따라 공부했지만 별 성과가 없었다. 그 야단스런 암기법에는 그만 기분이 나지 않아 별로 머리에 들어가지도 않았다. 나는 그 복잡한 문법의 규칙 때문에 도무지 갈피를 잡을 수가 없었다. 마지막 규칙을 외우고 있을 때는 이미 앞의 것들은 깡그리 기억에서 사라지고 말았다. 많은 어학의 지식을 필요로 하는 학문은 기억력이 부족한 사람에게는 적합한 것이 못 된다. 나는 빈약한 내 기억을 보충하기 위하여, 처음 얼마 동안은 몹시 열성을 기울였지만,

드디어 나는 이 공부를 집어치우지 않을 수가 없었다.

정오가 되기 조금 전에 나는 책을 덮어놓고, 점심 준비가 되는 동안 나는 친구인 비둘기를 찾아가거나 정원 손질을 해 주었다. 나를 부르는 소리가 들려오면, 나는 왕성한 식욕을 가지고 기뻐서 달려간다. 사실 나는 병에 걸려 있는 동안에도 식욕이 떨어져 본 일이 없었다는 것을 덧붙여 둔다. 엄마가 식사를 들기 시작할 때까지 우리는 신변에 관한 이야기를 나누며 유쾌하게 점심을 들기 시작한다.

한 주일에 두서너 번 날씨가 좋을 때면 뒷동산에 나무 그늘이 서늘하게 우거진 곳에 있는 정자로 가서 커피를 마셨다. 이 정자에는 내가 호프 덩굴을 올려 두었으므로 더운 한낮에도 시원하여 여간 기분이 상쾌하지 않았다. 그곳에 앉아 우리들은 채소밭이나 정원을 내려다보기도 하고 생활문제에 대한 이야기도 하면서 얼마 동안을 보냈다. 이것으로 하여 우리들의 생활은 한결 더 즐거울 수가 있었다.

그리고 정원 가에는 또 하나의 가족이 있었다. 그것은 꿀벌이었다. 나는 잊지 않고 자주 그들을 찾아갔지만 엄마도 가끔 따라왔다. 나는 그들의 역사에 몹시 흥미를 느끼고 있었다. 그들이 꿀을 얻어 가지고 오는 것은 정말 볼 만하다. 때로는 그 작은 허벅다리에 무거울 정도로 잔뜩 꿀을 매달고 오는 것이다. 처음 며칠 동안 주의를 하지 않았기 때문에 벌에게 몇 방 쏘였다. 그러나 곧 나는 그들과 친해져서 이제는 아무리 그들에게 가까이 가도 쏘는 일은 없었다. 금세 붕붕거리며 날아오를 듯이 벌통 언저리에 잔뜩 붙어 있기도 하고, 때로는 그들이 나를 둘러싸기도 하고 손등이나 얼굴에 앉는 일이 있어도, 한 마리도 나를 쏘는 놈은 없었다. 모든 동물이 인간을 두려워하는 것은 무리가 아니다. 그러나 일단 인간이 그들을 해칠 의사가 없음을 확인한 뒤에는 그들은 인간을 절대적으로 신용한다. 야만인이 아니라면 이러한 그들의 신용을 배신할 수는 없을 것이다.

그리고 나서 나는 다시 책읽기로 돌아간다. 그러나 오후에 하는 독서는 공부나 연구를 위한 것이라기보다는 차라리 휴식이나 오락에 속하는 것이었다. 점심 뒤에 서재에 처박혀 연구에 몰두한다는 것은 영 견디지 못할 노릇이었다. 그래서 이것저것 무리가 되지 않게, 그리고 별 계획성도 없이 연구라고는 말할 수 없는 그런 독서를 하였다.

이때는 대개 역사나 지리책을 선택하였다. 이 두 학과는 그다지 정신적인 긴장을 필요로 하지 않았기 때문에 나는 내 기억력이 허락하는 한도 내에서 많은 발전을 이룰 수 있었다. 그리고 나는 시간의 엄밀한 측정과 천체의 운행에 대해서도 꽤 열성을 가지고 있었다. 만일 이에 필요한 기구만 있었더라면, 나는 천문학에 대해서도 꽤 취미를 가질 수 있었을 것이다. 그러나 약간의 서적에서 얻은 적은 지식과 극히 불완전한 관찰에 만족하는 도리밖에는 별 수가 없었다. 이 관찰이란 별들의 일반적인 위치를 관측하기 위하여 망원경으로 해 본 것에 불과했다. 그것은 내가 심한 근시였기 때문에 육안으로는 별을 똑똑히 볼 수 없었던 까닭이다.

여기서 참 어처구니없는 사건이 생각난다. 그 뒤로는 가끔 이 일을 생각하면 저절로 웃음이 터진다. 나는 성좌를 연구하기 위하여 평면 천체도를 하나 사다가 이것을 틀에다 붙여 놓았다. 그리고 날씨가 좋은 밤이면 으레 마당 가운데에다 내 키만한 네 개의 기둥 위에다 이 틀을 천체도가 아래로 향하도록 올려놓았다. 그리고 촛불을 밝혀 이 천체도가 보이도록 하였는데, 바람에 꺼지지 않도록 네 기둥 복판에 통을 놓고, 초를 그 속에 세워 두었다. 이렇게 해 놓고서 나는 번갈아가면서 눈으로 천체도를 보고, 다시 망원경으로 천체를 관찰하고 하여 성좌를 알아내고 그 위치를 정하는 연습을 하였다. 그런데, 이 집의 정원이 높았기 때문에 여기서 하는 짓이 길에서 다 보였던 것이다.

그런데 어느 날 밤 늦게 앞길을 지나가던 농부들이 이 괴상한 도구를 차려 놓고 관측에 열중하고 있던 나를 발견했던 것이다. 천체도를 비추는 촛불이 통 속에 있었으므로 그 불빛이 어디에서 나오는 것인지 알 수가 없었고 네 개의 다리와, 이상한 것을 그린 종이와, 그 종이가 붙어 있게 한 틀과 망원경, 이런 것들이 나타났다 사라졌다 하며 움직이는 것이나 그 모습이 마치 요술이라도 부리고 있는 듯한 이 광경을 보고, 그들은 깜짝 놀랐다. 더구나 내 옷차림이란 것도 그들의 안심거리는 못 되었다. 차양이 마치 사냥개의 귀처럼 축 늘어진 모자를 나이트 캡 위에다 덧쓰고, 엄마가 권하기에 그녀가 만들어 준 솜 둔 자켓을 입고 있었으니 그들의 눈엔 이 모습이 요술쟁이로밖에 보이지 않았을 것이다. 더구나 마침 한밤중이고 보니 그들은 도깨비 잔치라도 벌어진 것으로 단정해 버렸던 것이다. 이렇게까지 된 바에야 그들은 그 이상 더 확인할 필요도 없이, 기겁을 하여 도망쳐 가서 이웃 사람들을 불러 모아 이 이야기를 전했던 것이다.

이 이야기가 순식간에 퍼져 이튿날 이 근처에서는 누아레 씨 집에서 간밤에 도깨비가 잔치를 했다는 사실을 모르는 사람이 없게 되었다. 내 요술의 소문에 대해서는 이것을 목격한 농부가 우리집에 자주 드나들던 예수회의 두 신부에게 호소하지 않았더라면, 나는 지금까지도 이 사실을 모르고 있었을 것이다. 이 신부들은 웬 영문인지도 모르고 있었지만, 농부를 적당히 달래 놓고 우리집으로 와서 이야기를 전해 주는 것이었다. 내가 사실을 이야기하자, 모두들 그만 웃음보를 터뜨리고 말았다.

이렇게 하여 나는 하루하루를 행복하게 지냈다. 그리고 아무것도 이것을 방해하는 것이 없었으므로 나는 더욱 행복하였다. 사실 나는 죽을 때까지 이 행복이 계속되리라고 믿고 있었다.

엄마는 원래 전원을 몹시 사랑하고 있었다. 내가 곁에 있다고 하여 그녀의 이 취미에는 조금도 변함이 없었다. 그녀는 차츰 밭일에 대하여 흥미를 갖기 시작하였다. 그녀는 밭에서 수입을 올리려고 했다. 여기에 필요한 지식을 가지고 있던 그녀는 이것을 충분히 이용하였다. 엄마는 집에 딸린 밭만으로는 부족하여 이웃에 있는 밭과 목장을 빌었다.

결국 그녀는 그 계획하기 좋아하는 본성을 여기에도 드러내어, 집 안에서 빈들빈들 놀고만 있기보다는 차라리 훌륭한 농사꾼이 될 수 있는 적당한 방도를 강구했던 것이다. 그러나 그녀가 이렇게 벌여놓은 것이 그다지 탐탁하지 않았다. 그래서 나는 극력 반대하였다. 그녀의 무절제한 낭비벽으로 미루어 으레 지출이 수입을 초과하여 결국 실패할 것이 뻔한 일이었기 때문이다. 그래도 한편 수확이 전연 없지는 않을 것이고, 그러면 이것이 그녀의 생계에도 다소 도움이 되기도 하려니 하고 자위도 하였다. 그녀가 한 계획 가운데서 이번 것이 그래도 가장 손해가 적은 것으로 생각되었다. 그리고 나는 마치 그녀처럼 이번 계획이 생계의 방도라고까지 보고 싶지는 않았지만, 한편 이 농업을 다른 좋지 않은 사업이나 사기꾼들로부터 그녀를 보호할 수 있는 길이라 생각하였다. 그리하여 나도 마음속으로부터 그녀를 도울 수 있도록 체력과 건강이 회복되기를 간절히 바랐다. 이것이 없이는 다른 일꾼들을 감독하거나 내 스스로가 솔선하여 일을 할 수 없기 때문이었다.

이렇게 하다 보니 나는 자연히 책을 멀리하게 되고, 건강 상태에 대해서도 관심을 덜 갖게 되어, 병에는 한결 좋은 결과를 가져오게 되었다.

그 해 겨울에 이탈리아에서 돌아온 바리요가 몇 권의 책을 가져다 주었다. 그 가운데는 방키에리 신부의 『음악사』와 『악전』이 있었다. 이 책은 나에게 음악사와 음악에 관한 이론적 고찰에 대하여 많은 흥미를 갖게 했다. 바리요는 얼마 동안 우리와 함께 지냈다.

나는 몇 달 전에 성년이 되어 있었으므로, 오는 봄에는 제네바로 가서 어머니의 유산 중에서, 형의 소식이 확실해질 때까지 우선 내 몫만이라도 요구하려고 하였다. 이 계획은 예정대로 실행되었다. 나는 제네바로 갔다. 아버지도 그리로 왔다. 그는 벌써 이전부터 그곳에 가끔 왔었다. 아직 그전 판결이 취하되지는 않았었지만, 이젠 아무도 말썽을 부리는 사람은 없었다. 모든 사람들이 그의 용기를 존중하고, 그의 성실성을 존중하고 있었으므로 그전 사건은 세상에서 잊혀진 듯하였다.

나는 개종한 것 때문에 귀찮은 문제라도 생기지 않을까 하여 은근히 걱정이 되었다. 그러나 아무 일도 없었다. 제네바의 법률은 이런 점에서 베른의 법률보다 한결 관대하였다. 베른에서는 개종하는 사람은 누구나 시민권을 박탈당할 뿐 아니라, 그의 재산도 몰수되고 있었다. 이런 일로는 별 문제가 없었지만, 웬일인지 내 재산은 바짝 줄어 있었다. 그리고 형이 이미 죽은 것은 확실한 일이었지만, 법적인 증거가 없었으므로 형의 몫까지 요구할 권리가 없었다. 그리하여 그것을 아버지에게 선뜻 내드렸다. 아버지는 그 돈으로도 여생을 즐길 수 있었던 것이다.

모든 수속이 끝나자 나는 그 돈을 받았다. 즉시 나는 그 일부로 책을 사고 나머지를 엄마에게 주려고 급히 달려왔다. 오는 도중 내 가슴은 기쁨으로 벅차오르고 있었다. 그 돈을 엄마 손에 넘겨주는 순간의 기쁨 그것은, 내가 그 돈을 받을 때의 기쁨보다도 천 갑절이나 더하였다. 엄마는 결백한 사람만이 가지는 그런 담담한 심정으로 그 돈을 받았다. 그리고 그 돈은 거의 전부가 또한 단순하게 나를 위하여 쓰여졌다. 설사 그 돈이 다른 곳에서 들어왔다 할지라도 그 용도는 거의 마찬가지였을 것이다.

나의 건강은 좀처럼 회복되지 않고 있었다. 그와는 반대로, 오히려 눈에 될 정도로 쇠약해졌다. 마치 죽은 사람처럼 얼굴이 창백하고, 해골처럼 파리해졌다. 맥박이 빠르고, 고동은 심하게 뛰고, 가슴은 늘 압박감을 느끼고 있었다. 극도로 쇠약해져서 몸을 움직이기조차 힘들게 되었다. 걸음이 조금만 빨라도 숨이 차고, 몸을 약간만 굽혀도 현기증이 왔다. 아주 작은 물건도 들어 올릴 수가 없었다. 여기다가 우울증마저 곁들여 생겼다. 우울증이란 대체로 행복한 사람이 걸리는 병이다. 그런데, 내가 그 병에 걸린 것이다. 이유도 없이 흐르는 눈물, 나뭇잎이나 새소리에도 깜짝 놀라는 공포, 한껏 행복한 생활, 조용한 가운데서도 마음이 산란해지는 것은 모두 편안한 생활에서 빚어진 권태인 것이다.

그런 평온한 생활은 신경을 지나치게 예민하게 만드는 것이다. 우리들 인간은 지상의 행복에는 적합하지 않도록 태어난 것이다. 우리는 언제나 육체거나 정신이거나 고통을 받도록 되어 있다. 만일 이 양편이 모두 괴롭지 않게 되면, 필연적으로 그 어느 한쪽에 고통이 생기게 마련이다. 그리고 한쪽이 건전하면, 거의 언제나 다른 쪽에 해를 끼치게 마련이다. 내가 유쾌하게 인생을 즐길 수 있게 되었을 때, 건강이 이것을 방해한 것이다. 더구나 그 병의 원인이 어디에 있는지 도무지 알 수가 없었다.

나는 학문의 연구를 깊이 하기 위하여 생리학 책을 조금 읽은 뒤, 곧 해부학 공부를 시작하였다. 내 신체를 구성하고 있는 각 부분의 복잡함과 그 기능을 조사하노라면, 하루에도 스무 번씩이나 이 모든 기관이 산산조각이 난 듯한 느낌이 들었다. 나는 내가 거의 죽게 되었다는 사실을 알고 놀랐다기보다는 오히려 아직도 살아 있다는 사실에 더욱 놀랐다. 병에 대한 설명을 읽노라면, 병 아닌 것이 없는 것 같았다. 하기야 내가 설사 병에 걸리지 않았더라도 이 책을 읽는 동안에 나는 병에 걸리고 말았을 것이다. 그것은 하나하나의 병에서 나의 증세를 발견하고, 나는 이 모든 병에 걸린 것으로 생각하게 되었기 때문이다.

의학책을 읽게 되면 그것은 피할 수 없는 노릇이다. 열심히 탐구하고 고찰하고 비교한 결과 내 병은 심장에 육종이 생긴 것이라고 확신하게 되었다. 살로몽 씨도 이 진단에는 경탄하는 듯하였다. 나는 열심히 머리를 짜내어 이 육종을 고칠 방법을 생각해 내고, 이 신기한 치료를 받을 결심을 하였다.

일찍이 아네가 몽페리에로 여행을 하였을 때, 그곳 식물원과 그 전임 기사 소바즈 씨를 방문한 일이 있었다. 이때 아네는 그에게서 피즈 씨(몽페리에 의과 대학교수-역주)가 이와 비슷한 육종을 고쳤다는 이야기를 들었다는 것이다. 이 이야기는 엄마가 기억하였다가 나에게 말한 것이다. 나는 당장에 피즈 씨를 찾아가서 진찰을 받아야겠다고 생각하였다. 병을 고치겠다는 생각으로 하여 나는 여행을 할 용기와 힘을 되찾았다. 제네바에서 받아 온 돈이 이 비용에 쓰이게 되었다. 엄마도 만류하기보다는 오히려 가도록 권했다. 그리하여 나는 곧 몽페리에로 출발하였던 것이다.

내게 필요한 의사를 찾아내기 위하여 그다지 멀리 갈 필요는 없었다. 말을 타면 몸에 무리가 되므로 그르노블에서 마차를 탔다. 그런데, 모아랑에서는 대여섯 대의 마차가 줄을 지어 내 마차 뒤를 따르게 되었다. 이 마차의 대부분은 콜롱비에 부인이라는 신혼부인에 따르는 행렬이었다. 이 부인과 함께 다른 한 사람 라르나즈 부인이라는 여자도 타고 있었다. 이 부인은 콜롱비에 부인만큼 젊거나 예쁘지는 않았지만 애교는 그만큼 있었다.

원래 수줍은 내가 이렇게 신분이 높은 부인이나 그들을 따르는 수행원들과 그렇게 쉽게 사귈 수 있으리라는 것은 생각도 못 할 일이었다. 그러나 결국 함께 길을 가고 함께 여관에서 쉬면서 외톨이가 되는 것이 싫어서 식탁에도 얼굴을 내놓다 보니, 자연히 친해질 수 밖에 없었다. 이리하여 우리의 교제는 의외로 빨리 맺어졌다. 도대체 이렇게 시끄러운 것은 병자에게는 좋지 않았다. 더구나 나 같은 기질의 병자에게는 더욱 그러했다.

그러나 이런 바람둥이 여자들이란 한 남자와 교제하려면, 우선 그 남자의 머리를 돌게 만들어 놓는 법이다. 내가 그렇게 되었던 것이다. 콜롱비에 부인은 들뜬 젊은 친구들에게 둘러싸여 지냈으므로 나에게 손을 뻗칠 여유조차 없었다. 더구나 그녀와는 곧 헤어져야 했으므로 애써 그럴 필요마저 없었다. 그러나 라르나즈 부인은 별로 따라다니는 남자도 없었으므로, 심심풀이라도 될 길동무가 필요했던 것이다. 그리하여 그녀는 나에게 추근추근 따르기 시작했다. 그런데 가엾은 장자크는 어디론지 사라져 버리고 만 것이다. 아니, 오히려 그 열과 우울증과 육종이 감쪽같이 사라졌던 것이다. 그녀 곁에서는 모든 병이 연기처럼 다 사라지고 마는 것이었다. 그러나 고동만은 그대로 남아 있어서, 이것만은 그녀로도 고칠 수 없는 것 같았다. 내 건강이 좋지 않은 것으로 하여 우리들 사이에 대화의 길이 트이기 시작했던 것이다.

내가 병자라는 것과 몽페리에로 간다는 사실을 모두 알게 되었다. 내 모습이나 태도로 보아 내가 방탕아가 아니라는 것은 증명되었던 모양이다. 병자라는 것이 귀부인들 사이에 인기 있는 일이 될 수는 없었지만, 그것이 그들의 흥미를 끌었던 것만은 사실이었다. 그녀들은 매일 아침 내 건강의 안부를 물으러 사람을 보내 함께 코코아를 마시자고 불렀다. 그리고 지난밤에는 좀 어떠했느냐고 묻기도 하였다. 그런데 한번은 그 생각 없이 지껄이는 버릇대로 “모릅니다”라고 대답해 버렸다. 그만 이 대답은 그녀들로 하여금 나를 바보로 알게 만들었다. 그래서 그녀들은 나에게 더 파고들어 물어보는 것이었다. 이 테스트는 나에게 불리한 결과를 가져오지는 않았다. 나는 콜롱비에 부인이 어떤 때 자기 친구에게 이렇게 말하는 것을 들었다.

“아직 어린애야, 하지만 귀엽긴 해.”

그녀의 이 말은 나에게 용기를 주었고, 또 실지로 나를 귀엽게도 만들었다.

이렇게 하여 서로가 친해짐에 따라, 서로의 신상을 이야기하고, 어디서 온 누구라는 것을 말하지 않을 수 없었다. 여기서 나는 당황했다. 사실이지 귀족이나 상류 사회의 부인들에게 내가 개종자라는 것을 말한다면, 이것은 나를 죽이는 것이나 다름없다고 생각되었기 때문이다. 나는 무슨 변덕스런 생각에서였는지 영국 사람 노릇을 하려고 마음먹었다. 나는 제임스 2세 당원으로 행세하여 모두가 그렇게 알게 되었다. 이름을 다딩이라고 말했더니 다들 그렇게 불렀다. 그런데 이들 가운데 토리냥 후작이라는 심술궂은 늙은이가 있었는데, 그는 나처럼 병자였다. 이 늙은이가 다딩 씨에게 수작을 걸어 볼 생각이었다. 그는 자크 왕에 대해서, 왕위 계승문제에 대해서, 그리고 생 제르맹의 옛 궁궐에 대해서 말을 거는 것이었다. 나는 그만 바늘방석에 앉은 것처럼 마음이 조마조마했다. 이런 일들에 대해서 나는 해밀튼 백작의 저서나 신문에서 좀 읽었을 뿐 거의 아는 바가 없었다. 그러나 이 약간의 지식을 잘 활용하였으므로 다행히도 어물어물 넘어갈 수가 있었다. 천만다행으로 아무도 나에게 영어에 대해서는 질문하는 사람이 없었다. 사실 나는 영어라면 한 마디도 모르고 있었으니 말이다.

일행은 모두 마음이 서로 통하고 있었기 때문에 작별할 때가 다가옴을 아쉬워하고 있었다. 우리는 달팽이처럼 느릿느릿 날마다 여행을 계속하였다.

생마르셀랭에 도착한 때는 마침 일요일이었다. 라르나즈 부인이 미사에 나가겠다고 하기에 나도 따라갔다. 여기서 자칫하면 일을 망치게 할 뻔했다. 나는 평소와 다름없는 태도를 하고 있었다. 그런데 그녀는 나의 경건한 태도를 보고 내가 독실한 신자인 줄만 알고 나에 대하여 별로 탐탁지 않은 감정을 품고 있었다. 그녀는 이 사실을 이틀 뒤에 나에게 고백하였다. 나는 나에 대한 그녀의 이런 감정을 씻기 위하여 그녀의 비위를 맞추지 않을 수 없었다. 그러나 사실은 그녀는 경험이 많은 여자로서 실망하기는커녕 오히려 그녀 쪽에서 내가 이 곤란한 처지를 어떻게 해결해 나가는가를 보려고 나에게 도전을 하여 여러 가지 선수를 썼다. 나는 그녀가 나를 조롱하는 줄만 알고 또 바보짓만 하였던 것이다. 사실 이때 그녀의 온갖 교태와 달콤한 말들은 비록 바보가 아닌 남자라 할지라도 그것을 진실로 받아들일 수는 없을 정도였다. 그녀가 나에게 가깝게 굴면 굴수록 나의 태도는 점점 굳어지지 않을 수 없었다. 그런데 나를 가장 괴롭힌 것은 내가 진짜로 그녀에게 반해 버리고 말았다는 사실이었다. 나는 내 자신과 그녀에게 이렇게 말했다.

"아, 어찌하여 이 모두가 현실이 될 수 없다는 말인가! 이것이 사실이기만 하다면 나는 이 세상에서 가장 행복한 사람이 될 수 있을 텐데."

나는 이와 같은 풋내기 순정이 오히려 그녀의 애정에 불을 질렀는지도 모른다. 그녀 자신도 여기까지 와서 일을 그르치고 싶지는 않았던 모양이다.

우리들은 로망에서 콜롱비에 부인 일행과 헤어졌다. 그러고 나서 라르나즈 부인과 토리냥 후작과 나, 이렇게 세 사람은 더욱 천천히 유쾌한 여행을 계속했던 것이다. 토리냥 후작은 환자이고 좀 투덜거리는 편이기는 하였지만 한편 호인이기도 하였다. 하지만 불고기 냄새가 코를 찌르는데 빵만 씹고 있을 사람은 아니었다.

라르나즈 부인이 내게 호감을 갖고 있음을 별로 숨기지도 않고 있었기 때문에 나보다도 오히려 후작이 먼저 이 눈치를 챘던 것이다. 사실 귀부인의 변덕은 믿기 어렵다 할지라도, 이 늙은 신사의 핀잔만으로도 나는 그녀가 나를 사랑하고 있다는 것쯤은 짐작이 갔어야 했을 것이다. 그러나 나의 오해는 엉뚱한 데까지 번져, 이 노신사는 그녀와 결탁하여 나를 조롱하는 것으로만 단정하고 있었다. 이 어리석은 단정이 내 머리를 완전히 돌게 했던 것이다. 이런 얼토당토않은 오해로 말미암아, 이 귀부인에게 반하여 한껏 달콤한 꿈을 맛볼 수 있는 시기였음에도 불구하고 나는 바보짓만을 했던 것이다. 나는 라르나즈 부인이 이런 바보 노릇을 한 나를 어째서 저버리지 않았었는지 알 수가 없다. 하기는 그녀는 세상 물정을 환히 알고, 또 속이 탁 트인 여자였으므로, 나의 이런 어리석은 태도가 아직 순진한 데서 나온 것이란 사실도 충분히 알고 있었을 것이다.

드디어 그녀는 자기의 심정을 나에게 이해시키는 데 성공하였다.

그러나 그것은 그리 용이한 일은 아니었지만, 우리들은 발랑스에서 점심을 먹게 되었다. 그리고 평소의 훌륭한 습관에 따라 그날의 오후는 그곳에서 지내게 되었다. 우리들은 교외에 있는 생 자크에 여관을 정하였다.

나는 이 여관을 라르나즈 부인과 함께 영원히 잊을 수가 없다. 점심을 먹은 뒤 그녀는 산책을 하고 싶다고 하였다. 후작이 걸을 수 없음을 그녀는 잘 알고 있었으므로 단 둘만의 시간을 만들려고 하였던 것이다. 이제 헤어져야 할 날도 얼마 남지 않았음을 알고 있었으므로 그동안 재미를 보지 않으면 안 되겠다는 생각이 들었던 모양이다.

우리들은 개천을 끼고 시내를 산책하였다. 걸어가면서 나는 나의 병에 시달리는 이야기를 장황하게 늘어놓았다. 그녀는 잡고 있던 내 손을 이따금 자기의 가슴에 갖다 대며 다정스럽게 내 이야기에 맞장구를 치는 것이었다. 그러나 나는 아직도 어리석은 생각에서 벗어나지 못하고 있었으므로, 부인이 나를 진정으로 대한다고는 믿지 않고 있었다. 그러면서도 나 자신이 몹시 감동되고 있었음은 이상한 일이다. 앞에서도 말한 바와 같이 그녀는 애교가 넘쳐흐르고 있었다. 그녀는 연애를 하기 때문에 매력이 있었고, 젊음이 활짝 피어나고 있었다. 더구나 온갖 교태로 아양을 떠는 그녀에게는 아무리 경험이 풍부한 남자라 할지라도 이를 뿌리칠 수는 없을 것이다. 나는 금세 미칠 것만 같았다. 그러나 한편 나의 경솔이 그녀를 불쾌하게 만들지 않을까 하는 걱정과, 또 이로 인하여 식탁의 웃음거리라도 되어, 짓궂은 후작에게 반갑다느니 축하한다느니 하는 따위의 야유라도 받게 되지 않을까 하는 근심으로 하여 이러지도 저러지도 못하고 화만 치밀었다.

나는 고문이라도 당하는 심정이었다. 나는 이미 좋아한다느니 사랑한다느니 하는 따위의 말을 새삼스러이 꺼낼 수는 없는 노릇이었다. 일이 여기까지 벌어졌는데 뒤늦게 그런 말을 한다는 것은 우스꽝스럽게만 생각되었기 때문이다. 나는 어떻게 행동을 취해야 할지 또 무슨 말을 해야 할지 도무지 생각이 나지 않았다. 그래서 아무 말도 않고 시무룩하니 있지 않을 수가 없었다. 그런데 다행히도 라르나즈 부인이 한결 더 정다운 태도를 보여 주는 것이었다. 그녀는 이 침묵을 깨뜨리고 갑자기 한 팔로 내 목을 얼싸안았다. 그리고 거의 같은 순간에 피할 길도 없이 그녀의 입술이 내 입술을 누르는 것이었다. 나는 일이 이렇게 순조롭게 진행될 줄은 몰랐다. 나도 그녀에게 정답게 대해 주었다. 이제 그럴 시기가 되었던 것이다.

그녀는 나에게 자신을 북돋워 주었다. 나는 이 자신을 갖지 못하였기 때문에 항상 많은 손실을 보았던 것이다. 이제야 나는 내 본성을 있는 그대로 드러냈다. 나의 눈, 관능, 가슴, 입술이 이때처럼 활기 있게 내 자신을 말한 일은 없었다. 그리고 또 나의 오해를 이때만큼 깨끗이 청산한 일도 없었다. 이 사소한 정복이 라르나즈 부인에게는 몹시 힘들었겠지만, 그렇다고 그녀가 이것을 후회하지는 않으리라는 확신을 나는 가지고 있다.

우리의 친한 사이를 후작은 눈치 채고 있었다. 그러나 그는 여전히 나를 조롱하는 눈치였다. 오히려 전보다도 더 나를 가엾은 여인, 가혹한 여인의 희생자처럼 취급하고 있었다. 그러면서도 그는 말 한 마디, 웃음 하나, 눈치 하나도 다르게 하지 않았다. 만일 눈치 빠른 라르나즈 부인이 나에게 그는 훌륭한 신사라고 귀띔을 해 주지 않았더라면, 나는 그가 우리의 사이를 눈치채고 있다는 사실조차도 까마득하게 모를 뻔했다. 사실 그러고 보니, 후작보다 더 남에게 호의를 베풀거나 고상한 행동을 취할 줄 아는 사람은 없을 것이다. 내게 대해서도 마찬가지였다. 특히 내가 이 일에 성공한 뒤로는 더욱 잘 대해 주었다. 아마 그는 성공의 명예를 나에게 돌렸던 모양이다. 그리고 생각보다는 제법이라고 나를 생각했었는지도 모른다. 물론 이것은 그가 나를 미처 인식하지 못한 때문이었다. 좌우간 나는 상관은 없다. 나는 여유 있게 그의 조롱을 받을 수 있었고, 기회를 보아 그에게 보기 좋게 일격을 가하곤 하였다. 라르나즈 부인이 보는 앞에서 그녀에게서 터득한 재치를 발휘하는 것은 참으로 의기양양하게 생각되었다. 나는 이미 조롱의 대상만이 되던 그런 나는 아니었다.

마침 이 고장이 계절에 맞는 맛있는 음식이 많았다. 우리는 후작의 주선의 덕분으로 이 맛있는 음식 대접을 잘 받았다. 그러나 후작의 이런 친절이 우리의 방을 정하는 데까지 간섭하는 것은 좀 달갑잖은 일이었다. 그는 방을 정하기 위하여 으레 하인을 앞질러 보냈다. 그러면 이 하인 놈은 자기의 생각인지 주인의 분부인지는 몰라도, 언제나 후작의 방을 부인 방 옆에 정하고, 내가 잘 방은 멀찌감치 외진 곳에다 잡아놓는 것이었다. 그러나 실지로는 이것 때문에 곤란을 겪지는 않았다. 아니, 오히려 이 때문에 우리는 한결 편히 밀회할 수가 있었다. 이렇게 즐거운 날들이 4, 5일 흘러갔다. 이 동안 나는 가장 달콤한 향락에 도취되고 있었다. 이때 내가 느낀 행복은 순수하고 열렬하여 아무 고통도 섞여 있지 않은 것이었다. 이것이 내가 맛본 최초의 쾌락이었고, 또 유일한 쾌락이었다. 만일 라르나즈 부인이 아니었다면 나는 영원히 이런 관능적인 쾌락을 맛보지 못하였으리라.

부인에 대한 나의 감정이 정확하게 연애는 아니었다 할지라도, 그것은 적어도 그녀가 나에게 베푼 애정에 대한 정다운 보답이었다. 그리고 그것은 향락 속에서 불타오르는 육욕이었으며, 두 사람의 담화 속에 얽혀지는 달콤한 친밀감이었다. 그러므로 거기에는 정열의 온갖 매력은 있었지만, 머리를 들게 하여 향락도 제대로 못하는 무아지경 같은 것은 있을 수 없었다.

나는 일생 동안 단 한 번의 진정한 연애를 느껴 보았다. 그것은 이 라르나즈 부인을 두고 하는 말은 아니다. 나는 바랑 부인을 사랑한 것처럼 그녀를 사랑할 수는 없었다. 그러나 이와는 전연 다른 방법으로 사랑하였기 때문에 나는 오히려 그녀를 백 배나 더 소유할 수가 있었다. 엄마에게서의 나의 쾌락은 언제나 일종의 비애의 감정과 말할 수 없는 마음의 압박감을 느꼈었다. 나는 항상 이런 감정을 극복할 수가 없었다. 나는 엄마를 내 소유로 만든다는 행복감 대신에, 그녀를 타락시킨다는 죄책감에서 벗어날 길이 없었다. 그러나 라르나즈 부인에게서는 이와는 반대로 내가 한 남자라는 것과 그녀에게서 행복을 느낄 수 있다는 자부심에서 마음 놓고 스스로 관능적인 쾌락에 흠뻑 젖어들 수 있었다. 그리고 나는 그녀의 관능에 준 쾌락을 나 자신도 똑같이 느낄 수 있었다.

이 고장 사람인 후작과는 어디서 헤어졌는지 기억이 나지 않는다. 몽테리마르에 도착하기 전에 우리는 단 둘이 되었던 것만은 사실이다. 라르나즈 부인은 하녀를 내 마차로 보내고 나를 그녀의 마차에 타게 했다. 이렇게 되고 보니 불가불 여행은 더욱 즐거운 일이 아닐 수 없었다. 나는 지나가는 동안에 본 일을 설명할 수 없을 정도였다. 몽테리마르에서 그녀는 볼 일이 있어서 3일 동안을 묵었다. 그러나 이 3일 동안에 누구를 방문하기 위하여 15분 이상 내 곁을 떠난 일이 없었다. 그리고 이런 방문의 결과로 그녀에게는 여러 가지 시끄러운 부탁이나 초청이 있었지만, 그때마다 그녀는 몸이 불편하다는 핑계로 이것을 모두 거절하였다. 그리하여 우리는 한없이 아름다운 하늘 아래 날마다 둘이서 거리낌 없이 산책할 수가 있었다. 아! 그 사흘 동안이여! 나는 가끔 못 견디게 그때가 그리워진다. 그러나 이와 같은 일은 두 번 다시 돌아오지는 않았다.

여행 중의 연애란 오래 계속되기를 바랄 수는 없었다. 우리는 헤어지지 않으면 안 되었다. 그리고 지금이 가장 적당한 시기라고 생각되었다. 그러나 이제 싫어졌다든지 헤어지고 싶어진 것은 아니다. 아니, 오히려 나는 점점 더 그녀에게서 떨어질 수가 없었다. 그래도 그녀는 숙녀다운 절제를 잃지 않으려 했지만 나에게는 오로지 그녀에 대한 정열밖에는 남은 것이 없었다. 그리하여 우리가 헤어지기 전에 마음껏 향락을 누리고 싶은 생각뿐이었다. 그러나 그것은 몽페리에에 있는 천한 계집애들을 걱정하는 그녀를 괴롭힐 뿐이었다.

우리는 머지않아 다시 만날 계획을 세움으로써 괴로움을 달래려고 애썼다. 이렇게 하는 것이 내 건강에 이롭다고 하기에 그대로 하기로 하였다. 그리하여 올 겨울은 라르나즈 부인의 감독을 받으며 생 탕데올에서 지내기로 하였다. 나는 몽페리에에는 5, 6주일만 머무르면 된다. 그동안에 그녀는 어떤 불미한 소문이 나돌지 않도록 미리 주선해 둘 생각이었다. 그녀는 내게 알아 두어야 할 일과 할 말과 취해야 할 태도 따위를 미리 말해 주었다. 그리고 그때까지는 서로 편지를 교환하기로 했다. 그녀는 내 건강에 대해서 여러 가지 주의해야 할 점을 진지하게 지시해 주었고, 권위 있는 의사에게 진찰을 받아 그 지시를 꼭 따르도록 당부하는 것이었다. 그리고 그녀는 내가 그녀에게 가서 있게 되면 아무리 까다로운 일이라도 충분히 의사의 지시대로 지켜 나갈 수 있다고 말했다.

이런 말들은 그녀의 진심에서 우러나온 것임이 틀림없다. 왜냐하면 그녀는 나를 사랑하고 있으니까. 그녀는 단순한 호의 이상의 증거를 나에게 보여 주었던 것이다. 내가 옷차림으로 미루어 넉넉지 못하리라고 단정한 그녀는 우리가 헤어질 때, 그녀 자신도 부유하지 못하면서도, 그르노블에서 가져온 꽤 불룩한 지갑에서 돈을 꺼내 나에게 주려고 몹시 애를 쓰는 것이었다. 사실 나도 이것을 거절하느라고 진땀을 뺐다. 나는 드디어 그녀와 작별했다. 내 마음은 그녀에 대한 생각으로 가득 차 있었다. 그리고 그녀 역시 나에 대한 애정을 가슴에 간직하고 있었으리라.

나는 다시 한 번 기억을 더듬어 이 즐거웠던 일들을 되씹으면서 여행을 끝마쳤다. 그리고 훌륭한 마차에 앉아 있는 것이 만족스러웠다. 지금까지 내가 맛본 즐거움과 또 앞에서 기다리고 있을 기쁨을 흐뭇하게 꿈꿀 수 있기 때문이었다. 나는 생 탕데올과 거기서 기다리고 있을 즐거운 생활밖에는 다른 생각은 할 수가 없었다. 그리고 라르나즈 부인과 그 주위에 있는 것들만 눈에 어릴 뿐 아무것도 볼 수가 없었다. 그 이외의 모든 것은 나에게는 아무 가치도 없는 것 같았다. 엄마까지도 잊고 있었다. 나는 라르나즈 부인이 나에게 알려 준 그녀의 집과 그 이웃, 그리고 교제하는 상대방들과 모든 생활, 그 밖에 자세한 일들까지도 머릿속에 그려 보기에 여념이 없었다.

그녀에게는 딸이 하나 있었다. 부인은 그 딸을 몹시 사랑하고 있었으며, 딸 이야기를 종종 나에게 해 주었다. 열여섯 살 먹은 이 딸은 몹시 귀엽고 활발하므로 나와는 잘 사귈 수 있으리라고 말했다. 나는 이 말을 잊지 않았다. 라르나즈 양은 과연 자기 엄마의 남자 친구를 어떻게 대할 것인가 하고 흥미를 가지고 상상해 보았다. 이런 것들이 생 테스프리 다리에서 르물랭까지 가는 동안 나의 몽상의 대상이었다.

여행하는 동안 나는 완전히 병을 잊고 있었다. 몽페리에에 도착하자 비로소 내가 환자라는 것을 깨달았다. 우울증은 이때 깨끗이 나았었지만, 다른 병들은 여전히 남아 있었다. 습관이 되어 괴로움을 별로 느끼지 못하였을 뿐이지, 만일에 이 병에 처음 걸린 사람이라면 금세 죽어 가는 줄로만 알았을 것이다. 사실 내 병은 육체적인 고통보다는 정신적으로 더 괴로움을 주었다. 이제 육체를 오래 보존하지는 못하리라는 두려움이 주는 괴로움인 것이다. 그러므로 내가 뜨거운 정열에 불타고 있었을 때는 이것을 까마득하게 잊어버리고 있었다. 그렇다고 하여 이것이 꾀병은 아니었으므로 마음이 가라앉게 되면 다시 괴로움을 느끼는 것이었다. 그래서 나는 라르나즈 부인의 충고와 이 여행의 목적을 냉정하게 생각해 보았다. 그래서 나는 많은 유명한 의사들을 찾아가 진찰을 받았다. 더구나 피즈 씨에게도

가 보았다. 그리고 조심에 조심을 하기 위하여 나는 어떤 의사의 집에 머물기로 하였다.

이 의사는 휫츠 모리스라고 하는 아일랜드 사람이었는데, 그 집에는 상당히 많은 의학생들이 하숙을 하고 있었다. 이 집에 하숙하는 환자에게는 한 가지 이익이 있었다. 그것은 모리스 씨가 하숙비만을 받았을 뿐 의사로서의 치료비를 별도로 받지 않았기 때문이다. 그는 피즈 씨의 처방을 조제해 주고, 나의 건강을 살펴주는 일까지 해 주었던 것이다. 그는 섭생에 대해서도 잘 지켜 주었다. 이 집에서는 소화불량에 걸리는 일은 없었다. 나는 원래 음식에 대해서는 별로 관심은 없었지만, 최근의 일과 비교가 되므로, 그저 토리냥 씨가 모리스 씨보다는 훨씬 맛있는 음식을 대접해 주었구나 하고 가끔 생각해 보기도 하였다. 그렇다고 하여 굶어 죽을 정도는 아니었고, 또 함께 있는 청년들이 모두 건강하고 쾌활했으므로, 이 생활이 실제로 몸에도 좋았던지 다시는 신경 쇠약에 걸리는 일은 없었다.

나는 아침에 약수를 항상 먹었는데 자세히는 알 수 없었지만, 아마 바알의 약수인 것 같았다. 그리고 나서 라르나즈 부인에게 보내는 편지를 썼다. 이 편지의 왕래는 죽 계속되었으며 이 루소가 그녀의 친구 다딩의 편지 연락까지 맡아서 하였다.

낮에는 한집에 있는 젊은이들과 카누르그로 소풍을 갔다. 그들은 모두 훌륭한 청년들이었다. 소풍에서 돌아오면 모두 한 자리에 모여서 점심을 먹었다. 오후에는 큰 일거리가 있어 거의 모두가 저물도록 이 일에 열중하였다. 일이란 교외로 나가서 간식 내기로 공놀이를 두서너 게임하는 것이었다. 나는 몸도 허약하고 재주도 없어서 직접 경기에 가담하지는 못했지만, 내기를 거는 일에는 빠지지 않았다. 경기에 정신이 팔려 자갈 깔린 울퉁불퉁한 길에서 사람과 공을 부지런히 쫓아다니자면 기분도 유쾌하고 건강에도 좋았다. 경기가 끝나면 교외 음식점에서 간식을 들었다. 나에게는 이 식사가 유쾌하였다는 것은 말할 필요도 없다. 그런데 이 음식점 아가씨들이 꽤 예뻤는데도 모두들 점잖게 있었다는 사실을 덧붙여 말하지 않을 수 없다. 모리스 씨는 이 모임의 회장격이었다. 학생이라면 으레 평판이 그리 좋지 않은 것이 통례였지만, 이 청년들에게는 이만 한 인원의 어른들 사이에도 찾아보기 어려운 조심성과 예의범절이 있었다. 그들은 소란을 떨기는 했지만 방탕하지 않았고, 쾌활하기만 하였지만 방종하지는 않았다. 나는 이 생활이 몹시 재미있었다.

학생들 가운데는 아일랜드 사람이 많았다. 나는 생 탕데올로 가기 위한 준비로 —— 영국인 행세를 하였으므로 —— 그에게서 영어 단어를 좀 배웠다. 그곳으로 떠날 날이 얼마 남지 않았기 때문이었다. 라르나즈 부인은 편지마다 오기를 독촉하였다. 그리고 나도 그렇게 할 생각이었다.

의사들은 내 병의 원인을 밝히지 못했다. 그저 신경계통에서 일어난 병이라고 단정하고 발한제와 약수와 기름 뺀 우유를 먹일 뿐이었다. 의사나 철학자들은 신학자와는 정반대로 그들이 설명할 수 있는 것 이외에는 진리로 인정하지 않고, 그들의 판단을 가능의 척도로 삼고 있다. 그리하여 이들은 내 병의 원인을 밝힐 수 없으므로, 나는 아무 병도 없다고 진단해 버리는 것이었다. 그런데 어찌 이렇게 유명한 의사들이 어떤 병인들 알지 못하리라고 생각할 수 있겠는가?

나는 그들이 날짜를 질질 끌어 내 돈을 털어내려는 심산인 것으로 생각하였다. 생 탕데올에 있는 의사들도 그런 점에서는 마찬가지겠지만, 여기서보다는 더 유쾌하게 해 주리라고 믿었기 때문에 그곳으로 갈 것을 결심했다. 나는 이 영리한 생각으로 몽페리에를 떠났던 것이다.

나는 11월 말경 몽페리에로 출발했다. 그러니까 이곳에 두 달 가까이 머문 셈이었다. 돈은 12루이나 소비했건만, 내 건강이나 수양에는 아무 도움도 얻지 못했다. 얻은 것이 있다면, 그래도 모리스 씨의 해부학 강의를 좀 들은 것뿐인데, 그것도 해부되는 시체의 지독한 냄새에 견딜 수가 없어서 중간에 집어치웠던 것이다.

일단 이렇게 결심은 해 놓고도, 한편으로 마음이 내키지 않아 생 테스프리 다리 가까이 걸어가면서, 나는 다시 한 번 생각에 잠겼다. 이 다리에서 생 탕데올과 샹베리로 가는 갈림길이 이뤄지고 있는 것이다. 엄마에 대한 추억과 그녀에게서 온 편지 —— 비록 그것은 라르나즈 부인에게서처럼 자주 오지는 않았지만 —— 는 내가 처음 여행을 떠나올 때 지니고 있던 양심을 환기시켰다.

이제 돌아가는 길에 오르게 되자, 그 양심이 눈뜨기 시작하여, 나는 관능적인 쾌락보다도 이성으로 마음이 기울게 되었다. 그리고 무엇보다도 불안한 것은 내 연극이 지난번에는 잘 끝났지만, 생 탕데올에 단 한 사람이라도 영국에 가 본 사람이 있다거나, 영국 사람들을 안다거나 또는 영어를 아는 사람이 있다면, 나는 금세 본색이 탄로나고 말 것이다. 그리고 라르나즈 부인의 가족이 나를 믿지 않고 냉정하게 대할지도 모르는 일이다. 그녀의 딸은 가장 나를 불안하게 만들었다. 그 딸에 대해서는 생각을 안 하려면 더욱 머리에 떠오르는 것이었다. 내가 그 애를 사랑하게 될지도 모른다고 생각하니 그만 몸서리가 났다. 이런 생각은 나로 하여금 이미 일이 반 정도는 실현된 것으로 느끼게 했다. 라르나즈 부인의 은혜에 보답하기 위하여 그녀의 딸을 유혹하고 불미스러운 관계를 맺어 그녀의 집안을 불화와 치욕과 분노의 도가니로 집어넣어 생지옥을 만들어 버릴 것이 아닌가? 이런 생각으로 하여 나는 몸이 몹시 후들후들 떨렸다.

한편 나는 상냥하고 고상한 엄마의 생각이 떠올랐다. 그렇지 않아도 빚에 쪼들리는 엄마는 나의 어리석은 낭비로 인하여 더욱 곤란을 겪고 있을 것이다. 이런 엄마를 내가 배신하다니! 이러한 자책감으로 하여 나는 마침내 새로운 결심을 하였다. 생 탕데올에는 들르지 않고 그대로 지나가기로 결심했던 것이다. 나는 몇 번이나 한숨이 나왔지만 과감히 결심을 실행하였다. 나는 평생 처음으로 "나는 이제야 자존심을 가질 자격이 있다. 나는 쾌락보다는 의무를 존중할 줄 안다"라고 혼자 중얼거리며 마음에 만족을 느꼈다. 이것이 내가 연구에서 터득한 최초의 참다운 선물이었다. 내게 반성과 비교하는 것을 가르쳐 준 것이었다.

선한 행위는 정신을 고상하게 하고, 나아가서는 더욱 선한 행위를 할 수 있는 힘을 정신에게 준다. 사람이 악한 행위를 범하려는 마음의 유혹을 물리치는 것도 하나의 선한 행위로 인정하지 않을 수 없을 만큼 인간은 많은 약점을 가지고 있는 것이다. 나는 결심을 굳게 하자 이제와는 별개의 인간이 되었다. 아니 그보다는 차라리 도취 속에서 일시 꺼져 가던 인간을 도로 찾은 것이었다.

선량한 생각과 결심을 안고서, 잘못을 속죄하려는 훌륭한 생각에 가슴이 부풀어 나는 여행을 계속하였다. 그리고 앞으로는 내 행위를 도덕의 법칙에 복종시킬 것, 엄마들 가운데서도 가장 훌륭한 나의 엄마를 위하여 섬길 것, 엄마에게 대한 나의 사랑과 마찬가지의 효성을 그녀에게 바칠 것, 그리고 이 의무에 대한 사랑 이외에는 어떤 사랑에도 지배되지 않을 것, 나는 이런 것들만을 생각하고 있었다. 아! 선으로 되돌아간 나의 이 올바른 마음은 다른 운명을 약속해 줄 것으로만 생각했다. 그러나 내 운명은 이미 결정되어 있었고, 그것은 이미 움직이기 시작했던 것이다. 그리하여 나의 마음이 선과 성실에 대한 사랑에 충만하여 이 세상의 순결과 행복만을 생각하고 있었을 때, 이미 나는 불행의 문턱에 서 있었던 것이다. 그리고 그 순간부터 나는 불행의 긴 쇠사슬을 뒤에 끌고 걸어가야 했던 것이다.

집에 빨리 돌아가려고 서둘렀기 때문에 길은 예정보다 한결 빨랐다. 내가 도착한 날짜와 시간은 발랑스에서 엄마에게 알려 두었다. 약속 시간보다 반나절이나 빨랐기 때문에, 나는 샤파리양에서 머물러 있다가 그 시간에 맞게 도착하도록 했다. 나는 엄마를 다시 만나는 기쁨을 마음껏 맛보고 싶었다. 나를 기다리게 하는 기쁨을 더욱 맛보기 위해서는 좀 시간을 늦추는 편이 좋을 것 같았다. 이런 내 생각은 언제나 들어맞았다. 내가 집에 도착하면 으레 작은 잔치가 베풀어지곤 하였다. 나는 이번에도 그런 것을 기대하고 있었다. 이 감사할 만한 환영은 준비될 만한 가치가 있었다.

나는 정확하게 예정했던 시간에 도착했다. 나는 멀리서부터 혹시 엄마가 마중 나오지 않았나 하고 주의하여 살펴보았다. 집이 가까워짐에 따라 내 가슴은 점점 더 고동이 심해졌다. 나는 시내부터 마차에서 내려 걸었으므로 집에 당도하자 숨이 턱에 닿았다. 그러나 마당에도, 문간에도, 창가에도, 사람의 그림자라곤 하나도 보이지 않았다. 나는 무슨 사고라도 있는 것이 아닌가 하고 마음이 불안해졌다. 나는 집 안으로 들어갔다. 역시 조용하다. 일꾼 몇 사람이 부엌에서 무엇을 먹고 있을 뿐, 나를 환영하는 준비는 아무것도 눈에 띄지 않았다. 하녀는 나를 보자 깜짝 놀랐다. 아마 그녀는 내가 온다는 사실을 모르고 있었던 모양이었다. 나는 계단을 올라갔다. 그리고 드디어 그녀를 발견했다. 내가 그처럼 깊이 깨끗하게 뜨겁게 사랑하던 그리운 엄마였다. 나는 달려가 그녀 앞에 쓰러졌다. 엄마는 나를 안으며 이렇게 말했다.

"음, 자네가 왔군. 여행은 무사했구? 병은 좀 나았나?"

이런 식의 환영에 나는 어이가 없었다. 내가 편지를 받았느냐고 묻자 그녀는 받았다고 했다.

"나는 또 못 받은 줄 알았지."

나는 이렇게 말했다. 그리고 인사는 이것으로 끝났다. 한 젊은이가 그녀와 함께 있었다. 나는 떠나기 전에 그를 집에서 본 일이 있었으므로, 그가 누구인지 알고 있었다. 그런데 이번에 그가 이 집으로 들어와 살게 된 모양이었다. 나의 추측은 틀림이 없었다. 결국 나는 그에게 자리를 빼앗긴 셈이었다.

이 청년은 보 지방 사람으로, 그의 아버지는 빈첸리드라는 시용성의 간수였는데, 자칭 간수장이라고 하였다. 이 간수장의 아들은 이발직공이었다. 그는 이 일로 이리저리 돌아다니다가 바랑 부인을 찾아왔던 것이다. 부인은 모든 나그네에게 그러하듯이 이 청년을 따뜻하게 대해 주었다. 그녀는 특히 자기 고향 사람들에게는 더욱 후하게 대해 주었던 것이다. 그는 금발에 키가 크고 몸의 균형은 어느 정도 잡혀 있었지만, 얼굴과 재치는 평범한 사내였다. 그는 호색한 같은 말씨로 그가 겪은 오입의 경험담을 길게 늘어놓았는데 그 말투나 취미가 모두 직공 신분의 격에 어울렸다. 그는 자기가 관계했다는 후작 부인들의 이름은 반밖에 들지 않고, 그 남편들 몰래 아름다운 부인들과 재미를 보았다고 뽐내는 것이었다. 요약하여 말해서 그는 어리석은 무식하고 버릇 없는 사나이였다. 이런 점만 아니라면 그래도 그는 훌륭한 젊은이였다. 이런 사나이가 내가 없는 동안에 내 후임이 되었고, 내가 돌아온 뒤에는 나의 동료가 되었던 것이다.

아, 만일에 이 세상 속박에서 벗어난 영혼이 영원의 광명 속에서 이 인간 사회에서 일어나는 사건들을 굽어보고 있다면, 내가 존경하고 사랑하는 고인의 영혼(바랑 부인을 가리키는 말-역주)이여, 내가 나 자신의 잘못과 마찬가지로 당신의 과오에 대해서도, 이처럼 여지없이 독자들 앞에 폭로하더라도 부디 용서하소서. 나는 나 자신에 대해서와 마찬가지로 당신에 대해서도 진실하지 않으면 안 됩니다. 그렇더라도 당신의 손해는 내가 잃은 것보다 한결 적을 것입니다. 당신의 그 사랑스러운 유순한 성격, 당신의 그 끝을 알 수 없는 친절한 마음씨, 그리고 당신의 그 숨김없는 솔직함과 모든 뛰어난 미덕은 이 약점을 보충하고도 남음이 있을 것입니다. "당신의 약점이래야 기껏 이성에서 나온 과오를 그렇게 부를 수 있다면 말입니다" 당신이 과오를 저지른 것만은 사실이지만, 그러나 죄악까지 범한 것은 아닙니다. 당신의 행위에 대해서는 비난할 바가 있지만, 그러나 당신의 마음은 언제나 순결하였습니다.

이 새로 들어온 친구는 엄마가 이것저것 분부하는 너절한 일들을 열심히 부지런히 꼼꼼하게 처리해 나갔다. 그는 스스로 고용인들의 감독자가 되었다. 내가 조용한 편인데 비하여 수선스러웠던 그는 밭과 목장과 마구간과 닭장으로 큰 소리로 외치며 돌아다녔다. 그러나 정원 일만은 소홀하였다. 정원 일에서는 그렇게 떠벌릴 수 없었기 때문이었다. 그가 가장 좋아하는 일이란 짐을 싣고, 마차를 끌고, 나무를 베고, 장작을 뻐개고 하는 것들이었다. 언제나 그의 손에서는 도끼나 괭이가 떠나지 않았다. 그리고 이리저리 뛰어다니며 물건을 내던지고 떠벌리는 것이었다. 그가 몇 사람 몫의 일을 했는지는 알 수 없지만, 떠드는 면에서는 열 사람이나 열두 사람 몫은 넉넉히 하였다. 그의 이 모든 수선이 가엾은 엄마에게 감탄의 대상이 되었으며, 그래서 그녀는 이 사나이야말로 집안 살림을 건사해 나가는 데는 꼭 필요한 존재라고 생각했던 것이다. 그녀는 이 사나이를 붙어 있게 하기 위해서는 그녀가 할 수 있는 온갖 수단을 아끼지 않았다. 그리하여 그녀가 가장 믿을 수 있는 수단을 쓰는 일도 잊지 않았던 것이다.

독자 여러분은 나의 한결같은 진실한 감정, 더욱이 그때 나를 그녀에게로 되돌아오게 한 심정을 이해할 수 있으리라. 그런데 이 얼마나 놀랍고 갑작스런 내 전 존재의 변화인가! 내 입장이 되어 한 번 생각해 보시라. 나는 순식간에 내가 지금껏 그려 오던 행복한 미래가 영원히 사라져 가는 것을 보았다. 내가 그처럼 즐겁게 품어온 모든 행복에 대한 희망은 산산조각이 났던 것이다.

소년시절부터 나와 그녀와의 생활은 떨어질 수 없는 것으로만 생각하고 있던 나는 외로이 떨어져 있는 자신을 비로소 느끼자 몸서리가 났다. 그리고 이 이후로는 모든 일이 다 암담하게 느껴졌다. 나는 아직 젊었다. 그러나 이 젊음에 생기를 북돋워 주던 행복스런 향락의 감정과 희망은 영원히 나를 저버리고 사라졌던 것이다. 이때부터 예민하던 감정은 반쯤 죽어 버렸다. 나는 오직 무미건조한 생활 가운데서 서글픈 앞날만을 바라볼 뿐이었다. 내가 애타게 갈망하는 심정에서, 가끔 행복의 환상을 가볍게 느끼는 일이 있기는 하였지만, 이 행복은 벌써 나의 것으로 생각되지는 않았다. 나는 이 순간의 행복을 붙잡아 보았자, 그것은 진정한 행복은 될 수 없다고 느껴졌다.

나는 바보였고 아직도 엄마를 철석같이 믿고 있었기 때문에, 새로 온 친구가 엄마에게 친근하게 굴어도, 이것은 그녀가 누구에게나 평등하게 대해 주는 아량 때문이라고만 생각하였다. 만일 엄마가 모든 사실을 이야기하지 않았더라면, 나는 눈치조차 채지 못하고 넘어갔으리라. 그러나 그녀는 즉시 이것을 나에게 자백하였다. 내가 성내는 기질이었다면, 그녀의 이 고백은 나의 분노를 폭발시켰을 것이다. 그녀는 이 사건을 아주 단순히 생각하고 있었다. 그리하여 내가 집안일에 태만한 점을 나무라며, 내가 집을 자주 비우는 것을 핑계로 삼았다. 그녀로서는 이 게으름뱅이의 후임을 서둘러 구하지 않을 수 없었다는 투였다. 나는 괴로움으로 가슴이 미어지는 것만 같았다. 나는 그녀에게 이렇게 말하였다.

"아! 엄마, 그게 무슨 말씀입니까! 이처럼 내가 당신을 사모하고 있는 애정에 대한 보답이 이것이란 말입니까! 지금까지 당신이 몇 차례나 내 생명을 구해 주신 것도, 결국은 당신이 그 생명을 보람 있게 해 주었던 모두를 나에게서 송두리째 한꺼번에 빼앗기 위해서였다는 말입니까? 나는 죽을지도 모릅니다. 그렇게 되면 당신은 후회하실 것입니다."

그녀는 어처구니없을 정도로 내게 다음과 같이 말하는 것이었다. 즉 나는 아직 어린애이며, 사람은 그런 정도로 죽는 것이 아니며, 나는 아무것도 손해 본 것이 없으며, 우리는 여전히 친한 친구 사이이며, 어떤 의미로도 우리의 사이가 변한 것은 아니며, 나에 대한 그녀의 애정은 죽는 날까지 끊기지 않을 것이며 변하지도 않으리라는 것이다. 요약해서 말하면, 나의 권리는 그대로 있는 것이어서, 비록 그것을 다른 사람에게 나눠 준다 할지라도, 그로 인하여 내 권리가 발탁되는 일은 없다는 것을 내게 이해시키려 했던 것이다.

나는 그녀에 대한 내 감정이 이처럼 결백하고 진실하고 강하다는 사실과, 내 정신이 옳고 바르다는 사실을 이때처럼 깊이 느껴 본 일은 없었다. 나는 그녀 앞에 쓰러져 눈물을 흘리며 그녀의 무릎을 껴안았다. 그러고는 미친 듯이 이렇게 말하였다.

"아닙니다. 엄마, 당신에 대한 나의 사랑은 너무 진실한 것이기 때문에 당신을 그런 천한 인간으로 타락시킬 수도 없습니다. 당신은 나에게는 너무나 귀중한 존재이기 때문에, 다른 사람에게 사랑을 분배해 줄 수는 없습니다. 내가 당신을 소유하였을 때 느꼈던 불안은 당신에 대한 애정과 함께 자라왔습니다. 아니, 지금 내 마음에 자리잡고 있는 당신의 가치는 그때와는 다릅니다. 이제부터 당신은 영원히 나의 숭배자입니다. 부디 언제까지나 당신은 숭배자의 위치에 계셔 주십시오. 당신을 존경한다는 사실은 당신을 소유하는 것보다 내게는 더욱 절실한 요구인 것입니다. 나는 당신을 당신 마음에 맡겨 드립니다. 엄마! 우리의 마음을 결합시키기 위해서라면, 나는 모든 나의 욕망을 희생시키겠습니다. 자기가 사랑하는 사람을 천하게 만드는 쾌락에 몸을 맡기는 것보다는 차라리 몇 번이라도 죽겠습니다."

나는 이 결심을 굳게 지켰다. 이때부터 나는 엄마를 친아들의 눈으로 바라보았다. 나의 이런 결심과 태도를 엄마는 그리 탐탁하게 생각지는 않고 있었다. 그러나 그녀는 나의 이런 결심을 돌리기 위하여 유혹적인 말이나 애교나 애무 —— 흔히 이런 경우 대개의 여자들이 이런 수법을 써서 자기가 바라는 대로 일을 성공시키는 법인데 —— 등을 사용하지 않았음을 특히 말해 두지 않을 수 없다. 그러면서도 나는 자신의 운명을 오로지 그녀에게서 구하려 하였다. 나는 내 자신을 거의 망각하고 있었다. 내가 어떤 희생을 치르더라도 엄마가 행복한 것만을 바라보고 싶은 욕망이 나의 모든 감정을 차지하고 말았다. 엄마는 그녀의 행복과 나의 행복을 분리시키려 했지만 그럴 수는 없다. 그녀가 어떻게 하든 나는 그녀의 행복을 곧 나의 행복으로 생각하고 있었다.

이와 같이 하여 나의 마음속에 잠재해 있던 도덕의 씨가 나의 불행과 아울러 싹트기 시작했다. 나의 이런 도덕의 씨는 학문 연구의 결과로 생겨 마음속에 잠재해 있던 것인데, 그것을 꽃피우기 위하여 역경의 발동력을 기다리고 있었던 것이다. 이해타산을 떠난 이때의 결심의 최초의 결실은 자신의 지위를 빼앗은 사람에게 대한 질투와 증오의 감정을 내 자신에게서 물리치는 일이었다. 뿐만 아니라 나는 이 젊은이와 친하게 지내서, 그 인간성을 도야시키고 그의 교육에 힘써서, 그로 하여금 행복을 자각시키고 그 행복에 적응시켜 보려 애썼다. 마치 지난날 이런 경우 클로드 아네가 나에게 해 주던 일을 이번에는 내가 그에게 해 주고 싶었던 것이다. 그러나 두 사람 사이에는 너무나 차이가 심했다. 그래도 나에게는 아네와 같은 냉정과 침착은 없었지만 온순한 마음과 어느 정도의 교양을 지니고 있었다. 그러나 이 젊은이에게서는 이런 점을 발견할 수가 없었다.

내가 그의 인간성을 도야해 주려고 하면, 그는 나를 쓸데없이 입으로만 지껄여대는 귀찮은 현학자로 취급하는 것이었다. 그러면 그럴수록 그는 자신을 이 집안에서 가장 중요한 위치에 있는 것처럼 생각하고 점점 더 의기양양해지는 것이었다. 그리고 그는 자기가 떠벌리는 것만이 집안을 다스려 나가는 데 가장 필요한 일이라고 생각하고 있었으므로, 나의 하찮은 책보다도 그의 곡괭이나 도끼가 한결 유용한 것으로만 알고 있었다. 물론 어느 점에서는 그것이 전연 틀린 생각은 아니었다. 그러나 이런 점으로 하여 그가 거들먹거리는 꼴은 웃음이 나와 볼 수 없을 정도였다. 시골 농부들에 대해서 그는 귀족 노릇을 하려 들었다. 얼마 안 가서 그는 나에게도 그 태도로 나왔고, 나중에는 엄마에게마저 그렇게 대하였다.

이 젊은이가 하도 날뛰는 바람에, 그는 집안의 전부가 되었고 나는 있으나마나한 존재가 되어버렸다. 어쩌다가 내가 그의 기분을 건드리면 그는 나에게 화를 내지 않고 엄마에게 화풀이를 하는 것이었다. 그의 난폭한 성격에 엄마가 시달림을 받는 것이 두려워서, 나는 그가 하는 대로 그저 고분고분 순종할 뿐이었다. 그가 가장 자랑으로 생각하고 있는 장작이라도 팰 때면, 나는 억지로라도 그 구경꾼이 되어서 조용히 이 업적을 경탄해야만 했다. 하지만 그는 그렇게 악인은 아니었다. 그는 엄마를 사랑하고 있었고, 나도 미워하지는 않았다.

그가 이렇게 극성스러운 가운데서도, 나는 가끔 그에게 말을 붙일 수가 있었다. 그럴 때면 그는 우리의 말에 귀를 기울이고, 자기는 한낱 바보라고 솔직히 자백하는 것이었다. 그러나 곧 또다시 바보짓을 하는 것이었다. 거기다가 그는 식견이 몹시 좁고 취미가 아주 저속했으므로 그에게 이치를 밝혀 말하기란 어려웠고, 더구나 즐거움을 그와 함께 나눈다는 것은 거의 불가능한 일이었다. 그는 매력에 넘치는 한 여인을 차지하고 있었으면서도, 갈색 머리에 이가 빠진 늙은 하녀에게도 맛을 붙이고 있었다. 엄마는 이 하녀의 구질구질한 시중을 그래도 용케 참고 견디어 냈다. 나는 이 사실을 알자 몹시 분개했다. 그러나 이보다도 나를 마음 아프게 괴롭힌 것은 나에 대한 엄마의 냉담이었다.

내가 자신에게 강요하여 억제한 욕정을 엄마도 겉으로는 동의하는 체하였지만, 원래 이 일은 어떤 여인으로서도 용서할 수 없는 일인 것이다. 그것은 그녀들이 괴로움을 참아야 하기 때문이기보다는 남자의 무관심을 그대로 참아 넘길 수가 없기 때문이다. 총명하고 교양이 있고, 그 위에 육욕에 냉담한 부인이 있다고 하자. 남자에게 가장 무관심한 이런 여자라 할지라도 그녀가 남자에 대하여 가장 용서할 수 없는 일은 그가 자기를 향락할 수 있는 기회에 모르는 체하고 시치미를 떼는 일이다. 이것은 예외가 없는 것 같았다. 왜냐하면 엄마에 대한 도덕과 애착과 존경하는 마음에서 나온 나의 금욕 때문에, 그처럼 자연스럽고 깊었던 애정이 그녀의 마음에서 식어졌기 때문이다.

나는 이때부터 그렇게 달콤했던 마음과 마음과의 친밀을 다시는 그녀에게서 찾을 수가 없었다. 떠버리에게 무슨 불평이라도 있을 때 이외에는 그녀는 나에게 마음을 털어놓는 일도 없었다. 그들이 평화롭게 지내는 동안은 내 존재는 엄마 마음에 별로 없었다. 그녀는 점점 나를 도외시하였다. 내가 그녀의 옆에 있는 것이 싫을 정도는 아니었지만, 그렇다고 그녀에게 필요한 존재는 이미 아니었다. 설사 내가 며칠씩 그녀를 만나지 않고 지내더라도, 그녀는 별로 이것을 깨닫지도 못하였으리라.

어느 새 나는 이 집에서 외톨이로 고립되어 있는 자신을 발견했다. 일찍이 이 집안의 넋이었던 내가 이제는 이 집의 모든 일과 사람들로부터 차차 멀어져 가고 있었다. 그리하여 나는 끊임없이 슬픔을 달래 보려고, 책 속에 파묻히거나 그렇지 않으면 숲 속 깊이 들어가 한없이 탄식도 하고 실컷 울기도 하였다. 차차 이런 생활은 견딜 수가 없었다.

그렇게도 사랑하던 엄마가 눈앞에 있건만, 마음은 천리나 떨어져 있는 것이 괴로웠다. 차라리 그녀와 멀리 떨어져 있는 편이 나을 것 같았다. 드디어 나는 이 집을 떠날 결심을 하고 이것을 그녀에게 말했다. 그녀는 반대하기는커녕 이것을 적극 서둘렀다.

그녀에게는 그르노블에 있는 데방 부인이란 친구가 있었다. 그런데 이 부인의 남편은 리옹 재판소장 마블리 씨와 친구였다. 데방 씨는 나에게 이 마블리 씨의 어린애들의 교육을 맡아 보라고 권해 왔다. 나는 이것을 수락하고 즉시 리옹으로 떠났던 것이다. 그전 같으면 엄마와 헤어진다는 생각만으로도 미칠 듯이 괴로웠건만, 이제는 슬픔은 고사하고 조금도 서운하지 않았다.

나는 가정교사로서 필요한 지식은 거의 갖추고 있었다. 또 그런 능력도 있다고 생각했다. 그러나 내가 마블리 씨 집에서 지내는 일년 동안에 이런 망상은 완전히 깨져 버렸다. 가끔 터뜨리는 분통은 아니었더라도 성질이 온순한 나에겐 이 직업이 적당하였을 것이다. 만사가 순조롭고 내가 한 수고나 노력의 효과가 눈에 띄게 나타나는 동안은 나는 천사와 같았다. 그러나 일이 한 번 뜻대로 되지 않으면 악마가 되는 것이었다. 내가 설명하는 것을 아이들이 이해하지 못하면 그만 화가 치밀었다. 그들이 악의라도 보였다면 나는 그들을 죽였을지도 모른다. 이것은 물론 그들을 영리하고 착한 사람으로 만드는 좋은 방법은 아니었다.

나는 두 아이를 맡고 있었는데 그들의 성격은 판이하게 달랐다. 하나는 생트마리라고 하는 8, 9세 된 얼굴이 귀엽게 생긴 아이였는데, 머리도 영리한 편이고 성격도 활발하였지만, 좀 까불고 망나니였으나 악의가 있는 것은 아니었다. 콩디야크라고 하는 작은 아이는 바보인데다가 장난만은 괴수였고 노새처럼 고집만 세어 거의 아무것도 가르칠 수가 없었다. 이런 두 골칫덩어리를 데리고 내가 얼마나 애를 먹었는지 짐작이 갈 것이다. 만일 내가 좀 참을성 있고 침착하게 했더라면 아마 성과를 거두었을지도 모른다. 그러나 나는 이도

저도 못 해서 제자들의 성적은 좀처럼 올라가지 않았다. 나는 부지런한 면에서는 남보다 못하지 않았지만, 꾸준히 이것을 끌고 나가지는 못했다. 더구나 나는 신중성이 모자랐다.

나는 그들에게 세 가지 방법밖에 쓸 줄 몰랐다. 즉 감정과 이론과 분노 그것이었다. 그리고 이 방법은 언제나 아이들을 해칠 뿐 아니라 때로는 위험하기까지 한 것이다. 나는 생트마리를 감동시키려고 내 스스로가 감동의 눈물을 흘리기도 하고, 그가 내 말을 이해나 하는 것처럼 어려운 이론으로 말하다가는 스스로 지쳐 버리곤 하였다. 그리고 이 아이는 가끔 엉뚱한 생각을 묘하게 말로 표현하였으므로 나는 그가 정말 영리한 아이라고만 생각했던 것이다. 작은 콩디야크는 다루기가 더욱 힘들었다. 그는 하나도 이해를 못 하고, 답 한 번 못 하고, 아무 일에도 감동할 줄 모르는 고집통이었다. 하도 답답하여 내가 화를 잔뜩 내면, 이때야말로 그의 가장 통쾌한 순간이었다. 이런 때는 그는 어른 같고 내가 어린애가 되는 것이었다. 나는 자신의 모든 결점을 깨닫고 그것을 깊이 느꼈다.

나는 두 제자들의 성격을 연구하였다. 그리하여 그들을 잘 이해하였기 때문에 이 뒤로는 그들의 꾀에 한 번도 넘어가지 않았다고 생각된다. 그러나 나쁜 점을 고칠 방책을 모르고 있었으니, 그들의 약점을 안다는 것쯤으로서야 무슨 소용이 있었겠는가? 나는 모든 것을 알면서도 그것을 막거나 고치는 데 성공하지 못했던 것이다.

나는 제자 일도 성공 못 했거니와 나 자신에 대하여도 그러했다. 데방 부인은 나를 마블리 부인에 소개했던 것이다. 그리고 내게 예법을 가르쳐 훌륭한 사회인으로 만들어 달라는 부탁까지 하였다. 마블리 부인은 이 점을 잊지 않고 손님 접대나 담화하는 연습을 내게 시켰다. 그러나 내 동작이 민첩하지 못하고, 수줍어하고 바보짓을 하였기 때문에 그녀는 낙담하고 곧 내게는 관심을 갖지 않았다.

내가 엄마 집에서 살았을 때는 사소한 물건을 훔치는 버릇이 완전히 없어졌었다. 모든 것이 다 내 것이었으므로 훔칠 필요가 없었던 것이다. 더구나 내가 세운 고상한 주의도 이런 버릇을 초월하게 하여, 그 뒤로는 이 버릇을 완전히 버렸던 것이다.

그러나 나는 그런 버릇을 물리치는 방법을 배웠었지만, 그 버릇의 근원을 없애 버리지는 못하였던 것이다. 그 증거가 이 마블리 씨 집에서 나타났다. 주변에는 내가 훔칠 만한 자질구레한 물건들이 많았지만, 나는 그런 것에는 눈길도 가지 않았다. 단 한 가지 내 마음을 좀 끈 것은 아르부아에서 만든 산뜻한 백포도주였다. 이것은 가끔 내가 초대에서 마신 일이 있지만 몹시 내 구미를 당겼다. 그것은 좀 걸쭉한 술이었다. 나는 탁한 술을 내 기술로 맑게 할 수 있다고 생각하고 그것을 자랑했다. 당장에 그 부탁을 받았다. 그런데, 막상 맑게 하려 했더니 더욱 탁해질 뿐이었다. 그러나 그것은 보기에만 더 흉했지 맛은 여전했다. 나는 이 기회에 가끔 몇 병씩 들고 와서는 내 작은 방에서 몰래 먹으려 했던 것이다. 그런데, 한 가지 곤란한 일은 내가 안주 없이는 술을 마시지 못했다. 어떻게 하면 빵을 구할 수 있을까? 그것을 저장해 둘 수도 없고 하인을 시키자니 일이 폭로될 것이다. 그렇다고 내가 나가 사올 용기도 없었다. 허리에 칼을 찬 신사가 빵 한 조각을 사기 위하여 빵집엘 출입할 수 있겠는가? 도저히 그럴 수는 없다.

드디어 나는 과자를 샀다. 그러나 나는 이것을 구하기에 얼마나 고생을 했는지 모른다. 좌우간 그 때문에 나는 집을 나가 거리를 얼마나 헤매었는지 모른다. 한 과자점에 들어가기까지엔 30집이나 그 과자점 앞을 살피며 지나가야만 했다. 가게에는 한 사람만이 있어야 했고, 그 사람의 인상이 좋아야 했고, 또 선뜻 들어서기에 마음이 내켜야만 했다. 그러나 일단 이런 어려운 고비를 거쳐 과자를 사 들고 내 방으로 들어가, 선반에 숨겨 둔 술을 꺼내 몰래 혼자서 소설책의 페이지를 넘겨 가며, 얼마나 맛있게 마셨는지 모른다. 술 친구가 없으니 불가불 책을 놓고 이를 벗 삼아 마시지 않을 수가 없었다.

나는 방탕하지도 음탕하지도 않았으며, 지금까지 술에 만취한 일은 한 번도 없었다. 그러므로 이런 사소한 도둑질쯤이 대단한 것은 아니었지만, 그러나 발각되고 말았다. 그렇다고 누구 한 사람 이 사실을 말하지는 않았지만, 그 이후로는 나에게 술 창고 감독을 맡기지 않았다.

마블리 씨의 태도는 모든 면에서 훌륭하였고 또 현명하였다. 그는 훌륭한 신사였다. 겉보기에는 그의 직업처럼 엄격해 보였지만, 사실은 유순한 성품과 보기 드문 온정을 지니고 있는 사람이었다.

그는 올바르고 공평했을 뿐만 아니라 그런 고급 관리 사이에서 찾기 어려울 만큼 인정이 많은 사람이었다. 사실 내가 이 집에 더 오래 머물러 있게 된 것도 그의 너그러운 인격에 감동된 탓이었다. 그러나 드디어 이 직업이 나에게 적당하지 않은 점과, 1년 동안 그래도 힘껏 노력은 하였건만 제자들을 훌륭히 교육할 수 없음을 깨닫고, 나는 이 집을 떠날 결심을 하였던 것이다. 마블리 씨의 견해도 이 점에 있어서는 나와 같았다. 그러나 내가 스스로 물러나지 않았던들 그는 나를 해고시키지는 않았을 것이다. 물론 그렇다고 해서 그의 지나친 양보를 내가 그대로 받아들이지도 않았을 것이다.

더구나 내가 이런 가정교사의 신분에 견딜 수 없었던 원인은 전의 내 신분과 노상 비교하기 때문이었다. 저 잊을 수 없는 샤르메트, 그 정원, 그 나무들, 그 샘물, 그 과수원, 특히 그녀를 위하여 내가 살았고, 이 모든 곳에 생명을 넣어 준 엄마에 대한 추억, 이런 것들과 비교하는 것이었다. 그녀에 대한 일, 우리의 즐거웠던 과거, 그리고 우리들의 행복했던 생활을 회상하면, 내 가슴은 금세 터질 것만 같았다.

이 생각 때문에 나는 아무것도 할 용기를 잃고 말았다. 나는 몇 번이나 그녀에게로 달려가고 싶은 생각을 억제했는지 모른다. 한 번이라도 좋으니, 그녀를 만나면 죽어도 한이 없을 것만 같았다. 나는 이런 간절한 생각을 끝내 참아낼 수는 없었다. 나는 어떠한 일이 있더라도 그녀에게로 되돌아가려고 했다.

그리고 이렇게 생각했다. '정말 나는 참을성이 모자랐어. 왜 그녀의 비위를 맞추지도 상냥하게 굴지도 못했던가. 그러나 지금이라도 늦지 않으니, 내가 더욱 분발하기만 하면 또다시 즐겁고 사랑하는 가운데 행복한 생활을 할 수 있을 거야. 나는 거기서 훌륭한 계획을 세우고 이것을 실현시키리라' 이런 생각으로 가슴을 불태웠다.

그리하여 나는 모든 것을 버리고 엄마에게로 출발했던 것이다. 나는 하늘을 날기라도 할 듯한 소년과 같이 황홀한 꿈을 안고, 드디어 그녀에게로 달려갔던 것이다. 아! 만일 이때 그녀가 맞아들이는 태도에서, 그녀의 애무 가운데서, 특히 그녀의 마음 가운데서, 이전에 엄마가 내게 대하던 그 4분의 1만큼이라도 발견할 수 있었더라면, 나는 너무 기뻐서 그 자리에서 죽고 말았을 것이다.

이 얼마나 놀라운 세상의 환멸인가! 엄마는 물론 죽을 때까지 변치 않겠다던 그런 마음으로 나를 맞아 주었다. 그러나 나는 이미 사라져, 다시는 돌이킬 수 없는 과거를 구하려고 하였던 것이다. 그녀와 단 30분도 함께 있기도 전에 나는 나의 지난날의 행복은 영원히 사라져 버렸음을 느꼈다. 나는 또다시 내가 도망칠 수밖에 없었던 그런 절박한 처지에 놓여 있었다. 그리고 이것은 누구의 탓이라고도 말할 수 없었다. 빈첸리드도 악인은 아니었으므로 나를 반갑게 맞아 주었다. 그러나 전에는 내가 그녀의 전부였고, 또 지금도 내 인생의 전부인 엄마 앞에서, 군식구 노릇을 해야 하다니 견딜 수 없는 노릇이었다.

일찍이 이 집의 친아들이었던 내가 어찌 남이 되어 살 수 있단 말인가! 지난날 내 행복의 증거품인 갖가지 물건들을 바라보니, 현재와의 대조가 너무나 참혹하게 느껴졌다. 장소가 이 집이 아니었다면 괴로움은 좀 덜 했을지도 모른다. 그러나 눈에 띄는 모든 지난날의 행복을 회상케 하여 내 감정을 더욱 상하게 할 따름이었다. 소용없는 슬픔에 싸이고 암담한 우울에 잠겨 나는 식사 때 이외에는 외로이 넋을 잃고 있었다.

나는 방에 파묻혀 독서로 기분전환을 하려고 했다. 그리고 전에도 내가 몹시 걱정하던 살림의 위험이 눈앞에 다가옴을 느끼자, 엄마가 딱한 처지에 놓였을 경우에 대비하지 않으면 안 되겠다는 생각이 더욱 마음을 괴롭혔다. 내가 살림을 정리해 놓고 떠났었기 때문에 조금도 더 악화되지는 않았어야 할 터인데, 내가 이 집을 떠난 뒤로 사태는 일변했던 것이다. 지금의 살림꾼은 낭비가 심하였다. 그는 좋은 말과 화려한 마차를 몰아 이웃 사람들에게 귀족 행세를 하려고 했다. 그는 아무것도 모르면서도 이것저것 계획을 세우려 했다. 엄마의 연금은 기한도 되기 전에 미리 다 써 버려, 그 4기분마저 저당되어 있었다. 집세는 밀리고 빚은 점점 늘어만 갔다. 내가 보기에는 머지않아 연금은 압수되어 결국 중단되고 말 것만 같았다. 파멸과 곤궁만이 내다보일 뿐이었다. 그리고 이 파멸도 목전에 직면하고 있는 것처럼 느껴져서 이에 뒤따를 두려움만이 몸서리나게 연상될 뿐이었다.

정든 서재가 나의 유일한 안식처였다. 나는 괴로운 마음을 진정시키는 방법을 여기에서 강구하였고, 나아가서는 엄마의 불행에 대비할 구제 방법을 여기에서 연구하려고 생각했다. 그리하여 옛날처럼 가엾은 엄마가 빠져 들어가고 있는 곤궁에서 그녀를 구출할 수 있는 공중누각을 그려 보는 것이었다.

나는 문단에 진출하여 이름을 날리고 또다시 행복을 이룩할 생각을 해 보았지만, 내게는 이만한 교양과 소질이 없다고 생각되었다. 그러자 문득 평범한 내 재능에도 자신 있는 한 가지 생각이 머리에 떠올랐다. 나는 이미 음악교사 노릇을 집어치운 지는 오래되었지만, 그렇다고 음악 자체를 아주 단념하지는 않았었다. 아니, 오히려 음악의 이론을 깊이 연구하여 음악에 대한 전문학자가 되려고 생각하고 있었다. 나는 배우기 어려운 악보 읽기와, 암만 하여도 악보를 보고 그대로 노래하는 것이 잘 안 되는 고충을 생각해 보았다.

그리고 이 원인은 내 자신이 무능한 데도 있겠지만, 악보 그 자체에 결함이 있다고 생각하게 되었다. 더구나 나는 음악이란 원래 아무라도 쉽게 익힐 수 없음을 잘 알고 있다. 그래서 악보의 기호를 잘 고찰한 결과 나는 이것이 서투르게 고안되었음을 인정하게 되었다. 내가 숫자로써 음계를 표시하여, 간단한 멜로디조차 복잡하게 악보에 써 넣어야 하는 번잡을 덜어 보려는 생각을 일찍부터 했었다. 그러나 옥타브와 박자와 음의 장단을 나타내기가 곤란하여 중단하고 있었다. 이런 이전의 생각이 다시 떠올랐던 것이다.

잘 생각해 보니 이런 난점은 해결될 것 같았다. 그리하여 더욱 깊이 연구한 결과 어떤 악보라도 숫자로 간단히 그리고 정확하게 나타낼 수 있는 일에 성공했다. 이때부터 내 행복은 이미 이루어 것처럼 생각되었으며, 이 모두가 엄마의 덕분이라 여겨졌으므로 그녀에게도 이 행복을 나누어 드리려고 열심히 생각하고, 파리로 떠날 생각만을 하고 있었다. 나의 이 새로운 고안을 제출하면 아카데미가 발칵 뒤집힐 것을 믿어 의심치 않았던 것이다. 나는 리옹에서 얼마의 돈을 가지고 돌아왔었다. 거기에다 있는 책들을 팔아 치웠다. 결심은 2주일 동안에 이루어지고 실현되었던 것이다.

나는 이런 결심으로 언제나처럼 꿈같은 공상을 안고, 나의 그 음악 계획서를 가지고 사부와를 출발하였다. 내가 일찍이 분수기 하나에 꿈을 싣고 토리노를 떠났던 것처럼.

나의 청년 시절의 착오와 과실은 위에서 말한 바와 같은 것이다. 지금까지 나는 이 이야기를 내 마음에 만족하도록 충실히 말하였다. 만일 내가 장년이 되어 다소라도 덕을 쌓게 된다는 그것도 역시 성실하게 여러분에게 보고할 생각이다. 그리고 이것이 본래 나의 의도였다. 그러나 나는 여기에서 잠시 중단하지 않을 수 없다. 시간은 틀림없이 베일을 벗길 것이다. 만일 내 기억이 후세에까지 남게 된다면, 이때 사람들은 틀림없이 내가 말하려는 의도를 알게 될 것이다. 그리고 그들은 내가 왜 여기서 침묵을 지켰는지를 알게 될 것이다.

제 7 부

1741~1747(29세~35세)

2년 동안의 침묵과 인내 끝에, 나는 내 결심을 저버리고 또다시 붓을 든다. 독자 여러분, 내가 또다시 붓을 들게 된 이유를 비판하지는 말라. 여러분이 이 책을 다 읽고 나면 비로소 비판할 수 있을 것이다.

나의 청춘 시절이 단조롭긴 했지만, 꽤 유쾌하게 생활하는 가운데 큰 불행도 없었고 그렇다고 큰 행운도 없이 지낸 것은 앞에서 보신 바와 같다. 이 시절의 나의 생활이 평범했던 것은 정열적이면서도 나약한 나의 성격 탓이었다. 나의 조급한 성격은 무슨 일이나 서둘러서 계획을 해 놓고 이어 쉽사리 의기를 상실하는 것이었다. 충동적으로 정지 상태에서 용감히 일어섰다가도, 권태와 내 천성의 탓으로 또다시 정지 상태로 되돌아가는 것이었다. 큰 미덕으로부터 멀리 떨어진, 그리고 큰 악덕으로부터는 더욱 멀어진, 내 성격이 언제나 나를 권태롭고 평온한 생활로 되돌아가게 했던 것이다. 나는 이러한 생활을 위하여 태어난 것처럼 느껴졌다. 나는 선을 위해서나 악을 위해서나 위대한 일은 수행할 수 없는 인물이었다.

앞으로 나는 얼마나 다채로운 광경을 전개할 수 있을는지! 30년 동안이나 내 천성에 순응했던 운명은 이후 30년 동안은 거꾸로 움직였다. 그리하여 독자 여러분은 내가 당하는 처지와 내가 타고난 천성과의 사이에서 끊임없이 일어나는 투쟁으로 말미암아 큰 잘못과 불행과 이 불행에 가치를 주는 온갖 미덕 —— 다만 용기는 예외로 치고 —— 이 나타남을 볼 것이다.

나의 이 『고백록』의 제1부는 거의 기억에 의존하여 쓴 것이기 때문에, 사실과 다른 점이 많았음은 어쩔 수 없는 일이었다. 그리고 이 제2부도 역시 기억에 의존하는 도리밖에 없으므로 더 많은 착오가 있을 줄로 안다. 몹시 조용하고 천진하게 보냈던 청춘 시절의 달콤한 추억은 무한히 매력적인 인상을 남겨 주었다. 나는 이 인상을 언제나 새롭게 회상하는 것이다. 그러나 나의 후반의 추억이 이와는 얼마나 판이한가는 독자 여러분이 나중에 알게 될 것이다. 이것을 회상할 때는 그 쓴 맛을 다시 한 번 맛보아야 하는 것이다. 그러나 이 슬픈 회고로 인하여 나의 쓰라린 처지를 더욱 비참하게 하기보다는, 되도록이면 이 쓰라린 회고를 피하려고 하였다. 그리하여 설사 이것이 필요한 경우라도 더 이상은 생각하지 않으리만큼 이런 결심은 성공되었다. 이와 같이 수월하게 회상의 고통을 잊을 수 있었다는 것은 운명이 내게 끼쳐준 허다한 재앙 가운데 있으면서도, 그래도 하늘이 내게 준 하나의 위안이었다. 오로지 유쾌하였던 일만을 회상하는 내 기억은, 다만 쓰라린 미래만을 예상하는 공포에 사로잡히는 내 상상력에 대하여 다행하게도 균형을 이루어 주었다.

이 책을 쓰기 위하여 나의 기억을 보충하고자 모아 두었던 모든 서류는 다른 사람의 수중으로 넘어가 이제 다시는 내게로 돌아오지는 않을 것이다. 그러나 오직 하나 내가 믿을 수 있는 자료가 있으니, 그것은 감정의 연쇄인 것이다. 나는 내 불행은 쉽게 잊을 수 있었지만 내 잘못은 잊혀지지 않는다. 이 잘못이 좋은 인상일 때에는 더욱 잊을 수가 없다. 그런 추억을 내 마음에서 지워 버리기에는 너무나 고귀한 것이기 때문이다. 나는 사실이나 날짜를 잘못 말하거나 빠뜨리는 일은 있을지 몰라도, 나의 감정이나 그 감정에 영향을 주었던 사실에 대하여는 절대로 틀리는 일이 없을 것이다. 더구나 내게는 이 일이 가장 중요한 것이다. 이 『고백록』을 내가 쓰는 근본 목적은 내 평생 동안의 모든 경우에 있어서 나의 내부를 독자들에게 정확하게 알리는 일이다. 내가 쓰려고 의도한 것은 내 마음의 역사인 것이다. 그러므로 이것을 충실히 쓰기 위해서는 다른 기억은 필요치 않은 것이다. 내가 지금까지 그렇게 해 왔지만, 나의 내부를 돌이켜 보는 것으로 충분한 것이다.

그러나 다행한 일은 6, 7년 동안의 참고가 될 만한 확실한 자료, 뒤 페루 씨가 간직하고 있던 원본에서 베낀 편지의 다발을 내가 가지게 되었던 것이다. 이 편지는 1760년에서 그치고 있지만, 내가 은거생활을 하는 동안과 소위 친구들이라는 패거리들 사이에서 갈등을 이루고 있던 시기를 몽땅 포함하고 있다. 이것이야말로 모든 불행의 근원이 되며 내 평생에 잊을 수 없는 것이다. 그리고 아직도 남아 있는 얼마의 편지의 원문은 다소나마 나의 진실을 밝히는 데 도움이 되겠기에 이 책에 직접 싣기로 하겠다. 그렇다고 나는 독자들이 내게 『고백록』을 쓰는 일을 잊고 자기변명을 한다고 생각할 것을 두려워하지는 않는다. 하지만 그 편지가 나에게 유리한 경우라도 내가 이것으로 진실을 숨기고 있다고 생각한다면 곤란한 일이다.

이 제2부가 제1부와 공통되는 점이 있다면 그것은 오직 엄밀하게 진실하다는 것 뿐이다. 그리고 단 한 가지 사실의 중대성이란 점에서 볼 때에는 이 제2부가 제1부보다 깊은 뜻을 지니고 있지만, 그 밖의 모든 점으로 본다면 이 제2부는 제1부만 훨씬 못 하다. 나는 이 책의 제1부는 기쁨과 사랑으로써 몹시 유쾌한 기분으로 일부는 우튼에서 쓰고 나머지는 트리 성 안에서 썼다. 이때 회상했던 모든 추억은 내가 다시 한 번 겪는 새로운 향락이었다. 나는 제1부를 쓰는 동안으로 줄곧 새로운 기쁨을 느끼며 옛날로 되돌아갔다. 그리고 이 향락을 마음껏 누릴 때까지 몇 번이고 되풀이하여 글에 손질을 할 수 있었다. 지금은 나의 기억이나 두뇌가 쇠약해져서 거의 글 쓰는 일을 할 수 없게 되었다. 다만 억지로 이 일에 착수하는 것이다. 이 일은 오직 불행과 배신과 불신과 슬픔의 쓰라린 회상만을 나에게 안겨 줄 뿐이다. 이제부터 내가 써야 할 것들을 시간의 어둠 속에 묻어 버릴 수만 있다면 얼마나 좋으랴.

내 머리 위에 덮인 천장에는 눈이 있고, 나를 둘러싼 벽에는 귀가 있다. 악의를 가지고 잠시도 틈을 주지 않는 탐정과 감시인에게 포위되어, 나는 불안에 싸여 산란한 마음으로 종이 위에 산만한 말을 갈겨쓰고 있는 것이다. 더구나 다시 읽어 보고 교정할 여유도 없는 것이다. 그들은 내 주위에 거대한 장벽을 쌓아 놓으면서도, 혹시 나에게서 진실이 새어 나갈까 봐 두려워하고 있다는 사실을 나는 잘 알고 있다. 이 진실을 세상에 폭로하려면 어떻게 하는 것이 좋을까? 이것이 성공하리라는 기대는 희미하지만, 그러나 나는 이것을 시험해 보리라. 이러한 틀에서 과연 내가 상쾌한 그림을 그리고, 거기에다 사람의 눈을 끌만 한 색칠을 할 수 있을는지? 이것은 독자 여러분의 판단에 맡기리라. 그러므로 나는 이 『고백록』을 계속해서 읽으려는 독자에게 미리 말해 두겠다.

만일 한 사람의 인간을, 충분히 알아보려는 욕망과 정의나 진실에의 진지한 사랑이 없는 사람은 이 글을 읽는다는 것이 지루할 뿐일 것이라고.

제1부 끝에서는, 내가 샤르메트에서 슬픔에 싸여 최후의 사상누각을 세우고, 후일 엄마가 마음을 돌렸을 때, 내가 번 보물을 —— 나의 음악적 신발명이 한밑천 벌어 줄 것으로 믿고 —— 그녀 앞에 주려는 굳은 결심을 하고 파리로 떠났었다는 데까지 말했었다.

나는 잠시 리옹에서 묵었다. 아는 사람들을 찾아보고 파리로 갈 소개장을 몇 통 얻기도 하고, 또 내가 가지고 온 기하학 책을 팔기 위해서였다. 가는 곳마다 모두 반갑게 맞아 주었다. 마블리 씨 내외는 나를 다시 만나게 된 것이 몹시 기쁘다고 하면서, 여러 번 식사에 초대를 하였다. 나는 전에 이 집에서 콩디야크 신부를 알게 되었던 것처럼 마블리 신부를 알게 되었다. 두 사람은 함께 형뻘이 되는 이 집 주인을 찾아왔던 것이다. 마블리 신부는 내게 파리로 갈 소개장을 몇 통 써 주었는데, 그 가운데는 퐁트넬 씨와 케이뤼스 백작에게 보내는 것도 있었다. 나중에 이 두 사람은 나의 다정한 친구가 되었으며 특히 퐁트넬 씨는 그가 죽을 때까지 변함없는 우정을 보여 주었다. 그는 언제나 나에게 좋은 충고를 해 주었다. 그리고 나는 그의 충고를 더 잘 따랐어야 했을 것이다.

나는 보르드 씨도 다시 만났다. 그와는 그전부터 아는 사이로 전에도 가끔 신세 진 일이 있었지만 이번에도 그는 나를 잘 돌봐 주었다. 내 책을 팔도록 주선해 주었고, 또 자기도 그랬지만 다른 사람까지 부탁하여 파리의 소개장을 얻게 해 주었다.

지난번 여행 때 나는 파리의 어두운 면만을 보았었지만, 이번 여행에서는 밝은 면을 보았다. 내 숙소는 예외로 하고 말이다. 보르드 씨가 지시해 준 주소를 찾아, 나는 소르본느 대학 근처 코르디에 가의 생 캉탱 호텔에 머물렀는데 방이나 거리가 몹시 지저분하였던 것이다. 그러나 이 호텔은 그레세, 앨보르, 마블리 신부와 콩디야크 신부, 그리고 그 밖의 많은 훌륭한 분들이 묵었던 곳이다. 그러나 유감스럽게도 이때는 훌륭한 사람이 아무도 없었다. 오직 한 사람 본느퐁 씨라는 신사가 함께 묵고 있었다. 그는 다리를 저는 시골 신사였는데, 소송하기를 좋아하는 언어의 엄격주의자였다. 나는 이분의 소개로 현재 내 친구 가운데서 나이가 가장 많은 로갱 씨와 철학자인 디드로를 알게 되었다. 디드로에 대해서는 앞으로 자세히 말하게 될 것이다.

내가 파리에 도착한 것은 1741년 가을이었다. 15루이의 현금과, 내 자작의 희극 『나르시스』와 새로 발명한 기보법이 내 재산의 전부였다. 따라서 나는 하루속히 이것들로 돈을 벌 생각을 하니 잠시도 앉아 있을 수가 없었다. 즉시로 소개장을 활용하기로 했다. 풍채가 의젓하고 재능이 알려진 청년이면 파리에서는 대체로 대접을 받는

다. 나도 대단한 대접은 아니었지만 이런 축에 들었다. 내가 소개받은 사람들 가운데서 몇 사람만은 도움이 되었다. 한 사람은 사부와 출신의 귀족으로 카리냥 공작부인의 총애를 받는 승마기사 다므쟁 씨였고, 그리고 아카데미의 서기관이며 왕실 조폐국장인 보즈 씨와 예수회 회원이며 『빛의 클라브생』의 저자인 카스텔 신부의 세 사람이었다. 다므쟁 씨 이외의 두 사람은 모두 마블리 신부가 소개해 준 것이다.

다므쟁 씨는 우선 나에게 두 친구를 소개해 주었다. 한 사람은 보르드 고등법원장이며 바이올린 명수인 가스크 씨였고, 다른 한 사람은 소르본느에 하숙하고 있던 레옹 신부였다. 이 사람은 퍽 호감이 가는 귀공자로서, 한때 그는 "로앙의 기사"라는 이름으로 사교계에서 유명했었는데, 한창 젊은 나이에 그만 죽고 말았다. 마침 이 두 사람은 작곡을 배우려 했기 때문에, 나는 몇 달 동안 그들의 지도를 맡아 주었다. 덕분으로 나는 점점 가벼워져 가던 내 주머니를 얼마큼 지탱할 수 있었다. 레옹 신부는 나에게 우정을 느껴 자기 비서로 삼으려 했지만 8백 프랑 이상은 낼 수 없는 처지였다. 이 정도의 수입으로는 생활을 유지하기가 어려울 것 같아서 미안한 노릇이지만 거절하고 말았다.

다음으로 보즈 씨는 나를 퍽 친절히 맞아 주었다. 그는 몹시 학문을 사랑하고 좋아하는 편이었지만 좀 현학적이었다. 그의 딸이라고 해도 괜찮을 만한 보즈 부인은 사치스럽고 내 주장을 하는 편이었다. 나는 이 집에서 가끔 식사도 하였는데, 그녀의 세련된 태도에 나는 더욱 어색하고 쩔쩔매어 어쩔 줄을 몰랐다. 그녀가 요리 접시를 내게 권하기라도 할 때면, 나는 조심스럽게 포크를 가지고 그중에서 작은 조각을 하나 겨우 찍어 올리는 형편이었다. 그러면 그녀는 그 접시를 하인에게 물려주고는 몸을 돌려 킥킥거리는 것이었다. 아마 그녀는 이때 이런 시골뜨기 머릿속에 무슨 재능이 들어 있겠느냐고 생각했을 것이다. 보즈 씨는 자기의 친구인 레오뮈르 씨를 나에게 소개해 주었다. 이분은 아카데미 과학회의가 있는 매주 금요일이면 이 집에서 식사를 하는 것이었다. 보즈 씨는 내 계획을 그에게 설명하고, 그것을 아카데미 심사에 붙여 보고 싶어 하는 내 생각을 말했다. 레오뮈르 씨는 이것을 수락하여 아카데미에 접수되었다. 정해진 날 나는 그의 안내로 회의석상에 소개되었다. 이리하여 1742년 8월 22일, 나는 미리 작성해 두었던 논문을 아카데미에서 낭독하는 영광을 가질 수 있었던 것이다. 물론 이 유명 회원들의 회합은 당당하고 엄숙하였지만, 그러나 나는 보즈 부인 앞에서처럼 그렇게 수줍어하지는 않았다. 낭독도 어지간히 하고 답변도 웬만큼은 하였다. 내 논문이 그들의 갈채를 받고 모두들 찬사를 보내 주는 바람에, 나는 한편 기쁜 마음을 억제할 수 없으면서도, 너무 뜻밖이라 정신이 얼떨떨하였다. 아카데미에서 더구나 회원도 아닌 사람이 조금도 당황하지 않는다는 것은 상상도 할 수 없는 일이었다. 내 논문을 위하여 지정된 심사위원은 메랑, 엘로, 푸시의 세 분이었다. 이들은 다 같이 당대에 이름난 석학들이긴 하였지만, 그중 한 사람도 음악에 대한 지식을 가지고 있는 사람은 없었다. 적어도 내 논문을 심사할 만한 지식이 없었던 것이다.

이분들과 토론하는 동안에, 내가 의외로 생각할 수 있는 것은, 학자들이란 다른 사람보다 편견이 적기도 하지만, 한편 그들은 자기의 편을 몹시 고집한다는 점이었다. 그들의 반박이란 대부분이 근거가 박약하고 틀려 있었다. 그리고 내 답변은 비록 수줍고 말씨가 서투르긴 하였지만, 그러나 확고한 논거를 가지고 말했음에도 불구하고, 한 번도 그들은 나를 이해하려 하지도 않고 만족하는 빛도 없었다. 나는 그들이 내 말을 이해하지도 못하면서 과장된 언사로써 반박하려는 경솔함에 놀라지 않을 수 없었다. 그들은 어디서 들었는지는 모르지만, 수에티 신부라는 수도승이 전에 숫자로 음계를 나타내는 법을 고안해 냈다는 것이다. 이것만으로도 그들이 내 연구를 새로운 것이 아니라고 주장하기에는 충분하였다. 그러나 수에티 신부라는 이름은 들은 일도 없다. 그리고 설사 옥타브를 무시하고 7음만을 숫자로 적는 방법을 그가 창안했다 하자. 하지만 이것은 모든 악보, 즉 음표, 쉼표, 옥타브, 소절, 박자와 음의 장단에 이르기까지 모두를 쉽게 숫자로 표시할 수 있는 나의 발명과는 비교도 안 될 것이다. 그러나 그들은 이 초보적인 창안을 과대하게 평가한 나머지 내 연구의 근본문제에 대해서는 말도 되지 않는 억지를 부리는 것이었다. 더구나 내 방법의 제일 장점은 음표와 이조를 폐지하는 점이었다. 즉, 같은 멜로디 처음에 있는 첫 글자 하나만을 변경하면 자유로이 모든 음조가 기록되고 이조되는 점이었다. 그러나 심사위원들은 파리의 엉터리 음악가들에게서 이조란 음악 연주에 있어서 하등의 가치도 없다는 말을 들었던 모양이다. 그들이 이 말을 믿고 내 방법에서도 가장 뛰어난 장점을 말살시켜 버리는 것이었다. 그리하여 그들은 나의 방법은 성악에는 좋으나 기악에는 적합하지 않다는 결론을 내렸다. 사실은 그들이 나의 방법은 성악에도 적합하지마는 기악에는 더욱 좋다고 결론을 내렸어야 했을 것이다. 그들의 보고에 의하면 아카데미는 나에게 훌륭한 찬사를 늘어놓은 증명서를 수여하였다. 그러나 나는 이 찬사들을 통하여 아카데미에서 내 방법을 새로운 것이라든가 유익한 방법이라든가 하는 결론은 내리지 않고 있음을 명백히 알 수 있었다.

나는 이 사건으로 인하여, 어떤 분야에 대하여 전문적으로 깊이 파고들어 연구하면, 비록 시야는 좁을지 몰라도, 그 문제에 대해서만은 정당한 판단을 할 수 있다. 그러나 아무리 다방면에 걸쳐서 교양이 넓고 아는 것이 많다 할지라도, 어떤 특정한 분야에 대하여 깊이 연구하지 않았다면, 정당한 판단을 할 수 없다는 사실을 깨닫게 되었다. 나의 방법에 대하여 똑똑한 반박은 라모만이 할 수 있었다. 그는 이렇게 논박하였다.

"당신의 기호는 음의 장단을 간단명료하게 구분하고, 음정을 분명히 나타내고, 음의 고저를 분명히 나타내며 종래의 음표로서는 나타내기 어려운 것들을 여러 가지로 나타낼 수 있는 점에서는 참 좋습니다. 그러나 이 기호에 하나하나 머리를 쓰지 않으면 안 된다는 점이 좋지 않습니다. 즉 머리를 많이 써서 하므로 미처 연주를 따라가지 못합니다. 그런데 종래의 음표는 그 위치에 따라 머리를 쓰지 않더라도 이렇게 저절로 눈으로 들어옵니다. 두 음표 중에 하나는 아주 높고 하나는 아주 낮아서, 그 사이에 연속된 많은 음표가 연결되어 있으면, 그것을 첫눈에 해득할 수 있습니다. 이것을 당신 방법대로 한다면, 그 연속을 알기 위해서는 천상 그 숫자를 하나하나 읽어

나가는 도리밖에는 없을 것입니다. 도저히 첫눈으로 한 번 보는 것만으로는 불가능할 것입니다."

이 논박에 대해서 나는 아무 말도 할 수가 없었다. 나는 그의 말을 그대로 인정하는 도리밖에 없었다. 그의 이 반박은 간단하였지만, 그러나 다년간 연구한 사람이 아니고서는 할 수 없는 말이었다. 이런 말이 아카데미 회원들의 입에서 나오지 못했던 것은 지극히 당연한 일이었다. 그렇지만, 다방면에 걸쳐 지식이 많은 석학들이 자기 전문 분야 이외의 일에 대해서는 판단을 내려서는 안 된다는 사실을 모르고 있다는 것에 대해서는 이상하게 생각되었다.

이리하여 나의 『분수기』는 또다시 깨지고 말았던 것이다. 그러나 이 두 번째 경우에는 내 나이도 서른이었다. 그리고 아무도 헛되게 살아가는 사람이 없는 파리의 포도 위에서 깨어졌던 것이다. 지금까지 내가 해온 계획은 거창하기는 하였지만 부질없는 노력이었다. 나에게는 휴식이 필요했다. 그리하여 나는 절망하는 일이 없이 조용히 운명의 섭리에 몸을 맡기기로 했다. 그리고 이 운명의 섭리가 시작되기를 여유 있게 기다리기 위하여 얼마 남지 않은 돈을 한 푼 한 푼 까먹기 시작했다.

이렇게 게으르고 유쾌하고 평온한 마음으로 생활하는 석 달 동안 나는 심한 고독과 궁핍에 빠져 있었다. 자연히 여러 사람 앞에 얼굴을 내밀 용기조차 나지 않았다. 그리하여 지금까지 잘 어울리던 아카데미 회원이나 다른 문인들을 만나지 않기로 했다. 그래도 가끔 마리보, 마블리 신부와 퐁트넬의 세 사람만은 찾아갔다. 마리보에게는 내 희극 『나르시스』를 보여 주기까지 한 사이였다. 그는 이 작품이 마음에 든다고 친절하게 이것을 수정해 주었다. 디드로는 이 세 사람들보다 젊은 내 나이 또래였다. 그는 음악을 좋아하였으며, 음악 이론에도 밝아 우리는 자주 음악에 대한 토론을 하기도 했다. 그 동안에 내가 무엇을 하며 시간을 보냈는지는 여러분도 상상하지 못할 것이다. 나는 시인들의 유명한 시구를 암송하면서 지냈다. 전에는 백 번을 외워도 그대로 잊어버리던 것들이었다. 나는 으레 뤽상부르로 나가 점심때까지 산책을 하면서 이 시구들을 외워 나갔다. 비록 오늘 것을 외우다 보면 어제 외운 것을 잊어버리기도 하였지만 그렇다고 실망하지는 않았다. 그리고 이 무렵 내가 즐겨하던 오락은 체스였다. 극장에라도 가는 날을 빼놓고는 매일같이 오후에 체스를 두려고 모지스의 집으로 갔다.

나는 이렇게 하며 돈이 떨어지기를 기다리고 있었던 것이다. 만약에 카스텔 신부가 이 어리석은 잠을 깨워 주지 않았던들 나는 최후의 한 푼이 떨어질 때까지 이런 생활을 하면서도 여전히 태연하게 있었을 것이다. 이분은 성미는 괴팍하였지만 천성은 착한 사람이었다. 그는 내가 이렇게 아무것도 하는 일이 없이 돈만 까먹고 있는 것을 보기가 민망하였던지 이렇게 말하는 것이었다.

“음악가나 학자들 사이에는 당신을 알아주지 않으려 하고 있으니, 어때요. 한번 바꿔 볼 생각은 없소. 여자들 사이에서라면 아마 당신이 성공할지도 모르겠소. 브장발 부인에게는 내가 당신 이야기를 해 놓았으니 한 번 찾아가 보시오. 이 부인은 참 좋은 분이야. 더구나 당신은 그녀 남편과 동향 사람이니 반갑게 대해 줄 거요. 그녀의 딸인 브로글리 부인은 상당한 재원이지. 그리고 또 한 사람 뒤팽 부인에게도 당신 이야기를 해 주었소. 이 부인에게는 당신의 음악책을 한 권 가지고 가시오. 당신을 한 번 만나고 싶어하니 상당히 반가워할 거야. 파리란 곳에서는 여자에게 의지하지 않고서는 되는 일이 없소. 이를테면 여기서는 여자란 곡선이고 영리한 남자는 이 곡선에 접근하는 점근선인 폭이지. 그들은 항상 이 곡선에 접근하고는 있지만, 그렇다고 이 곡선에 닿지는 않고 있다오."

하루하루 점점 심한 고역을 견뎌 나가다가 나는 드디어 용기를 내어 브장발 부인을 찾아갔다. 그녀는 나를 친절히 맞아 주었다. 마침 그때 브로글리 부인이 방으로 들어오자, 그녀는 딸에게 이렇게 말했다.

"얘야, 이분이 바로 카스텔 신부님이 말씀하시던 루소 씨야."

브로글리 부인은 내 책에 대하여 여러 가지 친절한 말로 칭찬을 늘어놓고는 그녀의 피아노가 있는 곳으로 끌고 가서 그녀가 내 방법을 연구하고 있음을 보여 주었다. 마침 벽에 걸린 시계를 보니 1시 가까이 되었으므로 나는 돌아오려고 했다. 그러자 브장발 부인이 이렇게 말했다.

"계신 데가 여기서 멀지요. 그러니 천천히 놀다 가세요, 식사도 좀 하시고."

나는 사양치 않고 주저앉았다. 15분쯤 지났을 때, 나는 그녀의 말에서 점심 대접이 별것 아닌 부엌에서 하인들과 함께 식사하는 것이었음을 눈치 챘다. 이런 대접은 벌써 이전에 청산되었던 터였으므로 나는 화가 치밀었다. 그래서 브장발 부인에게는 집 근처에 볼일이 좀 있다는 핑계로 물러가려 했다. 그러자 브로글리 부인이 어머니에게 귓속말로 무엇이라 했다. 그러자 효과는 즉시로 나타나서, 브장발 부인이 일어나 만류하며 이렇게 말하는 것이었다.

"큰 볼일이 아니면 우리와 함께 식사를 하고 싶습니다만……."

나는 거만을 부리는 것은 어리석다고 생각했으므로 다시 주저앉기로 했다. 마침 이 집의 귀한 손님인 라무와뇽 장관이 와 있었기 때문에 그도 우리와 함께 식사를 했다. 그런데, 이분이나 브로글리 부인은 파리 상류 사회에서 사용하는 고상하고 뜻이 깊은 은어로 말했으므로 나는 별로 말참견을 못 했다. 이 가련한 장 자크가 이래서야 어디 빛나 볼 여지가 있겠는가! 그래서 나는 되도록이면 재사로서의 태도를 그들에게 보이지 않으려고 시종 침묵만을 지켰다. 내가 언제나 이 정도로만 현명했더라면 나는 얼마나 행복할 수 있었으랴! 그렇게 했더라면, 오늘날과 같은 불행한 구렁이로 빠지지는 않았을 것이다.

그러나 마음속으로는 타는 듯 안타까울 뿐이었다. 식사가 끝나자, 나는 문득 한 가지 생각이 떠올랐다. 주머니에는 마침 자작시 한 편이 들어 있었다. 이 시는 내용이 정열적인 데다가 낭독도 손색이 없었다. 그랬더니 세 사람은 감격하여 눈물까지 흘렸다. 내가 그렇게 느껴서 그런지 또 이것이 사실이었는지는 모르지만, 이때 브로글리 부인이 그녀의 어머니를 바라보는 시선은 이렇게 말하는 것만 같았다.

"어때요, 어머니 이만하면 이분을 우리 식탁에 초대하자고 제의한 내 말이 옳았지요?"

그때부터 나는 나를 딱하게 생각하는 이들 모녀에게 언제까지나

곤궁한 상태에 내버려 두지는 않을 것 같은 기대를 갖게 되었다. 과연 그 기대는 어긋나지 않았다. 때마침 근위 대위였던 몽테규 백작이 베니스 대사로 임명되었다. 백작의 형인 몽테규 기사는 황태자의 시중을 드는 귀족이기도 하였다. 그런데 브로글리 부인은 대사가 비서를 한 사람 구하고 있음을 알고 나를 그에게 추천했던 것이다. 협의가 진행되었다. 나는 봉급으로 50루이를 요구했다. 체면을 차려야 할 지위로서는 이것도 몹시 적은 편이었다. 그런데 백작 측에서는 40루이 밖에 낼 수 없다고 했다. 그 외에 여비는 자비로 부담해 달라는 것이었다. 말도 안 되는 소리였다. 우리들의 협상은 깨졌다. 그리하여 백작은 폴로라는 다른 비서와 함께 출발했다. 그런데 베니스에 도착하자 그들은 싸움을 한바탕했다. 폴로는 백작에게 상식 없는 무뢰한이라고 욕을 하고는 그를 남겨 두고 떠나 버렸다. 몽테규 씨에게는 비서 밑에서 서기 노릇을 하는 비니스라는 젊은 신부가 한 사람 있기는 하였지만 비서가 될 만한 인물은 못 되었으므로, 다시 내게 교섭이 왔다. 대사의 형인 기사는 지략이 있는 사람으로서, 비서에게서 여러 가지 특권이 부여되는 것이라고 구슬리는 바람에, 나는 드디어 내가 처음 주장하던 50루이의 봉급을 받기로 하고 승낙해 버렸다. 그리고 여비로써 20루이를 받은 다음 곧 출발했던 것이다.

내가 도착하자 대사는 몹시 기다렸던 모양으로 반갑게 맞아 주었다. 그동안 프랑스 정부나 다른 대사들에게서 여러 가지 공문이 밀려 왔었지만, 암호를 판독하는 데 필요한 서식이 모두 구비되어 있는데도 그는 암호로 된 문장은 하나도 읽지를 못하는 것이었다. 관청에서 일해 본 경험이 없었기 때문에, 나도 처음에는 이것을 은근히 걱정했다. 그러나 막상 해 보니 형식이 몹시 간단하여 1주일이 채 되기도 전에 나는 무엇이나 다 읽을 수가 있었다. 사실은 이 공문들이란 것은 한결같이 읽을 가치조차 없었다. 그도 그럴 것이 원래 베니스 대사관은 한가한 곳인 데다가, 더구나 대사와 같은 이런 인물에게는 어떤 청탁이나 교섭이 있을 리 만무하기 때문이었다. 그는 간단한 문장도 읽을 수 있도록 쓰지 못했기 때문에, 내가 부임해 오기 전에는 몹시 곤란을 겪었던 모양이었다. 그래서 나는 아주 쓸모가 있는 인간이 된 셈이었다.

내가 도착하자 대사는 나에게 비서의 직무를 주었다. 이 직무는 관직과 분리할 수 없었으므로 대사는 나에게 그 관명을 띠고서 상원이나 회의석상에 나가도록 하였다. 좌우간 그로서는 영사라든가 궁정에서 임명된 관리보다는 자기 수하의 비서를 쓰는 편이 좋겠다고 생각한 것은 극히 당연한 일이었다.

그리하여 나의 지위도 꽤 재미있는 것이 되었다. 그리고 이로 인하여 대사의 측근자들이나 여러 고용인들이나 이탈리아 관원들과는 권력을 다투는 일은 거의 없었다. 나는 그 지위에 따르는 권리를 잘 이용할 수 있었기 때문에 대사가 갖는 보호권, 즉 대사 관하의 면세를 확보할 수 있었다. 이것은 외부로부터 여러 차례 침해하려는 공작이 있었지만, 그때마다 베니스인 관원들을 못 본 체해 주었던 것이다. 그러나 나는 도둑들이 도피해 오는 것을 절대로 그대로 용서하지 않았다. 내가 그대로 눈감아 둔다면 나에게도 이익이 있고, 또 각하도 한 몫 차지하게 되는 것을 싫어하지는 않았을 테지만.

일 그 자체는 내가 걱정했던 것만큼 어려운 것은 아니었다. 비록 내가 경험은 없었지만, 대사 역시 경험이 없었다. 거기다가 그는 무식하고 고집이 세서 내가 다소 밝은 판단으로 그를 돕고 국왕을 위하는 조언을 하면, 그는 덮어놓고 반대를 하는 것이었다. 다만 한 가지, 두 사람이 서로 협력한 일은 베니스인을 국외 중립을 지키게 한다는 점이었다. 베니스인들은 중립을 충실히 지키겠다고 약속하고서도 뒤로는 공공연하게 오스트리아 군대에 탄약을 공급하는가 하면, 한편 탈주해 왔다는 핑계로 새로 모집한 병사를 수송하기도 하였다. 몽테규 씨는 베니스 공화국의 환심을 사려는 듯, 내가 항의하는데도 굳이 모든 공문서에 하나하나 베니스 공화국은 중립을 위반하지 않았다는 증언을 나에게 하도록 했다. 이 가련한 인간이 그것을 원했으므로 나는 할 수 없이 그의 대변자가 되지 않을 수 없었다. 그리고 또 한 가지 그에게는 우스꽝스런 버릇이 있었다. 그 때문에 통신연락이 우습게 되고 말았다. 그것은 하나씩 송달되는 편지를 수신인에게로 보내지 않고 원 발송인에게로 되돌려 보내는 것이었다. 때로는 어떤 사람에게서 온 서신을 나에게 문장체만 조금 바꾸게 하여 그에게로 되돌려 보내게 하는 것이었다. 결재를 받으려고 내가 서류를 제출하면, 그는 궁정으로 보내는 것만을 훑어보고, 다른 대사들에게로 가는 것은 읽지도 않고 서명하였으므로, 나도 멋대로 적어서 상호간의 서신을 교환하게 되었다. 그러나 중요한 서류를 수정하는 일은 나로서는 할 수가 없었다. 나는 이 우둔한 머리로 꾸민 문서를 내 방으로 가지고 가서 정서해야만 했다. 그의 명예를 존중하기 위하여, 나는 몇 번이나 달리 고쳐 쓸 생각이 있었지만, 그렇게 하면, 내가 그에 대하여 불충실한 것이 되므로 용납되지 않았다.

나는 이와 같이 언제나 정직하고 열심히, 그리고 용감하게 맡은 일을 해 나갔다. 이야말로 내가 최후에 그에게서 받은 보수와는 한결 많은 보수를 받을 만한 것이었다. 타고난 복된 성격, 훌륭한 여성에게서 받은 교육, 그리고 내 스스로 노력한 수양 등으로 나라는 인간이 형성된 것이며, 이때야말로 그러한 인간으로 나타나야 했으며, 또 사실 그대로 나타났다. 나는 자신 하나를 의지하여, 친구도 의논할 상대도 없이, 그리고 경험조차 없는 내가 외국에서 외국 사람들을 돌봐주었던 것이다. 자신들의 이해 관계에만 눈이 어두워, 선한 행동을 불쾌하게 여기는 사기꾼들이 나를 그들의 일당에 끌어넣으려는 간책 속에서도, 아무런 혜택도 받지 못하는 모국 프랑스를 위하여 그리고 더구나 대사를 위하여 나의 책임을 당연한 일로만 알고 수행하였던 것이다.

나는 어느 때, 아무의 힘을 받지 않고 곤경에 빠진 상선의 선장을 내 혼자의 힘으로 구해준 일이 있다. 배의 이름은 잊어버렸지만, 그는 마르세이유의 올리베라는 선장이었다. 그의 선원이 공화국의 일을 하러 온 슬라보니아 사람들과 싸움을 하였는데, 폭행을 하였다는 이유로 선장은 억류되고, 선장 이외의 사람들은 하나도 배에 출입이 금지되었다. 선장은 대사에게 애원하였지만 그대로 쫓아 보냈다. 그는 다시 영사에게 갔으나 통상에 관계된 사건이 아니므로 간섭할 수가 없다고 하였다. 그리하여 그는 마침내 나에게로 왔다. 나는 대사에게 이 사건에 관한 조서를 의회에 제출하도록 허가해 달라고 간청했다. 그때 그가 그것을 승인했는지 어떤지는 생각나지 않는다. 그러나 좌우간 나는 동분서주하고 돌아다녔지만 효과는 없었다.

하는 수 없이 나는 그 배의 선원을 심문하기 위하여 그 배로 갔다. 영사관의 서기관 파티첼 씨가 이때 나와 동행하였는데, 그는 싫은 것을 마지못해 따라갔었다. 이 가엾은 사람들은 그만큼 의원들의 감정을 해칠까봐 두려워했던 것이다. 베니스의 금령 때문에 배에 오를 수가 없었으므로 나는 곤돌라 안에서는 큰 소리로 선원 한 사람 한 사람에게 심문을 던지고 그들에게서 유리한 답변이 나오도록 유도하며 심문을 하고 조서를 작성하였다. 애당초 이런 심문은 파티첼 씨에게 시키려고 했었다. 그것은 나보다도 그가 수행해야 할 직무였기 때문이다. 그런데도 그 자신은 그것을 하려 들지도 않을 뿐 아니라, 한 마디의 말도 입 밖에 내지 않고, 심지어는 작성한 조서에 내가 서명한 다음 서명하기조차 꺼리고 있었다. 이때 나의 행동은 몹시 대담한 것이었지만, 결과는 좋아서 배는 출항이 허가되었다. 선장이 나에게 선물을 하려고 하였으므로, 나는 화내지 않은 어조로 그의 어깨를 툭툭 치면서 이렇게 말했다.

"선장! 관례로써 정해진 여권의 수수료조차 프랑스 사람에게서는 받지 않는 내가 국왕의 보호를 돈으로 팔 수야 있겠소?"

그랬더니 그는 배 안에서 식사라도 대접하겠다고 청해왔다. 나는 하는 수 없이 그것을 수락했다. 그리하여 스페인 대사관의 서기관인 카리오란 사람을 데리고 갔다. 그는 재치가 있고 사랑스러운 사람이었다.

이와 같이 나는 사리사욕을 초월하여, 내가 할 수 있는 한에서는 착한 일을 하였다. 그러나 대사는 이때부터 불쾌한 언동과 불공평한 처사를 했다. 심지어는 내 지위에 따른 사소한 이권마저 박탈하는 것이었다. 아마 될 수만 있다면 의회에 보내는 것도 내 대신 그의 심복인 비탈리를 보내고 싶었을 것이다. 대사는 대개의 서신은 비니스 신부를 시켜 자기 방에서 쓰게 했다. 올리베 선장에 관한 보고서도 비니스 신부에게 쓰게 했다. 그리하여 그 글 속에서 그 당시 유일한 주무자였던 나에 대해서는 한 마디도 언급하지 않았을 뿐 아니라, 그 사본을 첨부하는 구술서 작성의 명예까지 나에게서 빼앗아, 그 당시 입도 벌리지 않은 파티첼의 공으로 돌려 버렸다.

대사는 비탈리를 위하고 나를 괴롭히려고 하긴 했지만, 나를 내쫓으려고는 하지 않았다. 그것은 나의 전임자였던 폴로 씨가 대사의 악평을 퍼뜨렸기 때문에, 그의 후임자로 나를 구하기에 고생을 했던 것이다. 그리하여 이번에는 또다시 내 후임을 구하기가 쉬운 일이 아님을 알고 있었던 까닭이다. 의회의 회답을 작성해야 하므로 우선 이탈리아 말에 통해야 하며, 모든 문서나 사건을 대사가 없어도 처리해 나갈 수 있고, 또 집무에 성의가 있어야 하고, 하잘것없는 시종들의 비위까지도 맞출 수 있는 비서가 그에게는 필요했던 것이다. 그리하여 그는 나를 붙들어 놓고 귀국하려 해도 노자가 없어 갈 수 없도록 하여, 꼼짝도 못 하고 울며 겨자 먹기로 그 자리에 붙어 있게 하자는 심산이었다. 그리하여 나는 내 후임을 구할 때까지 기간을 정하고 대사에게 사의를 표명했다. 그는 내 말을 못 들은 체하고 넘겨버리고 후임을 구하는 기색조차 보이지 않았으므로, 나는 하는 수 없이 고국에 있는 그의 형에게 사직하는 이유를 자세히 적고 대사에게서 물러나게 해 달라는 부탁과, 도저히 그대로 있을 수는 없다는 굳은 결의를 나타낸 편지를 보냈다.

오래 기다렸으나 편지의 회답은 오지 않았다. 오래 기다린 끝에 마침내 편지의 회답이 대사에게 왔다. 편지의 내용이 상당히 강경했던 모양인지 대사는 차마 들을 수 없는 욕설을 마구 퍼붓고는, 나에게 암호를 팔아먹었다고 뒤집어씌우려 했다. 나는 하도 어이가 없어서 웃음을 터뜨리며, 그따위 암호를 이 베니스에 단 1에큐를 주고도 살 얼간이가 있겠느냐고 반문했다. 이 말에 정통으로 찔린 대사는 게거품을 뿜으며 마구 나댔다. 창문으로 던지겠다고 하며, 사람을 부르려는 기색이었다. 그때까지는 냉정하였지만, 이번에는 내가 흥분했다. 나는 문으로 달려가서 안으로 고리를 걸고, 엄숙한 걸음으로 그에게로 다가가며 이렇게 말했다.

"그러면 안 돼요, 백작! 당신의 피고용인이 간섭할 문제가 아니니, 단 둘이서 해결합시다."

나의 표정과 동작은 즉시 효력을 발생하여 그를 진정시켰다. 경악과 공포로 그의 화가 가라앉는 것을 보고, 나는 몇 마디 이별의 말을 한 다음, 그의 대답은 듣지도 않고 문을 열고 나와 하인들이 있는 응접실 가운데로 유유히 걸어갔다. 그들은 언제나처럼 기립하였다. 만일 이때 그들이 누구의 편을 들었다고 하면, 그것은 대사가 아니라 오히려 내 편을 들었을 것이다.

나는 이곳을 떠나기 전에 같은 나라 사람들이 대사의 부정을 편들지 않고 있다는 것을 명확히 세상에 폭로하기 위해 영사관의 서기관 집에서 묵었다. 대사는 불행에 빠진 내가 오히려 대우를 받고, 대사인 자신이 무시되고 있음을 알자, 그는 마치 미친 사람처럼 날뛰었다. 마침내 그는 이성을 잃고 나를 체포하도록 의회에 청원서를 제출했다. 이 소식을 듣고 나는 예정보다 오히려 2주일을 더 체류하기로 했다. 이때 내가 취한 모든 행동은 모두가 정당한 것이라고 인정해 주었기 때문에 나는 어디를 가나 존경을 받았다. 베니스 당국도 대사의 불합리한 청원서에는 회답조차 않았을 뿐 아니라, 오히려 영사를 통하여 미치광이 짓을 염두에 두지 말고 자유롭게 언제까지나 베니스에 머물러 있어도 좋다고 알려 왔다. 나는 친구들을 계속 찾아다녔다. 스페인 대사에게는 작별인사를 갔다가 지나친 후대를 받았다. 나폴리의 공사와 휘노키에티 백작에게 찾아갔더니, 마침 부재중이라 편지만 써 놓고 돌아왔더니 친절한 회답이 왔다.

베니스를 떠나게 됨에 앞서, 이 도시의 유명한 오락, 적어도 내가 여기 있는 동안 다소나마 즐긴 오락에 대하여 언급하지 않을 수 없다. 지금까지 나는 청춘 시절에 쾌락이라고 부를 만한 오락을 추구한 적이 많지 않음은 앞에서도 보아 온 바와 같거니와, 베니스에서도 그런 점에는 변함이 없었다.

그래도 가장 유쾌했던 것은 명성 있는 분들과의 교제였다. 르 블롱, 생 시르, 카리오, 알투나 제씨와 그리고 또 한 사람 있었다. 우리의 교제에는 영국 사람이 또 2, 3명 있었다. 그들은 재치나 지식이 풍부했으며 우리와 함께 음악에 열광했다. 그들에겐 아내가 있고, 여자친구나 애인이 있었다. 이 애인들이란 거의가 예능이 있는 여자들로서 자기 집에서 음악회나 무도회 따위를 열곤 하였다. 또 가끔 노름도 했다. 그러나 노름이란 생활에 권태로운 인간이 구하는 오락에 불과하다.

이탈리아 음악에 대한 나의 편견은 파리에서부터 가지고 온 것이었다. 그러나 이런 편견보다도 나는 예민한 감수성을 자연에서 타고 났었다. 곤돌라의 뱃노래를 들으니 이런 노래는 생전 처음 듣는 느낌이었다. 또 오페라에도 곧 열중하게 되었다. 어느 날 나는 "생 크리소스토모"관에서 오페라를 보다가 졸았는데, 침대에서 자는 것보다도 더 깊이 잠이 들었다. 그러나 이때 나의 잠을 깨운 아리아의 고요한 화성과 천사의 목소리 같은 선율이 표현할 수 없는 쾌감을 안겨 주었다. 눈을 떴을 때 나는 천국에 와 있나 싶었다. 이 황홀한 곡은 지금도 아직 기억하고 있거니와, 아마 일생을 두고 잊혀지지 않으리라. 그 곡은 이렇게 시작된다.

> 나를 구해 줄 사람은 리 미인
> 이렇게 타오르는 이 내 마음.

이번에는 또 여자 얘기지만, 도대체 베니스 같은 도시에서는 여자 없이는 지낼 수 없는 노릇이다. 이 점에 대해서 고백할 것이 없느냐고 말할 사람이 있으리라. 아닌 게 아니라 다소 있기는 하다. 그러면 이것도 다른 모든 것처럼 솔직하게 고백하기로 하겠다.

나는 원래 창녀들에게는 별로 흥미가 없었는데, 베니스에서는 직업적인 여자 이외에는 별로 아는 여자가 없었다. 이 거리의 하고많은 집들, 대체로 거기에는 내 지위 때문에 출입이 금지되어 있었기 때문이다. 르 블롱 씨의 딸들이 몹시 귀엽긴 했지만, 가까이하기는 어려웠다. 내가 그들의 부모를 존경하는 처지에 좀처럼 그 딸들에게 욕심을 낼 수가 없었던 까닭이다. 그녀들보다는 오히려 프러시아 왕이 파견한 관리의 딸인 카타네오 양에게 마음이 끌렸었다고 할 수 있다. 그러나 이 아가씨는 또 카리오가 사랑하여 결혼문제까지 일어나고 있었기 때문에 나는 단념하지 않을 수 없었다. 그리하여 나는 다음에 이야기하는 기묘한 기회에 단지 두 번 이성과 접촉했을 뿐, 단정한 몸가짐을 유지하다가 18개월 만에 이 도시를 떠났다.

그 최초의 기회는 점잖은 시종 비탈리가 마련해 주었다. 그것은 내가 그에게 여러 가지 잘못을 강제로 사과시킨 사건이 있은 후 얼마 되지 않은 때의 일이었다. 식탁에서 베니스 유흥담이 화제에 올랐다. 이 자리에서 모두가 말하기를 베니스 여자는 정말 재미가 있어서 세계 어느 나라에 가건 그런 재미는 볼 수 없다는 것이었다. 그리고 그런 최고의 쾌락에 대한 나의 무관심을 비난조로 놀리는 것이었다. 비탈리는 나에게 제일 잘 생긴 여자를 꼭 알려드려야 하겠는데, 자기가 그런 여자에게 안내하겠다는 것과, 틀림없이 내가 만족할 것이라고 제의했다. 처음에 나는 일소에 부쳤다. 사실 나는 그와의 사이가 좋지 않았을 뿐 아니라, 그런데 가고 싶은 생각도 별로 없었지만, 어쩐지 약한 마음에서 의심을 보이는 것이 부끄럽기도 하여 결국 그가 유혹하는 대로 따라갔다.

우리가 놀러갔던 집의 파도바 여자는 제법 예쁜 편이긴 하였지만, 내가 좋아하는 미인은 아니었다. 비탈리는 나를 그녀의 집에 남겨두고 돌아갔다. 나는 쏘르베티(악기의 이름)를 가져오게 하고, 그녀에게 노래를 하게 했다. 한 30분 뒤에 나는 테이블 위에 은전을 한 닢 던져놓고 나오려 했다. 그러자 그 여자는 이상한 듯 머뭇거리다가, 할 일을 하지 않았으니 돈을 받을 수 없다고 했다. 나도 이상하게 어리석은 생각이 들어 그녀의 요구대로 해 주었다.

틀림없이 병에 전염된 것만 같아 돌아오는 길로 의사를 부르고 청했다. 그 뒤 실제로는 아무런 이상도 나타나지 않았었지만, 3주일 동안은 몹시 불안 속에서 고민했다.

또 하나의 모험도 역시 창부에 관한 것이었지만, 그 동기나 결과에 있어서는 먼젓번과는 전연 달랐다. 상선의 올리베 선장이 배의 연회에 초대하여, 내가 스페인 서기관 카리오와 함께 갔던 이야기는 앞에서 말했다. 그때 나는 예포가 있을 것을 예상했었다. 선원들이 도열하여 우리를 환영했지만 예포는 한 방도 쏘지 않았다. 카리오도 있고 하여 나는 기분이 좋지 않았고, 또 카리오도 기분이 상해 있었다. 사실 우리보다 신분이 낮은 사람에게라도 상선에서는 예포를 울려 주는 것이 상례로 되어 있었던 것이다. 나는 태연한 태도만을 취하고 있을 수는 없었다. 음식상이 꽤 훌륭했고, 선장의 대우도 정중하였지만, 나는 처음부터 불만스러운 낯빛으로 음식도 별로 들지 않고 말도 별로 하지 않고 있었다.

그래도 첫 잔을 들 때에는 예포가 울리겠지 했었는데 역시 아무것도 없었다. 내 마음을 짐작하고 있던 카리오가 어린애처럼 투덜거리는 나를 보고 빙그레 웃었다. 연회가 한창 무르익어 갈 무렵 얼핏 보니 곤돌라 한 척이 다가오고 있었다. 그러자 선장이 "자, 보십시오! 저기 적이 나타났습니다. 주의하십시오."

하고 말하는 것이었다. 나는 그게 무슨 말이냐고 물었더니, 선생은 그저 웃고만 있을 뿐 대답을 하지 않았다. 곤돌라가 닿자, 몹시 눈부신 옷차림을 한 젊은 여인이 달음박질로 우리 배로 올라오는 것이었다. 오자마자 그녀는 내 곁에 털썩 앉았다. 20세 정도의 갈색 머리를 한 그녀는 이탈리아 말밖에는 하지 않았지만, 한 마디만 들어도 머리가 돌 지경이었다. 먹으며 지껄이며 하다가 나를 쳐다보고는 내 품안으로 뛰어들어, 그녀의 입술을 내 입술에 마구 비벼대며 숨막힐 정도로 껴안는 것이었다. 동양적인 크고 검은 눈은 정열을 나의 가슴에 화살같이 쏘았다. 처음에 나는 어리벙벙하였지만, 갑자기 정열이 타올라 남이 보는 앞에서도 광태를 부렸는지 나중에는 그녀가 도리어 나를 제지하지 않으면 안 될 정도였다. 내가 그녀의 뜻대로 된 것을 보자 그녀의 교태는 약간 잠잠해졌다. 그러나 그녀도 정열이 식은 것은 아니었다.

저녁이 되자 우리는 여자를 그녀의 집으로 데려다 주었다. 이야기를 주고받는 중, 화장대 위에 권총이 두 자루 있는 것을 발견하고, 나는 그중 한 자루를 집어 들었다.

"아, 이건 신식 권총인데, 무엇에 쓸 거지? 당신에겐 총보다 더 잘 쏘는 무기가 있을 텐데."

이런 투로 농담을 하자 그녀는 순진하고 엄숙한 표정을 지으며 이렇게 말했다.

"전 말예요, 마음에 없는 남자에게 친절하게 대접할 때면 기분이 좋지 않아 그 복수를 하는 거예요. 당연하지 뭐예요. 그들의 애무 정도는 참지만 모욕당하는 것은 견딜 수 없어요. 나를 깔보는 남자는 누구건 그냥 두진 않아요."

헤어질 때 나는 이튿날 만날 약속을 했다. 다음 날 나는 그녀가 기다리지 않도록 제시간에 갔다. 그녀는 남국이 아니면 볼 수 없는 우아하고 허술한 잠옷을 입고 있었다. 지금도 그때의 기억이 생생하지만 자세히 적음으로써 나 혼자만 즐거워하고 싶지 않다.

내가 파리에 도착해 보니, 사직에 관한 소문이 벌써 확 퍼져 있어, 관청은 물론 사회에서도 대사의 태도를 비난하고 있었다. 그러함에도 불구하고, 또 베니스의 여론이나 내가 제출한 부정할 여지가 없는 많은 증거가 있음에도 불구하고, 나는 조금도 정당하다는 인정을 받지 못했다. 만족과 배상을 받을 수 없었을 뿐 아니라 밀린 봉급마저 대사에게 일임한다는 것이었다. 그것은 내가 프랑스 사람이 아니라는 것과, 또 이 사건은 대사와 나 사이의 개인적인 문제라는 것이었다. 결국 나는 나에게 정당성이 있는 줄은 알면서도 올바로 인정을 받지 못함에 용기를 잃어 모든 것을 단념하고 말았다.

베니스에 가기 때문에 그동안 중단했던 오페라 일에 다시 손을 댔다. 나는 이 일에 조용히 몰두하기 위하여 다시 생 캉탱 호텔로 돌아갔다. 여기야말로 내가 불행할 때에도 견딜 수 있는 유일한 위안이 기다리고 있었던 것이다.

이 호텔의 새 여주인은 오를레앙 사람으로서, 허드렛일을 시키기 위하여 고향에서 20여 세 된 처녀를 데려다 고용하고 있었다. 테레즈라는 이 처녀의 아버지는 조폐국 관리였고, 어머니는 장사를 했었다. 그런데 조폐국의 운영이 안 되어 아버지는 실직했고, 어머니도 여러 번 장사에 실패하여 결국 이들은 자식들과 함께 파리로 나와 딸의 품팔이로 식구들이 연명을 해 가는 형편이었다.

이 아가씨를 처음 보자 나는 그녀의 겸손한 태도와 시원스럽고 부드러운 그 눈길에 호감이 갔다. 다른 사람들이 상소리로 그녀를 희롱하기에 나는 그녀의 편을 들어 주었다. 그녀는 이것을 고맙게 생각하고 감사로 빛나는 그 아름다운 눈으로 나를 쳐다보았다.

나도 소심하였지만 그녀 역시 그러하여 이렇게 같은 기질은 두 사람의 관계를 격리시킬 것 같은데 사실은 그와 반대였다. 여주인은 이런 눈치를 채고 화를 냈기 때문에 우리의 관계는 더욱 깊어만 갔다. 테레즈는 이 집에서 의지할 사람이라곤 나 하나뿐이었으므로, 내가 외출하게 되면 서운하게 배웅을 하고, 보호자가 돌아오기를 고대하는 것이었다. 그녀는 나에게서 성실함을 발견하였고 나는 그녀에게서 예민한 감수성과 순박한 마음씨를 발견했다. 나는 그녀를 저버리는 일은 하지 않겠지만, 그렇다고 그녀와 결혼까지는 하지 않겠다고 미리 말해 두었다.

처음 얼마 동안 나는 오직 재미나 보려고 했을 뿐이었다. 그러나 차차 좀 지나치게 나갔구나 하는 생각과 아울러 좋은 반려자를 구했음을 깨닫게 되었다. 나에게는 사라진 야심 대신 마음의 공허를 메워 줄 강한 감정이 필요했다. 결국 엄마의 후계자가 필요했던 것이다. 엄마와 함께 살 수 없는 처지에 있는 지금, 나는 엄마처럼 함께 지낼 수 있는 사람, 엄마가 일찍 내게서 발견한 순박하고 온순한 마음을 이번에는 내가 발견해야 할 그런 마음의 소유자가 필요했다. 영예로운 생활을 포기한 나에게는 행복한 가정생활이 필요했던 것이다. 나는 혼자 있으면 마음의 공허를 느꼈다. 이 공허를 메우기 위해서는 한 마음이 필요했다. 그런데 나는 테레즈에게서 내가 필요한 것을 발견했던 것이다. 그녀 때문에 나는 행복하게 살 수 있었다.

나는 그녀에게 지식을 넣어 주려고 노력하였다. 그것은 헛수고였다. 그녀의 지능은 자연이 부여해 준 그대로여서, 내가 아무리 애써 가르쳐도 조금의 진전도 없었다. 솔직히 말하면, 그녀는 쓰기는 좀 할 수 있었지만 읽기는 영 엉망이었다. 우리가 살던 집의 창 맞은편에 탑시계가 있었는데 그 시간을 한 달 이상이나 가르쳤건만 여전히 능숙하게 읽지를 못하는 형편이었다. 1년의 열두 달을 순서대로 외우는 것조차 제대로 하지 못했으며 숫자는 수없이 되풀이하여 가르쳐 주었건만 그래도 한자도 제대로 모르는 형편이다. 따라서 돈 계산이나 물건 값의 셈도 해내지 못하는 위인이었다. 그러나 이처럼 우둔한 여자였건만 내가 곤경에 빠지게 되면 곧잘 조언자가 되어 주었다.

사랑하는 사람 곁에 있으면, 마음만 가라앉을 뿐 아니라 지식도 길러 준다. 나는 이 세상에서 가장 뛰어난 천재와 함께 있는 기분으로 테레즈와 함께 살았다. 그런데 그녀의 어머니는 자기는 일찍이 몽피포 후작 부인 곁에서 자랐다고 뽐내며 딸을 뒤에서 조종하려 하였다. 한편 그녀는 딸과 나와의 순수한 관계를 격리시키려고도 하였다.

퐁트누아 전쟁(1745년 프랑스 군대가 영국과 네덜란드의 연합군을 격파한 전투-역주)이 있었던 이 해 겨울에 베르사이유에서는 번번이 축하연이 있었다. 그중 특히 "쁘띠 제큐리" 극장에서는 많은 오페라가 상연되었다. 그 가운데 볼테르의 『나바르 공주』라는 비극이 있었는데 이것은 라모의 작곡으로 개작되었다. 그런데 이 주의 테마를 새롭게 하기 위해서는 작사와 작곡에 걸쳐 간주곡마다 상당한 수정을 할 필요가 있었다. 이때 볼테르와 라모가 모두 르렌느에 가서 『영광의 전당』이란 오페라에 착수하고 있었기 때문에 이쪽 일을 돌볼 여유가 없었다. 그래서 이 목적을 달성할 수 있는 사람을 물색하고 있었다. 리슈르 씨가 이 일을 맡아 달라고 나에게 사람을 보냈다. 나는 우선 원작자의 동의를 얻기 위하여 볼테르 씨에게 정중한 편지를 써서 보냈더니, 그에게서도 다음과 같은 존경을 표시한 회답이 왔다.

> 귀하는 지금까지 분리되어 온 두 가지 재능을 아울러 지니고 계십니다. 그리하여 저는 일찍부터 귀하를 존경하고 있었습니다. 저는 귀하가 보잘 것 없는 졸작에 심려를 끼치게 해드려 죄송하게 생각합니다. 몇 달 전에 저는 리슈르 공작으로부터 급히 이 곡을 집필하라는 명령을 받았습니다. 그리하여 몇 장면의 허술한 초고와 이 사이사이에 스토리와는 별로 관계가 없는 여흥곡을 연결해야 했습니다. 저는 단시일에 아주 졸렬한 것을 만들었던 것입니다. 그리하여 후일 다시 손질을 할 생각으로 우선 리슈르 공작에게 그대로 보냈던 것입니다. 다행히도 졸고가 귀하에게 맡겨진 이상 모든 것을 귀하의 자유에 일임하겠습니다. 간단한 초고였습니다만 급히 쓰느라고 불가피했던 실수를 귀하가 수정 보충해 주시리라 믿습니다.
>
> 머지않아 귀하의 호의에 보답할 영광을 얻고자 합니다.
>
> 1745년 12월 15일

볼테르 씨의 승낙을 얻었으므로, 나는 나를 모해하려는 라모 씨는 거리낄 필요가 없었다. 나는 이 일에 몰두하여 두 달 동안에 모두 끝마쳤다. 가사는 잔손질로 끝낼 수 있었고 자신이 있었다. 그러나 작곡은 힘도 많이 들고 시간도 더 걸렸다. 라모 씨가 자기 곡을 마음대로 뜯어고쳐 망쳐 놓았다는 비난을 받지 않도록 어느 파트에서나 변경과 이조를 피했기 때문이었다. 나는 이것에 성공했다. 악센트가 있고 힘차며, 특히 전조가 잘되었다. 두 대가들과 합작한다는 생각이 나의 역량을 이끌어 올렸던 것이다. 비록 무보수로 명예를 위한 것도, 세상에 알려지지도 않는 일이었지만, 나는 끝까지 두 원작자와 어깨를 겨누었다고 생각했다.

이 가곡은 내가 수정한 대로 "오페라"관에서 연습하였다. 세 사람의 작가 중에서 여기에 나간 것은 나 한 사람뿐이었다. 볼테르 씨는 없었고, 라모 씨는 오지 않았다. 나오기를 꺼려했던 것이다. 첫머리의 독백은 몹시 비통한 것으로 그 대사는 이러했다.

"오오, 죽음이여! 어서 와 내 삶의 고통을 끝마쳐 다오!"

곡도 물론 여기에 알맞는 것이 필요했다. 그런데, 포플리니에르 부인은 이것을 헐뜯어 장송곡 같다고 비난했다. 그리하여 리슈르 씨는 이 독백의 시구의 작자를 밝히려고 했다. 그가 나에게 보냈던 원고를 나는 그에게 보였다. 내가 쓴 것이 아니라 볼테르가 지은 것임이 판명되었다. 드디어 리슈르 씨가 이렇게 판가름을 해 주었다.

"잘못이 있다면 볼테르에게만 있군."

연습 도중에 포플리니에르 부인은 내가 손질한 대목은 모조리 못마땅하게 생각하는 것이었다. 나는 당연히 찬사를 받을 것으로 기대했었는데 결과가 이렇게 되고 보니, 나는 슬픔과 괴로움을 안고 집으로 돌아왔다. 겹친 피로와 실망의 괴로움으로 드디어 병으로 쓰러지고 말았다. 이래서 6주일 동안을 병석에 누워 있었다. 포플리니에르 부인의 지명으로 마지막 수정을 라모가 맡게 되었다. 라모는 이번에 내가 작곡한 서곡 대신에 나의 그랜드 오페라의 서곡을 빌리려고 사람을 보내왔지만 나는 그들의 간계를 알기 때문에 거절했다. 공연 날짜가 불과 5, 6일밖에 남지 않았으므로 나의 작곡을 그대로 쓰는 도리밖에 없었다.

이 가극의 공연은 성공하였다. 모든 팬들로부터 찬사와 호평을 받았다. 그러나 세 사람 가운데서 볼테르 한 사람의 이름만이 여러 사람들에게 알려지게 되었다. 라모 씨는 포플리니에르 부인과 공모하여 이 작품에서 내가 수고했다는 사실을 청중들에게 밝히지 않기로 했던 것이다. 청중에게 배부하는 프로그램에는 세 사람의 이름을 모두 밝히기로 되어 있었는데, 볼테르 한 사람의 이름만을 넣었던 것이다. 라모의 이름과 나란히 이름을 넣기보다는 차라리 자기 이름마저 빼 버리는 것이 낫다고 생각했던 것이다. 리슈르 씨는 항상 나의 재능을 사랑하고 있었지만, 포플리니에르 부인의 방해와 내 불운의 탓이라고 생각했다. 나는 부인의 마음에 들려고 몹시 노력하며 부인의 비위를 맞추어 주었는데도, 부인은 무엇 때문에 나를 싫어하는지 도무지 이해할 수가 없었다. 이리하여 나는 내가 마땅히 받아야 할 명예와 사례금을 모조리 잃고 설상가상으로 병으로 쓴 비용으로 하여 나는 궁지에 몰리게 되었다.

이 무렵에 60고개에 계셨던 아버지가 세상을 떠났다. 보통 때 같으면 아버지의 별세는 나에게 커다란 슬픔을 안겨 주었으련만, 나 자신의 환경에 지나치게 쫓기고 있었기 때문에 그다지 비통하게 느껴지지도 않았다. 나는 일찍이 아버지가 관리하던 어머니의 유산에 대하여 청구할 생각은 없었다. 그러나 아버지가 세상을 떠나고 보니 아무 사양할 필요가 없었다. 비록 많지 않은 돈이지만 이때 나에게는 꼭 필요한 것이었다.

어느 날 저녁 집에 돌아오니 틀림없이 그 소식이 들어 있을 것 같은 편지가 한 통 와 있었다. 나는 초조한 마음으로 봉투를 뜯으려 했다. 그때 갑자기 이런 생각이 들었다.

"이까짓 게 다 뭐란 말이냐! 그래 장 자크가 이렇게까지 이해관계나 호기심에 좌우되어야 한단 말인가!"

나는 스스로를 경멸하며 편지를 난로 위에 놓아 둔 채 옷을 벗고 자리에 누워, 어느 때보다도 한결 편한 마음으로 잠들었다. 이튿날은 늦게 일어났다. 옷을 입으려다 편지가 눈에 띄어, 천천히 들고 뜯어보니 수표가 한 장 들어 있었다.

나는 이 돈의 일부를 엄마에게 보냈다. 만일 이 돈의 전부를 그녀 앞에 내놓을 수 있다면 얼마나 좋을까 하고 생각하니 가슴이 아팠다. 그녀가 보내는 편지에서는 어느 구석에서나 곤궁함을 느낄 수 있었다. 내가 보낸 얼마 되지 않은 돈이나마, 그녀를 둘러싸고 있는 사기꾼들에게 또 먹히고 말았다.

시간은 돈과 함께 흘러갔다. 우리 식구는 둘, 아니 넷, 정확하게 말하자면 7, 8명의 가족이었다. 테레즈는 욕심이 적은 사람이었지만, 그녀의 어머니는 그와 반대였다. 내 덕으로 장모의 생활이 좀 나아지자, 그녀는 식구들을 모두 불러들여 나눠 먹었다. 자매, 아들, 딸, 손녀까지 들이닥쳤다. 이리하여 내가 테레즈에게 주는 돈은 모조리 장모의 손을 거쳐 그 아귀들에게로 넘어갔다. 나는 쪼들릴 정도로 궁색하거나 지나칠 정도로 화려하지 않을 만큼 테레즈와의 생활이 유지되어 가는 것으로 만족했으므로, 그녀가 일해서 버는 돈은 몽땅 친정 생활비로 돌리는 것에 찬성했다. 그러나 사실은 이것으로 그치는 것이 아니었다. 결국 엄마는 엄마대로 사기꾼들의 밥이 되어 있고, 테레즈는 그녀대로 친정 식구들의 먹이 노릇을 해야 되는 것이다.

나는 이러한 상태에서 벗어나려고 몹시 애를 썼다. 리슈르 씨도 나를 거의 잊어 갔고, 달리 기대할 곳도 없고 하여 나는 내 오페라를 파리 시중에서 상연시켜 보려고 했다. 그러나 여러 가지 난관으로 중단하지 않으면 안 되었고, 생활은 날로 핍박해 갔다. 나는 모든 명예와 출세에 대한 계획을 포기했다. 나 자신의 성공을 위하여 아무 도움이 될 수 없는 따위는 생각지 않기로 하고 오로지 나와 테레즈와의 생활비를 마련하는 데 전력을 다하기로 했다. 마침 박물학과 화학 실험을 하고 있던 프랑쾨유 씨가 책을 출판할 계획이었는데 이 일에 내가 도움이 될 것으로 생각하고 있었다. 그리고 뒤팽 부인도 다른 책을 저술하려 했는데 가능하면 나를 비서로 쓰려고 했다. 그리하여 이 두 사람의 일에 몰두했다. 하지만 그리 넉넉한 생활은 할 수 없었다. 처음 2년 동안은 1년에 8, 9백 프랑밖에 받지 못하면서도, 물가가 비싼 그들의 이웃에 가구가 딸린 방을 새로 얻어야 했던 것이다.

그동안 테레즈는 임신을 하여 배가 점점 불러갔다. 나의 형편으로는 식사 친구들이 해결책을 가르쳐 주지 않았던들 극심한 궁핍 속에서 허덕일 뻔했다. 이것은 간단히 넘길 수 없는 중요한 이야기이다. 왜냐하면, 여기서 나는 내 자신의 변명을 하든가 죄를 뒤집어쓰든가 해야 하기 때문이다. 나는 음식점에 가는 대신 근처에 있는 재봉사의 아내인 라셀 부인 집으로 가서 흔히 식사를 했다. 음식은 서툴렀지만 여기 모이는 사람들이 선량하였기 때문에 평판이 꽤 있었다.

이 집에서는 모르는 손님은 일체 받지 않았으며 반드시 단골 손님의 소개가 있어야 했다. 이 집에는 그라빌 3등 기사가 묵고 있었는데 풍류깨나 했던 노인이었다. 늙고 점잖은 육군 퇴역 중령 플레시 씨와 근위 기병대 장교 앙드레 씨가 이 집의 질서를 유지해 나갔다. 상인, 은행가, 군납업자, 그 밖의 많은 사람들이 왔지만, 모두가 점잖고 착실한 사람들이었다. 3등 기사의 이야기는 모두가 외설한 것이었지만, 부인네가 들어도 웃고 넘겨버릴 재미있는 것 이외에는 야비한 말은 한 마디도 하지 않았다. 이러한 그의 태도는 모든 사람의 모범이 되었다. 젊은 축들도 허물없이 이야기했지만 천하게 굴지는 않았다. 온갖 고생을 겪은 성실한 사람, 속아 넘어간 남편, 바람난 아내, 떳떳하지 못한 출생, 이런 사건들이 여기에서 흔히 있는 화제이며, 고아원에 아이를 제일 많이 보낸 자가 가장 칭찬을 받는 것이었다. 그런 생각에 나는 넘어갔다. "이것이 이 나라의 관습이라면, 여기에서 사는 나도 이 관습에 따라도 괜찮단 말야." 나는 이렇게 생각하게 되었다. 나는 아무 주저도 없이 그렇게 하기로 결심했다. 남은 문제는 테레즈를 설복시키는 일이었다. 그녀를 납득시키느라고 애도 많이 썼다. 마침 장모도 새로 어린애가 불어나는 것을 염려하여 내 편을 들었기 때문에 가까스로 그녀의 동의를 얻었다. 구앵 양이라는 산파를 물색하여, 그녀에게 이 일을 맡기기로 했다.

이윽고 해산할 시기가 되자 테레즈는 장모와 함께 구앵 양에게로 갔다. 나는 여러 번 테레즈를 보러 갔다. 그리고 카드 두 장에 이름을 기입하여 주었다. 한 장은 어린 것이 입은 옷에 꿰매달 것이고, 다른 하나는 형식에 따라 산파가 어린 것과 함께 육아원 사무소에 제출할 것이었다. 그 이듬해에도 같은 수고를, 같은 수단을 써서 처리하였다. 이젠 나도 별 생각 없이 하였고 테레즈의 동의도 필요치 않았다. 그녀는 불평을 말하면서도 이 불행한 행위가 내 사고방식이나 운명에 미친 모든 영향에 대하여는 앞으로 차차 이야기할 것이다.

이 무렵에 에피네 부인과 알게 되었다. 이 부인의 이름은 앞으로 자주 나오게 될 것이다. 그녀는 징세 청부업자의 아들 에피네 씨와 결혼한 직후였다. 에피네 씨는 프랑쾨유 씨처럼 음악가였으며, 그녀도 또한 음악가였다. 음악에 대한 정열 때문에 이 세 사람의 사이는 몹시 친밀했던 것이다. 프랑쾨유 씨가 나를 에피네 부인에게 소개하였고, 나는 가끔 식사 대접을 받기도 했다. 그녀는 상냥하고 영리하고 재치도 있었다.

에피네 부인과 알게 되자 그녀의 시누이인 벨가르드 양과도 알게 되었는데, 그녀는 오래지 않아 우드토 백작부인이 되었다. 내가 그녀를 처음 만났을 때는 결혼 직전이었다. 그녀는 매력적인 친밀감을 가지고 나와는 오랜 시간 한담을 나누곤 하였다. 나는 그녀를 몹시 상냥한 여자라고 생각하긴 하였지만, 그녀로 하여 후일 나의 운명이 지배되고, 비록 그녀에게는 죄가 없다 할지라도 오늘날까지 아직도 내가 헤어날 수 없는 심연 속으로 나를 끌어넣으리라 미처 생각하지도 못하였었다.

베니스에서 돌아온 이후로 디드로의 이야기는 하지 않았지만, 그러나 우리의 사이는 점점 더 친밀해 갔다. 나에게 테레즈가 있듯이 그에게는 나내트라는 여자가 있었다. 이런 점에서도 그와 나는 비슷하였다. 다만 얼굴의 생김이 고른 것은 비슷하였지만, 테레즈가 온순한 성격과 성실한 마음씨를 지니고 있는 반면에 나내트는 성미가 까다롭고 상스러워서 무식함을 보충할 만한 것이 없었다. 디드로는 그래도 그녀와 결혼을 했다. 하지만 그런 약속을 했었다면 어쩔 수 없는 일이었다. 나는 그런 약속은 하지 않았으므로 구태여 그를 모방할 필요는 없었다.

나는『비웃는 사람들』라는 제목의 잡지를 발간하여, 디드로와 교대로 쓸 계획을 세웠다. 제 1호는 내가 썼다. 이 일로 하여 달랑베르와도 알게 되었다. 그러나 여러 가지 생각지 않은 방해와 사고로 인하여 이 일은 중단되고 말았다.

이 무렵에 이 두 저술가들은『백과사전』을 계획하고 있었다. 처음 계획은 디드로가 번역한 제임스의『의학사전』과 비슷한 번역의 일종이었다. 디드로는 나에게도 이 계획의 일부를 맡게 하려고 음악편은 어떠냐고 하기에, 나도 이에 응낙했다. 집필기간이 3개월이었으므로, 나는 서둘러서 썼기 때문에 내용은 충실치 못하였지만, 기간을 지킨 것은 여러 집필자 가운데 나 한 사람뿐이었다.

이『백과사전』의 계획은 디드로의 감금으로 중단되었다. 앞서 그는 그의 저서『철학적 사색』으로 다소 화는 있었지만 큰 탈 없이 넘어갔다. 그러나 이번에『맹인에 관한 편지』는 그렇지도 않았다. 여기에도 별로 비난받을 점은 없었지만, 모르 부인과 레오뮈르 씨에 대한 다소의 인신공격이 화를 초래한 것이었다. 이로 인하여 그는 뱅센 감옥에 감금되고 말았다. 이 다정한 친구의 불행이 안겨다 준 비통은 이루 말할 수 없을 정도로 큰 것이었다. 나는 그를 구출하려고 여러 가지 방도를 강구하였지만 큰 보람은 없었다.

제 8 부

1748~1755(36세~43세)

한 마디로 말해서 파리에서의 나의 생활은 재미있었다. 사교에 그다지 능숙하지 못한 나였지만 파리에서도 이렇다 할 양가에 드나들던 나는 몇몇의 친구를 사귈 수 있었다. 뒤팽 부인 집에서는 작스 고타 대공의 젊은 세습 귀공자와 그의 사부 툰 남작을 알게 되었으며, 라 포들리니에르 씨 댁에서는 툰 남작의 친구 스기 씨를 알게 되어 서로 친하게 지내게 되었다. 남작은 스기 씨와 나를 세자의 저택이 있는 퐁트네 수 부와로 2, 3일 놀러 가지 않겠느냐고 초대장을 보내왔다.

우리는 그의 초대를 쾌히 수락하고 곧 퐁트네 수 부와로 출발했다. 도중에 감옥이 있는 뱅센 성 앞을 지나게 되었는데, 나는 그 성 위에 높이 솟아 있는 천수각(큰 탑)을 보자 가슴 한 구석이 뭉클하니 답답해 옴을 의식하지 않을 수 없었다. 이때 남작은 내 얼굴 표정에 감도는 어두운 그림자를 놓치지 않았다. 저녁 식사 때가 되자 세자는 디드로의 구속 사건에 관한 이야기를 꺼냈다. 남작은 내가 디드로의 구속사건에 대해 어떻게 생각하고 있는지를 알아보려는 듯, 구속된 디드로의 망령된 행동을 비난하기 시작했다. 나는 그의 이 같은 말에 대해서 정면으로 대들면서 디드로를 극구 변호했다.

이 만찬회 석상에는 세자가 대동한 두 사람의 독일인 청년이 자리를 같이 하고 있었는데 그중 한 청년은 클뤼펠이라는 재치가 넘쳐흐르는 대공의 전속 신부로 남작의 대리를 보다가 후에 세자의 사부가 된 사람이고, 또 한 청년은 그림이라는 청년으로 상당한 지위를 얻을 때까지 가정교사로 세자를 섬기고 있었다. 그는 몹시 초췌한 모습을 하고 있었는데 그러한 그의 모습은 하루 빨리 어떤 관직을 구해야겠다는 절망감에 젖어 있는 듯했다.

그림과의 교제는 처음에는 빨리 진전되지 않았다. 그는 나중 이야기지만, 출세 후의 오만한 태도와는 달리 사람들 앞에 별로 나서기를 즐기는 성격의 소유자가 아니었다. 다음 날 오찬 때 음악에 관한 이야기가 나왔다. 그는 음악에 관해서 조예가 깊었다. 나는 그가 클라브생을 켤 줄 안다는 말에 여간 반갑지 않았다. 그리하여 우리는 식사가 끝나는 대로 곧 세자에게 클라브생을 가져오게 하여 종일토록 그것을 켜며 놀았다. 이리하여 그와의 우정 —— 처음엔 달콤했으나 종말에는 비참히 끝난 —— 이 급속도로 진전되었다.

나는 파리로 돌아오자 매우 기쁜 소식을 듣게 되었는데 그것은 디드로가 감옥에서 풀려 나와 뱅센 성 정원 안에서 선서 석방이 되고, 친구들과의 면회도 허락되었다는 것이었다. 이러한 소식을 전해들은 나는 순간 나 자신이 곧 그곳에 달려갈 수 없는 처지를 얼마나 가슴아파했는지 모른다.

불가피한 일로 뒤팽 부인 댁에 일각이 삼추와 같은 지리하고 길게만 생각되던 이삼 일 동안이 지나가자 나는 곧 친구가 있는 곳으로 달려갈 수 있었다. 긴장과 흥분과 감격의 그 순간! 그의 곁에는 이미 달랑베르와 생트 샤펠(파리의 예배당-역주)의 회계원이 와 있었다. 나는 디드로를 보자 미친 사람처럼 "으악!" 소리를 지르며 재빨리 뛰어들어 왈칵 그를 끌어안고는 얼굴을 맞비벼대며 하염없이 흘러내리는 눈물과 흐느낌으로 하여 아무 말도 못한 채 그냥 붙들고 어깨만 들먹일 뿐이었다. 그립고 그립던 정회와 환희로 숨이 막혀 버렸던 것이다. 그는 나의 포옹에서부터 풀려나자 느닷없이 한 성직자를 돌아보며 이렇게 말하는 것이었다.

"어떻소, 자 보십시오. 나는 이렇게 친구들에게 사랑을 받고 있습니다."

나는 흥분되어 있었으므로 이 같은 디드로의 말이 자기의 이익을 도모하려고 한 말이라는 것을 알아차리질 못했다. 아니 어쩌면 알아차릴 필요조차 없다고 생각했는지도 모른다. 그러나 그 후 가끔 나대로 생각해 본 일이지만 내가 만일 그였다면 처음 만난 친구 앞에서 그와 같은 생각이 머릿속에 떠오르지는 않았을 것이다.

1749년의 여름은 몹시도 더웠다. 파리로부터 뱅센까지는 약 이십 리쯤 되었다. 마차 삯도 없는 형편이라 나 혼자 갈 때는 조금 일찍 도착하려고 오후 2시쯤 해서 헐레벌떡 출발하지 않으면 안 되었다.

가로수는 그 고장의 풍습대로 가지를 모두 쳐 버렸기 때문에 그늘마저 별로 없었다. 그리하여 더위와 피로에 지쳐 한 걸음도 더 옮겨 놓을 수 없게 되면 그냥 맨땅에 주저앉기도 했다.

하루는 "매르큐르 드 프랑스"라는 잡지책을 들고 떠났는데, 그 책을 읽으며 걷다가 나는 문득 아카데미에서 모집하는 내년도 현상 논제 "학문과 예술의 진보는 도덕을 타락시켰는가, 순화시켰는가?"라고 쓴 대목에 시선을 집중하게 되었다.

그것을 보는 순간, 나는 내 눈앞에 새로운 세계가 전개됨을 의식하게 되고, 나는 아주 딴 사람처럼 되어 버렸다. 그때 받은 또렷한 인상은 지금도 간직하고 있지만, 그 자세한 것은 말제르브 씨에게 보낸 네 통의 편지 중 한 통에 자세히 기록한 후에 깡그리 잊어버리고 말았다. 이때 일어난 일로서 똑똑히 회상할 수 있는 것은 뱅센에 도착하였을 때 헛소리를 할 만큼 흥분해 있었던 사실뿐이다. 디드로는 이것을 알아차렸고, 나는 그에게 그 이유를 말했다.

나는 떡갈나무 밑에서 연필로 적어 본 『파브리시우스의 변론』이란 짧은 글을 그에게 읽어 주었다. 그는 이것을 발전시켜 현상에 응모해 보라고 격려해 주었다. 나도 그러기로 했다.

그러나 이때부터 나는 돌이킬 수 없는 함정에 빠져 들어가 온 불행의 씨를 만들었던 것이다. 나의 감정은 걷잡을 수 없이 빠른 속도로 나의 사상과 일치하면서 높이 고조되었다. 나는 이 논문을 작성하는 데 아주 기묘한 방법을 채택했다. 이러한 방법은 다른 저술을 할 때에도 항용 취했던 방법으로, 잠이 오지 않는 밤을 이용하여 논문 쓰는 데 시간을 보냈던 것이다. 나는 잠자리에서 눈을 감은 채 명상에 잠기기가 일쑤였으며 몇 번이고 되풀이하면서 문장 추고에 온 신경을 쏟았다. 어느 정도 만족할 정도가 되면, 종이 위에 옮길 수 있을 때까지 기억 속에 간직해 두는 것이었다. 그러나 자리에서 일단 일어나면 이때까지 머릿속에서 정리된 내용은 까맣게 도망가 버리고 말았다. 종이를 대하고 차분히 생각하려 해도 역시 마찬가지였다. 나는 장모인 바쇠에르 부인을 비서로 쓰기로 했다. 전부터 그녀를 남편과 딸과 함께 내 집 근처에서 살게 했었다. 그리하여 내가 다른 하인을 두지 않아도 될 만큼 부인은 아침마다 우리집에 와서는 불을 피워 주는 등의 잔일을 돌보아 주었다. 그녀가 오면 나는 지난밤에 침대에서 생각한 것을 받아쓰게 했다. 이것은 그 후로도 계속 채택한 방법의 하나였다. 덕분에 나는 건망증의 증세에서 해방될 수 있었다.

나는 고심 끝에 완성된 논문을 디드로에게 보였다. 그는 매우 만족해하면서 두어 군데 수정을 요하는 부분을 지적해 주었다. 그런데, 이 논문은 열의와 박력에 차 있었지만 논리 정연한 것은 못 되었다. 도대체 내가 쓴 것 중에서 이 문장만큼 추리가 미약하고 조화로움이 빈약한 것은 없었다. 그러나 아무리 글 쓰는 데 천재적인 소질이 있는 사람일지라도 문장을 잘 쓴다는 것은 하루아침에 이루어지는 것은 아니다. 나는 이 원고를 누구에게도 전혀 말하지 않고 발송했다. 다만 그림에게만은 예외로 하고 말이다. 그 이유는 그림이 그가 프리에즈 백작으로 들어간 후로부터 나와는 매우 절친한 사이가 되어 항상 그림자처럼 붙어 지냈기 때문이다.

오랫동안 테레즈와 헤어져 있던 나는 테레즈와 살림하고 싶다는 전부터의 희망이 이때 강렬하게 내 마음을 동요시켰다. 사실 진작부터 테레즈와 살림을 차리고는 싶었지마는, 테레즈의 많은 가족을 거느려야 한다는 무거운 의무감과, 더군다나 가구조차 장만할 수 없는 가난 때문에 여태까지 미루어 왔던 것이다. 그런데, 이제는 어느 정도 용단을 내려 볼 만한 시기에 이른 것이다. 프랑쾨유 씨와 뒤팽 부인은 내가 1년 동안에 8, 9백 프랑으로는 생활비가 부족하다는 것을 알았던지 자진해서 연봉을 54루이로 올려 주었다. 뿐만 아니라 뒤팽 부인은 내가 가구를 장만하고 싶어하는 눈치를 채고 약간의 보조까지 해 주었다. 이리하여 우리는 대체로 점잖은 사람들만이 사는 그르넬 생 토노레에 있는 "랑그독크" 호텔의 방 하나를 세로 얻어 새 살림이 시작되었다. 그리고 우리 둘은 은자암으로 이사할 때까지 7년 동안을 여기서 평화롭고 행복하게 살았다.

테레즈의 부친은 사람이 좋고 양순하여 부인을 두려워하는 공처가였다. 바쇠에르 부인은 제법 재치가 있는 여자였다. 게다가 상류사회의 예의와 풍습도 알고 있어, 교만을 피우며 아첨을 부리는 것이었다. 테레즈의 마음은 천사나 다름없이 고왔다.

그녀와 나와의 애정은 친밀해짐으로 해서 더욱 깊어지고, 서로 상대방을 위해서 이 세상에 태어났다는 느낌은 날이 갈수록 강해졌다. 그동안의 즐거움은 여기에 글로 잘 표현하더라도 그 단순하고 천진스러움에 웃음을 금치 못할 것이다. 그러나 시시하고 너절한 얘기는 그만해 두자. 내가 항상 말하고 느껴온 대로 참다운 즐거움이란 글로 나타낼 수 없는 것이다.

이 무렵 나는 아주 야비스러울 정도의 망측한 향락에 도취되고 있었다. 이것은 내가 내 자신을 꾸짖어야 할 최후의 사건이었다. 클뤼펠은 따로 젊은 여자 하나를 데리고 있었는데, 그 혼자로서는 그녀의 뒷바라지를 해 줄 수 없었기 때문에 뭇사람들의 위안부로 내맡겨 버렸다. 어느 날 밤이었다. 우리는 저녁 식사를 할 양으로 카페에 들른 적이 있는데, 그때 우리는 식사하러 들어오는 클뤼펠과 그녀를 보았다. 우리는 그녀를 놀려댔다. 그랬더니 그녀는 우리를 그의 테이블로 데리고 가서는 오히려 우리를 놀려대며 점잖게 복수를 했다. 이 불쌍한 계집아이는 천성이 착하고 온순하여 그런 직업엔 어울리지 않았다. 그러나 같이 있던 포주 할멈의 간계로 결국 자학의 길로 발을 들여놓게 된 것이다. 구구한 얘기와 몇 잔의 술에 거나하게 취해 버린 우리는 이성을 잃을 만큼 흥분해 있었다.

사람 좋은 클뤼펠이 한턱을 톡톡히 내겠다기에 우리는 번갈아가며 이 가엾은 여자를 데리고 옆방으로 들어갔다. 그녀는 웃어야 할지 울어야 할지를 모르는 모양이었다. 그림은 단연코 여자에게 손을 대지 않았다고 그 후 말끝마다 장담을 했다. 계집애와 그렇게 오래 방 안에 들어가 있는 것은 바깥에서 우리가 안달하는 꼴을 보려고 그토록 오래 시간을 끌었다고 큰소리쳤다. 그러나 사실 그때 그가 결백했는지 결백하지 않았는지는 모르되, 그것은 그가 근엄하기 때문만은 아니었을 것이다. 왜냐하면 그가 프리에즈 백작댁에 들어가기 전만 해도 같은 생 로슈 구역 내의 매춘부 집에서 유숙한 일이 있었으니 말이다. 내가 그녀의 집이 있는 무아노 거리에서 나왔을 때는 양심의 가책을 받아 마음이 무거웠다.

테레즈는 내가 당황해 하는 태도를 보고 의아하게 생각했다. 나는 마음의 무거운 짐을 덜기 위하여 모든 일을 테레즈에게 자백했다. 이것이 좋았다. 왜냐하면 다음 날 그림이 오자마자 이 이야기를 폭로하였기 때문이다.

이듬해 1750년, 현상 논문 건을 까맣게 잊어버리고 있었는데 그것이 디종에서 당선되었음을 알았다. 이 통지는 나에게 이 논문의 모든 사상을 재인식하게 하고, 그 사상에 새로운 힘을 불어 넣었다. 그리고 아버지와 고국과 플루타크가 나의 유년 시대에 품게 한 용기와 도의의 싹을 나의 마음속에 싹트게 하였다. 인간의 의무에 대하여 이렇듯 철학적 고찰을 하고 있을 때, 테레즈는 세 번째 임신을 했다. 이것은 나 자신의 의무에 대해 깊이 반성할 계기가 되었다. 나는 내 행위로써 내 생각을 저버릴 수는 없었다. 나는 아이들의 운명과 그 어머니와 나와의 관계를 자연 법칙과 종교의 교리에 비춰 곰곰이 생각해 보았다. 종교란 원래는 순수하고 신성한 것이었지만, 인간이 그것을 더 정화시키려다가 도리어 더럽혀 놓은 것이다.

나는 내 손으로 어린아이들을 양육시킬 수 있는 능력이 없기 때문에 아이들을 고아원에 위탁하여, 부랑배나 사기꾼으로 만들기보다는 노동자나 농민이 되도록 하는 편이 공민으로서의 또는 어버이로서의 의무를 다하는 것이라고 생각하였다. 그리고 나 자신이 곧 플라톤이 주장한바 공화국의 한 사람이라고 생각하였다. 그 뒤로도 여러 차례 내 마음에 솟구치는 뉘우침은 내 잘못을 일깨워 주었다. 그러나 나의 이성은 그와 같은 경고를 내리지 않았다. 오히려 나는 그렇게 하는 것이 아이들을 그 아버지의 운명으로부터 지켜 주는 것이라고 생각하였다. 그리고 내가 장차 그들을 버리지 않을 수 없는 운명에서 그들을 지키게 되었음을 자주 신에게 감사했다. 그리하여 셋째 아이도 그러한 이유로 해서 두 아이와 마찬가지로 고아원으로 보냈다. 그 뒤에 생긴 두 아이도 역시 그렇게 했다. 이리하여 나는 전부 다섯 아이를 가졌던 것이다. 나는 이러한 조치는 매우 잘된 일이며 합리적인 것이라 생각했으나, 널리 자랑하지 못한 까닭은 다만 테레즈에 대한 염려 때문이었다. 그러나 우리를 아는 가까운 사람들에게는 그 얘기를 했다. 디드로, 그림, 에피네 부인, 그리고 그 후엔 뤽상부르 부인에게도 그 얘기를 했다. 내가 이렇게 고백하고 있는 동안에 한편 나의 장모인 바쇠에르 부인도 이런 사실을 떠벌리고 돌아다녔다. 그런데 그녀는 다른 불순한 생각에서 그 같은 행동을 하고 다녔던 것이다. 내가 테레즈와 모친을 뒤팽 부인에게로 데리고 갔을 때, 부인은 나와의 관계상 두 사람에게도 매우 호의를 베풀었다. 모친은 딸의 비밀을 송두리째 부인에게 말하였던 것이다. 그리하여 내가 어려운 처지에서 장모를 도와준다는 사실을 알고는 부인은 부인대로 힘껏 그녀에게 보태 주었던 모양이다.

그런데 나의 이 비밀은 뒤에 세상에 알려졌다. 그것은 믿고 말한 친구들로부터였다. 그것도 이 친구들과 불화가 생긴 뒤의 일이었다. 나는 내가 받아야 할 비난을 변명하는 것이 아니다. 차라리 나는 그들의 이러한 비난을 받은 편이 훨씬 바람직한 것이다. 물론 나의 과오는 컸다. 그러나 그것은 어디까지나 과오에 불과한 것이다. 나는 의무를 게을리 하였다. 그러나 내 자식들을 해치려는 마음은 추호도 없었다. 얼굴도 본적이 없는 아이에게 대한 애비의 애정이란 그렇게 대단한 것도 아니었다. 그러나 우정을 배반하고, 온갖 약속 중의 가장 신성한 것을 파기하여 친구 사이에 오고 간 비밀을 폭로함으로써 배반당한 뒤에도 그 친구들에게 존경을 바치고 있는 한 인간을 마치 노리개처럼 모욕하는 것은 이미 과오가 아닌 것이다. 그것은 다만 저열하고 음흉한 소행일 뿐이다.

나는 요폐증으로 죽을 뻔하다가 다시 살아난 것을 이 책 첫머리에서도 말한 바 있다. 이 병으로 하여 어릴 때 고모를 얼마나 괴롭혔는지 모른다. 그 뒤로 나는 건강하였으며, 청년시절에 신경쇠약증으로 좀 허약해졌을 뿐, 30세까지는 이 병을 모르고 지냈다. 그런데, 이 병이 재발된 것은 베니스에 도착할 무렵이었다. 그때는 여행의 피로와 무더운 날씨로 방광에 열이 나고 허리가 심하게 아팠었다. 그 해 겨울에야 이 병은 가라앉았지만, 그 뒤로는 신장염이 되어 완전한 회복을 보지 못한 채 지내왔던 것이다. 그런데, 이번에 다시 이 병이 재발되어 5, 6주일 동안 몸져누워 중태에 빠졌다. 뒤팽 부인은 모랑이라는 유명한 의사를 시켜서 내 병을 치료하게 했다. 이 의사가 뒤팽 부인에게 내 병을 알려 앞으로 6개월 이상은 도저히 생명을 보존하지 못하리라는 판단을 내렸다. 이리하여 나는 앞으로 불과 얼마 남지 않은 여생을 좀 편히 지내기 위하여 지금까지 하던 일을 청산하기로 결심했다.

한편 명색이 친구라는 사람들은 그동안 새로운 길을 혼자 걷다시피 하는 나를 몹시 시기하여 겉으로는 나를 위하는 체하면서도 사실은 나를 조롱거리로 만들기 위해 헐뜯기 시작했던 것이다.

나는 병상에 누워서도 할 수 있는 악보 복사의 일을 하는 한편 작곡에도 열중하였다. 이 무렵 나는 "나의 목자를 잃었노라"라는 독백으로 시작하는 "마을의 점쟁이"를 작곡했다. 작곡에 열중했던 나는 이 곡을 한 번 내 자신이 듣고 싶었다. 그리하여 마치 룰리(이탈리아 출신으로 루이 14세 때 파리로 와서 오페라관을 창설하였음-역주)가 자기

한 사람이 보기 위하여『아르미드』를 상연한 것처럼, 나도 극장 문을 닫고 내 마음대로 그것을 상연시켜 볼 수 있다면 어떤 희생이라도 아깝지 않았으리라. 그러나 관중 없이는 나 또한 들을 수 없으므로 내 작품을 감상하려면 꼭 오페라관에서 채택하도록 하는 길밖에는 없었다. 그러나 유감스럽게도 이 곡은 전혀 새로운 양식이어서 관중의 귀에는 생소한 것이었다. 전에 쓴『사랑의 시신들』에 실패했으므로 이번에 또 내 이름으로 상연한다면 이번에도 실패할 것은 뻔한 일이었다. 그래서 뒤클로는 작자의 이름을 밝히지 않고 리허설을 책임졌다. 나는 자신을 숨기려고 연습에도 나가지 않았다.

청중은 도취되었다. 이튿날부터는 어느 사교계에서나 이 작품이 화제에 올랐다. 시연할 때 참석한 궁내관 큐리 씨가 궁정에서 상연하고 싶어했다. 뒤클로는 내 의향을 알고 있었으므로 궁정에선 파리 시내에서처럼 내 의향대로 할 수 없으리라 생각하고 요청을 사절했다. 그랬더니 큐리는 직권으로 연주를 요청해 왔고 뒤클로는 계속 강경한 태도로 불응했다. 두 사람 사이에 언쟁이 벌어지게 되었고, 한번은 오페라관에서 일인데, 두 사람은 밖으로 나가 결투를 하려고 한 것을 주위 사람들이 말려 겨우 진정시킨 일까지 있었다. 그는 나에게도 와서 간청했지만 나는 모든 결정권을 뒤클로에게 맡겨 버렸다고 발뺌을 하자, 그는 다시 뒤클로에게 돌아가서 막후 교섭을 하게 되었다. 오몽 공작이 중간에 끼어 교섭에 중개 역할을 했다. 결국 뒤클로도 권력 앞에 어찌할 수 없어 그 곡은 퐁텐블로에서 연주하도록 결정되었다.

내가 가장 고심하였고, 또 재래의 형식을 탈피하여 작곡한 부분은 서창이었다. 이 서창은 악센트를 전연 새로운 방법으로 붙여서, 노래할 어조에 따라 대사를 진행시켜 가는 것이었다.

모든 준비는 다 끝나고 상연 날짜도 결정되자 퐁텐블로로 마지막 연습을 보러 갔다. 연습은 성공적이었다. 나도 만족했다. 오케스트라는 오페라관의 전속 악대와 왕실 악대로써 대규모로 조직된 것이었다. 줄리요트가 총 지휘역이므로 거기에 대해서 간섭하고 싶지 않았기 때문에 아무 말도 하지 않았다. 그리고 나는 로마 사람처럼 태연한 태도를 취하려 했으나 많은 사람들 틈에 끼어 있었으므로 초등학교 학생처럼 수줍어했다.

다음날 아침 나는 "그랑 코망" 카페로 식사를 하러 갔다. 거기에 모인 많은 사람들은 한결같이 전날 밤의 시연회에 관한 이야기, 그리고 입장이 몹시 힘들었다는 이야기들을 하고 있었다.

이제부터 나는 나의 생애에 있어 중요한 시기에 들어서게 된다. 이에 관해서는 사실대로 설명하기란 매우 곤란하다. 왜냐하면 사실을 설명하는 데 있어 어떤 비판이나 변명의 흔적을 남기지 않는다는 것은 거의 불가능하기 때문이다. 좌우간 나는 내가 어떻게 처신했는가를 사실대로 보고하겠다. 나는 그날(1752년 10월 18일-역주) 평소처럼 평상복 차림에 수염도 깎지 않고 머리에 빗질조차 하지 않았다. 나는 이윽고 왕과 왕비의 왕족과 그리고 모든 궁정 사람들이 나타날 극장에 이와 같은 모습을 하고 들어갔다. 나는 큐리 씨의 안내를 받고 그의 자리인 좌석에 가서 앉았다. 그런데, 이 좌석은 무대 위쪽에 있는 큼지막한 곳이었으며 맞은편에 있는 한층 더 높고 작은 좌석에는 국왕이 퐁파두르 부인과 나란히 앉아 있었다. 내 주위는 귀부인들에게 둘러싸여, 맨 앞 칸에는 남자라곤 나 혼자였으므로 이건 반드시 나를 많은 사람들 눈에 띄도록 의식적으로 취한 조처라고 생각하지 않을 수 없었다. 불이 켜지자 모두가 화려하게 정장한 사람들 가운데서 나 혼자만이 초라한 모습이었으므로 갑자기 불안해지기 시작했다. 그러나 국왕의 앞이라 그런지는 몰라도 나를 주시하고 있는 사람들의 눈초리에서는 적어도 경멸의 빛이라고는 찾아볼 수 없으리 만큼 친절과 호의에 가득 차 있었다. 나는 그러한 그들의 태도에 적이 안심되었으나 작품의 운명에 대해서는 불안이 가시지 않았다. 막이 오를 때마다 다만 어린애처럼 떨었다.

그러나 나는 곧 원기가 솟아났다. 배우의 연기는 몹시 서툴렀지만 음악은 노래도 연주도 다 좋았다. 제1막이 시작되자 벌써 경탄의 찬사가 들려 왔다. 이러한 찬탄은 일찍이 없었던 일이었다. 나는 내 주위에 있는 사람들이 이런 말을 주고받는 말을 들을 수 있었다.

"정말 훌륭하군요. 황홀해서 넋을 잃을 것만 같아요. 어쩌면 이렇게 음 하나하나가 모두 가슴에 오지요."

나는 이렇듯 많은 아름다운 귀부인들을 감동시킬 수 있었다는데 나 자신조차 감격의 눈물을 흘리지 않을 수 없었다. 그리고 울고 있는 사람이 나만이 아님을 깨닫자 나는 제 1, 2부의 곡이 시작될 때까지 계속 환희 속에 도취되어 눈물을 흘리지 않을 수 없었다.

이윽고 내 정신으로 돌아온 나는 앞서 트레토랑 씨 집에서의 연주회를 회상했다. 이 회상은 승리자의 머리 위에 월계관을 바치는 노예와 같은 느낌이었다.

그날 저녁, 오몽 공작은 이튿날 열한 시에 궁정으로 오면 국왕께

배알시키겠다고 전해 왔다. 이 말을 전해 준 큐리 씨는 틀림없이 연금문제도 왕께서 친히 무슨 말씀이 계시리라고도 말하는 것이었다.

그처럼 찬란했던 바로 그날 밤이 한편 내게는 괴로움의 밤이었다면 누가 믿을 것인가? 이 "배알"이란 말에서 우선 머리에 떠오른 것은 자주 불려 나가게 되지 않을까 하는 걱정이었다. 외출은 아직도 나에게 커다란 고역이었다. 더구나 내일 궁중에 들어가 만조백관들 틈에 끼어 폐하가 나오시길 기다린다면 또한 큰 고역을 치르지 않을 수 없다. 이러한 소심으로 하여 나는 남자들의 교제에서 멀어지고 부인들의 방에도 마음 놓고 드나들지 못하였던 것이다.

그리고 나는 국왕을 배알할 때의 자신의 모습을 상상해 보았다. 왕은 걸음을 멈추고 내게 말을 건네올 것이다. 이때의 내 대답은 적절해야 하며 긴장을 늦추어서는 안 된다. 그러나 나의 어쩔 수 없는 소심증은 생소한 사람 앞에서는 곧 우물쭈물하게 된다. 과연 나는 프랑스의 국왕 앞에서 이런 추태를 연출하지 않을 수 있을까? 그리고 이런 소심 때문에 내가 즉석에서 적당한 답변을 생각해 낼 수 있을까? 물론 나도 엄숙한 태도와 어조를 잃지 않고 국왕이 내리는 영광에 대하여 감격의 뜻을 표하고 싶었다. 거기에는 가장 알맞은 아름다운 찬사에 얼마만큼은 위대하고 유익한 진리가 포함되어 있어야 한다. 훌륭한 답변을 미리 준비해 가지고 가려면 국왕이 어떤 질문을 할 것인지를 미리 알아야 한다. 설사 만반의 준비를 했다 할지라도, 어전에 나가면 준비해 두었던 말도 도무지 생각나지 않을 것이 뻔한 일이었다. 만일에 만조백관 앞에서 평소대로의 그 어리석은 말투가 튀어 나온다면 어떻게 될 것인가? 이런 위험을 생각하자 나는 겁에 질려 어떤 일이 있을지라도 그런 위험한 곳엔 결코 나가지 않겠다고 결심했다.

결국 나는 왕의 이 같은 은전을 거절하는 것이 나의 생각과 일치하는 행위일 뿐 아니라, 진리를 위해서 형식을 희생하는 길이라고 단정하였다. 나는 이러한 나의 결심을 그림에게 말하자 그는 대찬성이었다. 다른 사람들에게는 아프다는 핑계를 대고 그날 아침으로 집을 떠났던 것이다.

이러한 소문이 퍼지자 나의 평판은 나쁘게 돌았다. 나의 이러한 심정을 그들은 이해할 리가 없었다. 건방진 자식이라는 비난이 빗발치듯했다. 그러나 나 같으면 그렇게 하지 않았다는 그들의 질투심은 충분히 만족된 셈이었다.

다음 날 줄리요트로부터 편지가 왔다. 내 작품이 성공하였음과 왕이 도취하였다는 데 대한 자세한 사연이었다. 왕은 세상에 다시없을 만큼 틀린 곡조로 "내 목자를 잃었노라, 내 행복을 잃었노라"라고 종일 노래를 부르신다는 것과, 그리고 이주일 후에 『점쟁이』의 제2회 공연을 가질 예정이란 말들이 적혀 있었다.

이듬해인 1753년의 사육제에서는 『점쟁이』가 파리에서 공연되었다. 그동안 서곡과 간주곡은 출판되었으며 이 곡은 처음부터 끝까지 동작과 주제가 계속되어 있었으므로 사실 나로서는 매우 재미있는 장면을 보여 주리라고 믿고 있었다. 그러나 내가 이 계획을 오페라관에 말하자 아무도 좋게 생각하지 않았으므로 하는 수 없이 평범한 가사를 엮을 수밖에 없었다. 그래도 장면의 아름다움은 별로 상하지 않은 훌륭한 데가 많았지만 이 곡은 별로 성공하지는 못했다. 그리하여 나는 줄리요트가 고친 서창을 떼어 버리고 처음에 출판한 대로의 나의 서창을 부활시켰다. 이는 약간의 프랑스 냄새를 풍겼으며 배우가 망쳐 놓긴 하였지만 그래도 청중에게 불쾌감을 주지 않고 아리아와 더불어 성공을 거둔 셈이었다.

이 작품에 관해서는 일화가 많지만, 더 중대한 일을 말해야 하므로 지금은 자세히 말할 틈이 없다. 그러나 한 가지만은 뒤의 사건과 관계가 있으므로 말하지 않을 수 없다.

어느 날 내가 올바크 남작의 서재에서 그의 악보를 훑어보고 있자니 그는 클라브생 곡집을 한 권 나에게 보이면서,

"이것은 다 나를 위해서 작곡된 것이랍니다. 모두가 훌륭하고 아름다운 것뿐이죠. 나 이외에 이것을 아는 사람은 아무도 없죠. 그리고 누구에게도 보이지 않을 생각이죠. 어느 것이든지 하나 골라서 당신의 간주곡에 끼워 주구려."

하고 말하는 것이었다. 나의 머릿속에는 아리아나 교향곡의 주제쯤은 주체스러울 정도로 많았으므로 구태여 그의 곡에서 빌릴 생각은 조금도 없었다. 그러나 하도 졸라대는 그의 체면을 생각해서 목가 한 곡을 골라 그것을 간추려서, 콜레트 패들이 등장하는 3부곡에 넣었다. 몇 달이 지나 『점쟁이』가 상연되고 있을 때의 일이었다. 하루는 그림 집으로 놀러간 적이 있는데 마침 거기에는 많은 사람들이 클라브생을 둘러싸고 있었다. 나를 보자 그림은 벌떡 자리에서 일어났다. 무심코 보면대를 보니 거기엔 올바크 남작의 것과 똑같은 악보집이 놓여 있었다. 그리고 거기에는 전에 남작이 결코 다른 사람에게 내보이지 않겠노라고 말하면서 내게 굳이 고르게 한 그 목가가

펼쳐져 있는 것이었다. 그리고 얼마 뒤에 에피네 부인 집에서 음악회가 열렸을 때에도 나는 그 악보집이 클라브생 위에 놓여 있는 것을 보았다. 그림이나 그 외의 모든 사람들은 모두 이 곡에 관해서는 아무 말이 없었다. 지금 내가 여기서 이런 말을 하는 것도 사실은 그 뒤의 마을의『점쟁이』가 나의 창작이 아니라는 소문이 세상에 퍼졌기 때문이다.

나는 결코 그렇게 교활한 작곡가는 아니었다. 만일 나의『음악 사전』만 아니라면 아마 세상 사람들은 나를 작곡 같은 것을 전연 모르는 문외한이라고 판단했을 것이다.

이러한 작곡 생활에서 벗어나 이윽고 나의 사상을 이론적으로 전개시킬 중대한 기회가 왔다. 그것은 1753년이었다고 생각되지만 디종 아카데미에서『인간 불평등 기원론』이란 현상 논제가 발표되었던 것이다. 나는 이 대문제에 대하여 깊이 감동되기도 하였지만, 한편 아카데미에서 감히 그런 문제를 출제했다는 사실에 더욱 놀랐다. 그렇지만 아카데미가 이만한 용기를 가지고 있는 이상에는 나도 대담하게 그 문제를 논할 수 있는 것으로 생각되어 이에 응모하기로 결심했다.

나는 이 대문제의 윤곽을 잡기 위해 생 제르맹으로 일주일간 여행을 떠났다. 테레즈와 친절한 우리 아파트의 안주인과 그리고 그녀의 친구 한 사람이 우리와 동행했다. 이 여행은 내 생애 중 가장 유쾌한 여행의 하나였다. 첫째로 날씨가 좋은 데다가 비용마저 그녀들이 보답했다. 테레즈는 그녀들과 어울려 즐겁게 놀았고, 나도 편히 지낼 수 있었다.

숲 속을 헤치고 들어가 그곳에서 원시 시대의 자취를 탐구하였다. 그들의 역사와 자취를 자랑스럽게 밟으며 인간의 사소한 허위들을 모조리 타파해 버렸다. 그리고 인간의 본성을 적나라하게 드러내고 나아가 인간의 본성을 파괴한 시간과 사물의 자취를 추구하였다. 그리고 자연인과 인위적인 인간을 비교하여 소위 인간 완성 속에 그 불행의 원인이 있음을 증명하려고 생각했다.

나의 정신은 이러한 숭고한 명상에 쫓겨 신에게까지 올라갔다. 그리하여 나는 그 높은 위치에서 내 동포들이 편견과 과오와 불행과 죄악과 맹목의 길을 헤매고 있음을 보고 그들에게 들리지 않을 연약한 소리로 이렇게 외쳤다.

"끊임없이 대자연에 대하여 대불만을 품고 있는 어리석은 자들이여, 그대들이 당하는 모든 불행은 바로 그대들 자신에게서 오는 것임을 알라."

『불평등론』은 이러한 명상에서 얻은 것이다. 이 논문은 나의 모든 논문 가운데서 디드로의 사랑을 가장 많이 받았으며 또한 여러 가지 그의 조언은 이 논문에 크게 도움이 되었다. 그러나 이 논문을 이해할 만한 사람은 온 유럽을 통하여 거의 찾아볼 수 없었다. 그리고 이 논문에 대하여 여하한 비판도 하는 독자는 한 사람도 없었다. 좌우간 이 논문을 현상에 응모하기 위하여 작성한 것이었으므로 보내기는 하면서도 당선되리라는 확신은 물론 처음부터 없었다. 더구나 아카데미가 상을 걸고 응모하는 논문으로서는 적당하지 못하다는 것을 나는 잘 알고 있었다.

그는 당시 나와 친밀하게 지내던 고프쿠르가 볼일이 있어 제네바에 다녀와야겠다고 하면서 나에게도 동행할 것을 권하기에 나는 선뜻 이에 동의했다. 나는 아직도 건강이 좋지 않았으므로 테레즈도 함께 가기로 하고, 장모는 집을 지키기로 하였다. 우리가 떠난 것은 1754년 6월 초하루의 일이었다.

나는 이 여행을 새로운 경험의 시기로 삼지 않을 수 없다. 마흔 두 살이 되는, 지금까지 거리낌 없이 자연스럽게 남을 믿고 살아온 나의 천성에 처음으로 상처를 입었기 때문이다. 우리들은 싼 마차를 타고 매일 조금씩 여정을 진행시켰다. 나는 자주 마차에서 내려 걸어갔다. 여정의 반쯤 왔을까 했을 때 테레즈가 고프쿠르와 단 둘이서 마차에 있기를 몹시 꺼리는 것이었다. 그녀는 내가 마차에서 내리지 못하도록 말렸다. 내가 굳이 내려서 걸어가면 그녀도 기어이 마차에서 내려 나와 같이 걷는 것이었다. 그때마다 나는 그녀에게 변덕을 부린다고 나무랐더니 그녀는 드디어 그 이유를 말하는 것이었다. 그녀의 말을 처음 듣자 나는 꿈이 아닌가 생각했다. 나이가 60이 지나 중풍으로 몸도 제대로 가누지 못하는 늙은이가 이제는 예쁠 것도 없고 젊지도 않은 친구의 아내를 농락하려고 지갑을 열어 보이고, 외설 책을 읽어 주기도 하고, 그 속에 있는 춘화를 보여, 비열하고 어처구니없는 수작을 부렸던 모양이다. 한번은 테레즈가 화가 나서 그 외설 책을 차창 밖으로 내동댕이쳐 버린 일도 있었다는 것이다. 첫날 나는 두통이 심하여 저녁도 제대로 못 먹고 자리에 일찍 누웠더니 이 사나이는 마음 놓고 동향인으로서는 있을 수 없는 색마나 짐승과 같은 온갖 추태를 부리더라는 것이다.

이 얼마나 놀라운 일이며 얼마나 마음 아픈 일이었던가. 이때까지 우정이란 사랑스럽고 고상한 감정으로만 생각하고 믿어 온 나는 생전 처음으로 우정에 경멸을 느끼게 되었다. 그리고 내가 사랑하였고 동시에 사랑을 받았다고 생각하던 사람에게서 신뢰와 존경을 떼어 내지 않을 수 없었다. 가엾은 늙은이는 그의 추행을 나에게 숨기려 하였다. 나는 나대로 테레즈에게서 들은 말을 폭로하지 않는 동시에 그에 대한 경멸감을 밖으로 나타내지 않으려고 애썼다. 아! 정답고 신성하던 우정의 환멸! 나에게 그 베일을 처음 벗겨 준 것은 고프쿠르였다. 그리고 그 후에도 얼마나 잔악한 손들이, 내가 그 베일을 다시 쓰지 못하도록 방해하였던가! 고프쿠르와는 리옹에서 헤어졌다.

파리를 떠나오기 전에 나는 『불평등론』의 헌사를 초안해 두었다. 그리고 샹베리에서 이 원고를 끝내고 말썽을 피하기 위하여 프랑스나 제네바에서 부친 것으로 하지 않고 샹베리 발신으로 보냈다.

제네바에 도착하자마자 나는 공화국에의 열광으로 마음이 부풀었다. 하긴 이 열광을 맛보기 위하여 이곳에 온 것이기도 했다. 그 열광은 이곳 사람들에게서 받은 열렬한 환영 때문에 더욱 고조되었다.

제네바에서 4개월 동안 머문 다음에 나는 10월에 다시 파리로 돌아왔다. 도중에 고프쿠르를 만날까 두려워서 리옹에는 들르지 않았다. 제네바에는 이듬해 봄에 돌아가기로 했으므로 나는 겨우 종전의 일과와 일로 돌아갔다. 그 가운데서도 가장 중대한 일은 『불평등론』의 원고를 교정하는 일이었다. 이 논문은 이번 제네바에서 알게 된 "레이"라는 서점에 의해 네덜란드에서 출판하도록 되어 있다. 이 저술은 제네바 공화국에 바친 것이긴 하지만 그 헌사를 정부가 환영할지 어쩔지 몰라서 제네바의 반응을 본 다음에 돌아가려고 하였다.

그 결과는 좋지 않았다. 가장 순수한 애국심에 의하여 쓰여진 헌사이건만 정부에 적을 만들었고, 시민 가운데서 시기하는 자들이 들고 일어나도록 했을 뿐이었다.

이렇게 하여 나의 논문은 비록 실패로 돌아갔지만 그렇다고 내가 제네바의 안주를 단념한 것은 아니었다. 그러나 내가 그대로 주저앉게 된 강력한 원인이 곁들여 일어났던 것이다. 한번은 에피네 부인과 같이 그녀의 별장의 공사를 보러 갔었다. 우리는 별장에서 1킬로쯤 떨어진 몽모랑시의 깊은 숲에 잇닿은 공원 저수지까지 산책하였다. 거기엔 은자암이라 불리는 오두막이 한 채 있었다. 나는 처음으로 조용하고 산뜻한 이 집을 보고는, 몹시 마음이 끌렸던 것이다.

"부인, 정말 멋있는 집이군요. 내겐 가장 알맞는 피난처군요."

무의식중에 나는 이렇게 말했다. 부인은 이러한 나의 말에 대해 아무런 대꾸도 없었다. 그런데, 이번에 두 번째 와서 보니 다 쓰러져 가던 집이 새 집이 되었고, 또한 잘 정돈된 것에 대해 적이 놀라지 않을 수 없었다. 부인은 별장의 건축 재료와 일꾼을 빼돌려 아주 적은 비용으로 이 공사를 시킨 것이었다. 두 번째 방문에 내가 놀라는 것을 보고 부인은 이렇게 말했다.

"자, 이것은 당신의 은신처랍니다. 이 집을 선택하신 것은 당신이고, 이것을 드리는 것은 저의 작은 우정이예요. 부디 저를 떠나려는 죄스러운 마음은 버려 주세요."

내 평생에 이때처럼 깊은 감동을 느낀 적은 없었다. 그리하여 나는 이 여자친구의 따뜻한 손길을 눈물로 적셔 버렸던 것이다.

제 9 부

1756~1757(44세~45세)

집이 마련되자마자 서둘러 이사를 했다. 그것은 하루라도 빨리 은자암에 가 살고 싶은 생각에서 봄까지 기다릴 수 없었기 때문이었다. 올바크 패들은 내가 쓸쓸해서 단 석 달도 견디지 못하고 맥없이 파리로 돌아오리라고 비웃어댔다. 그러나 나로서는 15년 동안이나 마음에 드는 고장을 떠나 살다가 이제서야 그런 곳으로 돌아가려는 것이었으므로 그들의 야유쯤은 아무것도 아니었다.

스스로를 굴종해 온 모든 노력, 거의 발작적으로 정열을 기울였던 야망에 찬 계획, 이러한 모든 것도 필경은 축복스러운 전원의 고요 속으로 귀의시키려는 목적에서였다. 이제 나는 그러한 전원의 고요 속으로 막 들어가려는 찰나였다. 전에는 이와 같은 생활을 하려면 그래도 어느 정도 안정된 처지여야 한다고 생각해 왔지만, 지금은 그런 조건이 주어져 있지 않더라도 나의 지위로 능히 꾸려 나갈 수 있으니, 전연 반대의 수단으로도 동일한 목적에 도달할 수 있다고 생각했다.

나에겐 일정한 수입은 없었다. 그러나 어느 정도의 재능과 명성은 있었다. 거친 음식에 익숙한 편이었고, 비싼 물건을 사들인다거나, 허례허식은 일체 멀리했다. 다소 게을러지기는 하였으나 다급한 일에 부닥뜨릴 때는 곧잘 해결해 나갔다. 이러한 나의 게으름은 무위를 바라는 자의 나태라기보다 마음이 내켜야 일하는, 즉 독립심이 강한 사람의 게으름이라 할 수 있다.

악보 베끼는 일은 화려한 일도 아니고 수입도 대단하지 않은 것이었지만, 다소의 수입이 있었던 것은 확실했다. 지금도 세상 사람들은 이 직업을 선택한 나의 용기를 탄복하고 있다. 일거리가 떨어진다거나 하는 일은 전혀 없었으므로 자기가 노력만 하면 입에 풀칠하는 것 정도는 염려가 되지 않았다. 『마을의 점쟁이』나 그 밖의 저술에서 인세로 얻은 돈이 아직 약 3천 프랑은 남아 있으니 우선 돈 걱정은 안 해도 되었다.

하기야 내게도 마음만 있었다면 돈벌이 방면에 뛰어들 수도 있었고, 악보를 베끼기 위해 쥐는 펜을 저술에만 열중할 수도 있었을 것이다. 그리고 나는 이미 내가 얻은 명성을 유지할 자신이 있었으므로 흥밋거리를 쓰려는 마음만 먹었다면, 저술로서 여유 있는 생활을 할 수도 있었을 것이다. 그러나 빵을 위해 글을 쓴다는 것은 결국 자기 자신의 천분과 재능을 죽이는 것으로 생각하고 있었다.

돈을 벌려고 드는 붓끝에서는 힘차고 위대한 작품이 나올 리가 없다. 필요와 욕망은 훌륭하기보다 빨리 되는 것을 강요하는 것이다. 성공에 대한 갈망은 나로 하여금 음모에는 빠지지 않더라도 대중에게 영합하는 저속한 작품을 쓰게 할 것이다. 만일 그렇게 했다고 하면, 탁월한 작가가 될 수 있는 나는 기껏해야 3류 작가밖에는 안 됐을 것이니, 이것은 안 될 말이다. 살기 위해 고상한 사색을 한다 함은 여간 힘든 일이 아니다. 위대한 진리를 말할 수 있는 힘과 용기를 가지려면 먼저 성공을 도외시하여야 한다.

나는 오로지 인류의 행복을 위해 말했다는 확신만을 가지고 저술에 임했던 것이다. 만일 이러한 나의 저서가 호평을 받지 못한다면 그것은 나의 저서를 통해 어떤 이득을 얻으려고 하지 않는 사람의 손실일 뿐이다. 나는 생계를 유지해 나가기 위해 그들의 찬사가 필요한 것은 아니었다. 설사 나의 저서가 팔리지 않는다 하더라도 나의 직업은 먹고 살기에 위협을 받지 않는다. 그러기 때문에 내 저서는 잘 팔렸던 것이다.

내가 도시를 떠난 것은 1756년 4월 9일의 일이었다. 그 이후로 파리나 런던, 그 밖의 도시에 잠시 머문 일이 있었지만 앞으로 다시는 도시에서 살지 않을 작정이다.

에피네 부인이 마차를 가지고 우리를 마중 나왔다. 부인집의 소작인이 와서 짐을 날라 주었으므로 우리의 이사는 그날로 끝났다. 이 은자암은 건축의 구조나 가구는 검소하였지만 조출하고 아취가 있었다. 손수 이것저것 돌봐 준 에피네 부인의 후의를 생각하자, 내 눈에는 이와 같은 꾸밈새가 고맙게 느껴졌으며, 또한 이렇듯 다정한 분의 빈객이 되고 보니 나의 기쁨은 이루 말할 수 없었다.

나는 며칠 동안 전원 생활의 즐거움을 맛본 뒤, 전처럼 오전에는 악보를 베끼고 오후에는 산책을 하기로 했다. 글을 쓰는 일이나 사색에 잠기는 일은 푸른 하늘 아래서만 가능했기 때문에 나는 문 앞에 있는 몽모랑시의 숲을 서재삼아 쓸 생각이었다.

앞서 착수한 몇 권의 저술도 다시 훑어보았다. 그중 오래전부터 구상한 것은 『정치제도론』이었다. 이것은 나의 취미에도 맞는 것으로서, 나의 일생을 여기에 바쳐도 좋으리라 생각했고, 또 나의 명성을 확립할 수도 있었으리라고 믿었다. 이 같은 복안이 선 것은 13, 14년 전 베니스에 있을 때, 그처럼 평판이 좋았던 그 정부의 정치상의 결함을 생각한 후부터였다. 나는 모든 것이 근본에 있어서는 모두 정치와 관련성이 있는 것임을 간파하였다. 그리고 국민은 그 국가의 정체의 범주를 벗어날 수는 없다고 생각했다. 그러면 최선의 정체란 어떤 것이냐? 이 문제는 요약하면 "가장 도덕적이고, 경험이 많고 총명한 국민, 즉 최선의 국민을 양성하는 데 가장 적합한 정체란 어떤 것이냐?" 하는 것이다. 이 문제는 다시 말하면 결국 "어떤 정부가 법률과 가장 긴밀한 관계를 지속할 것이냐?" 하는 문제와 비슷한 것이다.

이 저술을 시작한 것은 5, 6년 전부터였지만 아직도 별 진전이 없었다. 이런 성질의 저술에는 명상과 한가한 시간적 여유와 정신적인 안정이 필요했다. 게다가 나는 "비밀리에" 이것을 쓰고 있었기 때문에 이러한 나의 계획은 디드로에게조차 알리지 않았다. 나는 내가 이것을 쓰고 있는 시대나 국가 환경으로 비추어 볼 때 너무 대담하지 않을까, 그리고 내 친구들이 겁을 내서 이 집필을 방해하지나 않을까 하고 염려했다. 이 저서가 적당한 시기에, 그리고 또한 내 생전에 끝낼 수 있을는지 그것은 나도 알 수가 없다. 나는 문제의 일체를 대담하게 설파할 수 있다고 믿었다. 풍자적인 악의나 공정에 대한 비난은 없을 것으로 확신했다. 나는 타고난 사색의 권리를 충분히 발휘하려고 했다. 그러나 내가 그 지배하에서 살아야 하는 정부를 존중하고, 그 법률에 복종하며 국제법을 침범하지 않도록 주의를 기울이기는 하지마는, 이 법률이 부여한 권리와 이익을 어떤 우려 때문에 포기할 필요까지는 없다고 생각했다.

『신 에로이즈』가 나왔다. 이것 역시 무난히 출판되었으며, 환영을 받았다. 그런데 알 수 없는 것은 임종을 당한 에로이즈의 신앙 고백이 사부와의 보좌 신부의 그것과 똑같았다는 점이다. 『민약론』에서 볼 수 있는 격렬한 사상은 이미 『불평등론』에도 있는 것이었다. 『에밀』 속의 대담한 사상도 이미 이 『신 에로이즈』에 들어 있었다. 그런데 앞의 두 저서에 대해서는 아무 말썽도 없었다. 그러므로 뒤의 저서가 물의를 일으킨 원인은 분명히 사상에 관계된 것이 아님을 알 수 있다.

이 무렵 나는 세 번째의 계획을 세우고 있었다. 이것은 나 스스로의 성찰에서 얻어진 것으로, 내가 특히 이 계획을 추진시키려고 한 까닭은 만일 내 생각대로 이루어지기만 하면 이 저서는 인류에게 유용한 책이 될 수 있기 때문이었다. 사람은 한 생애를 사는 동안 흔히 자기를 탈피할 수도 있고, 또는 전혀 다른 인간으로 변신할 수도 있다. 그러나 나는 그러한 보편적인 사실을 증명하기 위해서 한 권의 책을 쓰려고 하는 것이 아니었다. 내가 목적하는 바는 좀 더 새롭고 중대한 것이었다. 즉 그것은 그런 변화의 원인들을 탐구하여, 그것을 어떻게 이끌어 감으로써 우리는 더 나은 인간, 더 자신 있게 살 수 있는 인간이 될 수 있는가 하는 것이었다.

이런 모든 계획은 산책할 때의 좋은 명상의 주제가 되었다. 앞서도 말했지만 나는 산책할 때만 사색할 수 있었으므로 걸음을 멈추면 사색의 두뇌작용도 정지한다. 두뇌는 발과 더불어서만 작용하는 것이다. 한편 비 오는 날을 위해서 서재에서 할 일도 마련해 두었다. 그것은 나의 『음악 사전』이었다. 자료가 흩어져 새로 시작해야 했으므로 나는 참고 서적을 몇 권 가지고 왔다. 왕실 도서관에서 대출한 책의 발췌는 두 달이나 걸렸다. 그중 몇 권은 은자암까지 가져올 수 있는 허가를 얻었다. 이같은 프로그램은 대단히 잘된 것이어서 은자암에서나 몽모랑시에서나 또 나중의 몽티에서도 시간을 활용하는 데 큰 도움이 되었다. 몽티에서는 다른 일을 하면서 이 『음악 사전』을 탈고할 수 있었다. 이로써 일을 바꾼다는 것은 좋은 휴식이 된다는 사실을 깨닫게 되었던 것이다.

나는 테레즈와 인연 맺은 날을 내가 도덕적인 인간으로 바뀐 날이라고 생각해 왔다. 나는 나를 만족시킬 수 있으리라고 믿었던 애착이 그처럼 참혹하게 무너져 버린 뒤였으므로 무엇보다 애착이 필요했었다. 행복에 대한 동경은 우리의 가슴 속에서 언제나 사라지지 않는다. 엄마는 늙고 타락해 버렸다. 엄마의 행복은 이미 끝장이 났다. 엄마와 함께 누릴 행복의 희망이 상실된 바에야 나만의 행복을 추구하는 도리밖에 없었다. 한동안은 이런저런 생각으로 마음의 갈피를 잡을 수 없었다.

나의 욕구 가운데서 가장 크고, 강하고, 억제할 수 없는 것은 역시 마음속에 있다. 그것은 친밀한 교제에 대한 욕구였다. 내가 남자 친구보다 여자친구를 선택한 까닭은 그 때문이었다. 그런데 이 욕구는 육체의 결합만으로 만족할 수 없는 특이한 욕구였다. 한 몸에 두 개의 넋이 깃들지 않으면, 나는 언제나 허전함을 느꼈다.

나는 테레즈의 많은 장점을 알게 되었다. 그 당시는 인상도 좋고 사랑스러웠다. 더구나 그녀에게는 교태나 술책 같은 것은 전연 없었다.

내가 갈망하던 융합된 마음의 교제를 충분히 누릴 수 없었던 나는, 그러한 마음의 공허를 메울 수 있는 방도를 모색하게 되었다. 그것은 완전한 것은 못 되었지만 다소나마 이 공허를 덜어 줄 친구를 사귀는 일이었다. 그리하여 디드로나 콩디야크 신부와 교제하게 되었으며 우리의 사이는 날이 갈수록 친밀해져 갔다. 그리고 그림과도 사귀어 우리들은 빠른 속도로 친해졌다.

그때까지 나는 다만 호인에 불과하였지만, 그 후로는 도덕적인 사람이 되어 여기에 심취하게 되었다. 이런 도취는 머리에서 시작하여 마음에 작용했다. 고상한 자부심이 뽑혀 버린 허영심의 뿌리에서 싹트기 시작했다. 이때부터 나는 허식에 흐르지 않는 현실 그대로의 인간이 되었다. 그리하여 이 도덕 감정이 고조되었던 4년 동안에는 인간의 마음에 깃들 수 있는 아름답고 위대한 것은 모조리 내 마음에 담을 수 있을 것 같았다. 나는 친구들까지도 모를 정도로 변했다. 이제 나는 그전처럼 소심하고 얌전한, 부끄럼을 잘 타고, 사람 앞에서 말도 제대로 못하고, 누가 조금만 놀려도 당황하며, 여자가 힐끗 쳐다보기만 하여도 얼굴이 붉어지는 그런 인간이 아니었다. 대담하고 거만하고 어디서나 자신을 잃지 않는 그런 사나이였다.

이 새로운 변화는 내가 파리를 떠나자마자 곧 시작되었다. 큰 도시의 악덕들도 눈에 띄지 않게 되자, 걸핏하면 격분하던 성격도 가라앉았다. 그리고 사람들에게서 느꼈던 멸시감도 사라졌다. 원래 남을 미워할 줄 모르는 성격을 타고난 나는 이제는 인간의 비참은 물론 사람들의 간악함마저 불쌍히 생각하게 되었다. 이리하여 마음이 가라앉고, 비록 그전보다 숭고하지는 못했을지언정, 오랫동안 내 마음을 사로잡고 있던 그 열화와 같은 불길은 비로소 진정되었던 것이다.

이리하여 나는 남도 나도 모르는 사이에 다시 소심하고 겁 많은 인간, 즉 옛날의 장 자크로 돌아오고 만 것이었다. 이 변혁이 다만 나 자신에서 시작하여 자신으로 돌아오는 것에 그쳤다고 하면 그래도 모든 일은 순조로웠을 것이다. 그러나 불행히도 이것은 더 진전되어 나를 다른 극단으로 끌어갔다. 이때부터 나의 마음은 항상 동요하여 안정을 얻지 못하였다. 더구나 그 동요는 항상 반복되어 결코 영혼을 휴식 상태로 내버려 두지 않았다. 다음에 이 제 2의 변혁에 대하여, 이 세상에 다시 없을 만큼 무서운 운명에 대하여, 자세히 말하려고 한다.

은자암에서는 단지 세 식구의 살림이었으므로 한가하고 조용하였으며, 따라서 서로 친밀감을 느껴야 했다. 테레즈와는 그럴 수 있었다. 우리 둘이서는 나무 그늘에 마주 앉아 유쾌한 시간을 보내며, 일찍이 느껴 보지 못했던 즐거움을 맛보곤 했다. 그녀는 그녀의 어머니와 가족에 대해서 이때까지 숨겨 온 비밀을 나에게 고백했다. 고백의 내용인즉, 그녀의 어머니와 가족은 뒤팽 부인이 내게 보내는 많은 선물을 가로챘다는 것이다. 이 교활한 늙은이는 받은 선물을 자기와 자식들에게로 빼돌리고, 내게는 말하지 말라고 강요했다는 것이다. 그런데 테레즈는 한심스럽게도 그녀의 명령을 끝까지 지켜 온 것이었다.

그런데 나는 더욱 놀라운 사실을 알았다. 그것은 디드로와 그림이 테레즈와 그녀의 모친을 꾀어 내게서 떼놓으려고 했던 것이다. 그들은 여러 차례 이것을 모의했지만, 테레즈가 끝내 반대하자 그 이후로는 모친만을 데리고 비밀회담을 하여 흉계를 꾸미고 있다는 것이었다. 이때부터 내 마음은 장모에게서 멀어져, 그녀의 얼굴만 보아도 멸시감이 울컥 치밀었다.

언제나 처음 한 번이 어려운 법이다. 아무리 사랑하는 사람에게라도 처음 한 번 속이게 되면, 그 다음부터는 수월하게 되어 무엇을 속여도 가책을 받지 않게 되는 법이다. 내가 슈브래트에 출장이라도 갈 양이면, 이 은자암은 곧 사람들로 붐볐고 난장판으로 놀아 댔던 모양이었다. 대체로 어머니란 순진한 딸에게는 놀라운 힘을 발휘하게 마련이지만, 그러나 테레즈를 자기편에 끌어넣어 나를 음모하는 자리에 가담시키지는 못했다. 그러나 장모는 그녀대로 어떻게 해서든지 끝장을 보리라 결심했다. 사실 그녀의 모친은 나와 테레즈에게서는 그의 목숨을 연명해 가는 이상으로 어떤 희망을 걸지 않았지마는, 항상 여러 가지로 그녀를 원조해 주는 디드로와 그림과 올바크와 에피네 부인에게는 장차도 큰 희망을 보장받고 있었다. 내가 조금만 눈치가 빨랐던들 이 무렵 쯤에는 벌써 주머니 속에 뱀을 기르고 있음을 깨달았을 것이다.

내 신변에서 이렇게 음모가 꾸며지고 있는 것을 그래도 나는 친구들이 나를 행복하게 해 주려고 그러는구나 하고 멋대로 해석하였던 것이다.

나는 『영구 평화론』에 손을 댔다. 이것은 중요한 논설로서 제일 힘들여 쓴 것이다. 나는 전에 신부가 이 훌륭한 주제에 관해 쓴 일체의 것을 전부 독파하기로 했다. 이 책에 대한 초본은 이미 발표되었으므로 이 이상 거기에 대해서는 언급을 피하겠다. 이 책에 대한 『비판』은 아직 인쇄되지 않았으며, 앞으로 인쇄될지 모르지만 초본이 저술될 무렵에 쓴 것이다.

다음에는 『복의회론』으로 옮겼다. 이 저술은 섭정 시대에 쓴 것으로 그가 택한 정책을 후원하기 위한 것이었지만, 이 논문이 그 전의 정책을 비난했으므로, 드디어 르멘느 공작 부인과 팔리냐크 추기경의 노여움을 사게 되어, 그 피에르 신부는 프랑스 아카데미에서 제명되었다. 나는 여기에 대해서도 앞의 것과 마찬가지로 『초본』과 『비판』을 완성했다. 그러나 신부의 저술에 관한 일은 이로써 그쳤다. 이 일을 그만둔 뒤 얼마 동안은 하는 일 없이 무료한 나날을 보냈다.

일생 동안의 여러 시대를 회고하여 보면 결국은 현재의 자신의 처지를 생각하지 않을 수 없었다.

내가 한 번도 파리에 나타나지 않자, 예의 올바크 일당들은 내가 시골 생활에 마음이 빠져 거기서 정주하려는가보다 라고 생각하게 되었다. 그리하여 나를 파리로 다시 끌어들이려고 갖은 술책들을 꾸몄다.

이 무렵에 우드토 부인이 찾아왔다. 그녀는 에피네 부인의 시누이로서 전에 처녀시절에 그녀와 알게 된 이야기는 앞에서 하였다. 그녀가 이 은자암을 방문하기는 이번이 처음이었다. 땅이 질어 길을 잃고 마차가 진흙 속에 빠져, 그녀는 할 수 없이 마차에서 내려서 장화를 신고 웃음을 퍼뜨리며 걸어서 들어왔다. 나는 웃음으로 그녀를 맞았다. 그녀의 방문은 즐거웠다. 다음에 또 오고 싶은 모양이었다.

날씨가 사나운 계절이 됨과 동시에 집안에 갇혀 있게 되자, 나는 방안에서 할 수 있는 일을 하고자 하였으나 뜻대로 되지 않았다. 눈에 띄는 것은 오직 아름다운 두 여자친구와 그녀들을 위해 나의 상상이 만들어 낸 사람들과 환경뿐이었다. 잠시도 혼자서는 견딜 수가 없었고 공상이 떠나지 않았다. 나는 이런 공상을 모두 떨어버리려고 애썼건만 이 공상의 유혹에 드디어 빠지고 말았다. 그리하여 단지 그 공상 상호간의 어떤 연관성을 찾아서 소설을 구상하기에 골몰하였다.

내가 그 소설에서 묘사한 정욕적인 장면도 거기에 순결한 신선미가 결여되었다면 작품으로서의 모든 미를 잃었을 것이다. 마음씨가 약한 아가씨는 연민의 정을 일게 하고 또한 독자로 하여금 마음이 끌리게 하는 애교가 넘치는 정감을 불러일으키는 법이다. 만일 그 여자에게서 그 어떤 현대의 흔해 빠진 품행을 조금이라도 발견하게 되면 분개하지 않을 독자가 어디 있겠는가? 더구나 부정한 아내가 자기의 여자로서의 일체의 의무를 스스로 짓밟아 버리면서, 그 부정의 현장을 남편의 눈에 띄게 하지 않는다는 단순한 이유만으로써 남편은 오히려 자기에게 감사해야 한다고 주장하는 부정한 아내보다 불쾌스러운 것은 없다.

완전한 인간이란 이 세상에는 물론 존재하지 않는다. 또한 그러한 것을 가르쳐 주는 교본도 우리 주변에는 없다. 그러나 여기 온순하고 성실한 젊은 여자가 있어 소녀시절에는 사랑의 포로가 되지만, 다른 사람의 아내가 된 뒤로는 그 사랑을 이겨내고 정숙한 아내가 되기 위해 용기를 돌이킨다고 하자. 그런 묘사를 파렴치하고 무익하다는 사람이 있다면, 그는 거짓말쟁이이고 위선자임에 틀림이 없다. 그런 사람의 말에 조금도 귀를 기울일 필요는 없다.

사회 제도와 근본적인 관계가 있는 도덕 및 부부간의 정조라는 문제 이외에, 사회적 협화라든지 사회적 평화라든지 하는 것을 나는 은근히 문제삼고 있었다. 이것은 그 문제 자체로도 그렇지만, 현대에 있어서도 한층 크고 중대한 문제인 것이다. 당시 『백과사전』이 일으킨 회오리바람은 절정에 이르고 있었다. 이 두 파는 서로 혈안이 되어 서로를 물어뜯으려는 이리떼와 같은 정경이었다. 서로 계발하고 설파하여 손잡고 제휴하여 진리를 탐구하려는 기독교나 철학자로서의 모습은 찾아볼 수 없었다.

대충 이렇게 세운 구상에 만족하자, 나는 세부적인 장면에 착수하였다. 그리하여 『줄리』(신 에로이즈의 별명-역주)의 첫 2부가 완성되었다. 나는 그것을 한겨울 동안 기쁨 속에서 완성하고 정서하였다. 특히 금테 두른 고급용지를 사용하여 썼고, 쓴 글씨를 말리는 데는 하늘색과 은색 가루를, 그리고 원고를 철하는 데는 푸른 리본을 사용했다. 즉, 피그말리온(그리스 신화에 나오는 조각가-역주)처럼, 이렇게 하여도 나는 스스로 사모하는 두 여인을 위해서는 부족한 듯 싶었다. 밤마다 나는 난롯가에서 이 2부를 가정부들에게 읽어 주곤 하였다. 딸은 감동하여 말없이 나와 함께 흐느꼈다. 모친은 그저 잠자코 듣고만 있다가 낭독이 잠시 멈출 때마다 이해라도 하는 것처럼

『참 좋은데』 하며 뇌까렸다.

겨우내 요폐증으로 고생을 하여 얼마 동안은 소식자를 사용해야 했었다. 그래도 이 해는 내가 프랑스에서 살아온 이래로 가장 평온하게 지낸 겨울이었다. 날씨가 나쁜 탓으로 여느 때보다 방문객의 번거로움에서 벗어날 수 있었으며, 다만 현실의 두 가정부들과 공상 속의 두 여인을 상대로 이 자유로운 생활을 한껏 즐겼다. 비록 단조롭고 소박한 생활이긴 했지만 참으로 가치 있는 생활이었다.

그러나 이 동안에도 나는 고독 속에 있으면서, 올바크 일파의 간섭으로 하여 온전한 평화 속에서 지낸 것은 아닌 성싶다. 디드로가 도전해 왔다. 『사생아』(디드로의 산문 희극, 1757년 발표-역주)가 나온 것은 이 해 겨울일 것 같다. 이 작품에 대해서는 나중에 말하겠다. 어쨌든 이 무렵부터는 확실히 추억에 남는 것이 거의 없을 뿐더러, 더러 있는 것도 날짜가 애매하다. 더구나 디드로는 편지에 날짜를 적는 법이 없었다. 에피네 부인, 우드토 부인도 요일만 쓰고 들레이르도 마찬가지다.

마침 그때 우드토 부인의 두 번째의 방문이 있었다. 우드토 부인은 결코 미인이랄 수는 없는 30이 가까운 여자였다. 얼굴은 얽은 데다가 살결마저도 곱질 않았다. 그러나 그의 성격은 천사처럼 곱고 유순했다. 다만 조심성과 용기가 좀 부족한 것만 아니라면 그녀는 여성으로서 갖추어야 할 다른 모든 덕성을 갖추고 있었다. 그녀는 대인적인 관계나 사교적인 교제에 있어서 신의가 있었으므로, 설사 그녀에 대해서 나쁜 감정을 품고 있는 사람일지라도 일단 그녀 앞에서는 무슨 비밀스런 말이라도 기탄없이 털어놓기가 일쑤였다. 그녀는 도무지 남을 미워할 줄 모르는 성격을 가지고 있었다. 그녀의 이 같은 장점이 내 마음을 움직이게 한 원인이라고 생각된다. 절친한 친구끼리 흉금을 터놓고 얘기할 때도 그녀는 그 자리에 있는 사람이나 올케(에피네 부인)의 험담을 한 번도 늘어놓은 적이 없었다.

이러한 성격을 가지고 있는 그녀는 나이도 채 차기 전에 마음에도 없는 우드토 백작에게 시집을 갔다. 백작은 신분이 높은 훌륭한 군인이긴 했지만, 도박과 싸움을 좋아하는 무뚝뚝한 사람이었다. 그처럼 곱고 온순한 그녀가 이러한 남편을 사랑할 까닭이 없었다. 그녀는 랑베르 씨에게서부터 남편이 지니지 못한 재치와 덕망과 재능을 발견했다.

그녀가 나를 방문하는 데는 자기 마음속에서 작용한 흥미도 다소는 있었겠지만 그보다는 전부터 나를 찾아보라고 권한 랑베르를 기쁘게 해 주기 위해서였다. 내가 그들의 관계를 잘 알고 있음을 그녀도 알고 있었다. 부인이 왔을 때면 나는 대상이 없는 사랑에 도취해 있었다. 이 도취에 현혹되어 나의 눈에는 언제나 우드토 부인의 영상이 떠나지 않았다.

나는 그녀에게 어떻게 태도를 취해야 하는가 하는 문제로 오랫동안 고민해 왔다. 그녀가 다시 방문해 왔을 때, 나는 아직 결심이 서지 않았었다. 그러나 이 두 번째의 그녀의 방문에서 나는 이상야릇한 감정의 동요를 느끼지 않을 수 없었다. 악에 대해 으레 따르는 수치심이 가슴을 설레게 했으며, 나의 입을 봉해 버렸다. 나는 도저히 그녀에게 말을 건넬 수도, 또한 눈을 바로 뜨고 쳐다볼 수도 없었다. 이렇게 형언할 수 없는 마음의 당황을 감추기란 거의 불가능하였다.

결국 나는 그녀에게 모든 것을 대담하고 솔직하게 고백해 버리고 말았다. 만일 이때 그녀가 나의 젊음이나 상냥함에 마음이 끌려 저항을 포기하였다고 하면, 나는 지금 여기서 그녀의 행동을 비난할 것이다. 그러나 사실은 전혀 그렇지 않았다. 이때 그녀가 취한 행동은 관대하고 신중하였다. 그녀는 나에 대하여 존경과 호의를 품고 있었고, 또 나의 비정상적인 행동을 딱하게 생각하였다. 또한 그녀는 나로 하여금 그렇듯 무분별한 행동에서부터 하루 빨리 빠져 나오도록 애를 썼다. 그녀로서는 자기가 존경하고 아끼는 친구들, 애인 랑베르를 위해서나 자기 자신을 위해서도 잃고 싶지 않았던 것이다. 내가 이성으로 되돌아간 뒤에, 우리들 사이에 이루어질 친밀하고 즐거운 교제, 그것만을 위해 노력하자고 그녀는 말했다. 그러나, 그녀는 이렇듯 우정에 넘치는 충고만을 하는 것은 아니었다. 필요하다면 내가 받아 마땅한 날카로운 비난도 가끔 퍼붓는 것이었다.

우드토 부인은 언제나 나의 의무와 이성을 환기시켜 나로 하여금 무분별한 열광을 진정시키도록 애써 주었다. 그러면서도 한편으로는 다시없는 인자스러움과, 더할 나위 없는 친밀한 우정을 보여 주었다. 만일 내가 이 우정을 조금도 꾸밈이 없는 진실한 것이라고 깨달았다면, 그것만으로서 나는 만족해야 했을 것이다. 그러나 확실히 말하지만 그녀의 우정은 너무나 강렬한 것이었다. 내 나이나 얼굴에 어울리지 않는 사랑이라 생각하여 필경 나를 얕잡아본 것이라고 나는 그렇게 오해하고 말았다. "이 장난꾸러기의 여인은 때늦은 색정을 희롱하려는 데 불과하다. 그리하여 그녀는 이 사실을 랑베르에게 고백하여 내 행동에 분개한 그가 그녀와 공모하여 내 머리를 돌게 만들고 나를 조롱하려는 것이다." 나는 이 같은 생각이 들게 되었다. 내가 스물여섯 살 때, 라르나즈 부인에게 취했던 행동도 그와 같은 어리석음에서였다.

우드토 부인은 그 뒤로도 자주 나를 찾아왔다. 나도 이에 대한 답례로 그녀의 집을 자주 드나들었다. 부인도 산책을 좋아했다. 그리하여 우리 둘은 아름다운 전원을 오랫동안 거닐며 이야기를 나누었다. 내가 그녀를 사랑하여 다만 그것을 그녀에게 고백하는 것으로 만족할 수 있었다면 나는 한껏 달콤한 경지를 맛보았을 것이다.

아! 나는 오랫동안을 두고 진정한 연애 감정을 느껴 보지 못하다가, 그때야 비로소 나의 이러한 감정을 뒤늦게 발로하여 연체료를 충분히 지불한 셈이었다. 짝사랑의 기쁨이 이렇다면, 만일 서로 사랑을 주고받는 사이라면 그들 두 남녀는 얼마나 큰 사랑의 환희를 느낄 것인가?

이미 독자 여러분도 알다시피 잠시도 숨길 줄 모르는 나의 마음이 이러한 우드토 부인과의 사랑을 오래 숨겨둘 수 있었을까는 여러분이 판단해 주기 바란다. 우리가 가까이 지내는 사실이 여러 사람의 눈에 띄었다. 우리는 구태여 우리 사이를 숨기려 하지는 않았던 것이다. 그것은 또 남의 눈을 꺼려할 그런 성질의 것도 아니었다. 우드토 부인의 감정은 단순히 뜨거운 우정에 불과했으므로 그녀는 양심에 어떤 가책 같은 것을 조금도 느끼지 않았다. 여기에 대해서는 나도 그의 정당성을 인정하였기에 그녀를 존경하였다.

부인은 담백하고 대범하면서도 경솔한 면이 있었으며, 나는 순진하고 무뚝뚝하면서도 거만하고 성급하고 신경질적이었다. 이러한 성격 때문에 우리는 사실상의 죄를 범한 것보다 더 많은 혐의를 받기 쉬운 입장이었다.

우리는 만나면 서로가 보통 지내는 대로 이야기를 주고받으며, 에피네 부인의 거실 창 밑 정원을 매일 산책하였다. 그때마다 에피네 부인은 우리들을 창에서 내려다보며 큰 모욕이라도 당한 듯이 잔뜩 화가 나 있었다.

어느 날 나는 오본느로 우드토 부인을 찾아갔었다. 파리에서 막 돌아온 길이라고 하였다. 그녀는 슬픈 표정이었다. 아마 울었던 모양이었다. 마침 그 자리에 그녀의 시누이인 브랑빌 부인이 있었으므로 나는 걱정을 하면서도 잠자코 있었다. 그러다가 틈을 타서 부인에게 불안한 마음을 호소하였다. 그러자 "아!" 하고 한숨을 쉬며 그녀는 이렇게 말하는 것이었다.

"당신의 무분별한 행동 때문에 저는 앞으로 평화롭지 못할 거예요. 누가 랑베르에게 이상한 말을 한 것 같아요. 그분이 저를 믿어는 주시겠지요. 그래도 감정은 상했을 거예요. 다행히도 당신과의 교제는 그분이 주선해 준 것이었기에 저는 모든 일을 그에게 털어놓고 말했어요. 그분의 편지에는 언제나 당신 얘기로 가득 차 있었어요. 그렇지만 당신의 지각없는 사랑만은 앞으로 제가 가라앉힐 생각으로 그분에게는 말해 오지 않았어요. 그런데 그분은 당신의 그 철없는 행동의 원인을 제 탓으로 돌리는 모양이예요. 누가 우리를 중상하는 수작인 것 같아요. 하지만 괜찮아요. 우리가 헤어지기만 하면 되니까요. 그렇지 않으면 그 전의 당신으로 돌아가 주세요. 저는 이 이상 더 그분을 속이고 싶지는 않으니까요."

에피네 부인이 우드토 부인에게 파란을 일으키려 한 것은 이번이 처음은 아니었다. 그녀는 전부터 우드토 부인과 랑베르의 사이를 갈라놓으려고 애써 왔었다. 에피네 부인에 대한 나의 의혹은 테레즈의 말을 듣고 확신을 얻었다. 에피네 부인은 사람을 시켜 테레즈가 오는 것을 망보게 하여, 도중에서 테레즈의 가슴 속까지 뒤져 보는 뻔뻔스러운 행동을 여러 차례나 했다는 것이다. 그러면서 우드토 부인의 편지를 내놓으라고 하더라는 것이었다. 그뿐이 아니었다. 이곳으로 이사 온 직후 내가 에피네 부인과 마르장시 씨를 만찬에 초대했을 때, 부인은 내가 마르장시 씨와 산책하러 나간 틈을 타서, 테레즈 모녀를 데리고 내 서재에 들어와서는 우드토 부인의 편지를 보자고 조르더라는 것이다. 아마 장모가 편지 있는 곳을 알고 있었다면 물론 보여 주었을 것이다. 그러나 다행히도 딸만이 알고 있었기 때문에 그녀는 편지를 모두 내가 없애버린다고 말했다고 한다. 이것은 확실히 잘된 거짓말이었다. 이때 만일 그녀가 사실대로 말했더라면, 이것은 오직 배신행위밖에 되지 않았을 것이다. 에피네 부인은 테레즈를 유혹할 수 없음을 깨닫자, 이번에는 테레즈의 질투심을 이용해서 그녀를 부추겼다. 사람이 너무 좋다느니, 눈을 뜨고도 앞을 못 본다느니 하는 등의 핀잔을 주면서 부인은 이렇게 말했다고 한다.

"그들의 죄 많은 교제가 어째서 눈에 보이지 않나요? 더 확실한 증거를 보시려거든 내 말대로 해요. 주인께선 편지를 보고서는 곧 찢어 버린다고 했죠. 그러면 찢은 조각을 내게 가지고 와요. 내가 맞춰 줄 테니."

이것이 내 다정한 여자친구가 내 아내에게 준 교훈이었다.

우드토 부인은 내가 그저 가만히 있어 줄 것과, 이 문제는 자기가 해결할 테니 그녀에게 맡겨 달라는 것과, 그리고 절교나 논쟁 같은 것은 절대로 피해 달라고 여러 번 부탁했다.

그러나 나는 에피네 부인의 집을 나오든가, 아니면 곧 모녀를 만나러 가든가 해야 했다. 나는 그녀를 만나러 가기로 결심했다.

부인의 공격이 있을 것을 예상했던 것은 나의 지나친 기우였다. 내가 에피네 부인에게 가까이 가자, 그녀는 나의 목을 와락 끌어안고 엉엉 울기 시작했다. 뜻밖에 그녀의 이러한 행동을 대하자, 나도 감동되어 따라 울기 시작했다. 그녀와 나는 서로 아무 의미 없는 말을 들릴 듯 말 듯 중얼거리며 꼭 붙어 안고 하염없이 눈물만 흘리고 있었다. 마침 식사 준비가 되어 우리는 식탁으로 갔다. 이야기는 저녁 식사 뒤로 미룬 것이라고 생각하면서 나는 시무룩하게 식탁 앞에 앉아 있었다. 나는 대수롭지 않은 일에도 지나치게 신경을 쓰는 편이었으므로 아무리 눈치가 없는 사람일지라도 나의 이러한 심정을 눈치챌 수 있었을 것이다. 이 같은 내 표정을 본 그녀는 용기를 얻은 모양이었다. 그러나 그녀는 모험을 하려고 하지는 않았다. 식사 뒤에도 그녀는 아무 말이 없었다. 우리는 마주 앉아 있는 동안 사건과는 아무 관계도 없는 말을 했을 뿐이었다.

서로 간의 화해는 이미 포옹으로써 이루어진 셈이었다. 그리고 표면상으로는 부인이 모욕을 당한 것이니, 그녀가 꺼내지 않는 이야기를 나도 할 필요까지는 없다고 생각했다. 그래서 나는 그냥 돌아와 버렸다. 그전과 다름없는 교제를 하는 동안에 이윽고 이 문제는 깨끗이 자취를 감춰 버렸다. 나는 부인도 역시 그 일을 잊고 있는 줄로

만 알고 있었다. 그러나 이것은 어리석은 생각이었다.

나는 디드로를 진정으로 사랑하고 존경했다. 그도 역시 그럴 것이라고 나는 믿고 있었다. 그러나 그는 나의 취미나 의욕이나 생활 방식, 나아가서는 사사로운 문제에까지 간섭하여 나의 신경을 건드렸다. 한편 나보다 나이가 아래인 그가 나를 어린애 다루듯 하는 꼴은 차마 볼 수 없었다. 더구나 그는 툭하면 약속을 어기는 것이었다. 그러면서도 새로운 약속을 하고는 또 깨뜨리는 것이었다. 한 달에 서너 번 정도는 그의 약속 위반 때문에 나는 골탕을 먹었다.

얼마 후 나는 디드로를 방문하게 되었다. 그는 나를 반가이 맞아 주었다. 아무리 허물이 많은 친구 사이라도 일단 서로 마주 대하게 되면 그 같은 허물 따위는 깨끗이 사라지는 법, 이러한 우리 둘의 사이에 무슨 원한이 존재하겠는가! 서로는 제대로 말도 못했다. 서로 욕을 한 처지이고 보니 무슨 변명의 여지가 있을 리가 없었다. 다만 한 가지 할 일이 있다면 둘 사이에 오갔던 욕설 따위는 깨끗이 잊어버릴 일이다. 내가 알기로는 적어도 이 시기까지는 에피네 부인의 경우와는 달라서, 배후공작 같은 것은 없었다. 그는 나에게 『한 집안의 아버지』의 줄거리를 보여 주었다. 나는 이것을 읽어 보고 이렇게 말했다.

"이건 『사생아』의 변호에 꼭 알맞겠는데. 잠자코 이 작품을 한 번 훌륭하게 완성해 보게. 그랬다가 답변 대신 그것을 자네의 적의 콧등에 불쑥 내밀게나."

디드로를 방문한 지 이틀째가 되는 날 디드로는 나를 올바크 씨 댁 만찬회에 끌고 가겠다고 하였지만, 나는 완강히 거절하였다. 그렇지 않아도 나는 그에게 신세지는 것이 싫어서 화학에 관한 원고의 약속을 포기하려고 생각하고 있는 처지였다. 그러나 디드로는 끝내 나를 설복시키고 말았다. 나는 결국 디드로와 함께 올바크 남작의 만찬회에 참석했다. 남작은 여느 때처럼 나를 반가이 맞이하였다. 그러나 부인의 응대는 실례가 되리만큼 냉랭하고 무뚝뚝했다. 처녀 때에는 그렇게 내게 호의를 베풀던 쌀쌀하고 상냥한 카롤린느의 흔적은 조금도 찾아볼 수 없었다. 그림이 자주 드나들게 되면서부터 그녀는 나를 그전처럼 반갑게 맞아 주지 않음을 오래전부터 느껴 온 터였다.

어느 날 밤, 에피네 부인은 몸이 좀 불편하다고 하면서 자기 거실의 난롯가에서 식사를 하겠노라고 하며, 이 층으로 올라갔다. 나에게 같이 식사하자고 하기에 나도 그의 뒤를 따라 이 층 그녀 방으로 올라갔다. 뒤이어 그림도 올라왔지만 작은 식탁엔 2인분의 식사만이 준비되어 있었다. 에피네 부인은 그녀가 항상 앉던 자리에 앉아 있었으며 그림은 다른 한쪽에 있는 안락의자에 자리하고 있었다. 그리고는 작은 식탁을 끌어당겨 냅킨을 펴고는 내게 이렇다는 한 마디의 말도 없이 식사를 하기 시작했다. 부인은 얼굴을 붉히면서 그의 무례를 고쳐 주려고 그녀의 자리를 내게 권했지만, 나는 내 몫의 식사가 올 때까지 방안을 서성거렸다. 그는 나에 대해서 아랑곳하지 않는다는 듯이 난로로부터 멀리 떨어진 식탁 끝에서 식사하는 나를 거들떠보지도 않았다. 나는 병약자이고, 또한 자기보다도 나이가 많은 연장자이며, 게다가 이 집에 대해서는 자기보다 내가 더 친숙한 터이며, 더구나 나로 말하자면 자기를 이 집에 소개해 준 은인이 아닌가? 그러한 나에게, 귀부인에게 총애를 받고 있는 나의 체면을 생각해서라도 그는 나에게 경의를 표했어야 마땅할 일이었다.

나에 대한 그의 태도는 모두가 이 모양이었다. 그는 다른 사람을 대할 때에도, 내게 대하는 정도의 오만불손을 떨지는 않았지만, 좌우간 늘 거만에 가득차 있었음을 부인할 길이 없었다. 한번은 회식 중에 생 랑베르의 발언을 가로막으면서 "그런 말이 어디 있어?" 하고 여럿이 있는 데서 버릇없이 굴었기 때문에 생 랑베르로부터 하마터면 접시 세례를 받을 뻔한 적이 있었다. 천성이 본래부터 오만한 데다가 벼락 출세를 한 자의 그 알량한 자만심 때문에 그의 행동은 안하무인격인 무례, 그것이었다.

이같은 그의 행동은 도무지 나의 성격으로는 용납할 수 없었다. 이로써 나는 그의 성격에 대해 완전히 회의에 빠져 버리고 말았다.

나는 그르넬 가에서 병상에 누워 사경을 헤맨 적이 있었다. 그때 그는 시골에 있었는데 어느 날 아침, 숨을 헐떡이며 찾아와서는 지금 막 도착하는 길이라고 했다. 그런데 나는 같은 날 극장에서 그를 보았다는 사람이 있었음을 나중에 알게 되었다.

이렇듯 어딘가 잘못되었던 우리들의 우정은 외면적으로나 내면적으로나 내게는 치명적이었다. 그림은 그처럼 외면적으로는 나를 위하는 척했지마는, 막상 만나서 마주 대할 양이면 그와는 반대로 오만불손한 태도를 취하는 것이었다. 어떤 면에서든 그가 내 도움이 된 것은 없으며 내게 베푸는 체하는 동정은 실상 내 도움이 되기는 커녕 오히려 나를 천하게 보이도록 의식적으로 취했던 하나의 연기였다. 더구나 나를 서투른 악보 필경사라고 깎아내려, 나의 생업의 수단을 빼앗는 데 혈안이 되어 있었다.

우리는 결국 화해했다. 나는 조금이라도 남하고 싸우고 나면 미칠 듯이 고민하는 성격이었다. 이렇게 화해라도 하고 나니 다소 마음의 위로가 되었다. 그러나 이런 화해로 그의 태도가 달라질 리가 없었다. 결국 나는 상대방의 태도를 나무랄 수 있는 권리만을 빼앗긴 셈이었다.

어느 날 뜻밖에 에피네 부인이 사람을 보냈기에 나는 따라갔다. 나는 좀처럼 표정이나 내색을 않던 그녀에게서 불안스러운 기색을 엿볼 수 있었다. 이윽고 그녀는,

"제네바로 갈까 해요, 가슴이 좀 좋지 않은 것 같고, 몸이 아주 나른해요. 모든 일을 제쳐놓고 트롱생 선생에게 가서 진찰을 받으려고 해요."

하고 말하는 것이었다. 기후도 나빠져 갈 무렵, 갑자기 그런 결심을 한 것을 나는 몹시 놀라지 않을 수 없었다. 불과 36시간 전에 헤어질 때에도 그런 말은 전혀 없었던 것이다. 나는 누구하고 같이 가느냐고 물었다. 아들과 리랑 씨와 함께 갈 작정이라고 했다. 그러고는 지나가는 말로,

"어때요, 곰 선생님! 우리와 같이 가시지 않겠어요?"

하고 덧붙여 말하는 것이었다. 겨울만 되면 나는 방구석에서 꼼짝달싹 못 하는 형편임을 그녀도 잘 알고 있는 처지였으므로 나도 농담조로,

"환자가 병자의 시중을 들면 크게 도움이 되겠군요."

하고 대답했다. 그리고는 그녀의 여행에 관한 이야기만을 했다. 앞

으로 2주일만 있으면 출발해야 하므로 그녀는 몹시도 바쁜 듯이 서둘러댔다.

이번 여행은 남에게 말 못할 어떤 비밀의 동기가 개재해 있음을 나는 곧 알 수 있었다. 이 집에서 이 비밀을 모르는 사람은 나뿐이었으므로, 다음 날 그 사실을 테레즈에게서 들을 수 있었다. 즉, 그 비밀의 동기란 에피네 부인이 그림의 애기를 가졌기 때문에 이를 유산시키느냐, 아니면 남몰래 낳느냐 하는 것이었다.

일기가 불순한 계절로 접어들자 사람들은 시골을 떠나기 시작했다. 우드토 부인은 그 골짜기에서 작별을 고할 날을 내게 알리고 오본느 계곡에서의 밀회를 약속했다. 그날은 우연히도 에피네 부인이 여행 준비를 위해 라 슈브레트를 떠나 파리로 가는 날이었다. 그녀와 작별한 후 나는 우드토 부인의 집을 향해 걸음을 재촉했다.

그녀의 집으로 가는 도중 나는 호주머니 속에 넣어 두었던 생 랑베르의 편지를 꺼내서 몇 번이고 거듭 읽었다. 이 편지는 약한 나의 마음을 굳게 지켜 주는 방패 노릇을 하였다. 이후로는 우드토 부인을 단순한 여자친구로서, 그리고 나의 친구의 애인으로만 생각할 결심을 하였다.

그녀를 만나자 나는 에피네 부인에 대한 내 현재의 위치에 관한 얘기를 했다. 그리고 나는 은자암에서 떠날 나의 결심을 그녀에게 확실히 밝혔다.

여기서 나와 우드토 부인과의 개인적 관계는 깨끗이 끝났던 것이다. 그녀와 나와의 관계는 표면상으로는 사람에 따라 여러 가지로 자기 나름대로의 판단을 내릴 수 있었지만, 이 사랑스러운 여인에 대한 나의 내적 정열은 아마 어느 누구도 결코 느껴 보지 못한 뜨거운 불길이었을 것이다. 서로의 의무와 사랑과 우정에 바친 괴로운 희생은 신과 우리 두 사람 사이에서 영원히 존중될 것이다. 우리는 서로가 존경하고 있었으므로, 경솔한 행동을 취할 수가 없었다. 또한 우리는 아주 천한 인간으로 타락하지 않는 한, 고귀한 존경심을 잃어버리고 싶지는 않았다.

이리하여 나는 이 두 여성 중 한 여성에게는 오랜 우정 끝에, 또 다른 한 여성에게는 열렬한 연애 끝에 같은 날 각각 작별을 고했던 것이다. 그리고 그중 한 여성과는 지금껏 한 번도 재회하지 않았고, 다른 한 여성과는 오직 단 한 번 만났을 뿐이다.

며칠 후 디드로가 찾아왔다. 반가웠다. 그는 내게 있어서 가장 오래 사귄 벗이었으며, 또한 내게 남은 유일한 친구였다. 이러한 처지에서 그를 만나게 된 나의 기쁨을 독자들은 충분히 짐작이 갈 것이다. 나는 가슴에 맺혀 있는 이야기들을 전부 그에게 털어놓았다. 그가 이때까지 들어 보지 못한 이야기며, 그가 잘 아는 일까지도 감추지 않고 전부 털어놓았다. 그러나 우드토 부인이 나의 사랑을 느꼈다는 말과 내가 그녀에게 사랑을 고백했었다는 말은 끝까지 비밀에 부쳤다. 그리고 우드토 부인이 내게 보낸 편지를 에피네 부인이 가로채려던 비열한 행동도 얘기했다.

12월 10일, 내가 보낸 편지에 대한 에피네 부인의 답장이 왔다.

> 지난 몇 해 동안 힘 닿는 대로 우정을 표시하여 왔습니다. 그러나 이제 와서는 당신을 딱하게 생각할 뿐입니다. 당신은 정말로 불행한 사람

입니다. 나는 당신의 양심이 내 양심처럼 평온하기를 빌고 있습니다. 이것은 당신의 전 생애의 평화를 위하여 필요할 줄로 생각하고 있습니다.

이미 당신은 은자암을 떠날 결심을 하였고, 또한 당신은 떠나시는 것이 당연하다고 생각하셨는데도 불구하고, 친구들이 만류한다는 말은 전연 뜻밖의 일이라고 생각합니다. 저의 경우는, 당연히 이 행하여야 할 내 의무에 대하여는 지금껏 한 번도 친구에게 상의한 일이 없습니다. 따라서 나로서도 당신의 의무에 대하여 무어라고 드릴 말씀이 없습니다.

1757년 12월 1일 제네바에서

뜻밖에도 이런 명도령을 받고 보니, 이제는 잠시도 그대로 있을 수는 없었다. 날씨가 어떻든 건강이 어떻든, 설사 숲 속이나 눈 위에서 자는 한이 있을지라도 이런 모욕에는 참을 수가 없었다.

나는 생전 이와 같은 곤경에 빠진 적은 한 번도 없었다. 무슨 일이 있어도 일주일 후에는 결코 단 하루라도 은자암에서 지내지는 않겠다고 맹세했다. 일주일 후에 집을 비워 줄 양으로 나는 세간을 꾸리기 시작했다. 가구를 차로 운반하는 데는 많은 노력과 비용이 들었다. 얼음과 눈보라를 무릅쓰고 이사는 이틀 동안에 끝났다. 장모에게는 별거할 것을 말했다. 테레즈가 나의 결심을 돌이키려고 했지만 나는 듣지 않았다. 테레즈와 같이 쓰던 세간은 모두 장모에게 주어 마차에 실어 파리로 보냈다.

몽 루이에 도착한 지 사흘 되던 날, 나는 에피네 부인에게 다음과 같은 편지를 써 보냈다.

부인! 당신 집에 머무는 것을 허락하시지 않는 한, 제가 그곳을 떠나는 것은 당연하고도 필요한 일이라고 생각합니다. 저는 겨울 동안을 은자암에서 지내도록 허락하시지 않아, 12월 15일 그곳을 나왔습니다. 타의로 입국했다가 역시 타의로 나오게 됨도 제 운명인가 생각합니다. 이때까지 제게 편의를 제공해 주신 데 대해 심심한 사의를 표하는 바입니다. 그 대가가 좀 더 가벼웠더라면 저는 더욱 깊이 감사했을 것입니다. 그리고 저를 불행하다고 생각하신 것은 당연한 일입니다. 제가 어느 정도로 불행한 인간인가를 당신보다 더 잘 아는 사람은 아마 이 세상에는 없을 것입니다. 친구를 잘못 선택한 것도 불행이겠지만, 그런 꿈 속에서 빠져 나오는 것도 또한 슬픈 불행이 아닐 수 없습니다.

1757년 12월 17일 몽모랑시에서

이상에서 나는 은자암에 머물다가 그곳에서 물러나야 했던 이유를 이야기하였다. 이런 이야기는 들추어내고 싶지 않았지만, 이 시기의 영향은 그 뒤로 현재에 이르기까지 계속되었기 때문에 비교적 자세히 말해 둘 필요가 있었던 것이다.

제 10 부

1758~1759(46세~47세)

일시적인 격분으로 은자암을 뛰쳐나오기는 했으나, 곧 그러한 용기는 사라져 버리고 말았다. 새 집에 들자마자 나는 전부터 앓아온 요폐증으로 하여 살을 저미는 듯한 통증을 자주 느끼게 되었고 게다가 탈장까지 발병해서 심한 고통을 겪어야 했다. 나는 이 때문에 오래전부터 시달려 왔지만, 그것이 탈장인 줄은 미처 몰랐었다. 나는 곧 중태에 빠지게 되었다. 봄이 되어도 기력은 여전히 회복되지 않았다. 그리하여 1758년은 일 년 내내 쇠약한 상태로 지냈다. 그것은 내가 이제 바야흐로 인생의 종말의 문턱에 다가서고 있다는 느낌을 갖게 하였다.

내가 몽모랑시에 몸을 숨기자 에피네 부인은 몹시 당황한 모양이었다. 그녀는 거기까지는 예측하지 못했던 모양이었다. 비참한 나의 처지, 사나운 겨울의 기후, 주위 사람들로부터의 소외 등으로 보아, 그림이나 부인은 나를 궁지에 몰아넣게 되면, 내가 은자암에 그대로 머물게 해 달라고 애걸복걸하며 비굴한 행동을 취하게 되리라 생각했던 모양이다. 그러나 나의 자존심은 나로 하여금 오히려 그곳으로부터 물러나게 했던 것이다. 내가 너무나 갑자기 떠나왔기 때문에 그들은 미리 막을 겨를이 없었다. 이렇게 되고 보니 그들에게는 나를 파멸시키느냐, 그렇지 않으면 억지로라도 나를 다시 데려 가느냐 하는 두 가지 방법 중 어느 하나를 선택하지 않으면 안 되게 되었다. 그림은 전자의 방법을 택하려 했으나, 에피네 부인은 후자의 방법을 택하려 하였다. 이러한 그녀의 뜻은 나의 마지막 편지에 대한 답장을 보아서도 잘 알 수 있는 일이었다. 그녀의 회답 내용은 그 어느 때보다도 부드러운 어조를 썼으며, 또한 그와 화해의 문을 열어 놓은 것 같았다. 꼭 한 달 만에 회신을 보내 온 것을 보아도, 그녀가 얼마나 자기 결심을 내리는 데 신중을 기했는가를 단적으로 짐작할 수 있는 것이다.

이런 일이 있은 후, 나는 그녀를 믿을 수 없었으므로 그녀와의 교제를 회복할 생각은 전혀 없었다. 나의 이러한 결심을 눈치 챈 부인은 그녀대로 결심하였던 모양이었다. 그녀는 그림과 올바크 일당의 온갖 음모에 가담하여 나를 파멸시키는 일에 협력했다. 올바크 일당이 파리에서 이런 공작을 하는 동안, 부인은 제네바에서 음모를 꾸몄다.

그녀의 뒤를 따라 제네바로 간 그림은 부인이 시작한 공작을 완성시켰다. 그들은 트롱생을 손쉽게 자기네 편으로 가담시켰다. 그도 그림처럼 나를 원망할 아무런 이유도 없었건만 나의 박해자 중에서도 가장 극심한 박해자가 되었다. 그들 셋이 힘을 합하여 제네바에서 뿌린 씨는 4년 후에 싹이 트기 시작하였다. 그들이 파리에서 일하기는 쉽지 않음을 알고 있었다. 나는 제네바에서보다 파리에서 더 잘 알려져 있었고, 남을 미워할 줄 모르는 파리 사람들은 그리 쉽게 남의 말에 넘어가지 않았기 때문이었다. 그들은 더욱 교묘한 수단으로 나를 공격해 왔다. 내가 그들을 배반했다고 거짓말을 퍼뜨리기 시작했던 것이다. 사람들은 별로 생각함 없이 그들의 말을 그대로 믿고 나를 책망하게 되었다.

떠도는 소문을 종합하면, 나는 결국 다음의 네 가지 큰 죄를 범하고 있다는 것이다. 첫째로 내가 시골에 은거한 일, 둘째로 우드토 부인과의 사랑, 셋째 에피네 부인의 제네바 동행을 거절한 일, 넷째로 은자암에서 떠나온 일 등이었다. 나는 무슨 영문인지 통 알 수가 없었다.

나의 이름은 유명해져서 이미 유럽 각지에 알려져 있었지만, 나는 여전히 옛날과 다름없이 소일하면서 사교계를 주름잡고 있었다. 그들은 귀족, 재사, 문학가, 법률가 심지어는 부인들에게까지 손을 뻗어, 그들의 말이면 무엇이든 통하게끔 만들어 버리고 있었다. 이렇듯 그들 세 사람이 단결한 지위는, 나의 지위에 비하면 비교가 안 될 만큼 유리했다. 하기야 디드로와 올바크는 그런 음모조차 꾸며 낼 위인이 못 된다고 나는 스스로 믿고 있었다. 디드로는 그러한 악의가 있는 사람이 아니었으며, 올바크에게는 그만한 수완이 없었다. 그러나 그렇기 때문에 그들의 단결이 빨리, 그리고 공고하게 서게 되었는지도 모르는 일이었다. 그림이 혼자서 일을 계획하여, 디드로와 올바크에게는 실천에 필요한 일만을 알려 주는 것이었다.

그림은 우리들 서로의 지위를 이용하여, 자기의 명예는 조금치도 손상하지 않고, 나의 명성을 뒤집어엎음으로써, 나로 하여금 정반대의 악평을 받도록 공작했던 것이다. 그리하여 내 주위에 암흑의 장벽을 둘러싸서, 내 힘으로는 도저히 그것을 파괴하여 그들이 씌운 가면을 벗기지 못하게 하는 그런 공작을 폈던 것이었다.

그림의 이와 같은 계획은 여러 가지 곤란한 점을 내포하고 있었다. 왜냐하면 그의 협력자들의 눈에 그것이 부정한 것으로 비치지 않게 해야 했기 때문이다. 성실한 사람을 속여야 했고, 또한 모든 사람이 나에게 접근하지 못하도록 하지 않으면 안 되었다. 나에게는 한 사람의 벗도 남겨 두어서는 안 되었다. 더구나 나에게 한 마디의 진실한 말이라도 들을 수 있게 해서는 안 되었다. 만약에 한 사람이라도 나에게 와서,

"내가 보기에 당신은 정당하게 행동하고 있는데 세상에서는 당신을 이렇게 취급하고 있으며, 또 당신을 이렇게 판단하고 있습니다. 여기에 대해서 당신은 무슨 할 말이 없습니까?"

하고 말하게 된다면, 진실은 승리를 거둘 것이며, 그림의 계획은 실패할 것이었다.

들레이르는 남들이 모두가 자기를 무도한 인간으로 취급하고 있다고 편지로 알려 왔으며, 디드로도 역시 같은 뜻의 말을 여러 번 전해 왔다.

나는 우드토 부인의 편지가 점점 냉정의 도를 더해감을 느낄 수 있었다. 이 냉담은 생 랑베르 탓은 아닌 것 같았다. 그는 변함없는 우정으로 내게 편지를 보내 주었던 것이며, 귀환한 뒤에는 나를 찾아오기까지 했다. 그렇다고 단순히 나의 탓이라고는 생각할 수 없었

다. 왜냐하면 부인과 나는 서로 유쾌한 기분으로 헤어졌고 내가 은자암을 떠나기는 했지만 그것은 그녀에게도 필요하다고 생각되었던 것이다.

디드로가 최후로 은자암을 찾아왔을 때, 그는 달랑베르가 『백과 전서』에 쓴 제네바의 항목을 나에게 알려 주었었다. 이 글은 제네바의 상류 계급과 결탁하여 쓴 것으로 제네바에 극장을 설립해야 한다는 것이며, 그 준비가 착착 진행되어 머지않아 설립을 보게 될 판국이었다. 디드로는 그것을 참으로 좋은 일이라 믿고 있는 모양이었다. 그리고 그 성공을 의심하지 않는다고 덧붙여 말했다.

그러나 나는 나의 조국에 그런 유혹적인 계획이 실행되는 데 분개하였다. 그리하여 그 논문이 실려 있는 『백과 전서』가 출판되기만을 기다렸다. 그리고 이 시안을 철회하게 하기 위한 반박의 방법을 궁리하였다.

몽 루이도 옮겨 오자, 곧 그 책이 왔다. 그 논문은 썩 잘된 것으로 필자의 이름에 부끄럽지 않을 정도였으나, 반박을 포기하게 할 정도는 아니었다.

몹시도 추운 겨울의 두 달 동안 나는 매일 오전 중 두 시간과 오후에 두 시간을 정원 한 구석에 있는 작은 정자에서 지냈다. 언덕 길가에 있는 이 작은 정자에서는 몽모랑시 계곡과 호수를 내려다볼 수 있었으며, 멀리 지평선 저쪽에는 생 그라티앵 성이 보였다. 나는 냉기가 감도는 처소에서 모진 바람과 눈에 시달리며, 불도 없이 오직 가슴 속 정열에 의지하여, 3주일 동안 극장 문제에 관한 『달랑베르에의 공개장』(이 글에서는 문명 부정론을 강조했음-역주)을 썼다. 내가 문장의 매력에 끌려 글을 쓴 것은 이것이 처음이었다. 그때까지 나는 『신 에로이즈』는 아직 반밖에 쓰지 못했었다. 이 글을 쓰기 전까지는 도의적인 분개가 나의 시신이 되었지마는, 이번에는 부드럽고 따뜻한 심정이 이에 대신하였다.

부정과 부당을 제삼자의 입장에서 바라볼 때, 나는 격분하였었지만, 막상 내가 직접 그 희생물이 되자 나는 한없이 슬프기만 했다.

나는 이 『달랑베르에의 공개장』을 수정하고 정서하여, 이것을 인쇄에 부치려고 하였다. 이때 우드토 부인으로부터 오랜만에 편지가 왔다. 그녀의 편지는 일찍이 느껴 보지 못했던 새로운 고민의 함정으로 나를 몰아넣고 말았다. 이 편지 속에는 그녀에 대한 나의 사랑이 전 파리에 알려졌다는 것, 그것은 내가 다른 사람들에게 이야기했기 때문에 널리 세상에 퍼지게 되었다는 것, 또한 이러한 풍문이 자기 애인의 귀에 들어가게 되어 하마터면 목숨을 잃을 뻔했다는 것, 그러나 결국은 자기의 결백이 인정되어 자기 애인과 화해하게 되었다는 것과, 이제는 사랑하는 자기 애인을 위해서나, 그녀의 명예를 위하여 나와의 교제를 일체 끊어야 하겠다는 사연이었다. 그리고 자기 두 사람은 결코 나를 잊지 않을 것이며, 다른 사람들이 무어라고 하여도 나를 변호할 것이며, 앞으로도 내 안부를 묻기 위해 가끔 사람을 보내겠다는 것이었다.

『달랑베르에의 공개장』은 대성공이었다. 나의 저서는 어느 것이나 다 성공했지만, 이번 것은 더욱 좋은 반향을 일으켰다. 그것은 올바크 일당이 중상모략 하는 말을 귀담아들을 필요도 없다는 것을 세상에 가르쳐 주었다. 내가 은자암으로 들어갈 때 올바크 일당은 내가 석 달도 견디지 못하고 뛰쳐나오리라고 예언했었다. 그러나 내가 20개월씩이나 그곳에서 지내는 것을 보고, 또 이번에 은자암을 부득이 떠나게 되자, 또다시 거처를 시골로 옮긴 것을 보고, 그들은 그 같은 행위가 옹고집에 불과하다고 떠벌리고 다녔던 것이다. 그리고 그들은 내가 실은 은신처에 파묻혀 있는 것을 죽기보다 싫어하면서도, 자존심 때문에 파리로 돌아가지 못하고 고집의 희생이 되어 죽으려 한다고 떠들어 댔다.

『달랑베르에의 공개장』에는 가식으로 꾸며진 농담 같은 것은 찾아 볼 수 없고 따뜻하고, 진지한 심정이 넘쳐 있었다. 만일 내가 시골에 묻혀 지내는 것에 짜증이라도 느꼈다면, 그러한 기분은 이 글에도 얼마간 나타나 있을 것이다. 차라리 파리에서 쓴 작품에는 그런 기분이 다소 나타나 있었지만, 시골에서 쓴 저술에서는 그 같은 요소는 전혀 없었다. 사물을 올바르게 관찰할 줄 아는 사람들에게 바로 이러한 점이 결정적인 역할을 해 주었던 것이다. 사람들은 내가 내 본연의 처지로 돌아온 것을 인정했던 것이다.

주위가 안정되어 한가하고 자유롭게 되자, 나는 곧 일에 착수했다. 그 해 겨울에 『줄리』를 탈고하여 레이에게 보냈다. 이 책은 이듬해 발간되었다.

은자암에 있었을 때나, 몽모랑시로 이사한 후에도, 나는 이웃 사람들과 가깝게 지냈는데, 모두들 재미있었고, 조금도 나를 속박하지 않았다. 그들 중에는 르와조 드 몰레옹이란 청년이 있었다. 그는 막 변호사가 된 뒤였으므로, 앞으로 어떤 지위를 얻게 될는지 모르는 장래성이 유망한 청년이었다. 나는 그가 현재 누리고 있는 명예로운 생애를 이미 그때 인정한 터였다. 소송의 선택을 엄중히 하고, 정의와 도의를 위해서만 변호한다면, 그의 고상한 감정은 그의 재능을 부채질하여 일약 최대의 변호가와 대등한 위치에 설 수 있다고 예언하였다. 그는 나의 이러한 충고를 달게 받았다. 과연 그 효과는 눈에 띄게 현실 앞에 나타났다. 그의 포르트 씨에 대한 변호는 데모스테네스의 웅변에 필적할 만한 명 변호였다.

그리고 나는 같은 생 브리스 마을에서 서적상을 경영하는 게랑과도 친하게 되었다. 그는 재능과 교양을 겸비하고 있어 서적상계에서는 일급에 속하는 사람이었다. 그는 오래전부터 펜팔의 친구이며, 후에 나의 『에밀』을 인쇄하게 된 암스테르담의 서적상 주인인 장 네옴을 나에게 소개해 주었다.

나는 또한 그로슬레의 말토르 주임사제도 알게 되었다. 그는 주임사제라기보다 정치가나 외교관이라고 할 만한 사람이었다.

몽모랑시에서는 오라토리오 회원들과도 사귀었다. 그중 특히 베르티에 신부는 물리학 교수였으며, 다소 현학적인 데가 있었지만, 사람 좋은 품격에 나는 마음이 끌렸다. 그는 누구와도 어울릴 수 있는 원만한 성격의 소유자였다. 그와 알게 된 것은 은자암에 이사한 직후였으며 그는 종종 나를 방문해 주었다. 내가 몽모랑시로 옮길 즈음 그도 파리로 돌아갔다. 파리에서 그는 테레즈의 모친과 자주 만났었다. 그런데 어느 날 그는 뜻밖에 장모인 테레즈의 모친을 대신해서 내게 편지를 보내왔다. 그림이 테레즈의 모친의 부양을 맡겠다고 자청해 왔다는 사실을 전하면서, 나의 동의를 구하는 내용의 편지였다. 나는 이 소식으로 어떠한 인상을 받았는가에 대하여 말하고 싶지는 않다. 이때부터 나는 베르티에 신부가 호인이라고 생각했던 인식을 고쳤다.

내집 주인이었던 호인 마타 씨와 더불어 이 사람들은 시골에서의 나의 친구들이었다. 내가 파리에 가서 산다고 해도 문인 말고도 즐겁게 지낼 만한 사람들은 몇몇 있었다. 그러나 문단 친구로서는 뒤클로 한 사람뿐이었다.

그런데, 그 무렵의 교우 관계로 빼놓을 수 없는 것이 하나 있었는데 그것은 나의 후반생에 많은 영향을 끼쳤으므로 그 유래부터 말해 두겠다. 그것은 징세 검사원장 라무와뇽 드 말제르브 씨에 관한 이야기이다. 그는 당시 도서국장으로 있었는데, 그 직무를 공명정대하게 수행했으므로 문인들 사이에 인기가 대단했었다. 나는 파리에서는 한 번도 그를 만날 기회가 없었지만, 검열에 관해서는 항상 최대한의 편의를 봐 주었다. 또 그는 나를 중상하는 작가들을 여러 번 엄하게 취재하기도 하였다. 그는『줄리』의 출판에 대해서도 호의를 베풀어 주었다. 이와 같은 큰 책의 교정지를 암스테르담에서 우송하려면 비용이 적잖게 들었다. 그는 자기 물건은 우편세가 면제되므로 그것을 자기 앞으로 보내게 했다. 그리하여 그것을 그의 부친인 대법관의 서명을 하여 나에게 무료로 보내 주었다.

말제르브 씨는 어떠한 어려움도 이겨낼 수 있는 꿋꿋한 사람이었다. 그의 청렴결백을 의심할 사람은 아무도 없었다. 그러나 그는 마음이 약하여, 때로는 열심히 남을 도와주려다가 도리어 그 사람에게 해를 끼치는 일이 있었다.

그는 파리판에서는 백 페이지 이상이나 삭제하였고 퐁파두르 부인에게 보낸 판본에서는 터무니없는 삭제를 해 놓았다. 이 책 어느 대목엔가 "숯장수의 아내는 왕자의 애인보다 고귀하다"라는 구절이 있었다. 사실 이것은 어떤 특정 인물을 가리킨 것이 아니었다. 그저 우연히 머리에 떠오른 말이었다. 그런데 사실 그러하긴 했다. 작품을 거듭 읽어 보니 독자들은 이것을 어떤 특정인에게 적용시킬 수도 있으리라고 생각되었다. 그러나 내가 그것을 쓸 때에는 결코 누구를 비유한 것이 아니었으므로, 그 구절을 결코 삭제하려 하지 않았다. 그래서 처음에 "왕"이라고 썼던 것을 겨우 "왕자"로 고쳤을 뿐이었다. 그러나 말제르브 씨는 이 구절을 아주 삭제한 것을 한 장 따로 인쇄하여, 퐁파두르 부인에게 보내는 책 속에 감쪽같이 오려 붙이게 하였다. 부인이 이런 술책을 모를 까닭이 없었다. 부인에게 친절히 일러바친 사람이 있었다. 나는 이 사실을 훨씬 뒤에서야 알았다.

『달랑베르에의 공개장』과 『신 에로이즈』의 수입은 은자암에서 나온 이후 가벼워져가던 내 호주머니의 형편을 다소 여유 있게 해 주었다. 내 수중에는 거의 천 에큐의 돈이 들어왔다. 나는 『신 에로이즈』를 탈고한 뒤로는 『에밀』에 전력을 기울였으므로 많이 진척되었다. 이 책이 출판되기만 하면 현재 금액의 배 정도의 수입이 생기게 될 것이다. 이렇게 되면 나는 그 돈을 예금하고 여기에 악보 필경 수입까지 합치면 앞으로는 글을 쓰지 않아도 먹고 살 수 있을 것 같았다.

나는 이 밖에도 두 권의 책을 집필하고 있었다. 그중 하나가 『정치제도론』이었다. 이 책의 목록을 검토해 본즉, 앞으로 몇 년이나 걸리게 될지 까마득했다. 나는 이 일이 완성될 때까지 기다릴 용기가 나질 않았다. 그래서 그 저술은 단념하고 그 원고에서 필요한 것만 을 추려 두고, 나머지는 전부 불태워 버렸다.

『에밀』을 쓰는 한편, 열심으로 이 일을 추진하여서 2년 동안에 겨우 완성한 것이 『민약론』이다.

그 밖에 나는 『음악 사전』에 손대고 있었다. 이 일은 기계적인 것이어서 언제나 할 수 있는 것이었다. 그리고 이것은 단순히 수입을 목적으로 한 저술이었다. 그리하여 나는 다른 수입을 계산해 보고, 그 이상의 돈이 필요한가 어떤가에 따라 이 일의 중단 여부를 결정하기로 했다.

『감각적 도덕론』은 그 계획도 아직 다 안 되어 있었기 때문에 결국 중단하기로 했다.

파리에서는 방문객들 때문에 경제적으로 시간적으로 손해를 보는 형편이었으므로, 악보 베끼는 일을 안 해도 살 수 있다면, 나의 최후의 계획은 파리를 떠나는 것이었다. 그리하여 은퇴한 후 붓을 놓았을 때를 생각하여, 무료함을 면할 소일거리를 하나 염두에 두게 되었었다. 그것은 다만 심심풀이로 하는 것이며, 결코 내 생전에 출판하려는 생각은 추호도 없었다.

어떤 생각에서였는지 레이가 오래전부터 나에게 자서전을 쓰라고 졸라 댔다. 이때까지의 나의 경력은 무슨 흥미 있는 것이 못 되었지마는, 솔직하게 고백하면 흥미 있는 것이 될지도 모른다고 생각되었다. 그래서 나는 이 자서전에다 유례가 없을 만큼 진실 그대로를 기록함으로써, 전무후무한 저술을 만들 결심을 했다. 그리하여, 적어도 한 번쯤은 한 인간의 내부생활을 적나라하게 볼 수 있도록 하려고 생각했다. 나는 몽테뉴의 위장된 순정을 항상 비웃어 왔었다. 그는 겉으로는 자기의 잘못을 고백하는 체하면서도 사실은 조심조심 자랑할 만한 결점밖에는 털어놓질 않았다. 나는 나 자신을 언제나 가장 선량한 인간이라고 믿어 왔고, 또 지금도 그렇게 믿고 있다. 그러나 아무리 순결한 사람이라 할지라도 그의 마음속에 아무런 추악한 악덕도 지니고 있지 않은 인간은 없다고 생각한다. 세상 사람들은 가끔 나를 아주 기형적인 인간으로 취급하고 있다. 그러므로, 나는 비록 나에게 과오가 있을지라도, 그대로 가만히 있기보다는, 실제의 나를 세상에 드러내 보임으로써 도움이 되게 하고 싶었다. 그런데 그렇게 하려면 자연히 나 자신뿐만 아니라 나와 관련된 다른 사람들의 이야기도 끌어들이지 않을 수 없는 일이었다.

따라서, 이 책은 자신이나 또 이 책에 등장하는 모든 사람들이 이 지구상에서 사라져 유명을 달리한 뒤에야 비로소 그 빛을 볼 수 있게 되는 것이다. 그래야만 나는 누구 앞에서나 낯을 붉히지 않고 대담하게 『고백록』을 쓸 수가 있다. 나는 여가를 이 책의 저술에 바치기로 결심하고, 기억을 보충해 줄 만한 서한이나 서류를 수집하기 시작했다. 그러고 보니 이미 찢어 없애거나 불태워 버린 것들이 아쉬웠다.

지금까지 내가 세운 계획 중에서 가장 뜻깊은 계획이라고 할 수 있는 이 은퇴 계획은 내 머리에 깊이 새겨졌다. 그리하여 이것을 실천하려 하자, 신은 나에게 또 다른 시련을 줌으로써 나를 새로운 소용돌이 속으로 내던져 버렸다.

몽모랑시는 몽모랑 가문의 세습적인 영지였으나, 몰수된 후로는 앙리 공의 자매인 콩데 집안으로 이관되었고, 따라서 이름도 앙기앵으로 바뀌었다. 여기에는 "포브르"라는 별장이 있었는데, 이 웅장한 건물의 소유자는 뤽상부르 원수였다. 내가 몽모랑시로 온 뒤 그가 처음으로 이 별장에 왔을 때, 그는 사동을 보내어 내게 인사를 전하고, 언제든지 내가 좋은 때에 만찬에 참석해 달라고 초대했다. 뤽상부르 씨는 국왕의 친구였다. 그러한 신분의 그는 나를 위해 무엇이든지 할 수 있는 처지였다. 그러나 이 고귀한 인물인 뤽상부르 씨와 나와의 교제는 어디까지나 깨끗한 교제였다.

어느 날 뤽상부르 씨 내외가 나를 방문해 왔으므로, 나는 하나밖에 없는 방에서 그들 내외와 시종들을 대접하기 곤란했다.

그들은 더러운 식기와 깨진 쟁반 따위가 너저분하게 놓여 있는 곳으로 안내할 수밖에 없었거니와 그보다도 시종들까지 들어서면 사람의 무게로 썩은 마룻바닥이 꺼져 내려갈 것만 같았다. 내 몸의 위험보다도 귀빈들을 위험에 빠뜨리지나 않을까 걱정이 되어, 나는 아직 날씨도 차갑고 문도 난로도 없는 정자로 옮기게 했다. 그리고 곧 그들을 이곳으로 안내하게 된 이유를 설명했다. 그들 부처는 마룻바닥의 수리가 끝날 때까지 자기네 별장에 와 있으라고 간청했다. 그러고는 나만 좋다면 정원 복판에 "작은 성"이라고 부르는 외딴 건물을 사용해도 좋다고 말했다. 이 한적한 건물 안에 있는 네 개의 완비된 방 가운데서 하나를 마음대로 고르라고 하였다. 나는 부엌 위에 있는 작은 방을 골랐다. 이 방은 기분 좋고 정결하며 실내는 흰색과 푸른색으로 칠해져 있었다. 이 아늑하고 조용한 집에서 나는 『에밀』 제5권을 완성했다. 이 책 속에서 엿볼 수 있는 신선한 색채의 대부분은 여기서 살았던 생생한 인상에서 얻은 것이다.

아침 해가 솟아오를 무렵이면 나는 얼마나 향기가 그윽한 공기를 마시려고 뛰어다녔던가! 그곳에서 테레즈와 마주 앉아 마시던 밀크 커피는 얼마나 달콤하였던가! 나의 수행원으로는 고양이와 개가 있었다. 나에겐 그곳이 지상의 낙원이었다.

7월이 되자 뤽상부르 원수 부처가 와서 극진히 나를 돌보아 주었다. 그리하여 나로서는 이 호의에 보답하기 위하여 그들 부처를 부지런히 방문하지 않을 수 없었다.

그때까지는 모든 일이 순조로웠다. 여기서 그쳤더라면 불상사는 일어나지 않았을 것이다. 그러나 나는 다만 애착의 종용만을 지키거나 사교적 의무만을 다하는 것으로 그칠 수는 없었다.

"전부냐? 아니면 전무냐?" 하는 것이 이때까지의 나의 생활 신조였다. 이윽고 나는 "전부"가 되고 말았다. 나는 그들에게 친숙한 태도를 취하게 되었으며, 그들은 나에게 예절에 벗어나는 태도는 취하지 않았다. 그러나 나는 늘 원수 부인에 대해서는 불안감을 느끼고 있었다. 내가 아직 그녀의 완전한 성격을 파악하지 못했다는 사실도 그 원인의 하나였겠지만, 그보다는 차라리 그녀의 재기때문이었다. 특히 그런 면에서 부인은 나를 위압하고 있었다. 그녀의 꽤 까다로운 대화는 곧 그녀의 권리이자 권위라는 것을 나는 잘 알고 있었다. 소위 귀부인 축에 드는 여인들은 어떤 경우에나 향락적이어서, 그녀들로 하여금 지루한 감정에 휩싸이게 하기보다는 차라리 그녀를 화나게 해 주는 편이 낫다는 사실을 나는 잘 알고 있었다.

나는 부인 옆에서 얘기하는 것보다는 책을 읽어 주는 것이 제일 좋을 것 같았다. 그녀는 『줄리』 얘기를 이미 들어서 알고 있었으며, 인쇄 중이라는 사실도 알고 있었다. 그녀는 이 작품을 무척 보고 싶어했다. 내가 그녀에게 그 책의 내용을 읽어 주겠노라고 했더니 그녀는 기뻐서 날뛰었다. 나는 매일 아침 열 시에 그녀에게로 가서 그것을 읽어 주었다. 그녀는 『줄리』와 그 저자인 나에게 매혹되고 말았다. 그녀는 하루 종일 내 말만 했고, 하루에도 열 번 정도는 나를 껴안아 주었다. 식탁에선 나를 그녀 곁에 앉게 하였다. 혹 가다가 어떤 귀빈이 자기 옆자리에 앉으려면, 그녀는 그건 내 자리라고 하면서 다른 데 앉기를 권했다. 그녀가 나에게 보여 준 애정의 표시만큼 나도 그녀에게 애정을 쏟았다. 나는 그같이 부인의 열정을 늘 대할 때마다 나 자신의 무력 때문에 부인의 그 같은 열정이 오히려 혐오로 바뀌지나 않을까 하고 은근히 걱정했다. 나는 불행하게도 이러한 나의 걱정에 확신을 줄 수 있는 몇 가지 근거를 알게 되었다.

그녀와 나와의 성격은 근본적으로 융화될 수 없는 것이었는지도 모른다. 평상시의 대화나 편지에서 숙맥 같은 말을 지껄인 것은 그만두더라도, 왜 그런지 나로서는 상상할 수 없는 대수롭잖은 일로 그녀는 가끔 불쾌해지기 때문이었다. 여기 그 실례를 하나만 들겠다. 부인은 내가 우드토 부인에게 한 페이지당 얼마씩 받고 『신 에로이즈』의 사본을 쓰고 있는 것을 알았다. 그리하여 그녀는 같은 조건으로 자기에게도 해 주길 원했다. 나는 곧 그렇게 할 것을 수락하고, 그녀를 다만 나의 한 단골손님으로 보고, 정중한 편지를 보냈다. 나의 의도는 그뿐이었는데, 다음과 같은 회답을 받고 나는 아연실색하지 않을 수 없었다.

당신의 고마우신 글월 반가이 받은 데 대하여 기쁨과 아울러 감사를 드리는 바입니다. 주신 글월 속에 "부인은 분명히 제게는 고객이오나, 어쩐지 부인에게서 돈을 받는다는 건 유쾌한 일이 못 되옵니다. 솔직히 말씀드리자면 부인을 위하여 일한다는 기쁨에 대하여 오히려 제가 그 대가를 치러야 마땅할 것 같습니다"라고 씌어 있더군요. 저는 이에 대해 말씀드리지 않겠습니다. 당신의 건강이 어떤지 거기에 대해선 한 마디의 언급이 없으니 매우 섭섭합니다. 제게는 그것이 제일의 관심사입니다. 진정으로 당신을 사모합니다. 이런 말씀을 편지로 드리게 된 것을 몹시 슬프게 생각합니다. 직접 입으로 그것을 말씀드린다면 저의 기쁨은 더할 나위 없을 터이니 말입니다. 뤽상부르 원수도 당신을 진정으로 사랑하며 당신을 포옹하고자 합니다.

베르사이유. 화요일

나는 이 편지를 받자 그처럼 불유쾌한 해석에 대해 항의하기 위한 검토는 뒤로 미루기로 하고 우선 회답을 써 보냈다. 그리고는 며칠을 두고 불안한 마음으로 그것을 검토하고 아무리 생각해 보아도 내 머리로는 도저히 이해할 수 없었다. 이 문제에 대한 나의 최후의 답장은 다음과 같았다.

지난번에 글월 올린 이후로 문제의 구절을 생각해 보았습니다. 저는 그것에 대하여 자연스러운 뜻으로 생각도 해 보았으며, 여러 가지 다른 의미로도 생각해 보았습니다. 부인! 사과할 사람은 저인가요? 그렇지 않으면 부인이신가요? 저는 도무지 알 수가 없습니다.

1759년 12월 8일 몽모랑시

이 편지를 주고 받은 지 어언 십 년이 지난 오늘까지도 나의 우둔함은 아직도 그 글귀 중 어디에 그녀를 노하게 하고 불쾌하게 할 만한 요소가 있었는지 통 알 수 없다.

몽루이의 집 수리가 끝나자 나는 그곳으로 돌아갔다. 그러나 "작은 성"의 내 방을 포기할 수도 없었으므로, 나는 별장에 가는 기분으로 가끔 가서 2, 3일씩 묵기도 했다.

1760년 내가 몽모랑시로 뤽상부르 부인을 두 번째로 찾아갔을 때는 『줄리』는 이미 다 읽어 주었으므로, 나는 계속해서 그녀에게 『에밀』을 읽어 주기로 했다. 그러나 이것은 별로 성공을 거두지는 못했다. 테마가 그녀의 취미에 맞지 않았는지 그렇지 않으면 그녀가 책에 대해서 싫증이 생겨서 그랬는지 모를 일이었다. 그러나 부인은 내가 출판할 때마다 속은 것을 아깝게 생각하여 이 책의 출판을 자기에게 맡기면 다른 데보다 이익금을 더 올려 주겠다고 했다. 나는 프랑스에서는 출판하지 않는다는 전제하에 동의했다. 그 조건에 대해 오랫동안 의논했다. 나는 검열을 받지 않고 통과되기란 거의 불가능하니 출판 허가를 신청하는 일은 경솔한 행동이라고 했다. 그랬더니 그녀는 정부 방침으로 볼 때, 검열 때문에 출판을 못 하게 되지는 않으니 아무 염려 말라고 했다. 그녀는 말제르브 씨를 자기 의견에 동조하게 만들었다. 말제르브 씨는 이 문제에 대해 손수 긴 편지를 보내어 『사부와 사제의 신앙 고백』은 전 인류의 호평을 받을 작품으로 긍정의 찬사도 받을 만한 작품이라고 증언했다. 나는 그처럼 겁쟁이였던 그가 이 문제에 대해서 이처럼 일가견을 가지고 있는 데는 놀랐다. 사실 그가 인정하는 서적의 인쇄는 그의 말 한 마디로서 합법적이었으므로, 나도 이 책의 인쇄에 대해서 더는 반대할 이유가 없었다.

내 체류가 끝나갈 무렵의 일이었다. 디드로가 경솔하게 뤽상부르 원수의 딸 로베크 부인을 모욕했기 때문에, 로베크 부인의 보호를 받고 있던 팔리쏘가 『철학자들』이란 희극을 발표하여 부인의 복수를 했다. 나도 다소 우롱당했지만, 디드로는 아주 지독한 공격을 받았다. 팔리쏘가 나를 다소 보아 준 것도, 생각해 보면, 나에게 대한 호의에서이기보다는 차라리 내가 특별 대우를 받고 있으며, 아울러 자기 보호자의 부친인 뤽상부르 씨에게 불쾌한 감정을 주지 않을까 하는 염려에서였던 것이다.

서적상 뒤세느가(당시 나는 그를 알지 못했다) 그 책이 출판되자마자 내게 한 권을 보내 주었다. 이것 역시 팔리쏘의 지시에 의한 것임에 틀림없었다. 팔리쏘는 절교한 친구를 헐뜯는 소리를 들으면 내가 몹시 기뻐할 줄로 생각했던 모양이었다. 사실이 그렇다면 이것은 그의 큰 오해였다. 사실 디드로와 절교한 사이였지만, 나는 그를 나쁜 사람으로 취급하기보다는 차라리 경솔하고 심약한 사람으로 취급하고 있었다. 그렇기 때문에, 그에 대한 나의 우정은 완전히 사라진 것은 아니었다.

나는 이 비위에 거슬리는 작품을 읽자니 배알이 뒤집힐 지경이었다. 나는 읽던 책을 내동댕이치고는, 다음과 같은 내용의 편지를 써서 그 책과 함께 뒤세느에게 돌려주었다.

> 보내 주신 책에서 나를 칭찬하는 내용의 대목을 보고, 나는 몸이 떨려옴을 느꼈습니다. 나는 이렇게 떨리는 선물을 받을 수가 없습니다. 물론 나를 모욕하기 위해 보내 주신 것이 아님은 알겠습니다만, 내가 이

책 속에서 부당한 비난을 받고 있는 존경할 만한 친구였다는 사실을 당신은 모르십니까? 아니면 알고도 잊으신 것입니까?

1760년 5월 11일 몽모랑시

뒤세느가 나의 편지를 공개하자, 나에게 감사해야 할 디드로는 도리어 나를 원망했다. 그는 자존심이 강한 사람이었기 때문에, 이러한 나의 관용에 대해 몹시 굴욕을 느꼈던 모양이었다. 그의 부인도 동네방네로 다니면서 나를 중상했지만, 나는 조금도 이 일을 마음에 두지 않았다.

나는 문학 때문에 최대의 영광을 받았는데, 거기에 대해서는 나 자신도 정말 감격하였다. 그것은 콩티 대공의 두 번에 걸친 방문을 받게 된 일이었다. 첫 번째는 "작은 성"에서 그리고 두 번째는 몽 루이에서였다. 두 번 다 뤽상부르 부인이 몽모랑 시에 없을 때에 나만을 위해 찾아 준 것이었다. 첫 번째 호의는 뤽상부르 부인과 부플레르 부인의 덕분으로만 생각하였다. 그러나 그 후로도 계속해서 내게 보여 준 대공의 영광스러운 호의는 대공 자신의 감정에 의한 것이라고 나는 확신할 수 있었다.

몽 루이에 있는 나의 주택은 협소했지만, 운치 있는 정자가 있었으므로, 나는 대공을 그곳으로 모셨다. 대공은 황공하게도 내게 체스를 두자고 하였다. 나는 대공이 나보다 실력이 강한 로랑지 기사에게 이긴 사실을 알고 있었다. 그렇지만 나는 로랑지 기사를 비롯한 여러 구경꾼들의 훈수에도 불구하고 두 번 다 대공을 이겼다. 승부가 끝나자 나는 대공에게 공손하고 엄숙한 어조로 다음과 같이 말했다.

"각하! 각하를 지극히 존경하기 때문에 승리를 사양할 수 없었습니다."

결코 아첨할 줄 모르는 총명한 대공은 그에게 인간적으로 솔직하게 대할 사람은 나 이외에는 아무도 없다고 생각했으리라고 확신했다.

대공은 2, 3일 후 나에게 사냥의 선물을 한 보따리 보내 주었다. 나는 황공한 마음으로 받았다. 그리고 얼마 후 또 한 보따리를 보내 주었다. 이때 몰이꾼 한 사람이 이 사냥의 선물은 대공이 손수 잡은 것이라는 내용의 편지를 내게 전했다. 나는 그것도 황송하게 받았다. 그러나 나는 부플레르 부인에게 보내는 편지 가운데서, 더 이상은 대공의 후의를 사양하겠노라는 의사를 말했다. 이런 나의 행동은 일반 사람들의 비난을 받았는데 그것은 당연한 일이었다. 왕가의 군신이 보내 주는 사냥의 선물, 그것도 한껏 정중하게 보내오는 것을 거절한다는 것은, 자기의 독립심을 관철시키려는 자존심이 강한 사람의 고집이라기보다는, 도리어 자기의 본분을 모르는 무식한 사람의 소치라고 생각할 만한 일이었다.

내가 이 『고백록』을 계획한 동기는 이러한 나의 못난 짓을 은폐하려고 한 것이 아니라, 오히려 이와 같은 나의 어리석음을 도저히 감추어 둘 수 없었기 때문이었다.

제 11 부

1760~1761(48세~50세)

벌써 오래전부터 인쇄에 걸린 『줄리』는 1760년이 저물어 가도록 출판되지 못하였으나, 그 책에 대한 평판은 이미 떠들썩하였다. 뤽상부르 부인은 궁정에서, 그리고 우드토 부인은 시내에서 소문을 퍼뜨리고 있었다. 우드토 부인은 생 랑베르를 위해 폴란드 왕 앞에서 그 원고를 낭독하도록 해 달라고 나에게 청해 왔다.

왕은 이 작품이 몹시 마음에 들었던 모양이었다. 나도 뒤클로에게 원고를 읽어 주었다.

그는 이것을 아카데미에서 마구 선전을 하였다. 파리 사람들은 이 소설이 출판되어 나오기를 손꼽아 기다리고 있었다. 생자크 거리나 팔레루와얄 서점에는 이 소식을 알기 위해 사람들이 모여들었다.

드디어 책이 나오게 되자, 열광적으로 기다리던 보람이 있어 대단한 성공을 거두었다. 누구보다 먼저 읽은 왕태자비는 훌륭한 작품이라고 뤽상부르 경에게 말하였다. 문필가들 사이의 의견은 구구하였지만 사교계에선 호평을 받았다. 특히 부인들은 책과 저자에게 도취되어 있었으므로, 만일 나에게 야심만 있었다면 어떤 귀부인이라도 유혹할 수 있었을 것이다.

무엇보다도 프랑스 사람을 좋게 다루지 않은 이 책이 프랑스에서 성공을 거둔 것은 이상한 일이다. 스위스에서는 예상 외로 반응이 없었으며, 파리에서 가장 열광적인 환영을 받았다. 파리에만은 아직도 순수하고 다정하고 성실한 감정을 사랑하는 섬세한 비판이 남아 있었던 것이다.

유럽엔 이미 도의나 덕행이 사라져 버렸지만, 그나마 거기에 대한 애착을 가지고 있는 곳이 있다면 그것은 파리뿐이라고 하겠다.

이 작품에 대하여 많은 편지들을 한데 묶어서 나다야크 부인에게 맡겨 두었다. 만일 이 서한집이 출판된다면 퍽 괴상한 사실이 드러날 것이다. 민중에게 관계되는 반대론도 있다. 독자들은 별로 깨닫지 못하겠지만, 이 책의 특질은 주제가 단순하고 흥미가 일관되어 있다는 점이다. 사건이 단순하기 때문에 독자에게 지루한 느낌을 주거나 흥미를 잃게 하지 않을까 하는 점을 나는 매우 걱정하였다. 그러나 한편 이 작품에서 받은 많은 찬사로 하여 내 마음은 흡족하였다.

사육제가 시작될 무렵에 이 책은 출판되었다. 오페라관에서 열린 무도회 날, 한 책장사가 탈몽 대공 부인에게 이 책을 갖다 주었다. 부인은 저녁식사를 마친 후, 야회복 차림으로 시간을 기다리는 동안에 이 소설을 읽기 시작하였다.

밤이 깊어지자 마차 준비를 시켜 놓고도 부인은 여전히 책을 읽고 있었다. 하인들이 시간이 되었다고 알려 왔을 때에도 그녀는 책에 열중하여 있었다. 얼마 후에 자기 시계가 선 것을 알고 초인종을 눌렀을 때는 이미 새벽 네 시가 되었다는 사실을 알았다. 그녀는 시간이 너무 늦었으니 말을 풀어 놓으라고 일렀다. 그녀는 옷을 갈아입고 계속하여 책을 읽었다.

이 이야기를 듣고 나는 탈몽 부인을 만나고 싶었다. 그것은 그 이야기를 확인하고 싶기도 하였지만 『에로이즈』에 큰 관심을 가지려면 도덕적 관심을 가져야 하는데 그러한 감각은 극소수의 사람에게서만 볼 수 있는 것이다. 그리고 이 감각이 없이 아무도 나의 작품을 이해할 수 없으리라고 생각하였기 때문이다.

이와 같이 부인들의 인기를 모은 것은 소재가 나 자신의 이야기며, 나 자신을 주인공으로 믿었기 때문이다. 그리하여 풀리냐크 부인은 베르들랭 부인을 통하여 『줄리』의 모델을 밝혀 줄 수 없느냐고 부탁하였다. 전혀 느껴보지 못한 감정을 이렇게 생생하게 표현하거나, 사랑의 격정을 묘사할 수는 없다고들 생각하였다. 그들은 내가 상상적인 인물에 얼마나 열중할 수 있었는지 미처 몰랐던 것이다.

이와 때를 거의 같이 하여 『영구평화론』이 간행되었다. 나는 지난해에 "르몽드"지의 편집자인 바스티드에게 그 원고를 넘겨주었다. 그는 뒤클로의 친구로서 내 원고는 무엇이든지 게재하려고 했다. 『줄리』의 이야기를 들은 그는 자기 잡지에 싣기를 청원하였다. 『에밀』도 게재하기를 청원하였다. 『민약론』을 알았다면 그것마저 싣겠다고 청원했을 것이다. 그의 끈질긴 청탁으로 『영구평화론』의 발췌를 12루이로 넘겨주었다. 당초의 약속은 잡지에 게재하기로 되었지만, 원고를 손에 넣자 검열관의 요구로 몇 군데 삭제하고 단행본으로 내는 편이 좋겠다고 생각하였다. 이 작품에 대한 나의 비평을 첨부했다면 어떤 결과를 초래했을까? 나는 다행히 그러한 계약은 하지 않았으며 바스티드 씨에게 말하지 않았던 것이다. 이 비평은 아직 초고대로 내 서류 속에 남아 있다.

후에 이것이 출판된다면 이 작품에 대한 볼테르의 야유와 거만한 어조가 얼마나 나를 웃겼을까를 알 수 있을 것이다. 나는 이 가련한 친구가 참견하는 정치문제에 대하여 그의 무능력함을 다 알고 있었다.

사회에서의 대성과 부인들의 인기를 독차지한 가운데 뤽상부르 댁에서의 총애가 차차 식어가고 있음을 깨달았다. 원수의 호의와 우정은 나날이 두터워지는 반면에 부인의 총애가 식어가는 것이었다. 내가 이 훌륭한 원수 댁에 출입하기 시작할 무렵부터 받고 있던 타격이 1761년엔 절정에 달하였다. 운명이 내게 마련해 준 재난은 내가 가장 경애하는 사람으로부터 떨어지기 시작하려는 것 같았다. 첫해에 그의 누이동생인 빌루아 공작 부인을 잃었으며, 이듬해엔 그의 딸인 로베크 공작부인을 잃었고, 3년째에는 몽모랑시 공작인 그의 아들과 뤽상부르 백작의 손자를 잃었으니, 집안의 후계자를 모두 잃은 셈이었다. 이렇게 계속되는 재난을 원수는 별 내색도 없이 참아나갔다. 의사의 말만 믿고 모친은 가엾은 아이에게 음식은 주지 않고 약만 써서 굶어 죽은 것이다. 아마, 내 말을 들어주었던들 할아버지나 손자는 아직 살아 있으련만 의사에 대한 맹신이 손자와 할아버지를 무덤으로 보냈다. 뤽상부르 원수는 의사만을 믿어 중풍증으로 생기는 엄지발가락의 통증을 진통제를 발라서 통증만을 멎게 하는 치료법을 쓰다가 드디어 자신의 과오로 죽고 말았다. 이 같은 불행을 말하기 전에 이야기해야 할 불행이 얼마나 많은지 모른다. 원수 부인의 총애를 놓치지 않으려고 안간힘을 쓴 나의 모든 언동은 숙명적으로 그녀를 불쾌하게 할 뿐이었다. 우리 셋만 있게 된 어느 날 중풍으로 기진맥진한 원수는 궁정생활의 고달픔을 한탄하였다. 나는 서슴지 않고 그에게 은퇴할 것을 권했다.

원수는 한숨을 쉬면서도 분명한 언급은 하지 않았다. 그런데 나 혼자 남게 되자 뤽상부르 부인은 나의 충고를 몹시 비난하였다. 그리고 그 이야기를 들은 나는 그것을 수긍하지 않을 수 없었다. 그 후 나는 이 문제에 관여하지 않기로 하였다. 그것은 다년간의 궁정생활의 습관이 뤽상부르 원수에겐 없어선 안 될 그의 소일거리였으므로 내가 권유하는 은퇴란 그에게는 휴식이라기보다 추방이나 다름없으므로, 무위한 생활은 권태와 비애로 인하여 그의 건강을 해치리라는 것이었다. 그 후 나는 원수와 단 둘이 있을 기회를 갖기란 극히 드물었고 대개의 경우 방해를 받았다.

이와 같이 나의 어리석음과 불운이 겹쳐 부인의 감정을 상했으며, 그녀와 가장 친근한 사람들까지도 나에게 힘이 되어 주지 않았다. 특히 훌륭하고 유망한 부플레르 신부 같은 청년은 나에게 전혀 호의를 갖지 않았다. 그가 몽모랑시로 올 때마다 부인의 호의가 식어가는 느낌이 들었다. 그의 우아함과 부드러운 기지가 나의 촌티를 한층 더 가중하는 것이었다. 그는 여러 가지에 재능이 있었다. 그는 그럴듯한 시도 짓고, 재치 있는 편지도 쓰며, 현악도 다룰 줄 알고, 파스텔화의 흉내도 내었다. 그가 그린 뤽상부르 부인의 그림은 보잘 것 없는 것이었다. 그녀도 그림이 전혀 다르다고 불평을 하였다. 나는 그들의 비위를 맞추려고 꼭 닮았다고 하여 그녀의 비위를 더욱 뒤틀리게 하였다. 부플레르 신부의 책략이 성공하자 그는 나를 조소하였다. 처음으로 해 본 아첨이 실패되자 나는 다시는 아첨을 삼가야겠다고 생각했다.

내가 여류 작가들과 친교를 가졌다는 것은 나의 불행이었다. 나는 적어도 상류 사회에서는 이러한 불행에서 벗어날 수 있으리라고 믿었지만, 거기서도 불행은 나를 좇아다녔다. 뤽상부르 부인은 그런데 물들지 않았다. 그러나 부플레르 신부 부인은 착실히 물들었다. 그녀는 한 편의 산문 비극을 썼는데 콩티 대공의 측근 사이에 읽혀지고 다음에서 다음 손으로 넘어가면서 칭찬을 받았다. 그러나 그녀는 나에게까지 칭찬을 받고 싶어 비평을 청하였다. 나는 작품 이상의 평은 하지 않고 『기특한 노예』라는 그의 작품은 『오루노코』라는 영국 극과 비슷하다고 지적하고 표절에 관한 충고를 하였다. 그러나 그것은 일종의 의무감 때문에 한 것이다.

뤽상부르 부인의 친구들 중에 나의 친구는 별로 없었다. 그러나 가족 중에 나의 적만 없었더라도 별 일은 없었을 것이다. 그 사람은 바로 부인의 오라버니 빌루와 공작의 조카이며 그의 후계자인 젊은 빌루와 후작(숙부가 죽은 후에 공작이 됨-역주)이었다. 그는 나에게 자기의 숙부인 빌루와 공작과 같은 호의를 베풀지 않았다. 나도 그에게 경의를 표하지 않았다. 그의 경솔한 태도가 나는 싫었으며 나의 냉담한 태도에 그도 반감을 가진 것이다. 어느 날 저녁 식탁에서 그는 버릇없는 말을 마구 내뱉었는데, 임기응변을 못 하며 우둔한 나는 노여움 때문에 내 분별력마저 잃어버렸다. 그때 나는 한 마리의 개를 기르고 있었는데, 그 개에게 공작이라는 이름을 붙여 두었다. 그 개는 그리 예쁘지는 않았지만 같은 종류 중에서는 드문 개로서 늘 친구삼아 데리고 다녔다. 그 개는 귀엽고 영리하며 잘 따라서 "몽모랑시"관에서 인기였다. 그런데 나는 소심한 나머지 개 이름을 "튜르크"라고 바꾸었다. 그러자 빌루아 후작은 개 이름이 바뀌어 공작이란 이름을 뗀 까닭을 추궁하므로, 나는 그 경위를 설명하지 않을 수 없게 되었다. 공작이란 이름에 대해 모욕감을 준 것은 개에게서 공작이란 이름을 뗀 때문이었다. 이리하여 나는 뤽상부르 부인의 애호마저 잃게 되었다. 이러한 일에 대해서 나의 힘이 되어 준 사람은 로랑지 기사뿐이었다. 그러나 그는 나보다도 달랑베르의 친구였다. 로랑지가 수학의 대가로서 부인들 간에 알려진 것도 달랑베르 덕분이었다. 그는 달랑베르의 여자친구 부플레르 부인의 환심을 사기에 여념이 없었다.

내가 뤽상부르 부인의 총애를 잃게 되자 어느 누구도 나를 도와주려고 하지 않았으며 도리어 부인의 측근자들은 한 덩어리가 되어 나를 중상하려는 것 같았다. 그런데도 불구하고 부인은 『에밀』의 출판을 맡아 주었을 뿐 아니라 다른 일로도 나를 동정하고 호의를 베풀어 주었다. 그녀는 나를 달갑게 생각지 않으면서도 영원히 변치 않으리라고 맹세한 우정을 보여 주었다.

그녀의 진심을 알게 된 나는 나의 잘못을 고백하고 나의 신변에 대한 모든 일을 이야기하였다. 테레즈와의 관계며 아이들에 대한 것까지 숨기지 않고 말하자, 그녀는 테레즈에게 많은 선물을 하고 나에게 보여 준 우정 이상으로 테레즈의 마음을 부풀게 하였다. 뿐만 아니라 그녀의 호의는 나의 맏아이를 고아원에서 데려오는 데까지 이르렀다. 그녀는 아이의 배내옷에 명찰을 붙여 놓았다는 말을 듣고, 그 사본을 달라고 하여 수색에 나섰지만 아무런 단서도 얻지 못하였다. 겨우 12, 13년 전 일이라 육아원의 장부만 잘 정리되어 있었다면 어려운 일이 아니련만 실패로 돌아갔다. 그렇다고 나는 유감스럽게 생각하진 않았다. 출생 후 사뭇 돌아보았다면 모르지만, 어떤 아이를 내 아이라고 데려온다면 그것이 정말 내 아이인지 혹은 바뀌지나 않았는지 하는 의혹으로 아버지의 자연스러운 감정을 맛볼 수 없을 것이다. 이런 감정을 유지하려면 적어도 유년 시절만이라도 같이 지냈다면 모르되 부모를 모르는 아이를 오랫동안 부모와 떨어지게 하면 부모로서의 감정을 약화시키고 드디어는 사라져 버린다. 유모의 손에 자란 아이는 부모의 귀여움을 덜 받는 까닭도 여기 있다. 이 같은 고백은 나의 죄를 결과적으로 가볍게 할런지 모르지만 원인적으로는 더욱 무겁게 해 줄 뿐이다.

나는 『에밀』을 뤽상부르 부인에게 넘겨준 후 오랫동안 소식이 없던 끝에 뒤세느가 6천 프랑을 반은 현금으로 보내 왔다. 그리고 그 나머지는 1, 2백 부의 책으로 보내 준 것을 기억한다. 계약서는 부인의 요청대로 부인에게 돌려주었다. 그녀는 한 통은 뒤세느에게 보내고 한 통은 자기가 간직해 두었다. 그러나 그 후 나는 다시 계약서를 보지 못했다.

뤽상부르 부인은 차츰 친절을 베풀지 않게 되었다. 나는 그녀의 태도가 냉담해지기 전에 은거 계획을 실행하려고 하였지만 여의치 않았다. 그동안에 『민약론』을 탈고하여 레이에게 보내자 그 원고료로 청구한 천 프랑을 보내 왔다. 그런데 이 원고에 대한 작은 사건을 말해 두어야겠다. 나는 이 원고를 단단히 봉해 보 지방의 목사로 네덜란드 대사관 교회의 사제인 뒤브와쟁에게 보냈다. 그는 레이와 가까운 사이므로 레이에게 원고를 가져다주는 역할을 맡아 주었다. 원고는 아주 작은 글씨로 썼으므로 부피가 적어서 그의 호주머니를 불룩하게 하지 않았다. 그러나 성문을 들어가다 검문을 받게 되어 세관의 손에 들어갔다. 나중에 대사의 이름으로 반환을 요구하여 되찾게 되었다. 이렇게 되어 그는 이 원고를 직접 읽게 되었다. 원고를 다 읽은 그는 한 마디의 비평이나 비난도 없이 솔직하게 칭찬을 했다. 그는 작품이 출판되면 기독교를 위한 복수가 되리라고 생각하였을 것이다. 그는 원고를 다시 싸서 레이에게 보냈다고 나에게 편지로 알려 주었다.

이 두 작품과 집필 중인 『음악 사전』 외에도 별로 중요하지 않은 몇 편의 작품이 있었다. 그 전부를 단행본으로 만들거나 후에 전집을 내게 되면 그 속에 실으리라 생각하고 있었다. 그 대부분이 초고로서 뒤페루의 수중에 남아 있지만 그중 중요한 것은 『언어 기원론』이었다. 이것을 말르세르브와 로랑지에게 보였더니, 로랑지 기사는 칭찬을 해 주었다. 이 저서를 전부 합치면 일체의 비용을 제외하고도 8천 내지 1만 프랑의 재산을 만들 수 있을 것 같았다. 이것으로 나와 테레즈의 종신 연금으로 만들 계획을 하였다. 그리하여 번거로운 세상에 참여하지 않고 평화로운 여생을 보내려고 하였다.

『민약론』은 그래도 꽤 빨리 인쇄되었다. 나의 은둔생활을 실행하기 위해 기다리고 있던 『에밀』의 출판과는 달랐다. 뒤세느는 번갈아 인쇄 견본을 보내어 선택을 종용하였다. 나는 선택을 해 주어도 그는 인쇄하지 않고 또 다른 견본을 보내왔다. 겨우 책의 체제와 활자가 결정되어 몇 페이지 인쇄되었을 때, 내가 교정을 보며 몇 군데 손을 대자 다시 재판하였다. 6개월이 다 되어도 일은 진척을 보지 못하였다. 그러는 동안에 네덜란드에서도 프랑스에서도 이 책이 인쇄되고 있음을 알았다. 한 번에 두 종류의 판을 내려는 것이었다. 나는 이미 원고의 소유자가 아니었다. 프랑스의 출판에는 관계하지도 않았을 뿐 아니라 오히려 반대해 왔던 것이다. 그러나 일이 이렇게 진행되고 또한 다른 판의 모델이 될 것이므로 나는 직접 교정을 보지 않으면 안 되었다. 그렇지 않으면 나의 저서는 병신이 되거나 틀린 책이 되어 버릴지도 모른다. 이 저서의 인쇄는 검열관의 충분한 승인을 받고 있었다. 이 계획을 지도한 것도 그로서, 검열관은 자주 나에게 편지를 내고 일부러 이 문제로 하여 나를 찾아 오기도 하였다.

뒤세느가 부진하고 있는 동안에 그의 방해를 받은 네을므는 더욱 진행이 늦어졌다. 인쇄가 된 것도 네을므에게는 정확히 보내지 않았다. 그는 뒤세느 지배인인 기이의 방법에 부정이 있다고 생각했다. 그는 계약이 잘 진행되지 않는 것을 알고 나에게 불평불만의 편지를 보내 왔다. 그러나 나는 자신의 일로 그의 사정을 돌볼 겨를이 없었다.

나는 단 하루도 건강한 날이 없이 4년 이상이나 몽모랑시에서 살았다. 나의 처지가 악화됨에 따라 『에밀』의 인쇄는 지지부진하다가 까닭을 모르게 완전히 중단되고 말았다. 기이는 소식도 없고 회답도 보내 주지 않았다. 말제르브 씨도 시골에 가 있었으므로 전혀 소식을 들을 수 없었다. 어떤 불행이라도 그 원인을 알게 되면 나는 괴로워하거나 낙담하지 않는다. 그러나 암흑을 두려워하며 어두운 것을 싫어하고 증오하는 것이 또한 나의 천성이었다.

지나치게 개방적인 나의 성격과는 상반되게 비밀은 나를 항상 불안하게 만든다. 아무리 흉측한 괴물을 보아도 별로 무서워할 것 같지는 않지만, 밤중에 흰 옷을 입은 어떤 모습을 힐끗 보면 무서워 질릴 것이다. 오랜 침묵으로 예민해진 나의 상상력은 유령의 환상을 그려내는 데 골몰하였다. 나의 최후이며 최고의 저서로 출판할 생각이 머리에서 떠나지 않아 그 장애를 찾기에 고심하였다. 언제나 무엇이든 극단적으로 생각하는 나로서는 이 인쇄 중단이 책에 대한 탄압이라고 믿었다. 그러나 그 탄압의 원인이나 방법을 상상할 수 없으므로 나는 심한 불안에 빠져 있었다. 나는 기이와 뤽상부르 부인과 말제르브에게 연신 편지를 띄웠다. 그런데 회답은 오지 않았다. 적어도 내가 기다리는 동안은 편지가 오지 않았으므로 나는 몹시 초조한 나머지 불안은 극도에 달하여 미칠 지경이었다. 불행하게도 그때 마침 예수회의 그리페 신부가 『에밀』에 대하여 언급하고 그 몇 구절은 인용한 것을 알게 되었다. 내 상상은 번개처럼 떠오르고 간악한 그 비밀의 정체가 환히 내다보였다. 그 비밀의 과정은 신의 계시처럼 명백하고 확실하게 눈앞에 나타났다. 예수회는 그들의 학원에 대하여 내가 언급한 경멸적인 논조에 분개하여 나의 저작을 탈취한 것이며, 출판을 방해한 것이다. 그들의 친구인 게랑에게서 나의 근황을 들은 그들은 나의 죽음이 머지않다고 예측하고, 인쇄를 늦추어 내 저술을 삭제하고 정정하여 그들의 목적에 맞도록 내 의견과는 상반하는 의견을 내 것으로 조작할 계획으로 인쇄를 미루어 왔을 것이라고 나는 상상하였다. 놀라울 정도로 많은 사실과 상황이 이러한 망상을 쫓아 머릿속에 떠올랐다. 거기에선 그럴듯한 명백한 증거와 증명을 나에게 보여 주었다. 게랑은 나 보기에 완전히 예수회 수중에 들어 있었다. 그가 나에게 베푼 우정이란 모두 그들을 위한 것이었다. 나에게 베푼 우정은 모두 예수회의 술책이며 그가 나를 설득시켜 네옴과 계약을 맺게 한 것도 그들의 사주에 의한 것이다. 그들은 네올므를 통해 내 최초의 원고를 수중에 넣은 것이다. 그리하여 그들은 뒤세느에게 인쇄를 중지시키고, 내가 죽은 후 그들의 뜻대로 내 원고를 빼앗아 마음대로 붓을 대고 개작하려는 방법을 모색하였던 것이라고 나는 생각하였다. 베르티에 신부는 나에게 아첨을 하였지만 내가 백과사전파의 한 사람일 뿐 아니라, 나의 생각이 예수회의 교권주의에 위배되며, 사전파의 불신앙보다도 더 위험하다고 생각하여 나를 좋아하지 않는다는 것을 잘 알고 있었다. 무신론과 완고한 광신과는 그 공통되는 이단배척이라는 점에서 상통할 수 있는 것이다. 그 실례는 중국에서도 볼 수 있고, 또 그들이 나에게 행한 것과 마찬가지였다. 그런데 합리적이고 도덕적인 종교는 일체의 인간의 힘을 배제하여 그 힘의 소유자를 무력하게 만든다. 대법관(검열관 말제르브의 아버지를 가리킴-역주)이 예수회 신부와 막역한 사이인 것을 나도 알고 있었다. 아버지의 위협을 받고 그 아들이 자기가 보관한 저작물을 넘겨 준 것이 아닌가 하는 염려도 했다. 뿐만 아니라 아무 까닭도 없이 최초의 두 권에 삭제를 요구하고 간섭을 하기 시작한 것은 분명히 그 영향이라고 생각하였다. 그런데도 나중 두 권은 다 알다시피 내용이 과격하므로 먼저의 두 권과 같이 검열을 받는다면 모두 수정하지 않으면 안 되었을 것이다. 그 밖에도 그가 이 출판의 검열을 위임한 그라브 신부도 예수회에 속하는 사람이라는 것을 말제르브 씨가 귀띔해 주었다. 어디나 예수회 사람들만 눈에 띄었다. 그들은 멸망 직전에 자신의 방어에만 몰두하고 있어서, 그들과 관계없는 책의 인쇄를 간섭할 처지가 못 된다는 것을 나는 미처 생각지 못하였다. 나는 깊이 생각해 보았지만 나의 망상임을 알게 된 말제르브 씨도 그런 사실이 없다고 부정해 왔다. 그러나 나의 은거지 구석에서 전혀 알지 못하는 큰 사건의 비밀을 판단하려는 나로서는 예수회가 위기에 놓여 있다고는 믿어지지 않았다. 항간에 퍼진 소문도 그들이 그들의 적을 진정시키려는 간책이라고 보게 되었다. 나는 이제까지 실패한 일이 없는 그들의 성공은 그 세력이 무서운 것으로 인정되었으므로 고등법원의 굴복이 한심스러웠다. 슈와죌 씨가 전에 예수회 교육을 받았다는 것과 퐁파두르 부인과 그들의 사이가 나쁘지 않다는 사실도 또 총회나 대신들과 결탁하여 그들의 공통의 적에 대하여 쌍방에 항상 유리하게 보이게 한 것을 나는 모두 알고 있었다. 궁정에서는 전혀 무간섭주의로 나오고 있는 것 같았다. 나중에 백성들이 극심한 타격을 받더라도 법원은 강경한 태도를 취하지 못하리라고 생각했던 나는 궁정의 방관적인 태도에서 예수회의 신임 정도와 그들의 승리의 전조를 엿볼 수 있었다. 결국 당시의 모든 소문은 그들의 간계와 술책이었고, 그들이 마음 놓고 모든 일을 할 수 있는 좋은 기회라고 생각한 나는, 그들이 머지않아 장

세니즘이나 법원이나 백과사전파나 그 밖에 그들에게 굴복하지 않은 모든 사람들을 타도해 버릴 것을 의심치 않게 되었다. 그들은 『에밀』의 출판을 허락한다 하더라도 나의 이름을 빌려서, 그들을 위한 나의 무기가 되도록 대책을 변형시킨 연후에야 이루어질 것을 의심치 않았다.

나는 죽을 것만 같았다. 어떻게 이런 터무니없는 생각이 나를 죽이지 않았는지 모른다. 가장 가치 있고 잘된 저서 때문에 죽은 후에 불명예스러운 추억을 남기게 되지나 않을까 하는 생각이 나를 괴롭혔다. 나는 이때만큼 죽음의 두려움을 느낀 적은 없었다. 만일 이런 처지에서 죽게 된다면 그것은 절망으로 질식할 것이라고 생각한다. 한 인간의 추억을 해치기 위하여 일찍이 볼 수 없었던 음흉하고 추악한 음모를 아무런 방해도 받지 않고 순조롭게 실행하는 것을 모르는 바는 아니지만 나는 나의 저술 속에 조만간 인간의 음모를 이겨낼 내 자신의 증거를 남기고 갈 확신이 있기 때문에 나는 조용히 죽어 갈 수 있을 것이다.

이렇게 내가 몹시 노하고 있는 것을 안 말제르브 씨는 나를 위로하려고 무한한 호의를 베풀었으며 뤽상부르 부인도 친절을 베풀어 몇 번이나 뒤세느 서적상을 찾아가 출판의 진척을 살펴 주었다. 드디어 인쇄는 다시 시작되고 신속히 진행이 되었지만, 중단되었던 까닭은 끝내 알 도리가 없었다. 주위의 여러 사람들의 친절로 나는 마음의 안정을 얻게 되었다.

그 후 내 죽음이 멀지 않다는 생각과 함께, 또 한 가지의 괴로움은 내가 죽은 후에 내 원고를 맡아 정리를 해 줄 수 있는 믿을 만한 학자가 없는 것이었다. 제네바 여행 후 물투와 친히 지냈으며 이 청년이 나의 마음에 들었으므로 나의 임종 시 그의 참석을 바라고 그에게 나의 희망을 말하였다. 그의 직업과 가족의 허락만 있었던들 그는 인정어린 이 일을 쾌히 맡아 해 주었을 것이다. 나의 희망은 수포로 돌아갔지만, 아직 발행되지 않은 『사부와 사제의 신앙 고백』을 그에게 보내어 그에 대한 나의 신뢰감을 보여 주자, 그는 매우 기뻐하였다. 그러나 그의 회답은 내가 그것에 대해 갖고 있던 큰 기대만큼의 확신은 갖고 있다고 볼 수 없었다. 그는 아무에게도 보여 준 일이 없는 나의 원고를 볼 수 없겠느냐고 하였다. 나는 『고 오를레앙 공을 위한 조사』를 보내 주었다. 그 글은 다르티 신부를 위해 쓴 글이지만 그에게서 조사의 부탁이 오지 않았기 때문에 읽혀지지 않았었다.

『민약론』은 『에밀』 보다 한두 달 먼저 나왔다. 서점 레이에게 나의 저서는 한 권이라도 프랑스에 몰래 들어와서는 안 된다고 단단히 부탁하였지만, 그는 『민약론』을 배편으로 루앙에 보내어 프랑스로 들어가게 하는 허가를 당국에 신청하였다. 그러나 그와 허가 신청은 이루어지지 않아 책은 루앙에서 여러 달 묵게 되어 몰수당할 뻔하다가 가까스로 그의 손에 되돌아왔다. 호기심 많은 사람들은 암스테르담에서 『민약론』 몇 부를 빼내어 슬금슬금 내돌렸다. 몰레옹은 그중 어느 대목을 읽어 본 어조로 나에게 이 비밀을 귀띔해 주었다. 나는 어느 모로 보나 사리에 어긋남이 없고 책망 받을 아무런 까닭이 없다고 확신하여, 태연하지 못했다면 그의 미심쩍은 말에 놀라 불안에 빠졌을 것이다. 전부터 내게 호감을 갖고 있던 슈와죌 씨는 이 책에 쓴 그에 대한 존경의 찬사에 이미 감지하고 있었으므로 퐁파두르 부인의 악의에 대해 그가 내 편을 들어 주리라고 믿어 의심치 않았다.

드디어 『에밀』이 나왔다. 삭제하라는 말도 수정하라는 말도 없었다. 책이 간행되기 전에 원수는 이 책에 관한 말제르브 씨의 편지를 모두 넘겨달라고 부탁하였다. 원수 부부에 대해서는 내가 믿고 있는 처지였으므로 그들을 의심하고 싶지 않아 나는 그 편지를 모두 보내주었다. 한두 통 책갈피에 끼어 있어 빠졌을 뿐이었다. 그 이전에 예수회에 대한 불안감에 싸여 있을 때 말제르브 씨는 내가 뒤세느에게 쓴 편지를 자기가 맡아 주겠다고 나에게 제의한 일이 있다. 사실 이 편지들은 나의 이성에 별로 명예로운 것은 못 되었다. 그러나 나는 사실 이상의 평가를 받고 싶지 않아 그의 제의를 받아들이기로 하였다. 그가 그것을 어떻게 처리하였는지 나는 알 수 없다.

이 책은 다른 저자들과 같은 갈채를 받지 못하였다. 개인적인 찬사를 받으면서 이 책만큼 독자의 반응이 없는 책은 없었다. 이 책을 비평할 수 있는 사람들이 말이나 글로 평한 것을 보고, 이 책이야말로 내 저서 중에 가장 훌륭하고 가장 중요한 나의 저서라는 것을 확신하게 되었다. 그러나 찬사란 어느 것이나 기묘한 조심성을 띠고 있어서, 이 책에 대한 찬사는 신중히 간주해야 한다는 태도였다. 이 책을 기증한 모든 사람들 가운데서, 오직 클레로 한 사람만이 좋다고 생각된 점을 당당하고 자유롭게 세상에 공언하였다.

나는 책이 발매되기 전에 마타 씨에게도 한 권 기증하였다. 그는 생 그라티앵에 별장을 가지고 있는 스트라스부르 지사의 아버지인 법원의원 블레르 씨에게 책을 빌려주었다. 마타 씨는 옛 친구인 블레르 씨를 여가 있을 때마다 자주 만나러 갔다. 블레르 씨는 책을 읽고 돌려주면서 다음과 같은 말을 하더라고 나에게 전해 왔다.

"마타 씨! 이 책은 훌륭하오. 그러나 너무 평판이 좋아 저자를 불리하게 할지 모르겠소."

이 말을 듣고 나는 웃지 않을 수 없었다.

이 책을 출판하는데 있어, 내 일신상에 관한 것이라기보다 정신적인 면에 한 가지 걱정되는 것이 있었다. 나는 은자암에서나 몽모랑시에서 귀족들이 사냥을 즐기기 위해 불쌍한 농민들을 못 살게 구는 것을 보고 분개하였다. 그들은 짐승들이 밭을 짓밟더라도 죽이지 말고 소리를 내어 피해를 막으라고 하였다. 농민들은 산돼지를 쫓기 위하여 매일 냄비며, 북이며, 종을 울리며 밭에서 밤새워야 했다. 샤룰르아 백작의 농민을 학대하는 야만적인 처사를 목격한 나는『에밀』의 끝에서 이 잔인성을 좀 비난하였다.

그런데, 내 책이 나오기 전후해서 이 문제를 논한 또 한 권의 책이 세상에 나왔다. 그것은 여기저기 덧붙인 쓸데없는 문장을 빼고 나면, 그 한 마디 한 마디가『에밀』제 1권을 표절한 것이었다. 그 책은 발렉세르라는 어느 제네바 사람의 이름으로 되어 있고, 책머리에는 하를렘의 아카데미 상을 받았다고 씌여 있었다. 나는 아카데미 상이니 뭐니 하는 것이 민중을 기만하기 위한 표절을 숨기는 날조임을 쉽사리 알 수 있었다. 이러기까지에는 사전의 음모가 있었겠지만, 나는 전혀 모르고 있었다. 내 원고가 없이는 이 표절이 불가능하므로 누군가가 내 원고를 빼냈을 것이고 자칭 현상작품을 운운하기까지에는 어떤 사람의 조언이 필요했을 것이다. 몇 해 후에 이베르누와 씨의 입을 통하여 나온 한 마디로써 나는 그 비밀을 알게 되었다.

그리고 발렉세르 공이란 이름을 이용한 사람이 누구라는 것도 쉽게 짐작하게 되었다.

폭풍이 불어오려는 은은한 소리가 멀리에서 들리기 시작하였다. 누구나 조금만 예민한 사람이라면 나의 저서와 인간에 대하여 꾸며지고 있는 음모가 터지려는 것을 명백히 예측할 수 있었을 것이다. 그러나 나 자신은 그러한 불행을 예측하지 못했고, 그 결과를 안 뒤에도 그 원인을 짐작조차 못했다. 나의 반대자들은, 얀센파를 파멸시키려고 한 것이지만, 종교를 공격한 저서나 저자에 대하여 불공평한 태도를 취할 수 없다는 교묘한 선전을 하기 시작하였다. 나는 『에밀』에 내 이름을 밝혔다고 비난을 받았다. 마치 나의 다른 저서에는 내 이름을 밝히지나 않은 것처럼 이 책에 대해서만 문제를 일으켰다. 당국은 나의 부주의가 저지른 사태에 대하여 어떠한 조처를 취하지 않을 수 없다는 것이었다. 그러나 이런 풍설을 들어도 나는 불안을 느끼지 않았다. 나는 이러한 사건이 내 일신에 관계되리라고는 전혀 생각지 못했다. 나는 비난을 받을 까닭도 없을 뿐더러, 확고한 근거가 있으므로 통례에 어긋나지 않았다고 믿었다. 비록 나에게 어떤 잘못이 있다 하더라도 그것은 뤽상부르 부인 한 사람에게 관계된 것이므로, 부인이 나를 곤경에 빠뜨릴 리는 없다고 생각했다. 그러나 이러한 경우에 저자에겐 관례적으로 관대하면서도 서점에 대해서는 엄격한 제재를 가하게 되어 있었으므로, 말제르브 씨에게 버림을 받을 뒤세느의 일이 몹시 근심스러웠다.

나는 침묵을 지켰다. 소문은 높아가고 형세는 바뀌었다. 세상 사람들과 법원은 내가 냉담한 데 흥분한 모양이다. 며칠 지나자 동요가 격심해졌다. 협박은 직접 나에게도 닥쳐왔다. 저서를 불사르는 것만으로는 부족하니, 저자도 함께 태워 버려야 한다는 의원들의 말이 공공연하게 들려 왔다. 서점에 대해서는 말이 없었다. 고아(인디아 남서부에 있는 지명. 고아의 종교 재판소는 그 재판의 가혹성으로 특히 유명함. 1859년까지 존속하였음-역주) 종교의 재판도 의원들의 말이라기보다 판사가 하는 말같이 들려 왔을 때, 나는 그것이 올바크 일당의 책략인 것을 의심치 않았다. 나는 그들의 유치한 책략을 비웃었다. 그들은 나를 위협하고 공포에 빠뜨리는 방법을 달리 찾을 수도 있었을 것이다. 그런데 풍설은 풍설로 그치지 않고 사실로 밝혀졌다. 뤽상부르 공작 부부는 그 해 두 번째 몽모랑시 여행을 앞당겨서 유월 초순엔 여기와 있게 되었다. 내 책이 파리에서는 큰 소동을 일으키고 있지만, 여기서는 별로 말이 없었다. 그들 내외는 이에 대해 한 마디도 하지 않았다.

그런데 어느 날 아침 뤽상부르 공과 단 둘이 있게 되자, 그는 나에게,

"『민약론』에서 당신은 슈와죌 공을 비난하지 않았던가요?"

하는 것이었다.

"제가요?"

나는 한걸음 뒤로 물러서며 깜짝 놀라 그에게 말하였다.

"절대로 그런 일은 없습니다. 오히려 그 반대이지요. 대신들도 받지 못할 찬사를 아첨할 줄 모르는 붓으로 썼답니다."

하면서 나는 곧 그 부분을 그에게 보여 주었다.

"그럼 『에밀』에는 어떤가요?"

하고 그가 말했다.

"단 한 마디도 그에 관해서는 쓰지 않았습니다."

이 말에 공작은 여느 때보다 쾌활한 태도로 말하였다.

"아! 그래요. 다른 책에서도 그렇겠지요. 혹은 그보다도 더 명백하겠지요."

"그렇다고 생각합니다. 그만큼 그분을 존경하고 있으니까요."

그러자 그는 무슨 말을 하려다 입을 다물고 말았다. 가장 친밀한 사이의 우정마저 억압하는 궁정인들의 술책이야말로 얼마나 비정한 것일까.

이 짧은 대화는 나의 처지를 명백히 해 주었고 남들이 나를 어떻게 보는가를 알게 되었다. 내가 말하고 행하는 선량한 일들이 오히려 나에게 화근이 되어 버린 알 수 없는 비운을 나는 슬퍼하였다.

형식을 존중하는 법원으로서는 그 저서가 나의 저작임을 확인하고 취조하기 전에는 구속영장을 발부하지 않으리라는 것을 나는 알고 있었다. 나는 초조하게 내 걱정을 해 주는 듯한 부플레르 부인에게 이렇게 말했다.

"공공 질서를 파괴한 죄인이라면 도주할 염려가 있어 한 장의 구속영장으로도 체포할 수 있지만, 명예와 보상을 받을 만한 나에겐 위법을 처벌할 때 서적은 고발할지라도 저자를 문책하는 법은 피해야 하는 것입니다."

그러자 그녀는 이상한 설명을 더하여 인정심문 대신에 구속영장을 발부한 것은 호의에서 나온 처사라고 하였다. 나는 체포령이 내리기 전날인 6월 8일에도 오라트와르 교수인 알라마니 신부와 망다르 신부와 함께 산책을 하였다. 우리는 점심을 싸가지고 상포르로 가서 맛있게 먹었다. 컵을 갖고 가지 않은 우리는 병에 든 술을 밀짚대로 빨아 마셨는데 더 잘 빨아올리기 위해 굵은 밀짚을 골라내기에 법석을 부렸다. 이와 같이 유쾌한 일은 내 평생에 다시 없었다.

밤 늦게까지 책을 읽는 버릇이 생긴 나는 그날 밤 여느 때보다 잠이 더 오지 않아 늦도록 책을 읽었다. 에프라임의 레위 사람 이야기로 끝나는 한 편을 다 읽었다. 그 뒤로 다시 성경을 읽은 일이 없으므로 확실하지는 않지만 그것은 사사기였던 것으로 생각된다. 그것은 나에게 큰 감명을 주었다. 꿈결처럼 그 이야기에 열중하고 있을 때 인기척이 나며 등불이 비쳐, 나는 정신이 들었다. 테레즈의 등불은 라 로슈를 비추었다. 내가 놀라 일어나는 것을 보자 그녀는 말하였다.

"너무 놀라지 마세요. 부인의 심부름으로 부인과 콩티 공의 편지를 가지고 왔어요."

뤽상부르 부인의 편지 속에는 콩티 공이 그녀에게 보내 온 편지가 들어 있었다. 콩티 공의 편지 내용은 이러했다.

"소동이 대단하여 그를 막기란 불가능합니다. 궁정이나 법원에서 그것을 바랍니다. 내일 아침 일곱 시에는 체포령이 내리면 곧 체포하러 갈 것입니다. 피신을 한다면 추격하지 않을 것은 보증합니다. 그러나 피신하지 않고 있다면 곧 체포될 것입니다."

라 로슈는 원수 부인이 이 소식을 전하였으니 부인에게 가서 의논하는 것이 어떠냐고 하였다. 시간은 두 시였다. 부인은 지금 자리에 들 시간인데 그는 이렇게 말하였다.

"부인이 기다리고 계십니다. 선생님을 뵙고 주무시겠답니다."

나는 빨리 옷을 입고 부인 댁으로 달려갔다.

부인은 몹시 근심스러운 표정을 하고 있었다. 밤중에 기습을 당한 나는 흥분하였지만, 부인의 근심스런 표정을 보자 내가 체포되었을 경우에 부인이 겪어야 할 고역이 걱정스러웠다. 나는 그들의 심문에 진실만을 말할 용기는 충분히 갖고 있었지만 고문이 심해질 때 부인에게 폐를 끼치지 않을 만한 교묘한 답변과 불굴의 태도를 지킬 자신은 없었다. 나는 부인의 무사함을 위해서라면 내 명예도 희생하겠다고 부인에게 맹세하였다. 그러나 부인의 태도는 너무도 냉담하여 나는 내 말을 취소할까 생각하였다. 그렇다고 새삼스럽게 취소한다는 것도 쑥스러운 일이었다. 이제 나에게 남은 문제는 내가 망명할 곳과 출발하는 시간뿐이었다.

맨 처음 생각해 본 것이 제네바였다. 그러나 『불평등론』이 제네바 국회에서 반감을 산 것을 나는 알고 있었다. 그리고 그 반감은 공공연하게 표명되지 않아 더 위험했다. 『신 에로이즈』가 나왔을 때는 곧 금서 처분을 했다. 그런 관계로 이번 기회에 제네바 사람들은 나에 대한 질투심을 충족시키려고 한다는 것을 알고 있었다. 고향에 대한 미련은 내 마음을 사로잡았지만 망명자로서 고향에 피신할 수는 없는 노릇이었다. 나는 제네바 사람들의 마음이 가라앉을 때까지 스위스에 가서 기다리기로 하였다. 나는 그날로 출발을 서둘렀다. 나의 측근자들은 여러모로 나의 출발을 협조해 주었다. 뒷처리는 원수가 모두 맡아 해주기로 했다. 로슈는 테레즈를 데려다 주었다. 그녀는 내가 이미 출발한 줄 알고 있었다. 나를 보자 테레즈는 소리를 지르며 내 품에 안겼다. 17년 동안 단 하루도 헤어져 있지 않던 우리가 이렇게 헤어져야 하는 슬픔으로 내 가슴은 미어지는 것 같았다.

스위스를 향하여 몽모랑시를 떠날 때 나는 이베르딩의 옛 친구인 로갱 씨를 만날 작정이었다. 그는 여러 해 전부터 그곳에 은퇴하였으며 나를 오라고 초대까지 해 주었다. 나는 지름길로 가기 위해 리옹을 거치지 않기로 하였다. 나는 베른 영내에 들어서자 마차에서 포옹하듯 팔을 벌리고 땅에 입맞추었다. 그리고 나는 환희에 넘쳐 이렇게 외쳤다.

"하늘이여! 미덕의 수호자여. 나는 당신을 찬미하나이다. 나는 이제 자유의 땅을 밟았나이다."

그리고 다시 마차에 올라 몇 시간 뒤에는 존경하는 로갱의 팔에 안겨 순결하고 강렬한 기쁨을 맛보았다.

내가 회상할 수 있는 모든 사정을 이야기한 데는 그럴 만한 이유가 있다. 그 사정은 선명히 보이지 않을지라도 음모의 단서를 잡으면 그 음모의 경위를 밝혀 줄 수 있을 것이다. 예컨대, 다음에 제출하려는 문제의 최초의 발단은 모른다고 하더라도, 그 사정은 문제 해결에 많은 도움이 되리라고 믿는다.

제 12 부

1762~1765(50세~53세)

이제부터 지옥의 일이 시작된다. 나는 온갖 수단을 썼지만 이 무서운 암흑을 뚫고 나가지 못하고 8년간을 이 속에서 허덕였다. 불행의 구렁텅이에 굴러 떨어진 나는 누가 가하는 재난인지 또한 어떤 수단으로 이루어지는지 전혀 알 수 없었다. 온갖 치욕이나 불행은 마치 저절로 굴러 떨어지는 것만 같았다. 나의 가슴은 갈기갈기 찢겨 탄식의 한숨만이 흘러 나왔다. 나를 파멸로 몰아넣으려는 자들은 뭇사람들을 자기들의 공범자로 만드는 술책을 썼다. 세상은 이것을 깨닫지 못하고 그 결과조차 깨닫지 못했다. 나는 내게 관계된 사건이며, 박해 등 모든 일들을 이야기하면서도 그 원인을 밝힐 수 없다. 그것은 앞의 세 권의 책에 모두 밝혀 놓았다. 나 개인에 관한 일체의 이해 관계나 비밀의 동기는 거기에 모두 설명되었다. 그러나 이러한 원인들이 내 생애에 알 수 없는 종말을 마련하기 위해 이렇게 얽혀 있다는 것은 설명도 추측도 할 수 없다. 이베르덩에 있는 동안 나는 로갱 씨 가족들과 친해졌다. 그리고 그의 질녀인 부와 드 라 투르 부인과도 알게 되었다. 나는 이 부인의 아버지와는 전부터 안면이 있었다. 부인은 백부와 그 자매들을 보기 위해 거기에 온 것이다. 열대여섯 되어 보이는 그녀의 딸은 영리하고 얌전한 기질을 가진 소녀로서 나를 기쁘게 해 주었다.

로갱 씨는 이 소녀를 나이가 꽤 많은 자기의 조카인 대령의 아내로 청혼하였다. 그녀의 백부나 대령은 이 결혼을 몹시 바랐지만, 연령상의 커다란 차이와 소녀의 강력한 반대를 본 나는 그녀의 어머니와 의논하여 이 결혼을 피하도록 하였다.

내가 제네바로 돌아갔더라면, 그곳에서 나를 어떻게 맞아 주었을까 하는 의문은 곧 풀렸다. 나의 책은 그곳에서 불살라지고 이어서 나에 대한 체포령이 내려졌던 것이다. 이것은 6월 8일에 있었던 일로 파리에서 체포령이 내린 지 9일 후의 일이었다. 두 번째로 체포령이 내렸는데 이번에는 여러 가지 당치 않은 조목들이 첨부되어 있었다. 그것은 분명히 신교조례에 위반되는 것이었다. 그리하여 처음엔 통지를 받고 조금도 믿어지지 않았다. 그러나 이윽고 그것이 사실임을 알고 나는 모든 법령이 이와 같이 짓밟히면 어떻게 될 것인가 하고 전신에 소름이 오싹 끼쳤다. 제네바에 큰 소동을 일으킬 우려가 있었던 것이다. 그러나 며칠이 지나도록 아무 일도 일어나지 않았다. 민중들 가운데서 어떤 불평이 일어났다면, 그것은 그들이 나를 미워하였기 때문이다. 그런데 나는 모든 요설가나 현학자들로부터 마치 교리문답을 제대로 외우지 못한다고 회초리로 매를 맞는 초등학교 어린이와 같은 취급을 받게 되었다.

이 두 체포 영장을 신호로 하여 나를 마구 저주하는 소리가 전 유럽에서 소란스럽게 일어났다. 모든 신문과 잡지와 작은 책자들까지도 한결같이 나에게 무서운 경종을 울리는 것이었다. 프랑스 사람들은 유순하고 공손하고 너그러워, 불행한 자들을 위해 예절과 경의를 잃지 않는 인간으로 자부하면서도, 그런 미덕을 헌신짝처럼 저버리고, 앞을 다투어 난폭한 모욕을 마구 퍼붓는 것이었다. 그들은 나더러 배신자니, 무신론자니, 짐승이니, 이리니 하며 욕설하였다. 나는 전 세계가 거의 다 미쳐 버리지 않았나 하는 느낌이 들었다.

어찌된 영문인가? 『영구평화론』의 저자가 투쟁을 고취하다니? 『사부와 사제의 신앙 고백』의 필자가 불신자라니? 『신 에로이즈』의 저자가 이리라니? 『에밀』의 저자가 미치광이라니?

이베르덩에 머무는 것은 편하기도 하였으며, 또 로갱 씨와 그의 가족들이 나의 체류를 간청하였으므로 나는 거기에 머물기로 하였다. 그곳 시장인 드 쟁쟁 씨도 자기 관할 내에 머물라고 권하였다. 그런데 대령이 자기 집 뜰과 정원 사이에 있는 아담한 정자에 거처하기를 간청하여 그렇게 하기로 하였다. 그는 내 살림에 필요한 가구를 갖추어 주었다. 그러나 로갱 씨의 극진한 사랑이나 나에 대한 변호도 소용없이 나는 이 은신처에서 쫓겨나야 했다. 제네바도 프랑스도 내가 있을 곳이 못 되니 나는 대체 어디로 가야 한단 말인가?

부와 드 라 투르 부인은 뇌사텔 백작령 발 드 트라베르의 모티에 마을에 있는 아들의 집에 가 있으라고 하였다. 그러나 타고난 나의 결벽이 나를 주저하게 만들었다.

나는 『에밀』의 어느 부분에서 더욱 큰 실수를 하였다. 여기에서 나는 다나오이족의 왕 아드라스트라는 이름을 썼는데, 그것은 누구를 가리키는지 쉽사리 알 수 있었다. 그것은 비평가들의 눈을 피할 수 없었다. 부플레르 부인이 자주 말하는 것으로 미루어 보더라도 프러시아 왕의 수첩에도 분명히 나의 이름은 붉은 잉크로 기입되어 있을 것은 사실이다. 게다가 나는 그가 지니고 있다고 서술한 생각을 실제로 지니고 있는 줄 알았으므로, 나의 저서와 나는 그의 비위를 건드렸을 것이다. 악인이나 폭군은, 나라는 인간을 미처 알지도 못하면서 내 책만 읽고도 나에게 가혹한 증오심을 품었던 것이다.

그러나 나는 왕의 자비심에 의지하려고 했으며, 그를 강한 사람으로 믿었다. 내가 그의 처지가 되었다면 자기를 욕하는 사람에게 최대의 아량을 베풀어, 자기 앞에 무릎을 꿇게 할 수 있으리라고 생각하였다. 나는 이러한 확신을 가지고 모티에로 이사를 하기로 하였다.

로갱 대령은 나와 함께 그곳까지 가서 나를 모티에에 안주시키려고 하였다. 내가 거처할 집은 살기에 편리하였다. 지라르디에 부인은 못마땅한 표정이면서도 방을 쾌히 비워 주었다.

몽모랑시를 출발한 후 나는 방랑객의 신세가 되었다. 나는 나에게 선고가 내린 방랑생활을 테레즈에게도 시키면 안 된다는 생각이 들어 망설였다.

나는 여기서 그녀에 대한 모든 것을 다 이야기하겠다. 불쌍한 "엄마"의 결함이나 나의 결함을 숨기지 않았으니, 그녀의 과실도 덮어 둘 수는 없다. 나는 그녀의 애정이 냉각한 것을 느낀 지 이미 오래되었다. 그녀는 젊은 시절의 테레즈는 아니었다. 나는 항상 변함이 없었으므로 더욱 그러했다. 자연 말고는 완전무결한 것은 구할 수 없다. 어느 사람의 경우도 마찬가지일 것이다. 나는 자식에 대한 처사가 현명한 것이었다고 생각했지만, 끊임없이 나의 마음을 괴롭혔다. 『교육론』을 구상하고 있을 때에도 의무를 이행하지 못한 가책을 면치 못하였다. 후회가 막심한 나는 『에밀』의 서두에서 나의 과실을 고백하지 않으면 안 되었다. 테레즈의 냉담한 태도도 이때에 깨달았다. 그녀는 애정에서가 아니고 일종의 의무감에서 내 곁을 떠나지 않았다. 그러므로 그녀는 어디에 가 있거나 내가 돌봐 주기만 한다면 나와 함께 방황하기보다는 파리에 있기를 더 원하는 것 같았다.

나는 모티에에 도착하자 스코틀랜드의 원수며 뇌사텔의 지사인 키스경에게 폐하의 영내에 망명해 온 소식을 알리고, 아울러 그의 보호를 청하기 위해 편지를 보냈다. 그는 내가 기대했던 대로 관대한 회답을 보내 주었다. 나는 그의 초대를 받자 그의 신임을 받고 있는 마르티네 씨와 함께 그를 찾아갔다. 덕망이 높고 존경할 만한 그의 태도는 내 마음을 몹시 감동시켰으며, 그와 나 사이에는 깊은 관계가 맺어지기 시작하였다. 그런데 내 인생의 평안을 빼앗아 간 배반자들은 내가 그와 떨어져 있는 틈을 타서, 나이 많은 그에게 나를 중상하였다.

탁월한 통찰력과 예리한 관찰력, 그 위에 인간에의 심오한 이해력마저 지닌 원수에게도 결점은 있었다. 그는 현자였지만 역시 인간이라 불의에 현혹될 때가 있었다.

내가 자신의 안식처에 대한 불안에서 쉽사리 벗어나게 된 것은 원수에게 내린 왕의 영지 덕분이었다. 원수는 나를 위한 훌륭한 변호인이었다. 왕은 내가 터를 잡으면 내 마음에 드는 아담한 집을 지어 줄 의사가 있는 것 같다는 말까지 하였다. 나는 그의 아버지 같은 자애와 높은 덕망, 그리고 평온한 인생관에 얼마나 눈물을 흘렸는지 모른다.

모티에에 자리를 정한 후 얼마 안 되어 그곳에서 조용히 지낼 수 있으리라는 자신이 생기자 나는 아르메니아 복장을 하기로 하였다. 그런데 나에게 다시 파탄이 닥쳐와서 나는 그것이 가라앉으면 그 복장을 입기로 하였다. 몇 달 후 그곳 목사에게 의논하여 나는 그 옷을 입고 교회에도 가고 원수 댁에도 갔으며, 그 후로는 다른 옷을 입지 않았다.

나는 문학을 완전히 버렸으므로 혼자서 조용히 살아갈 일밖에는 생각하지 않았다.

파리에서나 제네바에서나 베른 또는 뇌샤텔에서까지 나는 학대를 받아 왔으므로, 그 지방 목사도 그 이상의 대우는 해 주지 않으리라고 생각했다. 그러나 나는 신교에 귀의한 뒤 선서나 시민으로서 위배됨이 없이 착실히 예배에 참석하였다. 선교사들이 소동을 부린 직후였으므로 성찬을 베풀어 주리라고는 생각지 않았다. 그런데 몽몰랭 씨는 성찬식을 나의 요구대로 해 주었다. 나는 눈물을 흘리며 신자가 된 기쁨을 신에게 감사하였다.

그러나 나를 비난하는 인쇄물은 그치지 않았다. 필자들은 나를 너무 온건하게 다룬다고 세력가들을 비판하였다. 그리고 그 막후에서는 음모자들이 계속 움직이고 있었지만 나의 마음은 동요되지 않았다.

그때 또 하나의 인쇄물이 나를 괴롭혔다. 그것은 항상 내가 존경하고 그의 무분별을 애석해하면서도 지조를 찬양하던 사람에게서

왔던 것이다. 그것은 나를 이단자로 본 파리의 대사교가 내린 교서였다.

나는 품위를 잃지 않고 여기에 답변할 수 있었다. 그것은 전에 내가 폴란드 왕과 논쟁할 때와 같았다. 이 교서는 예수회가 작성한 것 같았다. 그들은 당시 역경에 처해 있으면서도 그 글 속에는 불행한 사람을 학대하는 그들의 심사가 엿보였다. 따라서 나도 서명한 사람은 존중하고 인쇄물은 없애 버렸다. 그것은 매우 유효한 처사였다고 생각한다.

모티에에서 머무는 것은 매우 즐거웠다. 내가 여기서 여생을 마치려면 일정한 생활비만 있으면 되었다. 그래서 나는 다시 『음악사전』을 뒤적거리기 시작하였다. 그것은 벌써 10년 이상의 노력을 쏟아왔으므로 일은 많이 진척되어 마지막 손질과 정서만 하면 되었다. 그러나 막상 정서해 보니 그 일부가 없어진 데 나는 놀랐다. 1756년 10월까지 근 여섯 달 치가 없었다. 그 속에는 디드로, 들레이르, 에피네 부인, 슈농소 부인 등으로부터 받은 편지를 넣어 둔 것으로 기억되었다. 아무리 찾아도 그것은 나오지 않았다. 내 서류는 몇 달 동안 뤽상부르 본집에 보관되어 있었는데 그동안에 누가 손을 댄 것일까? 나는 그 후 7년이 지나도록 그것을 잃어버린 까닭을 몰랐다.

나의 많은 서류 속에는 다른 서류도 없어진 것이 있었다.

내가 특히 주의한 것은 『감각적 도덕』과 『에드와르 경의 모험』의 초고였다. 아마 『감각적 도덕』이라는 표적 속에는 유물론의 줄거리라도 잡아낼 줄 알았던 모양이다. 그러나 나는 문학에서 손을 떼려고 하였으므로, 이런 도난에 별로 신경을 쓰지 않았다. 나는 『고백록』

을 쓰기 위해 남은 자료를 수집하기 시작하였다.

처음 실패에서 회복한 항의파는 새로운 반박을 기도하였다. 그들은 승리할 자신을 갖고 상대와 논쟁할 만한 사람은 나밖에 없는 듯이 나에게 추파를 던졌다. 솔직한 이야기가 나도 그렇게 생각하였다. 나의 옛 동포들은 내가 그 동기가 되어 있던 난국에 처하여, 내가 붓을 들어 그들을 돕는 것을 의무로 믿었으므로, 나는 『전원에서의 편지』라는 제목을 바꿔 『산에서의 편지』라고 제목을 붙였다.

하루는 조그마한 짐짝을 실은 나귀를 한 마리씩 끌고 두 남자가 나를 찾아왔다. 사람들은 그들의 차림새를 보고 밀수업자로 착각하여, 삽시간에 밀수업자가 나를 찾아왔다는 소문이 온 마을에 퍼졌다. 그러나 그들이 나를 대하는 폼으로 보아 다른 부류의 사람이라는 것을 알 수 있었다. 그들은 사기꾼인지도 모른다는 의심이 들어, 나는 그들을 경계하였지만 곧 의심은 풀렸다. 한 사람은 라투르 뒤펑 백작이라고 하는 도피네의 귀족이었고, 다른 한 사람은 무관이던 카르팡트라스의 다스티에 씨였다. 그들은 여러 번 나를 찾아와 매우 친하게 되었다. 그러나 그들은 나의 저서를 애독하지는 않았다. 그들은 왜 나를 자주 찾아오며 나와 가까이하려는지 알 수 없었다. 그러나 그들의 열성과 개방적인 태도가 나의 마음에 들었다. 나는 다스티에 씨에게 마음을 털어놓게 되었다. 내가 『산에서의 편지』를 인쇄하려 할 때에, 그는 아비뇽에선 출판의 자유가 보장되는 이야기를 해 주고 인쇄할 것이 있으면 도와주겠다고 하였다. 나는 그의 호의를 받아들여 나의 초고를 그에게 우송하였다. 그는 원고를 오랫동안 갖고 있다가 어느 서점에서도 맡아 주지 않는다고 도로 반환해 왔다. 나는 할 수 없이 다시 레이에게 부탁하기로 하였다. 나는 원고를 받았다는 회답을 받고서야 다음 원고를 발송하였다. 그런데 책이 나오기 전에 그 원고가 선교사들의 방에서 열람되었다는 사실을 알았다. 뇌사텔의 에쉐르니의 말에 의하면 올바크가 『산상의 사람』이라는 나의 저서가 나왔다고 그에게 말하였다고 한다. 나는 그에게 그런 표제의 책을 쓴 일이 없다고 밝혔다. 그런데 『산에서의 편지』가 나오자 그는 나에게 거짓말쟁이라고 몹시 화를 냈다. 이리하여 나는 나의 원고가 남에게 알려졌다는 확증을 잡았다. 레이의 성실성을 믿는 나로서는 원고 개봉의 의심을 우체국으로 돌리는 수밖에 없었다.

이 무렵에 나는 몇 가지 큰 손실을 입었다. 첫째로 그것은 뤽상부르 원수를 잃은 것이다. 그는 오랫동안 의사들의 시달림을 받다가 드디어 그들의 희생이 되고 말았다. 그는 결국 중풍으로 돌아갔지만, 의사들은 이것을 인정하려고 하지 않았다. 좌우간 이 선량한 귀족을 잃은 것은 나에게는 다시없는 슬픔이었다. 그는 내가 프랑스에서 얻은 단 한 사람의 진정한 친구였던 것이다. 그는 온순한 성격으로 하여 자기의 신분을 초월하고 나와 동등한 입장에서 사귈 수 있었던 것이다.

또 하나의 손실은 더욱 슬프고 돌이킬 수 없는 것이다. 그것은 나에게는 여인 중의 여인이며 어머니 중의 어머니라고 할 수 있는 『엄마』였던 바랑 부인의 죽음이었다. 그녀는 노쇠와 병과 궁핍 속에서 허덕이다가, 그 무거운 짐을 그대로 진 채, 선인들이 간 고요한 집을 향하여 눈물의 골짜기를 떠났던 것이다. 거기는 이 세상에서의 선행을 영원히 보상받을 수 있는 곳이다. 착하고 자비로운 넋이여! 가소서! 자비를 향하여 마음을 활짝 열어 놓고 기다리는 사람들 곁으로 부디 가소서! 그곳에서 부디 그대가 씨 뿌린 자비의 열매를 맛보시고, 나중에 그대 옆에 앉기를 원하는 그대의 자식을 위하여 자리를 마련해 두소서!

이 시기에 내가 입은 손실 가운데 마블리에 신부를 넣고 싶지는 않다. 나는 그 형제의 집에서 머물러 있었기 때문에, 그와는 어느 정도의 관련을 맺고는 있었으나, 가까이 지내는 사이라고 할 수는 없었다. 그리고 내 이름이 세상에 알려지게 되자, 나에 대한 그의 감정이 변한 것을 알 수 있었다. 이 기미를 처음 느낀 것은 『산에서의 편지』가 세상에 나왔을 때였다. 그가 삭라뎅 부인 앞으로 쓴 편지는 제네바에 널리 알려졌다. 그는 그 편지 속에서 나의 작품을 미친 민중 선동자의 발광이라고 평하였다. 그러나 나는 마블리에 신부를 존경하고, 그의 총명에 경의까지 표하고 있었으므로, 그 편지를 그가 썼다고는 생각할 수 없었다. 이 문제에 대해서도 나는 솔직한 태도를 잃지 않으려고 하였다. 그러나 그는 그의 능력으로는 쓸 수 없는 『민약론』이나 『영구 평화론』을 전혀 인정해 주지 않았다.

이러한 박해의 광란 속에서 제네바 사람들이 신이 나서 떠들어대는 것이 유난히 눈에 띄었다. 나의 친구 베른느는 이러한 사람들 속에 끼어 종교를 옹호하기 위해 편협한 태도를 취하여, 내가 기독교가 아님을 입증하려고, 나에 대한 공개장을 써냈다. 그러나 그가 자신 있게 쓴 이 공개장은 별로 신통한 것이 못 되었다. 더욱 우스운 것은 식물학자인 보네가 그 공개장을 추고했다는 것이다. 보네는 유물론자이지만 자기와 관계되는 일에 대해서는 극히 편협한 정교를 믿는 것을 잊지 않았다. 나는 이 공개장에 대하여 처음부터 반박할 생각은 없었다. 그러나 『산에서의 편지』를 쓸 때에 한마디 언급할 게재가 있었으므로 베른을 기분 나쁘게 할 만한 경멸조의 어투로 약간의 주석을 달았던 것이다.

그는 핏대를 올리며 제네바를 떠들썩하게 하였다. 디베르느와는 나에게 베른느가 반 미치광이가 되어 있다고 알려 주었다. 그 후 얼마 안 되어 저자의 이름을 밝히지 않은 글 하나가 세상에 나타났다. 거기에는 나를 비난하는 소리로 가득 차 있었다. 즉, 자기의 자식을 거리에 버린 것과, 군인의 정부와 가까이하고 있다는 것과, 파렴치하기 짝이 없다는 것과, 매독으로 전신이 썩어들어가고 있다는 것 등등, 그 밖에도 여러 가지 욕설을 그럴듯하게 늘어놓고 있었다. 이 글을 쓴 사람이 누구인가를 알아내는 것은 쉬운 일이었다. 이 글을 읽고 제일 먼저 생각한 것은 그가 평생을 두고 한 번도 매음굴을 찾아간 일이 없으며, 수줍은 처녀처럼 부끄럼을 타기 때문에 오히려 번번이 실수만 저지르고 있는 나를 마치 이름난 난봉꾼이나 되는 것처럼 떠들어대고, 일찍이 그런 병에 걸린 일이 없을 뿐만 아니라, 젊은 의사가 보아도 그런 기미가 전혀 없다고 하는데도 불구하고 매독 환자라고까지 떠드는 것을 보고는, 사람들 사이에 나도는 소문과 풍문이 어느 정도의 가치가 있는가를 사람들에게 알려 주고 싶었다. 그리하여 여러 가지로 궁리한 끝에 이 글을 반박하는 가장 좋은 방법, 그것을 내가 제일 오래 살고 있던 도시에서 인쇄하는 것이라는 생각에서, 그것을 원문대로 박아 내기 위해 뒤셰드에게 보내 주었다.

나의 모순을 찾아내어 즐겨 나를 공박하는 사람들은 여기에서도 그 자료를 발견하고 나를 궁지에 몰아넣으려고 할 것이다. 나는 일찍이 사교계에 드나들면서 무위로 있는 것은 감당키 어려운 일이라고 말한 적이 있다. 그런데 지금 나는 무위로 있기 위해 고독을 찾고 있는 것이다. 만일 거기에 모순이 있다면 자연이 시킨 것이요, 나의 알 바가 아니다. 그러나 이런 일이 있음으로 해서, 나는 언제나 나 자신일 수 있는 것이다. 사교계의 무위는 숨 막히는 노릇이다. 그것은 마지못해 하는 것이기 때문이다. 그러나 고독의 무위는 즐거운 것이다. 그것은 자유로운 뜻대로 하기 때문이다. 사람들과 어울리면서 아무것도 하지 않는다는 것은 괴로운 일이다. 그것은 하나의 억지이기 때문이다. 그 경우에는 의자에 못 박힌 듯 앉아 있든가 그렇지 않으면 장승처럼 선 채 손발을 움직일 수도 없고, 달릴 수도 뛸 수도 노래할 수도 외칠 수도 몸을 놀릴 수도, 그리고 지긋이 생각에 잠길 수조차 없는 것이다. 그러므로 무위로 있는 것이 지겹고 괴롭다.

내가 즐기는 한산함은 아무것도 하지 않고 팔짱을 낀 채 가만히 있는 게으름뱅이의 그것이 아니다. 그것은 아무것도 하지 않으려고 하면서도 끊임없이 몸을 놀리고 있는 어린애의 한산함인 동시에 손도 별로 움직이지 않으면서 주위를 어슬렁거리는 늙은이의 한산함이다. 쓸데없는 일에 손을 대는가 하면, 이것저것 일을 시작해 놓고는 어느 하나도 이루지 못하며, 마음내키는 대로 왔다 갔다 하고, 계획은 순식간에 변경해 버리며, 사방으로 날아다니는 파리를 쫓는가 하면, 바위를 옮겨 그 밑에 무엇이 있는가를 살펴보기도 하고, 어떤 일을 10년 계획으로 열심히 추진하려다가도 십분 후에는 아낌없이 버리기도 하고, 드디어는 질서도 없고 연결도 닿지 않은 채 종일 우물쭈물하면서 무슨 일이나 그때그때의 기분대로 처리하는 그러한 생활이 나는 좋은 것이다.

나는 언제나 물이 좋았다. 이렇다 할 목적은 없으면서도 물만 보면 나는 달콤한 꿈결에 잠기는 것만 같았다. 맑게 개인 날에는 침대에서 일어나자 곧 베란다 쪽으로 걸어가서 시원한 아침 공기를 마시곤 하였다. 그러고는 그 아름다운 호수의 한 끝을 바라보는 것이었다. 이렇게 하면 시야에 들어오는 낭떠러지와 산줄기는 순식간에 나를 황홀케 하는 것이었다. 벽이나 거리나 죄 이외에는 아무것도 구경하지 못하는 도시 사람들에게 신념이 부족한 이유는 잘 알 수 있지만, 시골 사람들에게 신념이 부족한 까닭은 알 수가 없었다. 어찌하여 그들의 영혼은 하루에도 몇 번이고 조화의 기적에 감탄하여 황홀경에 빠지지 않는 것인가? 내 경우로 말하면 불면증으로 지쳐 있어도, 아침에 일어나면 으레 마음이 흥분하여 피로를 조금도 느끼지 않는다. 물론 이것은 자연의 아름다운 풍경에 탄복하기 때문이다. 나는 방 속에서 기도하는 일은 극히 드물었으며, 간혹 기도를 하더라도 냉담하기 짝이 없었다. 그러나 아름다운 풍경을 보면 어쩐지 큰 감동을 느끼는 것이었다.

아침밥을 마치면 나는 마지못해 두서너 통의 편지를 쓰면서 1분이라도 빨리 마치려고 초조해하는 것이었다. 그리고 나서 몇 분 동안을 책이나 원고를 옆에 놓고, 읽는다기보다는 도리어 그것을 뒤섞어 놓았다, 정돈했다 하면서 기분을 걷잡지 못하는 것이었다. 그러다가 피로하면 일을 중단하고, 오전 중에 남은 세 시간을 식물 연구로 보내곤 하였다. 특히 린네의 『식물계통학』의 연구는 무척 재미가 있어, 공허를 느끼면서도 그것을 좀처럼 버릴 수 없었다.

오후 시간은 한가하게 보냈다. 거기에 어떤 규율이 있을 수 없었으며, 나는 다만 그때그때의 충동에 몸을 맡기기로 하였다, 조용한 날에는 식탁에서 떠나자마자, 작은 보트에 올라타고 전에 세무서원에게서 배운 노를 저어 호수의 한복판까지 나아가는 것이었다. 배가 기슭을 떠날 때면 몸이 떨리도록 기쁘기 짝이 없었다. 그 이유는 알 수 없었다. 그러니 입으로 말할 수는 더욱 없는 노릇이다. 아마 이렇게 하여 악만 남은 사람들로부터 멀리 떠나는 것이 은근히 기뻤을지도 모른다.

나는 호수 위를 정처 없이 저어 나갔다. 저 쪽 기슭에 가까이 가서도 배를 대지는 않았다. 때때로 배를 바람과 물결에 맡겨 버리고 환상에 잠기기도 하였다. 어리석은 일인지 모르지만 즐거운 일이 아닐 수 없었다. 나는 감격한 나머지 이렇게 부르짖기도 하였다.

"자연이여! 나의 어머니여! 나는 완전히 당신의 품에 안겨 있습니다. 여기서는 당신과 나 사이를 떼어 놓는 고약한 인간은 한 사람도 없습니다."

나는 『민약론』에서 코르시카 섬의 사람들이 신흥 민족으로 유럽의 여러 민족 가운데서 법률 때문에 시달림을 받지 않은 유일한 민족임을 말한 적이 있다. 그리고 현명한 지도자를 갖는 것이 행복이라면, 바로 이런 국민들에게서 그것을 찾아야 할 것이라는 생각에서 큰 희망을 걸었던 것이다. 나의 저서는 코르시카 사람들에게 널리 읽히고 있었다. 그리하여 그들은 내가 이와 같이 경의를 표시해 준 데에 대해서 감동을 느꼈었다. 그들은 자기네 공화국을 세우려는 참이었으므로, 그 지도자들은 이에 따르는 여러 가지 문제에 대하여 나의 의견을 물으려고 하였다. 이 나라에서 첫손에 꼽는 명문 출신인 뷔타퓌오코가 이 문제에 대하여 나에게 편지를 보내 왔었다. 거기에는 여러 가지 서류도 들어 있었다.

그 서류는 내가 그 민족의 역사와 국정을 알기 위해 요구했던 것이다. 나로서는 이런 일은 힘에 겨운 일인 줄 알고 있었지만, 여기 필요한 모든 재료가 손에 들어오기만 하면, 그런 거창하고 훌륭한 일에 힘이 되어 달라는 요청을 거절할 수 없는 처지였다. 그리하여 나는 그에게 회답을 보냈다. 그 후로도 서신 왕래는 오랫동안 계속되었다.

온갖 풍파에 시달리고 여러 해 동안 방랑과 박해에 지친 나로서는 오직 휴식만이 소원이었다. 그러나 무자비한 자들은 나에게서 그것을 빼앗으려고 갖은 장난을 치고 있었다.

어디에 숨으나 암암리에 박해자들이 위협하여 나를 쫓아낼 터이므로, 나는 여생을 고요히 보내려면 코르시카 섬이라야 할 것 같았다. 그리하여 뷔타퓌오코의 지시에 따라 형편이 허락하는 대로 곧 그곳으로 갈 심산이었다. 조용한 생활을 바라는 나로서는 표면에 나서서 입법에 참여하지 않고, 다만 그 고장 사람들의 호의에 보답하기 위해서 그들의 역사나 쓰려고 하였던 것이다.

그러나 이 여행은 나의 처지로서는 실천하기가 쉬운 일이 아니었다. 그리하여 나는 뷔타퓌오코의 소식을 기다리면서 생 피에르 섬에 피신하였다. 그런데 나는 초겨울에 이 섬에서 쫓겨나게 되었다. 눈에 덮인 알프스를 넘어 그들의 요구대로 그렇게 급히 이주하기란 도저히 불가능한 일이었다. 명령서에 쓰여 있는 바와 같은 무리한 요구는 실행에 옮길 수가 없었던 것이다. 호수가 에워싼 이 쓸쓸한 섬에서 명령대로 24시간 내에 떠날 준비를 마치고, 배와 마차를 구하여 섬을 벗어난다는 것은 몸에 날개가 있어도 어려운 일이었다. 나는 니도 시장에게 내 사정을 편지로 써 보냈다. 그리고 나는 이 불안한 나라에서 떠나기로 하였다.

내가 섬을 떠날 때 키르크베르게가 나를 비엔나까지 전송해 주었다. 비엔나에는 빌드르메를 비롯하여 그 밖에 몇몇 사람들이 배에서 내리는 나를 맞아 주었다. 그곳에서 우선 해야 할 일은 이튿날 아침에 떠날 마차를 준비하는 것이었다. 식사를 함께 나누면서 이들은 이곳에서 자기들과 함께 머물기를 나에게 간청하는 것이다.

그들은 온정에 넘쳐 있었을 뿐만 아니라 여러 가지 귀에 솔깃한 말을 하였다. 그리하여 내 결심도 흔들리기 시작하였다. 무엇보다도 사랑은 거절할 수 없는 성미라 나는 그들의 우정에 감동되어 적어도 내년 봄까지는 비엔나에 머물기로 약속하였다.

그런데 그 다음 날부터 여러 사람들이 허겁지겁 나에게 달려 와서 그 도시에서 곧 나가라는 명령이 엄중히 시달되었다고 친절하게 알려 주었다. 나에게는 믿을 만한 사람이라고는 하나도 없었다. 나를 만류하던 사람들도 모두 사라져 버렸다.

나는 간신히 마차 한 대를 얻어 이튿날 아침에 이 살기등등한 땅을 떠났다. 베를린을 향해 떠나려던 내가 어찌하여 영국으로 가게 되었는지, 그리고 어찌하여 나를 지배하려던 두 부인(부플레르 부인과 베르들랭 부인)이 여러 가지로 계략을 꾸며, 자기들의 힘으로는 도저히 나를 마음대로 다룰 수 없으므로, 스위스에서 나를 추방한 연후에 자기네들의 친구에게 나를 넘겨 버리게 되었는지, 만일 나에게 『고백록』 제3부를 쓸 만한 기력이 남아 있다면 독자들은 그 내막을 알게 될 것이다.

나는 이 회상기를 에그몽 백작 부처와, 피냐텔리 공, 멘느 후작 부인, 그리고 주네 후작에게 읽어 준 다음에 다음과 같은 말을 덧붙였다.

"나는 진실을 이야기하였습니다. 만일 누가 지금 내가 말한 내용과 반대되는 것을 알고, 또 그것을 입증하더라도 그것은 거짓말 밖에 되지 않습니다. 내가 살아 있는 동안에, 나한테 와서 그 사실 여부를 규명하고 밝히기를 거절하는 사람이 있다면, 그는 정의도 진실도 사랑하지 않는 사람입니다. 내가 쓴 책을 읽지 않더라도, 자기 자신의 눈으로 내 성격, 품행, 도의심, 취미, 습성 등을 조사한 끝에, 나더러 불성실한 자라고 믿는 사람이 있다면, 그는 교수대에 올려놓아 마땅한 자임을, 나는 감히 떳떳이 말하고자 합니다."

이제 나의 낭독도 끝났다. 모두들 입을 다물고 있었다. 오직 에그몽 부인 한 사람만 감동한 모양이었다. 그녀가 몸을 부르르 떨고 있는 것이 눈에 띄었다. 그러나 곧 마음을 진정시키고 여느 사람들과 마찬가지로 침묵을 지키고 있었다. 내가 낭독하고 언명하여 얻은 성과란 단지 이것뿐이었다.

후기

18세기 계몽사상가요, 낭만주의 문학의 선구자인 루소(Jean-Jacques Rousseau)는 1712년 6월 28일 제네바에서 시계방 주인의 아들로 태어났다. 나면서부터 어머니를 여의고 열 살 때에는 아버지까지도 모육군 대위와 뜻하지 않은 말썽 끝에 불공평한 법적 제재를 받게 되자, 이에 분개하여 조국을 떠나게 되면서부터 루소의 불우한 생애가 시작되었다.

우리 나라의 어느 시인은 "나를 키운 것은 바람이었다"라고 읊은 적이 있지만, 이 루소야말로 이 세상의 거센 바람에 가랑잎처럼 날리면서 가난과 핍박과 멸시 가운데서 일생을 보내게 되었던 것이다.

이러한 고난의 불연속 속에서도 그는 어엿이 "자연은 인간을 선량하고 자유롭고 행복하게 만들었으나, 사회는 인간을 죄악에 젖게 하고 노예로 만들어 불행을 초래케 하였다"라고 외치며 일어나 프랑스 대혁명의 먼 원동력이 되고, 근대 민주주의에 이론적 터전을 마련해 준 역사의 은인이 되었으니 장하다 하지 않을 수 없다.

그러나 당시 프랑스 당국에서는 그의 명저 『사회계약론』과 『에밀』에 대하여 금서처분을 내리고, 제네바 정부는 분서소동을 일으켰으니, 그 만용 또한 장하다 아니할 수 없다.

고백록은 일종의 자서전으로 제1부와 제2부로 나뉘어 있으며, 제1부는 분망한 청춘의 방랑생활을 그려 나갔고, 제2부는 박해와 추방의 수난사를 침통하게 묘사하고 있다. 풍부한 상상력을 마음껏 발휘하여 다채롭게 수놓은 이 고백록은 전 인류에게 보내는 자기 공개장으로 "나는 우리 동포들에게 자연 그대로의 진실한 인간을 보여 주고 싶다"라고 그는 말하고 있다. 이리하여 결국 루소는 낭만주의문학의 한 금자탑을 이루어 놓았다.

역사에 길이 남아 있는 명언이 둘 있다. 하나는 "너 자신을 알라"는 소크라테스의 말이고 또 하나는 "자연으로 돌아가라"는 루소의 말이다. 루소 —— 그는 자연의 아버지요, 자유의 대변자요, 또한 질서에서 반항하였다.

이 고백록은 학생 및 일반 독자들의 읽기에 편의를 도모하여 지나치게 어두운 이야기나 불투명한 대목은 생략하고 대개 원문의 반절 정도로 간추린 것이다.

독자 여러분께서 이 고백록을 통하여 위대한 선구자의 발자취를 더듬어 보는 하나의 계기를 마련하게 된다면 역자로서는 작은 보람이겠다.